HENNEKE (Hrsg.)

Kommunale Perspektiven im zusammenwachsenden Europa

Schriften zum deutschen und europäischen Kommunalrecht
Band 17

Herausgegeben von

Prof. Dr. Dr. h. c. Eberhard Schmidt-Aßmann
Ruprecht-Karls-Universität Heidelberg

Prof. Dr. Friedrich Schoch
Albert-Ludwigs-Universität Freiburg

in Verbindung mit dem
Deutschen Landkreistag

Kommunale Perspektiven im zusammenwachsenden Europa

Professorengespräch 2002
des Deutschen Landkreistages
am 21. und 22. März 2002
in Metzingen/Landkreis Reutlingen

Herausgegeben von

Prof. Dr. Hans-Günter Henneke

Geschäftsführendes Präsidialmitglied
des Deutschen Landkreistages, Berlin

Honorarprofessor an der Universität Osnabrück

RICHARD BOORBERG VERLAG
Stuttgart · München · Hannover · Berlin · Weimar · Dresden

Bibliografische Information Der Deutschen Bibliothek

Die Deutsche Bibliothek verzeichnet diese Publikation in der Deutschen Nationalbibliografie; detaillierte bibliografische Daten sind im Internet über **http://dnb.ddb.de** abrufbar.

ISBN 3-415-03096-2

© Richard Boorberg Verlag GmbH & Co, 2002
www.boorberg.de

Gesamtherstellung: Druckhaus „Thomas Müntzer" GmbH, Bad Langensalza
Papier: säurefrei, aus chlorfrei gebleichtem Zellstoff hergestellt; alterungsbeständig im Sinne von DIN-ISO 9706

Vorwort

Wo liegen die Perspektiven der Kommunen und der von ihnen zu erfüllenden Daseinsvorsorgeaufgaben im zusammenwachsenden Europa?

Angesichts der sehr intensiven Auseinandersetzung zwischen der Europäischen Kommission und der deutschen Seite um die Haftungsgrundlagen der öffentlich-rechtlichen Kreditinstitute in Deutschland,

der intensiven Befassung der europäischen Ebene mit Fragen der Daseinsvorsorge,

des vorgelegten Weißbuchs zum Europäischen Regieren,

der Erklärung von Laeken

und nicht zuletzt der Einsetzung eines Verfassungskonvents

drängen die Antworten aus ganz unterschiedlichen Anlässen.

Eine ergebnisoffene Gesamtdiskussion aller Facetten ist von deutscher kommunaler Seite dringend geboten, um auf den jeweiligen Ebenen aktiv mitgestaltend die richtigen, in sich konsistenten Weichenstellungen vorzunehmen.

Ziel des DLT-Professorengesprächs 2002, für dessen Ausrichtung dem gastgebenden Landkreis Reutlingen sehr herzlich zu danken ist, war es, die richtigen Fragestellungen aufzuwerfen und in einer Gesamtschau im Dialog von Wissenschaft und Praxis zu behandeln, nachdem bereits die Professorengespräche der Jahre 1999 (Kommunen und Europa – Herausforderungen und Chancen), 2000 (Kommunale Aufgabenerfüllung in Anstaltsform) sowie 2001 (Verantwortungsteilung zwischen Kommunen, Ländern, Bund und EU) Einzelaspekten der Thematik gewidmet waren.

Die Referenten und Diskussionsteilnehmer haben zu der Thematik zahlreiche Mosaiksteine zusammengetragen, aus denen sich ein eindrucksvolles Gesamtbild formen lässt. Die aktuell zu führende Diskussion wird damit in vielerlei Hinsicht befruchtet. Dafür gilt allen Teilnehmern des Professorengesprächs 2002, das unter der Gesprächsleitung von Prof. Dr. Friedrich *Schoch* und Prof. Dr. Helmuth *Schulze-Fielitz* stattfand, unser ganz besonderer Dank.

Berlin, 26. Mai 2002   Hans-Günter Henneke

Inhalt

Erster Abschnitt: Europarecht zwischen Liberalisierung und Stabilisierung öffentlicher Daseinsvorsorgeaufgaben ... 9

Matthias Ruffert
Zur Bedeutung des Art. 295 EGV ... 10

Johann-Christian Pielow
Zur Bedeutung der Art. 81 ff. EGV ... 33

Winfried Kluth
Zur Bedeutung des Art. 16 EGV für die Wahrnehmung von Aufgaben der Daseinsvorsorge durch die Kommunen ... 68

Zweiter Abschnitt: Materielle und prozedurale Erfahrungen am Beispiel der Auseinandersetzung um die öffentlich-rechtlichen Kreditinstitute ... 89

Viktor Kreuschitz
Bewertung aus Sicht eines Kommissionsbeamten ... 90

Kay Ruge
Darstellung aus Sicht des Deutschen Sparkassen- und Giroverbandes ... 98

Dritter Abschnitt: Europarechtliche Leitbilder für Regelungskompetenz und Aufgabendurchführung ... 113

Roberto Hayder
Philosophie der Governance ... 114

Frank Günter Wetzel
Probleme und Lösungsansätze der Kompetenzordnung in der Europäischen Union aus Ländersicht ... 128

Peter J. Tettinger
Absicherung kommunaler Selbstverwaltung ... 145

Vierter Abschnitt: Diskussion und Ergebnisse 163

Hans-Günter Henneke
Zusammenfassung der Diskussion 164

Helmuth Schulze-Fielitz
Die Europäisierung des Rechts als Durchdringung des Alltags
von Wissenschaft und Praxis – Schlussfolgerungen durch
Selbstbeobachtung 201

Anhang

Europäischer Rat: Die Zukunft der Europäischen Union
– Erklärung von Laeken vom 15. 12. 2001 209

Deutsche Stellungnahme zum Weißbuch der Europäischen
Kommission „Europäisches Regieren". 219

Entschließung des Bundesrates zur Kompetenzabgrenzung im Rahmen
der Reformdiskussion zur Zukunft der europäischen Diskussion
vom 20. 12. 2001 (BR-Drs. 1081/01) 225

Entscheidung der Europäischen Kommission vom 27. 03. 2002:
Staatliche Beihilfe Nr. E 10/2000 – Deutschland: Anstaltslast und
Gewährträgerhaftung 232

Teilnehmer am Professorengespräch 239

Erster Abschnitt

Europarecht zwischen Liberalisierung und Stabilisierung öffentlicher Daseinsvorsorgeaufgaben

Matthias Ruffert

Zur Bedeutung des Art. 295 EGV

I. Einführung

„Dieser Vertrag lässt die Eigentumsordnung in den verschiedenen Mitgliedstaaten unberührt." – bei wem stieße eine derart klare, kurze Formulierung in einer Vorschrift des EG-Vertrages nicht auf Sympathie in Zeiten der sich drängenden Vertragsänderungen, Umnummerierungen und Häufungen von Formelkompromissen, gipfelnd im nicht nur, aber auch redaktionell misslungenen Vertrag von Nizza[1]. In seiner Kürze wird Art. 295 EGV im gesamten Vertragswerk kaum übertroffen[2]. Anders als vielen zentralen Vorschriften des EGV ist ihm im Laufe der letzten Vertragsrevisionen das Schicksal der Änderung nicht zuteil geworden. Vielleicht ist die vordergründige Klarheit von Art. 295 EGV ursächlich für sein Schattendasein im Schrifttum wie in der bisherigen Rechtsprechung des EuGH[3]. Die erste ausführliche Auseinandersetzung der Spruchpraxis mit Art. 295 EGV befindet sich in den Schlussanträgen des Generalanwalts *Dámaso Ruiz-Jarabo Colomer* vom 3. Juli 2001[4]; der EuGH hat hierauf in den dazugehörigen Urteilen vom 4. Juni 2002 nur in apodiktischer Kürze reagiert[5].

Trotz ihrer bisherigen praktischen Irrelevanz birgt die Vorschrift erhebliche Sprengkraft. Die ältere Literatur befürchtete sogar, Art. 295 (ex-Art. 222) EGV könnte sich als „offene Flanke des Gemeinsamen Marktes" erweisen, wenn nicht bestimmte Kautelen in der Auslegung des Gemeinschaftsrechts

---

[1] ABl. EG C 80 v. 10. 03. 2001, S. 1.
[2] Aussichtsreichster Kandidat: Art. 281 EGV – „Die Gemeinschaft besitzt Rechtspersönlichkeit."
[3] Vgl. die Kritik bei *Stern*, Die kommunalen Sparkassen im Visier der Europäischen Kommission, in: Festschrift für Rommel, 1997, S. 211 (220).
[4] Schlussanträge zu EuGH, Rs. C-367/98 (Kommission/Portugal), C-483/99 (Kommission/Frankreich) und C-503/99 (Kommission/Belgien). Unveröffentlichte Schlussanträge und EuGH-Urteile sind abrufbar unter: http://curia.eu.int/jurisp/cgi-bin/form.pl?lang=de.
[5] EuGH, Rs. C-367/98, 04. 06. 2002, n.n.i.Slg. (Kommission/Portugal), Tz. 48; Rs. C-483/99, 04. 06. 2002, n.n.i.Slg. (Kommission/Frankreich), Tz. 44; Rs. C-503/99, 04. 06. 2002, n.n.i.Slg. (Kommission/Belgien), Tz. 44. Die Urteile des EuGH sind mehr als zwei Monate nach dem Zeitpunkt ergangen, zu dem der vorliegende Vortrag gehalten wurde. Sie sind während der Drucklegung in der Schriftfassung berücksichtigt worden.

beachtet würden[6]. Ihr Spannungspotenzial entfaltet die Vorschrift gerade bezogen auf die Wirtschaftstätigkeit der öffentlichen Hand, ob auf kommunaler oder höherer Ebene. Tatsächlich ist Art. 295 (ex-Art. 222) EGV in der jüngeren Vergangenheit zugunsten der Kommunalwirtschaft ins Feld geführt worden, als sich die Kommission anschickte, das gemeinschaftsrechtliche Beihilfenverbot auch gegenüber den deutschen Sparkassen und anderen öffentlich-rechtlich organisierten Banken durchzusetzen[7]. Wenn auch dieser Konflikt durch einen Kompromiss beigelegt werden konnte[8], so drängt sich die Vermutung auf, dass man sich in Zukunft erneut auf die Unantastbarkeit der mitgliedstaatlichen Eigentumsordnungen berufen wird, um gemeinschaftsrechtliche Ingerenzen in die Wirtschaftstätigkeit der öffentlichen Hand einzudämmen. Art. 295 EGV scheint insofern eine gewisse Erwartungshaltung zu erzeugen.

Ziel des folgenden Beitrags ist es daher, die genaue Bedeutung des Art. 295 EGV für die kommunale Daseinsvorsorgewirtschaft auszuloten. Zu diesem Zweck werden zunächst Inhalt und Funktion der Norm im System des Gemeinschaftsrechts in den Blick genommen, mit einem besonderen Schwerpunkt auf den Tendenzen in der Rechtsprechung des EuGH (s. u. II.). Daran anschließend wird nicht nur die Rolle des Art. 295 EGV für die Stabilisierung öffentlicher Daseinsvorsorgeaufgaben anhand einschlägiger kommunalwirtschaftsrechtlicher Problemlagen analysiert (s. u. III.), sondern überdies beobachtet, ob die Vorschrift auch eine liberalisierende Wirkung für die Daseinsvorsorge haben kann (s. u. IV.).

---

[6] *Zuleeg*, Die Wirtschaftsverfassung der Europäischen Gemeinschaften, in: Wirtschafts- und gesellschaftspolitische Ordnungsprobleme der Europäischen Gemeinschaften, 1978, S. 73 (92). Ähnlich bereits, *Huth*, Die Sonderstellung der öffentlichen Hand in den Europäischen Gemeinschaften, 1965, S. 358: „... integrationshemmende, weil stark voneinander divergierende Systeme der direkten Staatsintervention."

[7] *Stern* (Fn. 3), S. 213, *Thode/Peres*, Anstalten des öffentlichen Rechts im Spannungsfeld zwischen deutschem und europäischem Recht, VerwArch. 89 (1998), S. 439 (443 f.); im Ansatz zustimmend auch *Henneke*, Sparkasse – quo vadis?, NdsVBl. 2000, 130 (139 f.); *ders.*, Beeilt euch zu handeln, bevor es zu spät ist zur Bereuen, NdsVBl. 2002, Heft 5, 113 (113 f.); *Wieland*, Das Spannungsverhältnis von nationalstaatlichem Aufgabenbestimmungsrecht, öffentlichem Auftrag und EG-Recht, in: Henneke (Hrsg.), Kommunale Aufgabenerfüllung in Anstaltsform, 2000, 109 (118).

[8] Presseerklärung der Kommission v. 17.07.2001 (IP/01/1007) nach dem Treffen von Kommissionsmitglied Monti mit dem Staatssekretär Koch-Weser; Presseerklärung der Kommission v. 28.02.2002 (IP/02/343) nach erneuten Verhandlungen zwischen Kommissar Monti und deutschen Vertretern. Siehe zum Ablauf der Kompromissverhandlungen und zum Inhalt des Kompromisses die Berichte von *Kreuschitz* und *Ruge*, in diesem Band, sowie *Henneke*, NdsVBl. 2002, 113 (115 ff.); *Kluth*, Anstaltslast und Gewährträgerhaftung öffentlicher Finanzinstitute angesichts des gemeinschaftsrechtlichen Beihilfeverbots, 39. Bitburger Gespräche, abrufbar unter: http://www.irp.uni-trier.de, S. 2 ff.

II. Inhalt und Funktion des Art. 295 EGV im System des Europäischen Gemeinschaftsrechts

1. Entstehungsgeschichtlicher Ausgangspunkt

Es ist in der historischen Interpretation des Art. 295 EGV allgemein anerkannt, dass er seine Entstehung der Furcht mindestens eines Verhandlungspartners im frühesten Integrationsprozess, nämlich Deutschlands[9], vor tief greifenden Änderungen der Wirtschaftsordnung durch Sozialisierungsmaßnahmen verdankt, die von den Gemeinschaftsorganen ausgehen würden[10]. Die Gestaltung des Eigentums an den Produktionsmitteln war in Europa zu Ende der 40er/Anfang der 50er Jahre in höchstem Maße umstritten[11]. Die historische Konfliktlage wird dadurch besonders augenfällig, dass bei Abschluss der Europäischen Menschenrechtskonvention (EMRK) 1950 keine Einigung über ein Eigentumsgrundrecht und die dazugehörige Enteignungsbefugnis erzielt werden konnte, dieser zentralen Grundfreiheit vielmehr nachträglich der vorderste Platz im (ersten) Zusatzprotokoll gewidmet werden musste[12]. Auf diesem historisch-politischen Hintergrund formuliert daher schon die Schuman-Erklärung von 1950 im Vorfeld des Montanvertrages: „L'institution de la Haute Autorité ne préjuge en rien du régime de propriété des entreprises."[13] Demgemäß lautet Art. 83 EGKSV von 1951:

---

[9] Deutlich die Regierungsbegründung zum Zustimmungsgesetz BT-Drs. 2/3440, 154.
[10] S. *Burghardt,* Die Eigentumsordnungen in den Mitgliedstaaten und der EWG-Vertrag, 1969, S. 29; Eigentumsordnung und Wirtschaftsordnung in der Europäischen Gemeinschaft, in: Festschrift für Ludwig Raiser, 1974, S. 379 (384); *Hochbaum,* in: von der Groeben/Jochen Thiesing/Claus-Dieter Ehlermann (Hrsg.), Kommentar zum EU-/EG-Vertrag, Band 5, 5. Aufl. 1997, Art. 222, Rn. 1; *Pape,* Staatliche Kapitalbeteiligungen an Unternehmen und das Beihilfenverbot gemäß Art. 92 EG-V, 1996, S. 162.
[11] *Herzog,* in: Smith/ders., The Law of the European Economic Community, 1982, Art. 222, Ziff. 222.03.; *Kingreen,* in: Calliess/Ruffert (Hrsg.), Kommentar zu EUV und EGV, 2. Aufl. 2002, Art. 295, Rn. 1, 3.
[12] Zu dieser grundrechtshistorischen Problematik *van den Broek,* The Protection of Property Rights under the European Convention on Human Rights, Legal Issues of European Integration, 1986/I, S. 52 (53)-55; *Hartwig,* Der Eigentumsschutz nach Art. 1 des 1. Zusatzprotokolls zur EMRK, RabelsZ 63 (1999), 561 (563); *Partsch,* Die Rechte und Freiheiten der Europäischen Menschenrechtskonvention, in: Bettermann/Neumann/Nipperdey (Hrsg.), Die Grundrechte I/1, 1966, S. 235 (454ff.); *Peukert,* Der Schutz des Eigentums nach Art. 1 des Ersten Zusatzprotokolls zur Europäischen Menschenrechtskonvention, EuGRZ 1981, 97 (97ff.); *Higgins,* The Taking of Property By the State – Recent Developments in International Law, RdC 176 (1982 III), 259 (357); *Riedel,* Entschädigung für Eigentumsentzug nach Artikel 1 des Ersten Zusatzprotokolls zur Europäischen Menschenrechtskonvention, EuGRZ 1988, 333 (335).
[13] Wiedergegeben bei GA *Ruiz-Jarabo Colomer,* Schlussantrag (Fn. 4), Fn. 20.

„Die Einrichtung der Gemeinschaft berührt in keiner Weise die Ordnung des Eigentums an den Unternehmen, für welche die Bestimmungen dieses Vertrages gelten." und der Entwurf der Spaak-Redaktionsgruppe als wichtigster Vorläufer für die Römischen Verträge von 1958 enthält den vergleichbaren Regelungsvorschlag: „Dieser Vertrag lässt die in der Gemeinschaft bestehende Eigentumsordnung an den Produktionsmitteln unberührt."[14] Im Text des EWGV wurde die Bezugnahme auf die Produktionsmittel dann weggelassen[15].

Wegen dieser Auslassung war in der älteren Literatur umstritten, ob mit der „Eigentumsordnung" in Art. 295 (ex-Art. 222) EGV nur das Eigentum an Produktionsmitteln, mithin die Ordnung des Unternehmenseigentums angesprochen wird, oder ob es um sämtliche Eigentumsobjekte gehen soll[16]. Der Gerichtshof hat die Frage gleichsam stillschweigend und ohne Erörterung des Streits in einem Urteil über Beschränkungen des Erwerbs von Grundstücken in Österreich entschieden, indem er Art. 295 EGV im Kontext dieses Sachverhaltes ohne jeden Bezug zu Unternehmen oder anderen Produktionsmittel erörterte[17]. Das einzige für die Zwecke der Untersuchung verwertbare Resultat dieser wenig ergiebigen Auseinandersetzung[18] um die richtige Interpretation des Eigentumsbegriffs ist, dass kommunale Unternehmen von diesem Begriff nicht über ein zu enges Konzept der „Produktionsmittel" ausgeschlossen werden müssen[19]. Jenseits dessen verdeutlicht die Genese des Art. 295 EGV sein wesentliches Regelungsziel: Die Frage, ob die Herrschaft über Unternehmen grundsätzlich in der Hand des Staates oder Privater liegen soll oder ob Mischformen zugelassen werden, soll keine Frage des Gemeinschaftsrechts, sondern allein des mitgliedstaatlichen Rechts sein.

---

[14] Siehe *Burghardt* (Fn. 10), S. 27 f., sowie GA *Ruiz-Jarabo Colomer*, Schlussantrag (Fn. 4), Ziff. 51.

[15] Wegen des Eigentums der EAG am spaltbaren Material (Art. 86 EAGV) bestimmt Art. 91 EAGV entsprechend: „Die Ordnung des Eigentums an den Gegenständen, Stoffen und Vermögenswerten, an denen kein Eigentumsrecht der Gemeinschaft auf Grund dieses Kapitels besteht, richtet sich nach dem Recht der einzelnen Mitgliedstaaten." Vgl. *Hochbaum* (Fn. 10), Rn. 2; *Riegel*, Das Eigentum im europäischen Recht, 1975, S. 66 ff.

[16] Enger Begriff: *Burghardt* (Fn. 10), S. 40; weiter Begriff: *Mégret*, Le Droit de la Communauté économique européenne, Band 15 (1987), Art. 22, Ziff. 2 (S. 423); *Riegel*, Die Einwirkung des europäischen Gemeinschaftsrechts auf die Eigentumsordnung der Mitgliedstaaten, RIW/AWD 1979, S. 744 (746).

[17] EuGH, Rs. C-307/97, Slg. 1999, I-3099 (Konle), Tz. 38.

[18] Zutreffend *Franken*, Die Verstaatlichung und ihre Vereinbarkeit mit dem EWG-Vertrag, Diss. Köln 1972, S. 94.

[19] Die Literatur hatte stets einen weiten Eigentumsbegriff vertreten: *Klein*, in: Hailbronner/ders./Magiera/Müller-Graff, Handkommentar zum EU-Vertrag, Art. 295 (1994), Rn. 5.

2. Eigentumspolitische Neutralität der E(W)G und Kompetenzsperre

Diese Zuständigkeitsgrenze der Gemeinschaft ist zugleich Ausdruck der wirtschaftspolitischen Kompetenzverteilung seit den Römischen Verträgen[20]. Auch heute, nach Errichtung des Binnenmarktes und Abschluss der Einführung der Gemeinschaftswährung, gibt es keine umfassende Gemeinschaftskompetenz für die Wirtschaftspolitik[21]. Art. 4 EGV spricht von einer Wirtschaftspolitik, die auf einer engen Koordinierung der Wirtschaftspolitik der Mitgliedstaaten beruht. Diese Koordinierung wird in Art. 99 EGV institutionell abgesichert. Danach werden die nationalen Wirtschaftspolitiken im Rat nicht harmonisiert und vergemeinschaftet, sondern über eine Ratsempfehlung in den Grundzügen gesteuert, durch Gesamtbewertungen auf der Basis von Berichten der Kommission überwacht und die Koordinierung bei Gefährdungen der Wirtschafts- und Währungsunion durch Einzelempfehlungen abgesichert[22]. Obwohl gewichtige Stimmen zur effektiven Verwirklichung der Währungsunion weniger Zurückhaltung bei der wirtschaftspolitischen Kompetenzverlagerung gefordert hatten, belässt dieser Mechanismus also die wirtschaftspolitische Primärkompetenz bei den Mitgliedstaaten[23]. Wirtschaftspolitische Primärzuständigkeit ist aber ohne grundsätzliche Freiheit in der Ausgestaltung der Eigentumsordnung, zumal der Zuordnung des wirtschaftspolitisch relevanten Eigentums an den Produktionsmitteln, nicht vorstellbar.

Indem die wirtschaftspolitisch motivierte Eigentumszuordnung in private oder öffentliche Trägerschaft in der mitgliedstaatlichen Zuständigkeit bleibt, ist Art. 295 EGV Grundlage der *eigentums*politischen Neutralität des Vertrages[24]. Gleichwohl ist die Gemeinschaftsrechtsordnung nicht *wirtschafts*politisch neutral[25]. Wegen des dieser Rechtsordnung inhärenten Binnenmarktkonzepts mit dem Ziel der Herstellung grenzüberschreitender Privatautonomie erwiese sich die Annahme einer solchen wirtschaftspolitischen

---

[20] Zu weitgehend allerdings *Stern* (Fn. 3): Mitgliedstaaten wollten über Art. 222 EWGV die nationalen Wirtschaftsordnungen insgesamt erfassen.
[21] Siehe nur *Häde*, in: Calliess/Ruffert (Fn. 11), Art. 98, Rn. 1.
[22] *Häde* (Fn. 21), Art. 99, Rn. 3 ff.
[23] *Häde* (Fn. 21), Art. 4, Rn. 4.
[24] Hierzu *Burgi*, Vertikale Kompetenzabgrenzung in der EU und materiellrechtliche Kompetenzausübungsschranken nationaler Daseinsvorsorge, in: Henneke (Hrsg.), Verantwortungsteilung zwischen Kommunen, Ländern, Bund und Europäischer Union, 2001, S. 90 (108); *Everling* (Fn. 10), S. 382; *Klein* (Fn. 19), Rn. 7; *Mégret* (Fn. 16), Ziff. 2 (S. 423).
[25] Anders die französische Lehre: *Celestine/Felsner,* Öffentliche Unternehmen, Privatisierung und service public in Frankreich, RIW 1997, 105 (110). Vermittelnd *Depenheuer,* in: von Mangoldt/Klein/Starck, GG I, 4. Auflage 1999, Art. 15, Rn. 42.

Neutralität ohnehin als schwer haltbar[26]. Seit dem Vertrag von Maastricht bestimmen Art. 4 Abs. 1 (ex-Art. 3a Abs. 1) und 98 S. 2 (ex-Art. 102a S. 2) EGV ausdrücklich, dass die Gemeinschaft dem Grundsatz einer offenen Marktwirtschaft mit freiem Wettbewerb verpflichtet ist[27]. Diese primärrechtliche und damit im Verhältnis zu Art. 295 EGV zumindest gleichrangige – wegen des *lex-posterior*-Grundsatzes sogar vorrangige[28] – normative Grundentscheidung kann nicht ohne Rückwirkungen auf die Reichweite des Art. 295 EGV bleiben[29].

Eigentumspolitische Neutralität bei wirtschaftspolitischer Ausrichtung auf die offene Marktwirtschaft schlägt sich sowohl auf Gemeinschaftsebene als auch auf mitgliedstaatlicher Ebene nieder[30]. Auf Gemeinschaftsebene verwirklicht sie sich in dem Verbot, mittels Rechtsakt des Gemeinschaftsrechts mitgliedstaatliches Eigentum, namentlich, wenn auch nicht ausschließlich Unternehmenseigentum, zu verstaatlichen. Die Enteignung kraft Gemeinschaftsrechts und gleichzeitige Eigentumsübertragung auf einen Mitgliedstaat oder sogar auf die Gemeinschaft selbst[31] stößt nicht nur an die Grenze des individualrechtlichen Eigentumsgrundrechts, wie es als allgemeiner Rechtsgrundsatz anerkannt und in Art. 17 der nicht rechtsverbindlichen Grundrechte-Charta[32] umschrieben wird, sondern bereits an die Sperre des Art. 295 EGV. Umgekehrt darf das Gemeinschaftsrecht nicht explizit die Privatisierung von Unternehmen oder ganzen Branchen anordnen. Wie die Liberalisierung von Telekommunikations- und Postdienstleistungen[33] sowie

---

[26] *Müller-Graff*, Unternehmensinvestitionen und Investitionssteuerung im Marktrecht, 1984, S. 296; *ders.*, in: von der Groeben/Thiesing/Ehlermann (Fn. 10), Band 1, 5. Aufl. 1997, Art. 30, Rn. 7. Siehe auch *Kingreen* (Fn. 11), Rn. 2; *Klein* (Fn. 19), Rn. 1 und 9; *Riegel* (Fn. 16), S. 748; *Zuleeg* (Fn. 6), S. 93, sowie *Pape* (Fn. 10): Marktwirtschaft als „Geschäftsgrundlage" des Vertragswerks.

[27] Siehe nur *Häde* (Fn. 21), Art. 4, Rn. 8 mit Fn. 12.

[28] Vgl. Art. 30 Abs. 3 Wiener Vertragsrechtskonvention.

[29] *Devroe*, Privatizations and Community law: Neutrality versus policy, CMLRev. 34 (1997), 267 (268 und 274f.).

[30] *Everling* (Fn. 10), S. 382.

[31] Die Gemeinschaft kann Träger privatrechtlicher Eigentumsrechte sein: Art. 282 EGV.

[32] Charta der Grundrechte der Europäischen Union, ABl. EG C 364 v. 18. 12. 2000, S.1 (dazu statt vieler *Calliess*, Die Charta der Grundrechte der Europäischen Union – Fragen der Konzeption, Kompetenz und Verbindlichkeit, EuZW 2001, 261). Siehe zu diesem Aspekt *Schwarze*, Der Grundrechtsschutz für Unternehmen in der Europäischen Grundrechtecharta, EuZW 2001, 517 (518f.). Unstreitig enthält Art. 295 EGV keine individual(-grund-)rechtliche Eigentumsgewährleistung; statt aller ausführlich *Thiel*, Grundrechtlicher Eigentumsschutz im EG-Recht, JuS 1991, 274.

[33] Zusammenstellung aller Rechtsakte bei *Jung*, in: Calliess/Ruffert (Fn. 11), Art. 86, Rn. 61. Die bevorzugte Regelungstechnik ist der Wegfall von Sonderrechten; ausdrückliche Privatisierung wird nicht angeordnet. Zum dennoch entstehenden faktischen Privatisierungsdruck *Devroe* (Fn. 29), S. 289ff.

anderer Infrastrukturbereiche[34] zeigt, ist durch jenes Verbot jedoch nicht ausgeschlossen, dass sich ein faktischer Privatisierungsdruck[35] in den mitgliedstaatlichen Rechtsordnungen bemerkbar macht, der aus kompetenzgemäßer Rechtsetzung zur Vollendung des Binnenmarktes einschließlich seiner Wettbewerbsordnung resultiert[36]. Es lässt sich nachweisen, dass die Rechtsakte und Maßnahmen zur Wahrung der Haushaltsdisziplin in der Wirtschafts- und Währungsunion sowie die Ausrichtung der gemeinschaftlichen Infrastrukturförderung zur Erhöhung dieses Privatisierungsdrucks beitragen[37].

Auf mitgliedstaatlicher Ebene bedeutet die in Art. 295 EGV wurzelnde eigentumspolitische Neutralität im Grundsatz die bereits in der entstehungsgeschichtlichen Betrachtung angesprochene Freiheit der Verstaatlichung oder Privatisierung[38]. Was die Privatisierung betrifft, so bestehen hieran keinerlei Zweifel[39]. Umfassende Verstaatlichungen lassen sich in einem Geflecht koordinierter Volkswirtschaften, die der offenen Marktwirtschaft mit freiem Wettbewerb verpflichtet sind, kaum vorstellen. Die Errichtung einer staatlichen Plan- oder Kommandowirtschaft wird daher durch Art. 4, 98 EGV verhindert[40], aber auch die Verstaatlichung ganzer Wirtschaftszweige nach dem Muster Frankreichs in den frühen 80er Jahren muss zwangsläufig zur Kollision mit diesen Vorschriften führen[41]. Allerdings ist das Kriterium der Verpflichtung auf eine offene Marktwirtschaft mit freiem

---

[34] Dazu *Devroe* (Fn. 29), S. 289 ff. (in Verbindung mit Post und Telekommunikation).
[35] *Devroe* (Fn. 29), S. 268.
[36] Zur grundsätzlichen Zulässigkeit dieses faktischen Privatisierungsdrucks *Helm,* Rechtspflicht zur Privatisierung, 1999, S. 125; a.A. *Wieland* (Fn. 7), S. 118. Die Kommission rückt in einigen Entscheidungen bis an die Kompetenzgrenze vor: *Devroe* (Fn. 29), S. 280 ff.
[37] *Devroe* (Fn. 29), S. 273 und 275 ff.
[38] *Brinker,* in: Schwarze (Hrsg.), EU-Kommentar, 2000, Art. 295, Rn. 3; *Everling* (Fn. 10), S. 397; *Hellermann,* Daseinsvorsorge im europäischen Vergleich, in: Schader-Stiftung (Hrsg.), Die Zukunft der Daseinsvorsorge, 2001, S. 78 (91). Dies entspricht der Position der Kommission, vgl. *Hochbaum* (Fn. 11), Rn. 8 m. w. N. in Fn. 25 ff.
Vgl. auch den (allerdings älteren) empirischen Befund der Beiträge in: Gesellschaft für öffentliche Wirtschaft und Gemeinwirtschaft (Hrsg.), Entstaatlichung, Verstaatlichung, Status quo – Europa wohin?, 1982.
[39] Siehe nur *Celestine/Felsner* (Fn. 25), S. 105, sowie *Turrini,* Privatisations et droit communautaire, Revue du droit des affaires internationales/International Business Law Journal, 1993, 813.
[40] *Klein* (Fn. 19), Rn. 10; *Riegel* (Fn. 16), S. 748.
[41] Wie hier *Franken* (Fn. 18), S. 99; *Herzog* (Fn. 11), Ziff. 222.05. a.E.; *Klein* (Fn. 19), Rn. 10; *Riegel* (Fn. 15), S. 115; *ders.* (Fn. 16), S. 748 f.; *Weis,* Verstaatlichungen aus gemeinschaftsrechtlicher Sicht, NJW 1982, 1910 (1914 f.) A. A. *Everling* (Fn. 10), 383, wohl auch *Stern* (Fn. 3), S. 223; *Wölker,* Die Nationalisierungen in Frankreich 1981/82, ZaöRV 43 (1983) 213 (263 ff.). Unentschieden *Geiger,* EUV/EGV, 3. Aufl. 2000, Art. 295, Rn. 3.

Wettbewerb in der praktischen Rechtsanwendung und -durchsetzung nur mühsam handhabbar, sodass weite Gestaltungsspielräume auf der Seite der Mitgliedstaaten das vordergründige Gewicht dieses Widerspruchs entschärfen würden[42].

Art. 295 EGV formuliert mithin eine negative Kompetenzbestimmung[43], eine Kompetenzsperre[44]. Im Gefüge der gemeinschaftsrechtlichen Zuständigkeitsordnung ist die Vorschrift damit ein Unikum[45]. Bekanntlich sind die Gemeinschaftskompetenzen final strukturiert. Grob vereinfachend: Was der Integration oder einer ihr dienenden begleitenden Politik dient, fällt in die Kompetenz der Gemeinschaft. Der Grundsatz der begrenzten Einzelermächtigung wird auf diese Weise vordergründig erheblich relativiert[46], wenn auch die neuere Rechtsprechung des EuGH verdeutlicht, dass der Binnenmarktfinalität selbst eine Kompetenzgrenze immanent ist[47]. Die finale Kompetenzstruktur lässt aber prinzipiell keine Bereichsausnahmen zu. Ist ein Gemeinschaftsrechtsakt kompetenzgemäß erlassen, so müssen die Mitgliedstaaten ihn auch auf Feldern beachten, die nicht von den europäischen Institutionen bestellt werden. So erklärt sich die gemeinschaftsrechtliche

---

[42] In diesem Sinne die Antworten der Kommission bzw. des Rates auf zahlreiche Anfragen von Abgeordneten des Europäischen Parlaments: Antworten der Kommission auf Anfrage Nr. 100 des Abg. *Philipp*, ABl. EG 1962, S. 2715f.; Nr. 1703/73 des Abg. *O'Hagan*, Abl. EG C 53 aus 1974, S. 27; Nr. 1091/81 der Abg. *Charzat*, ABl. EG C 38 v. 15. 02. 1982, S. 9; Nr. 1161/81 des Abg. *Damseaux*, ABl. EG C 38 v. 15. 02. 1982, S. 10; Nr. 1198/81, 1201/81 der Abg. *Pruvot*, ABl. EG C 38 v. 15. 02. 1982, S. 11; Nr. 1219/81, 1221/81, 1223/81, 1231/81 des Abg. *Herman,* ABl. EG C 53 v. 01. 03. 1982, S. 3; Nr. 835/77 des Abg. *Inchauspé*, ABl. EG C 74 aus 1978, S. 10; Nr. 530/82 des Abg. *Tyrrell,* ABl. EG C 218 v. 28. 08. 1982, S. 15; Nr. 413/82 der Abg. *Pruvot*, ABl. EG. C 339 v. 27. 12. 1982, S. 5f.; Nr. 82/88 des Abg. *Elio,* Abl. EG C 157 v. 26. 06. 1989, S. 3; Antwort des Rates auf die schriftlichen Anfragen Nr. 1230/81, 1232/81, 1234/81 des Abg. *Galland,* ABl. EG C 65 v. 15. 03. 1982; S. 6.

[43] *Kingreen* (Fn. 11), Rn. 5; ähnlich *Röttinger*, in: Lenz (Hrsg.), Kommentar zu dem Vertrag zur Gründung der Europäischen Gemeinschaften, 2. Aufl. 1999, Art. 295, Rn. 3.

[44] *Burghardt* (Fn. 10), S. 22: „Vorbehaltsnorm"/S. 267: „Schrankennorm"; Hochbaum (Fn. 11), Rn. 5 (Überschrift): „Regelungsvorbehalt"; Klein (Fn. 19), Rn. 6: „Kompetenzbeschränkung" (im Original Fettdruck); *Schweitzer,* in: Grabitz/Hilf (Hrsg.), Kommentar zur EU, Art. 295 EGV (1999), Rn.1: „Vorbehalt zugunsten der Eigentumsordnung" (im Original z. T. Fettdruck); *Stern* (Fn. 3), S. 225: „absolute Sperre"; *Zuleeg* (Fn. 6), S. 89: „Kompetenzschranke".

[45] Unterschied zu Art. 293: GA *Ruiz-Jarabo Colomer*, Schlussantrag v. 04. 12. 2001 zu EuGH, Rs. C-208/00, n.n.i.Slg. (Überseering/NCC), Ziff. 43.

[46] *Burgi* (Fn. 24), S. 95 ff.; *Schoch*, Kommunale Selbstverwaltung und Europarecht, in: Henneke (Hrsg.), Kommunen und Europa – Herausforderungen und Chancen, 1999, S. 13.

[47] EuGH, Rs. C-376/98, Slg. 2000, I-8419, Tz. 84 (Deutschland/Parlament und Rat); dazu statt vieler *Calliess,* Nach dem „Tabakwerbung-Urteil" des EuGH: Binnenmarkt und gemeinschaftsrechtliche Kompetenzverfassung im neuen Licht, Jura 2001, 311.

Einflussnahme auf Kultur[48], Religion[49] oder – besonders spektakulär – Landesverteidigung[50]. Art. 295 EGV ist hingegen die einzige Vertragsvorschrift, die eine globale Bereichsausnahme primärrechtlich fixiert[51]: Bei der Ausübung der Gemeinschaftskompetenzen müssen die mitgliedstaatlichen Eigentumsordnungen unangetastet bleiben[52]. Dies setzt voraus, dass für den jeweiligen Rechtsakt überhaupt eine Gemeinschaftskompetenz besteht. Art. 295 EGV ist daher keine Kompetenzregel, sondern eine Kompetenzausübungsregel[53]. Er markiert eine Grenze der Kompetenzausübung innerhalb des Handelns in Wahrnehmung bestehender Befugnisse. Im Bereich unmittelbar anwendbaren Primärrechts, vor allem der Grundfreiheiten, entfaltet sich die Kompetenzsperre als Kollisionsregel[54]. Die Singularität der Norm generiert jedoch Anwendungsprobleme. Art. 295 EGV ist nie für sich allein relevant, sondern immer nur im Kontext ermächtigender Normen des Vertrages, sodass stets sein Verhältnis zur jeweils anwendbaren Kompetenznorm zu klären ist[55]. Es ist also in allen Fällen die Frage aufzuwerfen, wann die Wahrnehmung einer an sich bestehenden Zuständigkeit an die Eigentumsordnung rührt.

3. Tendenzen in der Rechtsprechung von EuGH und EuG (einschließlich Schlussanträge) – Bestandsaufnahme

Daher wird in der – spärlichen – Rechtsprechung von EuGH und EuG einschließlich der Schlussanträge der Generalanwälte vor allem das Verhältnis von Art. 295 EGV zu anderen Vertragsvorschriften thematisiert. Insbesondere wiederholt sich häufig die Aussage, dass bei der Gestaltung der Eigen-

---

[48] Jenseits von und über Art. 151 EGV hinaus: *Fechner,* in: von der Groeben/Thiesing/Ehlermann (Fn. 10), Band 3, 5. Aufl. 1999, Vorbemerkung zu Artikel 128, Rn. 22.
[49] *Mückl,* Religions- und Weltanschauungsfreiheit im Europarecht, 2002, S. 22 f.
[50] EuGH, Rs. C-285/98, Slg. 2000, I-69 (Kreil).
[51] Für die Arbeitnehmerfreizügigkeit gibt es eine Bereichsausnahme in Art. 39 Abs. 4 EGV.
[52] *Kingreen* (Fn. 11), Rn. 1; *Pape* (Fn. 10), S. 164.
[53] *Kingreen* (Fn. 11), Rn. 5. In diesem Sinne bereits *Wohlfarth/Everling/Glaesner/Sprung,* Die EWG: Kommentar zum Vertrag, 1960, Art. 222, Anm. 1.
[54] Zum Zusammenhang zwischen Grundfreiheiten und Kompetenz grundlegend *Hoffmann,* Die Grundfreiheiten des EG-Vertrags als Eingriffsabwehrrechte, 2000, S. 39 ff. Dieser Gesichtspunkt ist bei der Interpretation der restriktiven Entscheidungen EuGH, Rs. C-367/98, 04. 06. 2002, n.n.i.Slg., Tz. 48 (Kommission/Portugal); Rs. C-483/99, 04. 06. 2002, n.n.i.Slg., Tz. 44 (Kommission/Frankreich); Rs. C-503/99, 04. 06. 2002, n.n.i.Slg., Tz. 44 (Kommission/Belgien), zu berücksichtigen; dort geht es um die Kollision von Eigentumsordnung und Kapitalverkehrsfreiheit.
[55] *Kingreen* (Fn. 11), Rn. 8; *Weis* (Fn. 41), S. 1913. Siehe bereits *Burghardt* (Fn. 10), S. 37, 75.

tumsordnung, bei der Regelung der *Ausübung* von Eigentumsrechten durch die Mitgliedstaaten die Vorschriften des EGV beachtet werden müssen[56]. Dies gilt beispielsweise für das Recht des geistigen Eigentums, um das es in einigen Urteilen des Gerichtshofs geht, in denen Art. 295 EGV Erwähnung findet. Mitgliedstaatliche Regelungen im Bereich des gewerblichen Rechtsschutzes müssen sich daher an der Warenverkehrsfreiheit (Art. 28 ff. EGV) messen lassen[57]. Die Zugehörigkeit des geistigen Eigentums zur Eigentumsordnung entbindet die Mitgliedstaaten nicht von der Einhaltung der primärrechtlichen Grundfreiheiten, wofür es für die Warenverkehrsfreiheit in Art. 30 S. 1 EGV a.E. zudem einen normativen Anhaltspunkt gibt[58]. Auch in anderen Bereichen ihrer Eigentumsordnung werden die Mitgliedstaaten nicht vom Gemeinschaftsrecht freigezeichnet. Dies gilt selbst für mitgliedstaatliche Enteignungsverfahren[59]. Der umgekehrte Vorgang der Privatisierung fällt ebenfalls nicht völlig in die mitgliedstaatliche Zuständigkeit, wenn er etwa mit Beihilfen unterstützt wird, deren Gemeinschaftsrechtskonformität weiterhin unter dem Vorbehalt des grundsätzlichen Beihilfenverbots steht[60]. Wenig spektakulär erscheint dann die Feststellung, dass Art. 295 EGV von privaten Wirtschaftsteilnehmern nicht als Schutzschild gegen die Anwendung der Wettbewerbsregeln (Art. 81, 82 EGV) gebraucht werden kann[61].

---

[56] EuGH, Rs. C-305/89, Slg. 1991, I-1603 (Italien/Kommission), Tz. 24; Rs. C-307/97, Slg. 1999, I-3099 (Konle), Tz. 38; Rs. C-163/99, Slg. 2001, I-2613 (Portugal/Kommission), Tz. 58 f., EuG, Rs. T-613/97, Slg. 2000, II-4055 (Ufex/Kommission), Tz. 77; GA *Cosmas,* Schlussantrag zu EuGH, Rs. C-309/96, Slg. 1997, I-7493 (Annibaldi), Ziff. 21, *ders.,* Schlussantrag zu EuGH, Rs. C-344/98, Slg. 2000, I-11369 (Masterfoods und HB), Ziff. 105; EuGH, Rs. C-367/98, 04.06.2002, n.n.i.Slg. (Kommission/Portugal), Tz. 48; Rs. C-483/99, 04.06.2002, n.n.i.Slg. (Kommission/Frankreich), Tz. 44; Rs. C-503/99, 04.06.2002, n.n.i.Slg. (Kommission/Belgien), Tz. 44. Zustimmend die Literatur: *Hochbaum* (Fn. 11), Rn. 6; *Kingreen* (Fn. 11), Rn. 12.

[57] EuGH, Rs. C-235/89, Slg. 1992, I-777 (Kommission/Italien), Tz. 14; Rs. C-30/90, Slg. 1992, I-829 (Kommission/Vereinigtes Königreich), Tz. 18; Verb. Rs. C-92/92 und C-326/92, Slg. 1993, I-5145 (Phil Collins), Tz. 22 f.; Rs. C-350/92, Slg. 1995, I-1985 (Spanien/Rat), Tz. 18 ff.. Siehe bereits EuGH, Verb. Rs. 56 und 58/64, Slg. 1966, 321 (394; Consten und Grundig/Kommission), rezipiert in der deutschen Rspr.: BGH NJW 1977, 1987 (1589 li. Sp.).

[58] Vgl. *Brinker* (Fn. 38), Art. 30, Rn. 23 ff., und Art. 295, Rn. 4 f. Kritisch zum Konzept des EuGH *Ullrich,* in: Immenga/Mestmäcker, EG-Wettbewerbsrecht, Band I, 1997, GRUR, Rn. 52 ff.

[59] EuGH, Rs. 182/83, Slg. 1984, 3677 (Fearon/Irish Land Commission), Tz. 7.

[60] GA *Ruiz-Jarabo Colomer,* Schlussantrag v. 24.01.2002 zu EuGH, Rs. C-334/99, n.n.i.Slg., Ziff. 69 (Deutschland/Kommission).

[61] GA *Cosmas,* Schlussantrag zu EuGH, Rs. C-344/98, Slg. 2000, I-11369 (Masterfoods und HB), Ziff. 105. Siehe auch EuG, Rs. T-184/01 R, 10.08.2001, n.n.i.Slg. (IMS Health/Kommission), Tz. 21 ff.; dazu *Schwarze,* Der Schutz des geistigen Eigentums im europäischen Wettbewerbsrecht, EuZW 2002, 75.

Nur spurenweise lassen sich in der Rechtsprechung Aussagen über die zuständigkeitsschützende Funktion des Art. 295 EGV zugunsten der Mitgliedstaaten nachweisen. Der EuGH hat immerhin die Befugnis zur Verstaatlichung in thematisch einschlägigen Entscheidungen nicht in Frage gestellt[62]. Zudem hat der Gerichtshof angedeutet, die Gründung eines staatlichen Monopols unterliege prinzipiell dem Schutz des Art. 295 EGV, wenn auch im konkreten Fall das Vorliegen eines legalen Staatsmonopols verneint werden musste[63]. Ebenso soll die Ausgestaltung und Zuordnung des landwirtschaftlichen Eigentums durch die gemeinschaftsrechtlich regulierten Agrar„märkte" unberührt bleiben[64]. Nach Auffassung eines Generalanwalts ist es dem Gemeinschaftsrecht verwehrt, Gläubigerrechte im Konkursverfahren zu modifizieren, um etwa Ansprüche auf Rückzahlung von Beihilfen und deren Verzinsung abzusichern[65].

Näher am Thema liegen vereinzelte Feststellungen von Generalanwälten, die aus Art. 295 EGV einen Schutz für die wirtschaftliche Betätigung der öffentlichen Hand ableiten. So postulierte Generalanwalt *Gerhard Reischl* bereits 1980, Art. 222 (jetzt Art. 295) EGV schränke Art. 90 EGV (jetzt Art. 86 EGV) in der Weise ein, dass die wirtschaftliche Betätigung der öffentlichen Hand nicht über das vertraglich vorgesehene Maß hinaus begrenzt werden dürfe[66]. Generalanwalt *Guiseppe Tesauro* leitete 1991 aus dem Zusammenhang zwischen den beiden Normen sogar eine „…Rechtmäßigkeitsvermutung zugunsten des öffentlichen oder mit ausschließlichen Rechten ausgestatteten Unternehmens als solchem …" ab[67]. Erst am 3. Juli 2001 hat Generalanwalt *Dámaso Ruiz-Jarabo Colomer* in einem bereits erwähnten Schlussantrag diese Argumentationslinie in der Spruchpraxis vertieft[68]. Gegenstand des Verfahrens Kommission/Portugal, Frankreich und Belgien sind so genannte „Golden Shares", Vorzugsrechte der öffentlichen Hand in Bezug auf Aktien privatisierter Unternehmen. Nach Auffassung des Generalanwalts reicht die Wirkung der Kompetenz-

---

[62] Siehe die bei *Hochbaum* (Fn. 11), Rn. 10, wiedergegebenen Fälle.
[63] EuGH, Rs. 41/83, Slg. 1985, 873, Tz. 21 f. (Italien/Kommission).
[64] EuGH, Rs. C-309/96, Slg. 1997, I-7493 (Annibaldi), Tz. 23. Vgl. *Kingreen* (Fn. 11), Tz. 7, sowie bereits die Antwort der Kommission auf die Anfrage Nr. 82/88 des Abg. *Elio*, ABl. EG C 157 v. 26. 06. 1989, S. 3. Im Grunde haben hier die Mitgliedstaaten keinerlei Liberalisierungsspielraum mehr, sondern die Agrarwirtschaft ist – gemeinschaftsrechtlich sanktioniert – als Planwirtschaft ausgeformt.
[65] GA *Mischo,* Schlussantrag zu Rs. C-480/98, Slg. 2000, I-8717 (Spanien/Kommission), Ziff. 83.
[66] GA *Reischl,* Schlussantrag zu Verb. Rs. 188-190/80, Slg. 1982, 2545 (2589) (Frankreich, Italien und Vereinigtes Königreich/Kommission).
[67] GA *Tesauro,* Schlussantrag zu EuGH, Rs. C-202/88, Slg. 1991, I-1223 (Frankreich/Kommission), Ziff. 29.
[68] S.o. Fn. 4.

sperre des Art. 295 EGV über die bloße Zuordnungsentscheidung – staatliches oder privates Eigentum am Unternehmen – hinaus[69]. Aus dem entstehungsgeschichtlichen Bezug des Art. 295 EGV zum Eigentum am Unternehmen als Produktivvermögen und daraus, dass der Vertrag sich ohnehin nicht mit der Eigentumszuordnung befasse und dass daher Art. 295 EGV, der ja nur innerhalb des gemeinschaftlichen Kompetenzrahmens anwendbar ist, ein weiterer Anwendungsbereich zukommen müsse, leitet *Ruiz-Jarabo Colomer* ab, dass sich Art. 295 EGV auf alle öffentlich-rechtlichen und privatrechtlichen Regeln beziehe, die wirtschaftliche Rechte, insbesondere rechtliche Einflussmöglichkeiten in Bezug auf ein Unternehmen gewährten[70]. Art. 295 EGV sichere nicht nur die mitgliedstaatliche Freiheit der Eigentumszuordnung, sondern garantiere die staatliche Befugnis, wirtschaftspolitische Ziele jenseits der Gewinnerzielung durch öffentliche Unternehmen zu verfolgen[71]. Eine allein auf die Eigentumsfrage im engeren Sinne ausgerichtete Interpretation sei sinnlos, da der EGV diese ohnehin nicht regeln wolle[72]; für die gemeinschaftsrechtliche Zulässigkeit der Betätigung im öffentlich-wirtschaftlichen Sektor streite daher eine Vermutung[73]. Im Ergebnis schließt der Generalanwalt die öffentliche Einflussnahme auf privatisierte Aktiengesellschaften über Art. 295 EGV vom gemeinschaftsrechtlichen Zugriff aus[74]. In den gleich lautenden Urteilen vom 4. Juni 2002 hat sich der Gerichtshof dem Generalanwalt nicht angeschlossen, sondern ohne weitere Begründung postuliert, dass die in den Mitgliedstaaten bestehende Eigentumsordnung den Grundprinzipien des EGV nicht entzogen sei[75].

---

[69] Ziff. 50, 54, 63.

[70] Die Schlussanträge liegen noch nicht in deutscher Sprache vor: Ziff. 54: „... the ideal body of rules of every kind, deriving form both private and public law, which are capable of granting economic rights in respect of an undertaking: in other words, rules which allow the person vested with such ownership to exercise decisive influence on the definition and implementation of all or some of its economic objectives."

[71] Ziff. 55: „... any measure which, through intervention in the public sector, understood in the economic sense, allows the State to contribute to the organisation of the nation's financial activity."

[72] Ziff. 63.

[73] Ziff. 67.

[74] Ziff. 66, 91. Vgl. gegen den Erst-recht-Schluss des Generalanwalts (wenn Eigentum am öffentlichen Unternehmen zulässig ist, dann schützt Art. 295 EGV erst recht bloße Einflussnahmen auf private Unternehmen) *Kingreen* (Fn. 11), Rn. 12. Unergiebig hingegen EuGH, Rs. C-58/99, Slg. 2000, I-3811 (Kommission/Italien), da die Verurteilung Italiens allein auf dem Anerkenntnis Italiens und dem fruchtlosen Verstreichen der Frist beruht.

[75] EuGH, Rs. C-367/98, 04. 06. 2002, n.n.i.Slg. (Kommission/Portugal), Tz. 48; Rs. C-483/99, 04. 06. 2002, n.n.i.Slg. (Kommission/Frankreich), Tz. 44; Rs. C-503/99, 04. 06. 2002, n.n.i.Slg. (Kommission/Belgien), Tz. 44.

4. Offene Fragen

Für die Feinabstimmung zwischen Art. 295 EGV und den übrigen Vorschriften des EGV ist das Resultat der Bestandsaufnahme ernüchternd. Die Präjudizien sind zu spärlich und inhaltlich zu disparat, die Markierungen der Spruchpraxis mithin zu schwach, um ihre Grundlinien nachzuzeichnen. Lässt sich die grundsätzliche Funktion des Art. 295 EGV als Kompetenzsperre noch aus Entstehungsgeschichte und Vertragssystematik herleiten, ist auf der gleichen Basis die Grundintention der Vorschrift geklärt, so bestehen offensichtlich gravierende Unsicherheiten bei der Ermittlung des genauen Garantieinhalts im Einzelfall, gerade bezogen auf die Steuerung öffentlicher oder privatisierter Unternehmen in regulierten Märkten. Wie weit reichen die staatlichen Befugnisse im Rahmen der Eigentumsordnung, wann beginnt der vom Gemeinschaftsrecht nicht mehr unberührte Bereich der Grundfreiheiten, Rechtsangleichung und insbesondere der Wettbewerbsregeln einschließlich des Beihilfenregimes? Führt es nicht stets von neuem in einen Zirkelschluss, einerseits die mitgliedstaatliche Autonomie bei der Eigentumsordnung hervorzuheben, andererseits zu betonen, dass die Mitgliedstaaten in der Wahrnehmung dieser Autonomie nicht von den übrigen vertraglichen Verpflichtungen freigezeichnet werden könnten? Ist eine gemeinschaftsweite Wettbewerbsordnung unter Einschluss öffentlicher Unternehmen überhaupt bei gleichzeitiger Unberührtheit der Eigentumsordnung denkbar, und, wenn das Konzept der Eigentumsordnung tatsächlich über die bloße Eigentums*zuordnung* hinausgeht, enthält Art. 295 EGV im Verhältnis zum Wirtschaftsrecht des EGV eine perplexe Anordnung?[76]

Entstehungsgeschichte und Spruchpraxis beantworten diese Fragen nicht[77]. Notwendig ist daher eine systematische Rekonstruktion des Regelungsinhalts von Art. 295 EGV, freilich nicht ohne punktuellen Rückgriff auf genetische Argumente oder Elemente der Kasuistik, wo sich diese anbieten. Thematisch soll dieser Versuch einer Präzisierung im weiteren Verlauf hier auf öffentliche Daseinsvorsorgeaufgaben beschränkt sein.

5. Versuch einer Präzisierung

Auf dem Hintergrund des in Entstehungsgeschichte und Spruchpraxis erkennbar gewordenen Argumentationsspektrums ist ein enges oder ein wei-

---

[76] Siehe die Andeutungen bei *Riegel* (Fn. 16), S. 745 f., 747.
[77] Die neueste Rechtsprechung – EuGH, Rs. C-367/98, 04. 06. 2002, n.n.i.Slg. (Kommission/Portugal), Tz. 48; Rs. C-483/99, 04. 06. 2002, n.n.i.Slg. (Kommission/Frankreich), Tz. 44; Rs. C-503/99, 4. 6. 2002, n.n.i.Slg. (Kommission/Belgien), Tz. 44 deutet allerdings eine restriktive Tendenz an.

tes Verständnis des Begriffs der Eigentumsordnung und damit der kompetenzhemmenden Wirkung des Art. 295 EGV denkbar.

Ein enges Verständnis würde die Eigentumsordnung tatsächlich auf die Eigentumszuordnung beschränken. Innerhalb eines solchermaßen engen Verständnisses ist ein „engstes" Verständnis artikuliert worden, wonach sich Art. 295 (ex-Art. 222) EGV allein auf den Zustand bei Abschluss der Römischen Verträge beziehe, die Eigentumszuordnung 1958 also vor gemeinschaftlichen Einflussnahmen schütze[78]. Die Vorschrift wirke gewissermaßen als „Eintrittskarte", habe jedoch ihre Funktion im weiteren Verlauf verloren und sei durch die materiellen Regeln des gemeinschaftlichen Wirtschaftsrechts abgelöst worden[79]. Für diese Argumentation mögen dem Wortlaut, der systematischen Stellung der Vorschrift bei den allgemeinen und Schlussbestimmungen sowie ihrem entstehungsgeschichtlichen Zusammenhang Anhaltspunkte abgerungen werden. Ihre Schutzfunktion vor Verstaatlichungen durch die Gemeinschaft könnte sie jedoch bei Konsumtion durch Vertragsschluss nicht erfüllen. Zudem hätte man Art. 222 bzw. 295 EGV bei einer der zahlreichen Vertragsänderungen streichen können – er ist nicht einmal geändert worden. Eigentumsrechtliche Fragen hätten in den jeweiligen Beitrittsakten behandelt werden können. Vor allem aber gibt es keine Anhaltspunkte für eine Garantie des *status quo* bei Vertragsunterzeichnung bzw. Beitritt, da den Mitgliedstaaten die Gestaltung ihrer Eigentumsordnungen ja gerade offen gehalten werden soll[80].

Ist das „engste" Verständnis nicht haltbar, bleibt ein enges Verständnis aber gleichwohl im Rahmen des Vertretbaren. Art. 295 EGV betrifft dann nur die Trägerschaft, nicht die Ausübung von Eigentumsrechten, Eigentumsordnung ist dann allein Eigentumszuordnung. Dieses enge Verständnis sieht sich jedoch dem berechtigten Argument gegenüber, dass die Eigentumszuordnung an keiner Stelle im EGV geändert werden soll. Eine Kompetenzausübungsregel betreffend die Eigentumszuordnung ist sinnlos, wenn im Kanon der begrenzten Einzelermächtigungen die Eigentumszuordnung überhaupt nicht erstrebt wird.

Das Gegenargument ruft ein weites Verständnis des Art. 295 EGV auf den Plan. Im Kontext der Eigentumsordnung stünden dann alle eigentumsbezo-

---

[78] *Riegel* (Fn. 16), S. 747, unter Rückgriff auf *Stendardi,* Il regime de proprietà nei Paesi membri delle Comunità Economiche Europee, in: Il diritto degli scambi internazionali 1963, S. 275.
[79] Ungeachtet der Kritik an dieser Auffassung (siehe dazu im Text) ist die „Eintrittskartenfunktion" als Minimum/Ausgangspunkt allgemein konsentiert, vgl. *Hochbaum* (Fn. 11), Rn. 5.
[80] *Burghardt* (Fn. 10), S. 69f., 71; *Franken* (Fn. 18), S. 95; *Hochbaum* (Fn. 11), Rn. 5; *Klein* (Fn. 19), Rn. 8; *Stern* (Fn. 3), S. 223. Illustrativ die – zeitnah zum Vertragsschluss entstandene – Kommentierung in *Wohlfarth/Everling/Glaesner/Sprung* (Fn. 53), Anm. 1.

genen mitgliedstaatlichen Regelungen. Vom gemeinschaftlichen Zugriff unberührt bliebe über die Zuordnung hinaus auch die Ausgestaltung des Eigentums, d. h. sowohl die Führung und organisatorische Ausformung öffentlicher Unternehmen als auch der mitgliedstaatliche Einfluss auf die Privatwirtschaft aus wirtschaftspolitischen Motiven. Auch ein solchermaßen weites Verständnis lässt sich offensichtlich nicht halten, entkleidete es doch das gemeinschaftliche Wirtschaftsrecht jenseits von Art. 295 EGV, insbesondere das differenzierte Konzept des Art. 86 EGV, seiner steuernden Funktion.

Das Dilemma der Interpretation verlangt nach einer tragfähigen Kompromissformel, die weder Art. 295 EGV noch das übrige primäre Wirtschaftsrecht funktionslos werden lässt. Mit diesem Ziel ist Art. 295 EGV so zu verstehen, dass sowohl die Eigentumszuordnung unberührt bleiben muss, als auch diejenigen Gestaltungselemente, deren Wegfall die Zuordnungsentscheidung hinfällig machen würde[81]. Weil die erwähnten Gestaltungselemente aber wirtschaftspolitischer Natur sind, ist die Grundausrichtung des Vertrages auf eine offene Marktwirtschaft mit freiem Wettbewerb (Art. 4, 98 EGV) zwingend zu berücksichtigen. Der Kompromiss nähert sich daher dem engen Verständnis des Art. 295 EGV, ohne im Einzelfall auszuschließen, dass bestimmte Formen der Eigentumsausübung nicht von der Eigentumszuordnung trennbar sind, weil sonst die Unberührtheit der Eigentumszuordnung leerliefe[82]. Allerdings ist dieser gleichsam akzessorische Schutz allein funktional zu verstehen, sodass nicht alle Ausübungsformen geschützt werden müssen, die in den Mitgliedstaaten an eine bestimmte Art und Weise der Eigentumsordnung z. B. kraft Tradition geknüpft sind.

III. Art. 295 EGV als Grundlage der Stabilisierung öffentlicher Daseinsvorsorgeaufgaben

1. Stabilisierung kommunaler Aufgabenerfüllung durch primärrechtliche Kompetenzsperre

Für die Erfüllung öffentlicher Daseinsvorsorgeaufgaben, insbesondere auf der kommunalen Ebene lässt sich hieraus zunächst ein stabilisierender Effekt herleiten, wenn dieser auch wegen des tendenziell engen Verständnisses des Art. 295 EGV begrenzt ist. Die Vorschrift garantiert, dass es die Er-

---

[81] In diese Richtung auch *Stern* (Fn. 3), S. 227 f.
[82] Dies gilt auch für Einzelfallbeurteilungen; anders die institutionelle Sichtweise bei *Pape* (Fn. 10), S. 167.

füllung von Daseinsvorsorgeaufgaben in öffentlicher Trägerschaft gibt[83], untechnisch gesprochen in öffentlichem Eigentum[84], was der Vertrag auch an anderer Stelle voraussetzt[85]. Diese Zuordnung kann kraft Gemeinschaftsrechts nicht verändert werden. Darüber hinaus werden von der Garantie solche Elemente der Aufgabenwahrnehmung erfasst, die zwingend zur Funktionssicherung der öffentlichen Trägerschaft erforderlich sind.

Zur Anwendung der Stabilisierungsfunktion des Art. 295 EGV muss noch die bisher unausgesprochene Voraussetzung erfüllt sein, dass die kommunale Ebene als Teil der mitgliedstaatlichen öffentlichen Hand an den Garantieelementen partizipieren kann. Wenn auch die kommunale Ebene im Vertragswerk nur eine sehr untergeordnete Rolle spielt und die Gewährleistung kommunaler Selbstverwaltung im Gemeinschaftsrecht ausgesprochen problematisch ist[86], ruft jedenfalls diese Voraussetzung keine unüberwindbaren Schwierigkeiten hervor, denn das Vertragswerk tangiert die Binnendifferenzierung in den Mitgliedstaaten nicht[87], und der EuGH geht auch an anderer Stelle von einem weiten Begriff der öffentlichen Hand aus[88].

2. Einzelne Stabilisierungsebenen

a) Trägerschaft und Finanzierung kommunaler öffentlicher Unternehmen

Unter diesen Prämissen lassen sich die stabilisierenden Effekte des Art. 295 EGV auf verschiedenen Ebenen nachzeichnen. Eine erste Ebene betrifft die Trägerschaft und Finanzierung kommunaler öffentlicher Unter-

---

[83] *Hellermann*, Mitgliedstaatliche Daseinsvorsorge im gemeinschaftlichen Binnenmarkt, Der Landkreis 2001, 434 (435); *Klanten*, in: Peter Eichhorn (Hrsg.), Perspektiven öffentlicher Unternehmen in der Wirtschafts- und Rechtsordnung der Europäischen Union, 1993, S. 115 (116), sowie bereits *Mestmäcker*, Offene Märkte im System unverfälschten Wettbewerbs in der Europäischen Wirtschaftsgemeinschaft, in: Festschrift für Böhm, 1965, S. 345 (386).
[84] Diesen Begriff verwenden – ohne Einschränkung – *Thode/Peres* (Fn. 7), S. 461.
[85] Grundlegend *Burgi*, Die öffentlichen Unternehmen im Gefüge des primären Gemeinschaftsrechts, EuR 1997, 261; *ders.*, Verwalten durch öffentliche Unternehmen im europäischen Institutionenwettbewerb, VerwArch. 93 (2002), 255.
[86] Vgl. *Blanke*, Die kommunale Selbstverwaltung im Zuge fortschreitender Integration, DVBl. 1993, 819 (824f.); *Kadelbach*, Allgemeines Verwaltungsrecht unter Europäischem Einfluss, 1999, S. 245 ff.; *Schaffarzik*, Handbuch der Europäischen Charta der kommunalen Selbstverwaltung, 2002; § 33, Rn. 19; *Schoch* (Fn. 46), 23 ff.; *Schmahl*, Europäisierung der kommunalen Selbstverwaltung, DÖV 1999, 852. S. aber auch *Kaltenborn*, Der Schutz der kommunalen Selbstverwaltung im Recht der Europäischen Union, 1996, S. 65 ff.; *Kahl*, in: Calliess/Ruffert (Fn. 11), Art. 10, Rn. 52.
[87] Für Art. 295 (ex-Art. 222) EGV explizit *Mégret* (Fn. 16), Ziff. 2 (S. 422).
[88] EuGH, Rs. C-188/89, Slg. 1990, I-3313 (Foster/British Gas), Tz. 20 bezüglich der Adressaten unmittelbarer Richtlinienwirkung.

nehmen. Hier sichert Art. 295 EGV zunächst die grundsätzliche Möglichkeit des Wirtschaftens in kommunaler Hand. Nach der hier aufgestellten Kompromissformel reicht die Interpretation des Art. 295 EGV weiter und muss Bereiche mitgliedstaatlicher – also auch kommunaler – Gestaltungsfreiheit umfassen, damit die Garantie der unberührten Eigentumsorganisation nicht leer läuft. Dazu gehört vor allem die besondere Einflussnahme kommunaler Vertreter in den Lenkungsgremien der Unternehmen[89]. Problematisch ist aber die Garantie bestimmter Finanzierungsmodi[90].

Im Konflikt mit der Kommission um die öffentlichen Banken hat sich die Bundesregierung frühzeitig auf den damaligen Art. 222 EGV berufen. Auch das Schrifttum hat sich zum Teil dieser Argumentation angeschlossen und die These formuliert, dass zur Garantie öffentlich-rechtlicher Kreditinstitute als Bestandteil einer mitgliedstaatlichen Eigentumsordnung, die sich für die Existenz öffentlicher Unternehmen entschieden hat, zwingend die beiden Elemente Anstaltslast – ständige Aufrechterhaltung der notwendigen Finanzausstattung aus Haushaltsmitteln – und Gewährträgerhaftung – Ausfallhaftung bei Zahlungsunfähigkeit gehörten[91]. Die Streitfrage wurde im Juli 2001 im Rahmen von Verhandlungen zwischen Deutschland und der Kommission für die öffentlich-rechtlichen Banken ausgeräumt[92]. Damit ist sie nicht obsolet geworden: Das Kommunalwirtschaftsrecht kennt seit einigen Jahren die kommunalwirtschaftliche Betätigung in der Rechtsform der öffentlich-rechtlichen Anstalt[93]. Soweit die Gemeindeordnungen der Länder diese im Vorfeld auch als „öGmbH" diskutierte Anstaltsform in ihr kommunalwirtschaftliches Formenrepertoire integriert haben, wird sie von der Gewährträgerhaftung begleitet[94]; die Anstaltslast ergibt sich aus dem überkommenen Bild der Anstalt[95].

Aus diesen Erwägungen mag man auch für die neuen Kommunalwirtschaftsanstalten wie seinerzeit für die Sparkassen behaupten, sie seien jedenfalls ohne Anstaltslast als Unternehmensform in öffentlicher Hand nicht denkbar; für die Sparkassen konnte man sich auch bei der Gewährträgerhaftung auf eine entsprechende Tradition berufen. Auf diese Weise hätten die

---

[89] Ähnlich *Stern* (Fn. 3), S. 224 f.
[90] Siehe bereits *Burghardt* (Fn. 10), S. 93 f.
[91] *Stern* (Fn. 3), S. 230; *Thode/Peres* (Fn. 7), S. 443 f., 461 f.
[92] S.o. Fn. 8.
[93] Dazu *Pielow,* Zwischen Flexibilität und demokratischer Legitimität: Neue Rechtsformen für kommunale Unternehmen, in: Festschrift Knut Ipsen, 2000, S. 725, sowie *Mann,* Die „Kommunalunternehmen" – Rechtsformalternative im kommunalen Wirtschaftsrecht, NVwZ 1996, 557; *Ehlers,* in: Henneke (Fn. 7), S. 89; *Schulz,* Neue Entwicklungen im kommunalen Wirtschaftsrecht Bayerns, BayVBl. 1996, 97 und 129 (129 ff.); *Thode/Peres,* Die Rechtsform Anstalt nach dem kommunalen Wirtschaftsrecht des Freistaates Bayern, BayVBl. 1999, 6.
[94] Art. 89 Abs. 4 BayGO; §§ 86a Abs. 4 GO RP; 114a Abs. 5 GO NW.
[95] Siehe *Wolff/Bachof,* Verwaltungsrecht II, 4. Aufl. 1976, § 98 I b vor 1.

Institute der Anstaltslast und der Gewährträgerhaftung an der Garantie des Art. 295 EGV teil. Dem ist jedoch zu entgegnen, dass einzelne Gestaltungselemente der Eigentumsordnung nur dann kraft Art. 295 EGV vom Gemeinschaftsrecht unberührt bleiben, wenn dies zur Aufrechterhaltung einer bestimmten Eigentumszuordnung zwingend erforderlich ist, nicht, wenn es die Tradition nahe legt. Öffentlich-rechtliche Banken werden aber schon nach Ablauf der Übergangsfrist im Juli 2005 ohne Anstaltslast und Gewährträgerhaftung arbeiten müssen[96], und es gibt keine Anhaltspunkte dafür, dass dann das Sparkassenwesen zusammenbricht[97] oder die Sparkassen zwingend privatisiert werden müssten[98]. Anstalten, denen ohnehin Rechtspersönlichkeit eignet, lassen sich organisatorisch und finanziell von ihrem „Träger" entkoppeln. Die Befreiung vom gemeinschaftsrechtlichen Einfluss über Art. 295 EGV ist nicht funktionsnotwendig[99]. Für Sondersituationen – strukturschwache Gebiete, schwer wiegende Störungen des wirtschaftlichen Gleichgewichts etc. – hält das gemeinschaftsrechtliche Beihilfenregime in Art. 87 III EGV Ausweichmöglichkeiten vor.

b)   Ausdehnung der Kommunalwirtschaft

Wenn Art. 295 EGV den Mitgliedstaaten unbeschadet der schwer greifbaren Schranke aus Art. 4, 98 EGV die Freiheit der Verstaatlichung im Grundsatz belässt, so muss diese Garantie auch für die kommunale Ebene Wirkung entfalten. Pendant zur Verstaatlichung ist hier die Ausdehnung der kommunalwirtschaftlichen Betätigung. Dass es hierfür aktuelle Beispiele und Tendenzen gibt, lässt sich kaum bestreiten, betrachtet man die Vielzahl der Fallkonstellationen, in denen – mangels effektiven Rechtsschutzes vor den Verwaltungsgerichten – erst die Wettbewerbssenate der Oberlandesgerichte das Wirtschaftsgebaren der jeweiligen Stadt oder Gemeinde unterbinden[100]. Nicht von der Hand zu weisen ist auch eine Tendenz zur Rückverstaatli-

---

[96]   Kritisch *Quardt*, EWS 2002, Heft 2, S. I.
[97]   Der Sprecher des Deutschen Sparkassen- und Giroverbandes, *Marotzke*, bezeichnet die Auswirkungen des Kompromisses auf die Sparkassen sogar als gering: FAZ Nr. 52 v. 02. 03. 2002, S. 13.
[98]   Handlungsalternativen: *Henneke*, NdsVBl. 2002, 113 (114 f.). Wie hier auch *Kluth* (Fn. 8), S. 14.
[99]   Dies ist der Kern der Auffassung der Kommission in ihrer Empfehlung v. 08. 05. 2001, wonach Anstaltslast und Gewährträgerhaftung mit der Rechtsform und nicht mit der Eigentümerstellung zusammenhängen, vgl. *Henneke* (Fn. 7), NdsVBl. 2002, 113 (116 f.). Wie hier auch *Brinker* (Fn. 38), Rn. 7; *Kruse*, in: Henneke (Fn. 7), S. 89 (94 f.).
[100] Siehe nur OLG Hamm, JZ 1998, 576 – Gelsengrün (m. Anm. *Martin Müller*); OLG Düsseldorf, NWVBl. 1997, 353 – Nachhilfe (m. Anm. *Moraing*); zum Ganzen *Tomerius*, Wirtschaftliche Betätigung der Kommunen zwischen Gemeindewirtschafts- und Wettbewerbsrecht, LKV 2000, S. 41 (44 f.); *Otting*, Die Aktualisierung öffentlich-rechtlicher Schranken kommunalwirtschaftlicher Betätigung durch das Wettbewerbsrecht, DÖV 1999, 549.

chung liberalisierter Wirtschaftszweige durch Kommunalisierung, vor allem im Telekommunikationssektor. Die Zulässigkeit solcher Entwicklungen nach deutschem Wirtschaftsverfassungs-, Wirtschaftsverwaltungs- und Kommunalrecht einmal außen vor gelassen[101], wirft die Parallele zur Verstaatlichung die Frage auf, ob sie jedenfalls vor dem Europarecht schon wegen Art. 295 EGV Bestand haben müssen.

Art. 295 EGV gewährleistet die Existenz kommunaler Wirtschaftsunternehmen und damit die Freiheit ihrer Gründung. Schon beim Gründungsakt muss aber die spätere Wahrnehmung der Daseinsvorsorgeaufgabe in den Blick genommen werden[102]. Hier kann von einer vollständigen Befreiung insbesondere von den Wettbewerbsregeln des Gemeinschaftsrechts keine Rede sein. Die Aufgabenerfüllung durch Wirtschaften setzt eine öffentliche Aufgabe voraus. Gemeinschaftsrecht, Verfassungsrecht und kommunales Wirtschaftsrecht stehen über die Konzepte des allgemeinen wirtschaftlichen Interesses bzw. der besonderen Aufgabe (Art. 86 I EGV), der Angelegenheiten der örtlichen Gemeinschaft (Art. 28 II 1 GG) und des öffentlichen Zwecks[103] in einem inneren, die Freiheit zur Errichtung öffentlicher Unternehmen begrenzenden Zusammenhang[104]. Dies ist kein Widerspruch zur Unberührtheit der mitgliedstaatlichen Eigentumsordnung nach Art. 295 EGV; ein solcher läge nur dann vor, wenn es überhaupt keine gemeinschaftsrechtlich zulässig wahrnehmbare Aufgabe für (kommunale) öffentliche Unternehmen gäbe, sodass die Gründungsfreiheit ausgehöhlt würde.

Die Parallele zur Freiheit der Verstaatlichung lässt sich nicht ganz bruchlos durchführen. Verstaatlichung bedeutet nicht nur Betätigung des Staates im

---

[101] Hierzu kontrovers *Ebsen,* Öffentlich-rechtliche Rahmenbedingungen einer Informationsordnung, DVBl. 1997, 1039 (1042); *Ehlers,* Rechtsprobleme der Kommunalwirtschaft, DVBl. 1998, 497 (502); *Lerche,* in: Maunz/Dürig, GG, Art. 87f (1996), Rn. 58; *Trute,* Öffentlich-rechtliche Rahmenbedingungen einer Informationsordnung, VVDStRL 57 (1998), 216 (226 f.); *Uerpmann,* in: Ingo von Münch/Philip Kunig, GG III, 3. Aufl. 1996, Art. 87 f, Rn. 10; *Pünder,* Die kommunale Betätigung auf dem Kommunikationssektor, DVBl. 1997, 1353 (1353 f.); *Bundesregierung,* Stellungnahmen zum 11. Hauptgutachten der Monopolkommission, BT-Drs. 13/7998, Ziff. 29; *Lehmann/Stolz,* Kommunale Telekommunikationsnetze im Wandel, CR 1997, 97 (100); *Pielow,* Gemeindewirtschaft im Gegenwind?, NWVBl. 1999, 369 (374 f.).

[102] Ist die Wahl der Organisationsform eine bewusste Nutzung der Steuerungsressource Organisation, so sind Wechselwirkungen mit den rechtlichen Vorgaben für die Aufgabenerfüllung unabdingbar: *Kluth* (Fn. 8), S. 15.

[103] § 102 I Nr. 1 GO BW; Art. 87 I Nr. 1 BayGO; § 100 II Nr. 1 BbgGO; § 121 I Nr. 1 HGO; § 68 I Nr. 1 KV M-V; § 108 I Nr. 1 NGO; § 107 I Nr. 1 GO NW; § 85 I Nr. 1 GO RP; § 108 I Nr. 1 SaarlGO; § 97 I Nr. 1 SächsGO; § 106 I Nr. 1 GO LSA; § 101 Nr. 1 GO SH; § 71 I Nr. 1 ThürKO.

[104] *Ruffert,* Grundlagen und Maßstäbe einer wirkungsvollen Aufsicht über die kommunale wirtschaftliche Betätigung, VerwArch. 92 (2001), 27 (32 f.).

Bereich der privaten Wirtschaft, sondern auch Ausschluss privater Wirtschaftssubjekte von den auf diese Weise verstaatlichten Gebieten. Sie ist der deutschen Kommunalgesetzgebung – jenseits verstaatlichender Tendenzen durch Privilegierung bestimmter kommunaler Wirtschaftszweige unter der schillernden Überschrift der Daseinsvorsorge[105] und jenseits des überkommenen Anschluss- und Benutzungszwangs nach den Gemeindeordnungen der Länder[106] – unbekannt. Sie wäre aber im Grundsatz zulässig, vorausgesetzt, die durch Übertragung auf die mittelbare Staatsverwaltung entstandenen Unternehmen hielten sich an die übrigen Regeln des EG-Wirtschaftsrechts.

c) **Privatisierung und Privatisierungsfolge(n)recht**

Die Ausführungen des Generalanwalts im Vertragsverletzungsverfahren gegen Portugal, Frankreich und Belgien geben schließlich Anlass, eine letzte Ebene der Stabilisierung in den Blick zu nehmen. In den Schlussanträgen erstreckte *Ruiz-Jarabo Colomer* den Schutz des Art. 295 EGV auch auf Einflussmöglichkeiten der Mitgliedstaaten auf den Privatisierungsprozess und privatisierte Unternehmen; ein Bereich, der hierzulande als Privatisierungsfolge- oder Privatisierungsfolgenrecht – je nach Schwerpunkt – charakterisiert und mit der regulierenden Verwaltung in Verbindung gebracht wird.

Auch bei der kommunalen Daseinsvorsorge gibt es Privatisierungsprozesse, und auch hier müssen zur Gewährleistung der spezifisch öffentlich-rechtlich determinierten, oft verfassungsrechtlich vorgeschriebenen Aufgabenerfüllung Steuerungsinstrumente für die Kommunen vorgehalten werden[107]. Von besonderer Bedeutung sind erneut Einflussmöglichkeiten in gesellschaftsrechtlich vorgesehenen Lenkungsgremien[108]. Auch hier ist aber der Garantiegehalt des Art. 295 EGV nicht zu überschätzen. Unberührt vom Gemeinschaftsrecht bleibt nach dieser Vorschrift nur, was zwingend zur privatisierenden Änderung der Eigentumszuordnung gehört, also nur diejenigen Kau-

---

[105] Paradigmatisch: § 107 GO NW i.d.F. v. 14. 07. 1999.
[106] *Weiß*, Öffentliche Monopole, kommunaler Anschluss- und Benutzungszwang und Art. 12 GG, VerwArch. 90 (1999), 415.
[107] Umfassend *Burgi*, Kommunales Privatisierungsfolgenrecht: Vergabe, Regulierung und Finanzierung, NVwZ 2001, 601.
[108] *von Danwitz*, Vom Verwaltungsprivat- zum Verwaltungsgesellschaftsrecht, AöR 120 (1995), 595 (603 ff.); *Hellermann*, Privatisierung und kommunale Selbstverwaltung, in: Oldiges (Hrsg.), Daseinsvorsorge durch Privatisierung – Wettbewerb oder staatliche Gewährleistung, 2001, S. 19 (28 ff.); *Schmidt*, Der Übergang öffentlicher Aufgabenerfüllung in private Rechtsformen, ZGR 1996, 345 (350 f.); *Wahl*, Privatorganisationsrecht als Steuerungsinstrument bei der Wahrnehmung öffentlicher Aufgaben, in: Schmidt-Aßmann/Hoffmann-Riem (Hrsg.), Verwaltungsorganisationsrecht als Steuerungsressource, 1997, S. 301 (329 ff.)

telen, ohne deren Beachtung die Privatisierung unmöglich würde. Ansonsten bleiben insbesondere die Grundfreiheiten und das Wettbewerbskapitel anwendbar. EG-ausländisches Kapital darf nicht ohne Rechtfertigung von Mischbeteiligungen fern gehalten werden, es sei denn, das voraussichtliche Scheitern der Privatisierung bei zu hoher ausländischer Beteiligung ließe sich nachweisen, was auf kommunaler Ebene – anders als in den staatliche Unternehmen betreffenden Fällen – kaum der Fall sein dürfte[109]. Des Weiteren dürfen Lenkungsmaßnahmen keinen Missbrauch marktbeherrschender Stellungen auslösen, und Beihilfen an privatisierte Unternehmen unterliegen dem grundsätzlichen gemeinschaftsrechtlichen Verbot.

3. Zwischenergebnis

Als Zwischenergebnis lässt sich festhalten, dass Art. 295 EGV zwar stabilisierende Wirkungen in der kommunalen Daseinsvorsorgewirtschaft entfaltet, diese Wirkungen jedoch in den meisten Fällen hinter den Erwartungen zurückbleiben. Die Vorschrift läuft dennoch nicht leer: Dem gemeinschaftsrechtlichen Zugriff entzogen ist, was in zwingender Verbindung zur Eigentumsorganisation steht. Die Gemeinschaftsorgane haben bislang diesen Kernbereich noch nicht verletzt.

IV. Art. 295 EGV als Grundlage der Liberalisierung öffentlicher Daseinsvorsorgeaufgaben

Die Frage, ob Art. 295 EGV für die öffentlichen Daseinsvorsorgeaufgaben auch liberalisierende Wirkungen entfalten kann, ist bislang noch nicht gestellt worden. Bislang wird Art. 295 EGV zur Abwehr des liberalisierenden Zugriffs der Gemeinschaftsorgane, vor allem der Kommission im Bereich des Beihilfenrechts, in Stellung gebracht. Die umgekehrte Perspektive, die Abschirmung liberalisierter mitgliedstaatlicher Daseinsvorsorgestrukturen, verdient zumindest einer kurzen Erörterung als theoretische – was nicht gleichzeitig heißt: unrealistische – Option.

Mit der auf französisches Bestreben vollzogenen Aufnahme des Art. 16 EGV in den Vertrag im Rahmen der Revision von Amsterdam[110] hat die Kommission das Konzept der Daseinsvorsorge „entdeckt" und dazu zwei grundlegende Mitteilungen sowie einen Bericht an den Europäischen

---

[109] Noch enger EuGH, Rs. C-367/98, 04. 06. 2002, (Kommission/Portugal) Tz. 48; Rs. C-483/99, 4. 6. 2002, n.n.i.Slg. (Kommission/Frankreich), Tz. 44; Rs. C-503/99, 04. 06. 2002, n.n.i.Slg. (Kommission/Belgien), Tz. 44.

[110] Zu dieser Vorschrift ausführlich der Bericht von *Kluth,* in diesem Band.

Rat (von Laeken) erarbeitet[111]. Nach diesen Dokumenten versucht die bisherige Daseinsvorsorgepolitik der Kommission, Leistungen der Daseinsvorsorge im bestehenden gemeinschaftsrechtlichen Rahmen sicherzustellen, indem Kompetenzen der Gemeinschaftsorgane – vor allem im Beihilferecht – gewissermaßen „daseinsvorsorgefreundlich" ausgeübt werden sollen.

Das Konzept der Daseinsvorsorge schließt aber auch eine aktivere, noch stärker auf die öffentliche Hand ausgerichtete Politikgestaltung ein. In besonderer Nähe zum entstehungsgeschichtlichen Ursprung des Art. 295 EGV schützte die Vertragsnorm dann solche Staaten vor einer – vermutlich mitgliedstaatlich induzierten – daseinsvorsorgeorientierten Hyperaktivität der Gemeinschaftsorgane, die sich für eine konsequente Liberalisierung des Daseinsvorsorgesektors entschieden hätten. Denn auch umgekehrt gilt: Alles, was zwingend von der Privatisierungsentscheidung vorausgesetzt wird, fällt unter den eigentumsbezogenen Schutz des Art. 295 EGV. Eine globale Verstaatlichungs- oder, ebenenbezogen, Kommunalisierungsentscheidung der Gemeinschaftsorgane ist kaum denkbar. Dennoch mögen Einzelmaßnahmen diesen inneren Schutzkern zumindest berühren, so wäre etwa die Auferlegung von Universaldienstleistungspflichten ohne Rückfinanzierungsmodell geeignet, die private Aktivität in einem bestimmten Sektor zu erdrosseln.

V. Fazit: Art. 295 EGV im europäischen Gesellschaftsmodell nach Maßgabe des Vertragswerks

Art. 15 GG, die thematisch und historisch mit Art. 295 EGV verbundene Verstaatlichungskompetenz des Grundgesetzes, wird in einem neueren Grundgesetzkommentar als „Verfassungsfossil" bezeichnet[112]. Die Gefahr

---

[111] Mitteilung der Kommission – Leistungen der Daseinsvorsorge in Europa, Dok. KOM (2000) 580 endg. v. 20. 09. 2000; Bericht für den Europäischen Rat in Laeken – Leistungen der Daseinsvorsorge, Dok. KOM (2001) 598 endg. v. 17. 10. 2001; bereits vorher: Mitteilung der Kommission über Leistungen der Daseinsvorsorge in Europa, Abl. EG C 281 v. 26. 09. 1996, S. 3. Zum Ganzen *Albin*, Daseinsvorsorge und EG-Beihilfenrecht, DÖV 2001, 890; *Henneke*, Weiterentwicklung der kommunalen Wirtschafts- und Sparkassenrechts im Lichte des EG-Vertrages, in: Festschrift für Maurer, 2001, S. 1137; *Ennuschat*, Die neue Mitteilung der Kommission zu den Leistungen der Daseinsvorsorge in Europa, RdE 2001, 46; *Schwarze*, Daseinsvorsorge im Lichte des europäischen Wettbewerbsrechts, EuZW 2001, 334 (kritisch dazu *Koenig*, EuZW 2001, 481). Der Europäische Rat von Laeken hat die Kommission beauftragt, einen Orientierungsrahmen für staatliche Beihilfen betreffend Leistungen der Daseinsvorsorge zu erarbeiten (Ziff. 26 der Schlussfolgerungen des Vorsitzes, abrufbar unter: http://europa.eu.int/council/off/conclu/, sowie als Anhang zum DLT-Rundschreiben Nr. 01/2002.

[112] *Depenheuer* (Fn. 25), Überschrift vor Rn. 4.

ist keinesfalls gebannt, dass Art. 295 EGV das gleiche Schicksal erleidet – insbesondere angesichts der restriktiven Tendenz in der neuesten EuGH-Rechtsprechung in den erwähnten Urteilen vom 4. Juni 2002. Die Vorschrift gibt jedoch nicht nur eine politische Option, sondern enthält zwingendes primäres Gemeinschaftsrecht, das die Vertragsrevisionen und auch die Forderung, sie müsse „auf dem Weg zur Europäischen Union fallen"[113], überdauert. Will man ihre Funktion erhalten, der Integration eine letzte, sachlich gerechtfertigte Grenze zu setzen[114], so darf man sie nicht mit politischen Erwartungen überladen. In der Reduktion auf ihren Regelungskern, die Gewährleistung dessen, was für die Eigentumszuordnungsentscheidung funktionell unabdingbar ist, kann sie aber sowohl stabilisierend als auch notfalls liberalisierend für die Wahrnehmung öffentlicher Daseinsvorsorgeaufgaben wirken.

---

[113] *Everling* (Fn. 10), S. 400.
[114] So schon *Ipsen*, Europäisches Gemeinschaftsrecht, 1972, 54/41.

Johann-Christian Pielow

Zur Bedeutung der Art. 81 ff. EGV

A. Öffentliche Daseinsvorsorge zwischen „Markt" und „Staat"

Das Leitmotiv dieses Tagungsabschnitts deutet eine Spannungs- resp. Schieflage im Recht der Europäischen Gemeinschaften an – nämlich dergestalt, dass sich die Öffnung wichtiger Bereiche der öffentlichen Daseinsvorsorge für den Wettbewerb (Liberalisierung) offenbar – und automatisch? – zulasten eben dieser Dienstleistungen auswirkt. Führt man sich zudem die einschlägigen, schon jetzt kaum noch zu überschauenden Fachsymposien, Publikationen und politischen Stellungnahmen jedweder Provenienz der letzten Zeit vor Augen[1], haben wir es bereits mit einem *Fundamentaldissens* zu tun, dessen Tragweite mit dem erst nach langem politischen Tauziehen erreichten Kompromiss zur weiteren, nach wie vor freilich nicht vollständigen Öffnung der europäischen Energiemärkte beim Treffen der europäischen Regierungschefs in Barcelona gerade wieder publikumswirksam dokumentiert worden ist[2]. Da steht auf der einen Seite das zentrale – und prinzipiell *alle* Wirtschaftssektoren erfassende – Postulat der offenen Marktwirtschaft mit freiem Wettbewerb (Art. 4 Abs. 1 EGV) im umfassend zu verwirklichenden Binnenmarkt. Auf der anderen Seite formiert sich immer nachhaltiger und unüberhörbarer der Widerstand einzelner Mitgliedstaaten nebst ihrer regionalen und kommunalen Untergliederungen, sobald das Wettbewerbsprinzip auf solchen Dienstleistungssektoren zur Anwendung gelangen soll, die bislang mehr oder weniger ausgeprägt vom Markt abgeschottet resp. von der öffentlichen Hand „beherrscht" waren: Sei es, dass die betreffenden Dienste seit alters her vorwiegend durch „öffentliche" Monopol- oder Oligopolunternehmen erbracht wurden, oder dass „der Staat" zwar neben öffentli-

---

[1] Aus der bunten Reihe politik-, wirtschafts- und/oder rechtswissenschaftlicher Stellungnahmen (allein in Deutschland) siehe zuletzt etwa die Beiträge in Cox (Hrsg.), Daseinsvorsorge und öffentliche Dienstleistungen in der Europäischen Union, 2000, Hrbek/Nettesheim (Hrsg.), Europäische Union und mitgliedstaatliche Daseinsvorsorge, 2002, und Schwarze (Hrsg.), Daseinsvorsorge im Lichte des Wettbewerbsrechts, 2001.
[2] Siehe dazu die Schlussfolgerungen des Vorsitzes des Europäischen Rates (Barcelona) v. 15./16. 03. 2002 (SN 100[02]), *http://ue.eu.int/de/info/eurocouncil/*, insbes. Rn. 36f. (entgegen ursprünglicher Planungen soll bis 2004 lediglich eine 60-prozentige Marktöffnung erreicht sein; weitere Schritte werden nicht vor 2003 beschlossen).

chen auch gemischt-wirtschaftliche und rein private Unternehmen mit der Erledigung von Versorgungsaufgaben befasste, die so „in Dienst Genommenen"[3] jedoch – in Kompensation für die im Interesse einer flächendeckenden sowie qualitativ wie in sozialer Hinsicht angemessenen Leistungserbringung auferlegten Verpflichtungen – mit Exklusiv- oder anderweitigen Vorzugsrechten, etwa in Gestalt von Ausgleichszahlungen, ausstattete. Die staatliche „Vorherrschaft" auf so zentralen Gebieten wie der Post-, der Wasser- und Energie-, der Telekommunikations- und Rundfunkversorgung sowie der Verkehrs- und Entsorgungswirtschaft äußerte sich so und traditionell entweder in umfassender „Eigenregie", jedenfalls aber in „beliebiger", da von keinerlei „supranationalem" Recht überschatteter rahmenrechtlicher Flankierung und Regulierung der betroffenen Wirtschaftssektoren.

I. Die Kommunalwirtschaft im Zugriff des europäischen Wettbewerbsrechts

In welchem Maße derartige Verhaltensweisen nun gerade dem möglichen Zugriff des europäischen Wettbewerbsrechts in den Art. 81 ff. des EG-Vertrages (EGV) unterliegen, sei hier zunächst anhand eines fiktiven und bewusst etwas überspitzten, indes keineswegs irrealen (Schrecken-) Szenarios aus der Praxis der öffentlichen, und hier nahe liegender Weise der *kommunalen* Daseinsvorsorge kurz illustriert, angesichts dessen sodann erste Konsequenzen formuliert werden können.

1. Ein Szenario

Keineswegs ausgeschlossen erscheint es, dass die Kommission in naher Zukunft und aufgrund des ihr in Art. 86 Abs. 3 EGV *allein*, also unabhängig von Rat und Parlament, zustehenden Kompetenztitels, wie schon einmal auf dem Gebiet der Telekommunikation praktiziert[4], eine Richtlinie erlässt, mittels derer nun auch die vom europäischen Wettbewerbsdruck bislang weitgehend unbehelligte und überwiegend staatlich bzw. kommunal „beherrschte" *Wasserver- und Abwasserentsorgung* dem Wettbewerb geöffnet werden

---

[3] Zu dem im Zuge der „Privatisierung" von Versorgungsaufgaben neu belebten Terminus der „Indienstnahme" etwa *Burgi*, Funktionale Privatisierung und Verwaltungshilfe, 1999, S. 87 ff., 255 ff.; *Pielow*, Grundstrukturen öffentlicher Versorgung, 2001, S. 451 ff.

[4] Vgl. Richtlinie 88/301/EWG der Kommission v. 16. 05. 1988 über den Wettbewerb auf dem Markt für Telekommunikations-Endgeräte, ABl. EG L 131 v. 16. 05. 1988, S. 73; im Erg. zustimmend EuGH, Slg. 1991, 1223 (Telekommunikations-Endgeräte), Tz. 14, 21, 24 f.

soll[5]. Am ehesten wird man sich, zumal ein Wettbewerb via „Zwangsdurchleitung" bzw. Netzzugang Dritter („Wettbewerb *im* Netz") wegen fehlender Verbindungen der örtlichen Leitungsnetze und der hohen Anforderungen an die (Trink-) Wasserqualität derzeit eher unrealistisch erscheint, insoweit eine Verpflichtung zur regelmäßigen Neuausschreibung und Vergabe der Gebietsversorgung („Wettbewerb *um* das Netz") vorstellen können.

Nehmen wir ferner ein beliebiges, erfolgreich auch auf dem Wassersektor engagiertes deutsches Kreis- oder Stadtwerk, das sich nun, d. h. spätestens nach Ablauf der Transformationsfrist in der angenommenen Richtlinie bzw. und im Fall von Übergangsregelungen nach Ablauf des das Gebietsmonopol bislang sichernden Konzessionsvertrags, dem Druck des Marktes ausgesetzt sieht. Eine Weile dürfte es diesem Druck gewiss standhalten; schließlich entwickelten die kommunalen Versorgungsunternehmen angesichts des (ausgeprägteren) Wettbewerbsdrucks etwa im Energiesektor bereits ein beachtliches Maß an Kreativität[6]. Zur Positionserhaltung eingesetzte Werbe- und andere Geschäftsstrategien, namentlich die Expansion durch Diversifizierung (Stichwort: „Multi Utilities") und/oder Ausdehnung der Versorgung auf Absatzgebiete außerhalb des angestammten Gemeindegebietes (eventuell sogar im Ausland) stoßen freilich – namentlich im Fall kleinerer Gemeinden und Kommunalunternehmen – an finanzielle Grenzen, soweit sich solche Praktiken nicht schon vorab durch das Verfassungs- und das kommunale Wirtschaftsrecht[7] oder die an § 1 UWG orientierte Rechtsprechung

---

[5] Sektorspezifische europäische Vorgaben betreffen derzeit lediglich die Erhaltung und Förderung der Wasserqualität sowie die Bewirtschaftung von Oberflächengewässern, vgl. namentlich die Richtlinie 2000/60/EG des Europ. Parlaments und des Rates v. 23. 10. 2000 zur Schaffung eines Ordnungsrahmens für Maßnahmen der Gemeinschaft im Bereich der Wasserpolitik („Wasserrahmenrichtlinie"), ABl. EG L 327 v. 22. 12. 2000. „Öffentliche" Wasserunternehmen unterliegen freilich schon jetzt insbesondere den Vorgaben der unlängst verschärften „Transparenzrichtlinie" (vgl. Richtlinie 2000/52/EG v. 26. 07. 2000, ABl. EG L 193, S. 75) sowie den Richtlinien über die öffentliche Auftragsvergabe. – Eingehend zur Gesamtproblematik: *Burgi*, Privatisierung der Wasserversorgung und Abwasserbeseitigung, in: Hendler/Marburger u. a. (Hrsg.), Umweltschutz, Wirtschaft und kommunale Selbstverwaltung, 2001, S. 101ff.; *Mankel/Schwarze*, Wettbewerb in der Wasserversorgung – Konzepte, Modelle, Effekte, ZögU 2000, 418ff.; *Salzwedel*, Optionen, Chancen und Rahmenbedingungen einer Marktöffnung für eine nachhaltige Wasserversorgung, NordÖR 2001, 185ff.; *Hames*, Privatisierung und Deregulierung: Kein Königsweg für die Wasserversorgung, Der Städtetag 2001, 18ff.

[6] Siehe insoweit nur die Hinweise bei *Britz*, Funktion und Funktionsweise öffentlicher Unternehmen im Wandel, NVwZ 2001, 380ff.

[7] Zur Frage des außergemeindlichen Auftretens kommunaler Unternehmen statt vieler: *Kühling*, Verfassungs- und kommunalrechtliche Probleme grenzüberschreitender Wirtschaftsbetätigung der Gemeinden, NJW 2001, 177ff.; *Oebbecke*, Die örtliche Begrenzung kommunaler Wirtschaftstätigkeit, ZHR 2000, 375ff.; speziell zum Wirtschaftshandeln im Ausland etwa § 107 Abs. 4 GO NW.

einzelner Oberlandesgerichte[8] durchkreuzt sehen. Wird also die Luft langsam dünner, erscheint als Ausweg noch die – im Wassersektor durchaus schon gängige – *freiwillige* Kooperation mit Drittunternehmen mittels Begründung vielgestaltiger *Public private partnerships* (meist in Form von Minderheitsbeteiligungen oder befristeten Betreiberverträgen) oder gemischt-öffentlicher Partnerschaften (durch Zusammenarbeit mehrerer Kommunen und ihrer Unternehmen in Gestalt von Wasser- oder ähnlichen Zweckverbänden)[9]. Führte der Kommissionsvorstoß nun aber zur *obligatorischen*, u.U. sogar europaweiten Ausschreibung lokaler Wasserver- und -entsorgungsgebiete, schlüge die Stunde der *Global Player* auf diesem Sektor, allen voran etwa die französische *Vivendi*-Gruppe (resp. *Générale des Eaux*) oder *RWE/Thamse Water*, und käme es zum *Run* auf die mittlerweile noch rund 6.600 Wasserversorgungs- und 8.000 Entsorgungsbetriebe. Der damit ausgelöste Konzentrationsprozess führte womöglich zur Auflösung der trotz fortbestehender Gebietsmonopole[10] gerade auch im internationalen Vergleich durchaus pluralistischen deutschen Wasserwirtschaft, über kurz oder lang aber auch zur spürbaren Verwässerung bis dato vorherrschender kommunaler Einflusszonen auf diesem Sektor[11].

Namentlich kleinere Stadtwerke dürften angesichts dieser Herausforderungen alsbald nach handfesteren Absicherungen, insbesondere in Form eines finanziellen Nachschusses durch das Trägergemeinwesen, verlangen. Käme es zu solchen Unterstützungen, gelangte womöglich abermals das europäische Wettbewerbsrecht, dieses Mal in Form der Beihilfenkontrolle

---

[8] Vgl. zuletzt namentlich OLG Düsseldorf, DVBl. 2000, 284 und DVBl. 2001, 1283. Einschränkender nunmehr allerdings BGH, Nds VBl. 2002, 303 m. Anm. *Henneke* – Kontrolle anhand des § 1 UWG nur zulässig in Bezug auf das „Wie" der gemeindewirtschaftlichen Betätigung.

[9] Einen Überblick zu den derzeit praktizierten Kooperationen vermittelt der Schlussbericht zu dem vom Bundeswirtschaftsministerium in Auftrag gegebenen Gutachten über „Optionen, Chancen und Rahmenbedingungen einer Marktöffnung für eine nachhaltige Wasserversorgung" („Ewers-Gutachten"), Juli 2001, S. 11 ff.; zu den organisationsrechtlichen Anforderungen an solche Partnerschaften namentlich BerlVerfGH, NVwZ 2000, 794 – Berliner Wasserbetriebe, und die diesbezüglichen Stellungnahmen, etwa von *Wolfers,* ebenda., 765 ff., und *Hecker,* VerwArch. 2001, 261 ff.

[10] Im Bereich der Wasserversorgung gilt die durch § 103 GWB a. F. eingeräumte wettbewerbsrechtliche Sonderstellung für ausschließliche Gebietsschutzverträge auch nach der Kartellrechtsnovelle v. 26. 08. 1998 (BGBl. I S. 2546), die die Bereichsausnahme für die Strom- und Gasversorgung abschaffte, fort.

[11] Rechtlich abgesichert sind sie – abgesehen von der kartellrechtlichen Privilegierung der Gebietsmonopole im Wasserbereich – bislang durch die Ausgestaltung der Abwasserbeseitigung und z. T. auch der Wasserversorgung als kommunaler Pflichtaufgabe (vgl. § 18 Abs. 2 WHG, etwa i.V.m. § 53 Abs. 1 S. 1 LWG NW; für die Wasserversorgung z. B. § 57 Abs. 1 SächsWG) mit oder ohne Übertragungsmöglichkeit gemäß § 18a Abs. 2a WHG, im Übrigen durch die kommunalrechtliche Möglichkeit des Anschluss- und Benutzungszwangs (z. B. nach § 9 GO NW o. § 14 SächsGO).

(Art. 87ff. EGV) zur Anwendung. Aber auch der alternative Ausweg über den *freiwilligen* Zusammenschluss mit Drittunternehmen sähe sich, je nach „Binnenmarktrelevanz" derartiger Zusammenschlüsse auf den Prüfstand des EG-Kartellrechts, namentlich in Gestalt des Kartellverbots in Art. 81 Abs. 1 EGV und eventuell sogar der (allerdings nur bei Großfusionen greifenden) Fusionskontrolle[12], gestellt[13]. Die Beteiligung von Kommunen oder deren Stadtwerken an anderen Versorgungsunternehmen unterläge möglicherweise wiederum der Beihilfenaufsicht nach den Art. 81ff. EGV. Noch potenziert sähe sich der Wettbewerbsdruck auf die kommunale Versorgungswirtschaft schließlich, käme es tatsächlich einmal zu einem sekundärrechtlich vermittelten und zumindest schon einmal angedachten Endkunden- oder Durchleitungswettbewerb mittels Drittzugangs zu den (Wasser-) Versorgungsnetzen[14] – abgesehen davon, dass die Kommission oder auch das Bundeskartellamt (vgl. Art. 84 EGV und z. B. § 50 GWB) ganz unabhängig von denkbaren Richtlinien und Verordnungen einmal geneigt sein könnten, dem deutschen System der geschlossenen (Wasser-) Versorgungsgebiete mittels *direkter* Anwendung der Art. 81 Abs. 1 und 82 EGV zu Leibe zu rücken[15].

2. Konsequenzen

Blieben von der kommunalen Wasserwirtschaft – je nach Intensität des EG-kartellrechtlichen Zugriffs – am Ende womöglich nur Rudimente (etwa in Gestalt einzelner erfolgreich expandierter Großversorger) erhalten[16], wäre dies der Sache nach immerhin damit zu rechtfertigen, dass die neuen Ver-

---

[12] Gemäß Verordnung 4064/89/EWG des Rates v. 21. 12. 1989 über die Kontrolle von Unternehmenszusammenschlüssen (ABl. EG L 395 v. 21. 12. 1989, S. 1) i.d.F. der Änderungsverordnung 1310/97/EG des Rates v. 30. 06. 1997 (ABl. EG L 180 v. 30. 06. 1997, S. 1); dazu im Überblick nur *Oppermann*, Europarecht, 2. Aufl. 1999, Rn. 1044ff.; zur EG-kartellrechtlichen Behandlung von Zusammenschlüssen unterhalb der Schwellenwerte der genannten Verordnung: *Sedemund/Montag*, in: Dauses (Hrsg.), Handbuch des EU-Wirtschaftsrechts, 2001, H. I Rn. 330ff.
[13] Zur Bandbreite solcher (vertikalen oder horizontalen) Kooperationen im Bereich der Energiewirtschaft siehe etwa *Moraing*, in: Burgi (Hrsg.), Energiepartnerschaften zwischen privaten Versorgungsunternehmen, Stadtwerken und Kommunen, 2002 (i. E.); zur diesbezüglichen kartell- und fusionsrechtlichen Beurteilung aus Sicht des GWB anschaulich etwa *Jaeger*, ebda.
[14] Vgl. zu entsprechenden Planspielen die Hinweise im „Ewers-Gutachten" (Fn. 9), S. 37ff.
[15] Zu entsprechenden Vorstößen des Bundeskartellamts im Vorfeld der Energierechtsreform siehe die Hinweise bei *Pielow* (Fn. 3), S. 585 m. w. N.
[16] Eine Berufung auf verfassungsrechtliche Garantien der kommunalen Selbstverwaltung scheiterte hier schon am Vorrang des Gemeinschaftsrechts, das seinerseits keinerlei Sonderrechte zugunsten örtlicher Gebietskörperschaften vermittelt – ganz abgesehen davon, dass nach inzwischen wohl überwiegender Auffassung Art. 28 Abs. 2 GG allenfalls bedingten Schutz gegenüber Privatisierungs- und/oder Liberalisierungsvorstößen des (deutschen) Gesetzgebers bietet.

sorger mindestens ebenso gut für den Zu- und Abfluss des Wassers sorgten und dies im Zeichen des Wettbewerbs am Ende sogar (noch) kundenfreundlicher, für die Masse der Verbraucher insbesondere preiswerter geschähe. Indes drängen sich sogleich zwei grundlegende Einwände auf:

Zunächst ginge mit dem geschilderten Szenario *de facto* ein gemeinschaftsrechtlich vermittelter und vor dem Hintergrund des Art. 295 EGV mindestens problematischer Systemwechsel von der kommunal beherrschten hin zur überwiegend privatwirtschaftlich strukturierten Versorgungswirtschaft einer[17]. Erheblich beeinträchtigt sähe sich aber auch, was in der europarechtlichen Debatte um die Daseinsvorsorge bislang nicht immer hinreichend beachtet wird, die *instrumentale* Funktion des kommunalen Versorgungsunternehmens, nämlich sein Einsatz als *Steuerungsmedium* für die Verfolgung von Gemeinwohlinteressen auf der Ortsebene[18]. Den betroffenen Gebietskörperschaften wäre nicht nur die Möglichkeit genommen, über die in Art. 86 Abs. 1 EGV immerhin als gleichrangig anerkannte wirtschaftliche Eigenbetätigung auf die Verwirklichung des (primären) Versorgungszwecks Einfluss zu nehmen. Angesichts der drohenden Entörtlichungsprozesse würde es ihnen überdies erschwert, mit dem Steuerungsinstrument des Kommunalunternehmens etwaige „sekundäre" und *sub signo* „Selbstverwaltung" gleichfalls legitime Zusatzbelange zu verfolgen. Dabei geht es nicht nur um die unter kartellrechtlichem Dauerbeschuss stehenden *Quersubventionen* aus lukrativen Versorgungssparten zur Unterstützung defizitärer Dienste des Unternehmens oder den *kommunalen Querverbund* zugunsten anderweitiger kommunaler Einrichtungen[19]. Behindert sähe sich auch die Durchsetzung übriger Gemeinwohlanliegen, etwa besonderer umweltschutzbezogener resp. der „Nachhaltigkeit" dienender Zielsetzungen (z. B. die Entwicklung von Anreizsystemen zwecks sparsamen Umgangs mit Wasser und Energie) oder von Belangen der Wirtschaftsförderung (z. B. durch Gewährung günstiger Versorgungskonditionen für ansiedlungswillige Betriebe) sowie der Einsatz des Stadtwerks im Rahmen der örtlichen Arbeitsmarktpolitik[20].

---

[17] Eine eigentliche Pflicht zur (materiellen) Privatisierung bestünde freilich nur, sofern die Wasserver- und Abwasserentsorgung zwingend aus ihrer Eigenschaft als kommunaler Exklusiv- bzw. Pflichtaufgabe bzw. als zur Anwendung des Anschluss- und Benutzungszwangs berechtigender Agenda (Fn. 11) entlassen werden müsste. Zur Problematik des Art. 295 EGV siehe im Einzelnen den vorstehenden Beitrag von *Ruffert* in diesem Band.

[18] Dazu instruktiv namentlich *Burgi*, Verwalten durch öffentliche Unternehmen im europäischen Institutionenwettbewerb, VerwArch. 2002, 255 (259f., 264ff.).

[19] Siehe dazu etwa die Hinweise bei *Muthesius*, in: Brede (Hrsg.), Wettbewerb in Europa und die Erfüllung öffentlicher Aufgaben, 2001, S. 119 (123ff.).

[20] Immerhin ist, worauf zu Recht hingewiesen wird, daran zu denken, über die entsprechende Ausgestaltung von Konzessions- oder ähnlichen Geschäftsbesorgungs- bzw. Gesellschaftsverträgen mit Drittunternehmen auch weiterhin die Befolgung kommunaler Sonderanliegen

II. Grundeinsichten

Geht es nun um die Entwicklung möglicher Optionen zur Auflösung der Spannungslage zwischen europäischem Wettbewerbs- und kommunalen Daseinsvorsorgeinteressen, sind einige grundsätzliche Klärungen vorauszuschicken.

1. Wandlungen öffentlicher Daseinsvorsorge

Dass „öffentliche Daseinsvorsorge" hierzulande zur geläufigen Chiffre für die *staatliche* resp. *kommunale* Erfüllungsverantwortung avancierte, beruht im Wesentlichen darauf, dass über lange Zeit „existenzielle" Dienstleistungen in den Bereichen namentlich der Energie-, der Post- und Rundfunk- sowie der Verkehrsversorgung und Abfallentsorgung nahezu ausschließlich von „öffentlichen" Unternehmen erbracht wurden und diese Dienste nicht selten *de jure* oder *de facto* (aufgrund der kommunalen „Wegehoheit" z. B. im Energiesektor) als *Aufgaben-* oder *Verwaltungsmonopole* ausgestaltet waren[21]. Dieses Panorama hat sich bekanntlich grundlegend gewandelt: Infolge vielfach „europäisch" initiierter Liberalisierungs- und Deregulierungsprozesse befindet sich heutzutage oftmals nur mehr ein Bruchteil eigentlicher Erfüllungsaufgaben in öffentlicher Hand: Zu nennen sind auf der *kommunalen* Ebene etwa die schon erwähnte Wasserver- und Abwasserentsorgung, ferner Reste der Abfallentsorgung, Teile des Rettungsdienstes oder die „Planung, Organisation und Ausgestaltung" des öffentlichen Personennahverkehrs, wohlgemerkt: *nicht* die Erbringung von Verkehrsdienstleis-

---

rechtsverbindlich sicherzustellen. Dies setzt freilich wiederum voraus, dass die Erfüllungsverantwortung bei den Kommunen monopolisiert bleibt; im Übrigen tendierten mit zunehmender Unternehmenskonzentration resp. Entörtlichung auch diese Einflussmöglichkeiten eher gegen Null.

[21] Während im Aufgabenmonopol dem öffentlichen Träger die Konzessionierung Dritter gestattet ist (vgl. z. B. § 18a Abs. 2a WHG), verbleibt die Erfüllungsaufgabe im Verwaltungsmonopol (wie bei der früheren Bundesbahn und Bundespost aufgrund Art. 87 Abs. 1 GG a.F.) ausschließlich bei der öffentlichen Hand (allenfalls mit der Möglichkeit funktionaler Privatisierung), vgl. dazu *Pielow* (Fn. 3), 328, 500 f. Zur Entstehungs- und (mehr deskriptiven als normativen) Wirkungsgeschichte des Prinzips „Daseinsvorsorge" zuletzt eingehend ebenda, siehe 353 ff., sowie *Hermes*, Staatliche Infrastrukturverantwortung, 1998, S. 92 ff., *Hellermann*, Örtliche Daseinsvorsorge und gemeindliche Selbstverwaltung, 2000, insbes. S. 143 ff., und *Hösch*, Die kommunale Wirtschaftstätigkeit, 2000, S. 28 ff. – jew. mit z. T. abweichender Nuancierung. Ferner: *Scheidemann*, Der Begriff Daseinsvorsorge – Ursprung, Funktion und Wandlungen der Konzeption Ernst Forsthoffs, 1991, passim, und zuvor bereits *Löwer*, Energieversorgung zwischen Staat, Gemeinde und Wirtschaft, 1989, S. 110 ff.

tungen als solche[22]. Die Situation im „ÖPNV"[23] steht insofern symptomatisch für den vielerorts zu verzeichnenden Rückzug des Staates von der exklusiven Leistungs- auf die nur noch flankierende („steuernde") Gewährleistungs- oder Infrastrukturverantwortung in einem hoch differenzierten Schema der (kooperativen) Aufgabenteilung zwischen öffentlichen *und* gesellschaftlichen Akteuren bei der Gemeinwohlsicherung jenseits klassischer Formen der Staatlichkeit[24]. Auch die einstmals „kommunale" Daseinsvorsorge ist damit weitenteils – und vielleicht erstmals – zu einer eigentlich *öffentlichen,* im Sinne einer im Prinzip jedermann offen stehenden – und damit „trägerneutralen" – Daseinsvorsorge geworden, wie dies denn auch die Definition von „Leistungen der Daseinsvorsorge" durch die Europäische Kommission auf den Punkt bringt, wenn dort unabhängig von konkreten Organisationsformen schlicht von „gemeinwohlorientierten" Leistungen die Rede ist[25].

---

[22] Zum Wassersektor siehe oben Fn. 11; vgl. ferner § 15 Abs. 1 KrW-/AbfG (Hausmüllentsorgung), freilich mit der Möglichkeit der Privatisierung nach §§ 16, 17 u. 18 KrW-/AbfG, § 6 Abs. 1 RettG NW (Rettungsdienst), auch hier mit möglicher Übertragung auf Dritte gem. § 13 Abs. 1; schließlich § 3 Abs. 1 RegionalisierungsG NW (für den ÖPNV); die Erbringung konkreter Nahverkehrsdienstleistungen ist hingegen Regelungsgegenstand der §§ 9 ff. PBefG (als Ausfluss der wirtschaftsrechtlichen Legislativkompetenz des Bundes gem. Art. 74a Abs. 1 Nr. 11 GG). Wenn in § 1 RegionalisierungsG NW der „ÖPNV" pauschal als „Aufgabe der Daseinsvorsorge" gekennzeichnet wird, ist dies richtigerweise entsprechend einschränkend, d. h. im Sinne einer bloßen Organisations- oder Gewährleistungsverantwortung mit lediglich „residualen" Einstands- oder Erfüllungspflichten der zuständigen Gebietskörperschaften zu interpretieren.

[23] Dazu eingehend *Fehling,* Zur Reform der Daseinsvorsorge am Beispiel des öffentlichen Personennahverkehrs, in: Die Verwaltung 2001, 25 ff.; *Hösch,* Daseinsvorsorge und Territorialitätsprinzip im öffentlichen Personennahverkehr, GewArch. 2001, 112 ff.; ferner: *Barth,* Nahverkehr in kommunaler Verantwortung, 2000, und *Scheele/Sterzel,* Öffentlicher Personennahverkehr zwischen Gemeinwohlinteresse und Markt, 2000.

[24] Verfassungsrechtlich in der Neukonzeption des Eisenbahn- sowie des Post- und Telekommunikationswesens in den Artikeln 87e Abs. 3 u. 4 sowie 87f Abs. 1 u. 2 GG. – Siehe im Übrigen die grundlegenden Analysen von *Schuppert* (zuletzt etwa: Vom produzierenden zum gewährleistenden Staat, in: Gusy [Hrsg.], Privatisierung von Staatsaufgaben, 1998, S. 72 ff.), *Hoffmann-Riem* (z. B. in: ders./Schmidt-Aßmann [Hrsg.], Öffentliches Recht und Privatrecht – ihre Funktion als wechselseitige Auffangordnungen, 1996, S. 261 [293 ff.]) und *Schmidt-Aßmann* (zuletzt etwa in: Das allgemeine Verwaltungsrecht als Ordnungsidee, 1998, S. 154 ff.). Siehe ferner die Beiträge in Schuppert (Hrsg.), Jenseits von Privatisierung und „schlankem" Staat – Verantwortungsteilung als Schlüsselbegriff eines sich verändernden Verhältnisses von öffentlichem und privatem Sektor, 1999, sowie zum Thema „Verwaltung und Verwaltungsrecht zwischen gesellschaftlicher Selbstregulierung und staatlicher Steuerung" der Staatsrechtslehrertagung 1996, VVDStRL 56 (1997), 160 ff.

[25] Vgl. die (erste) Mitteilung der Kommission über „Leistungen der Daseinsvorsorge in Europa" in ABl. EG C 281 v. 26. 09. 1996, S. 3. Die Übernahme des immerhin „publizistisch" vorbelasteten Begriffs „Daseinsvorsorge" in die Sprache des Gemeinschaftsrechts ist m. E. problematisch. Geeigneter erschiene mir der neutralere Begriff eben der „gemeinwohlorien-

Werden kommunale Träger oder deren Versorgungsbetriebe dennoch, was ihnen auch in „postliberalisierter" Zeit jedenfalls nach dem Gemeinschaftsrecht (Art. 86 Abs. 1 EGV) unbenommen ist, unmittelbar erfüllend tätig, geschieht dies, wie etwa der Sparkassensektor verdeutlicht, heute vorwiegend *im Wettbewerb* mit Dritten. Zu bedenken ist allerdings, dass diese „konkurrenzwirtschaftliche" Betätigung nicht zu einer eigentlich privatautonomen Wirtschaftstätigkeit mutiert. Sie bleibt vielmehr *Verwaltungs*agenda, die als solche besonderen öffentlich-rechtlichen, u. a. grundrechtlichen Bindungen unterworfen und im Übrigen (im Unterschied zum autonomen Handeln Privater) durch das Erfordernis der Verfolgung eines öffentlichen oder Gemeinwohlzwecks umfassend konditioniert, bei Erbringen dieses Nachweises aber auch hinreichend legitimiert ist[26].

2. Das funktional ausgerichtete Regel-Ausnahme-Verhältnis im europäischen Wettbewerbsrecht

Es ist dann aber dieser spezifische Zusammenhang zwischen verbleibender staatlicher Gewährleistungs- bzw. Erfüllungsbetätigung und öffentlicher Zweckbindung, der bei der Anwendung der Artikel 81 ff. EGV auf Leistungen der Daseinsvorsorge zu Verwerfungen führt und der nach verbreiteter Auffassung vom Gemeinschaftsrecht bislang nicht hinreichend berücksichtigt wird. Die Wettbewerbsvorschriften des EG-Vertrages beruhen auf einem eher eindimensionalen, weil zuvörderst „funktionalen" Ansatz: Anknüpfungspunkt ist allein eine „unternehmerische", mithin „wirtschaftliche", besser: „marktbezogene" Verhaltensweise, die auf das Angebot und die Nachfrage von Waren und Dienstleistungen gerichtet ist, und zwar ohne Ansehung konkreter Organisations- und Handlungsformen, aber grundsätzlich auch ohne Rücksicht auf damit verfolgte besondere (Gemeinwohl-) Anliegen[27].

---

tierten Leistung", wie er an Stelle nationaler Begrifflichkeiten auch in der englischen („services of public interest") oder französischen („services d'intérêt public") Fassung der Kommissionsmitteilung verwendet wird.

[26] Dies gilt auch, wenn sich öffentliche Träger zur Aufgabenerfüllung rechtlich verselbständigter öffentlicher Unternehmen bedienen; diese bilden lediglich einen Modus zur Erfüllung von Verwaltungsaufgaben – mit im Übrigen gleichen Konsequenzen, vgl. zuletzt *Ehlers*, Empfiehlt es sich, das Recht der öffentlichen Unternehmen im Spannungsfeld von öffentlichem Auftrag und Wettbewerb national und gemeinschaftsrechtlich neu zu regeln? (Gutachten für den 64. DJT, 2002), zit. aus dem mir dankenswerter Weise vorab zur Verfügung gestellten Typoskript, S. 29 m. w. N. und These 10 (S. 178).

[27] Aus der Rspr. etwa EuGH, Slg. 1991, 1979 (Höfner u. Elser), Tz. 21; ferner: EuGH, Slg. 1993, 2533 (Corbeau), Tz. 8; siehe im Übrigen nur *W. Weiß*, in: Calliess/Ruffert (Hrsg.), EUV/EG, 1999, Art. 81 EG Rn. 31 ff. u. die dort. Nachw.; näher noch unten B I 1 (S. 49 f.).

Ansätze zur Bewältigung dieser Spannungslage haben inzwischen freilich – die Aufnahme des kompromissbedingt recht schillernden Art. 16 EGV durch den Vertrag von Amsterdam[28] und des Art. 36 der Europäischen Grundrechte-Charta[29] belegen dies ebenso wie die inzwischen zahlreichen Verlautbarungen der EU-Organe[30] – ein fortgeschrittenes Stadium erreicht. Unabhängig davon steht aber auch das EG-Kartellrecht den spezifischen Anliegen der Daseinsvorsorge keineswegs blind gegenüber. Deutlich folgt dies – neben spezielleren Befreiungsmöglichkeiten[31] – aus der seit 1957 existierenden „Legalausnahme"[32] in Art. 86 Abs. 2 (ehemals Art. 90 Abs. 2) EGV, die lange Zeit ein Schattendasein führte, dann aber in dem Maße „Karriere" machte, in dem auch einstmalige Versorgungs- resp. Dienstleistungsmonopole der Mitgliedstaaten in den Sog der europäischen Wettbewerbspolitik gerieten, und die heute als Dreh- und Angelpunkt[33] der Diskus-

---

[28] Dazu detailliert *Kluth*, in diesem Band; ferner *Frenz*, Dienste von allgemeinem wirtschaftlichen Interesse – Neuerungen durch Art. 16 EGV, EuR 2000, S. 901 ff.; *Tettinger*, Für die Versorgungswirtschaft bedeutsame Entwicklungslinien im primären Gemeinschaftsrecht, RdE 1999, S. 45 ff.; *Pielow* (Fn. 3), S. 96 ff.; aus dem ausländischen Schrifttum etwa: *Rodriguez*, Le service public et le Traité d'Amsterdam, Revue du Marché Commun (RMC) 414 (1998), S. 37 ff. («fruit d'un compromis politique qui fragilise, voire neutralise sa portée juridique», ebda., S. 37); *López-Jurado*, Alcance y aplicación del artículo 90.2 (nuevo 86.2) del Tratado de la Comunidad Europea en la Jurisprudencia comunitaria, REDA 102 (1999), S. 297 (298): „positive Schutzpflicht".

[29] ABl. EG C 364 v. 18. 12. 2000, S. 1.

[30] Seitens des Europäischen Rates namentlich die Erklärungen zu den gemeinwirtschaftlichen Diensten vom Dez. 2000 (vgl. Schlussfolgerung des Vorsitzes des Rates von Nizza, Rn. 45, mit Anhang II) und des Gipfels von Barcelona (Fn. 2), Rn. 42; ferner die drei Mitteilungen der Kommission zu den „Leistungen der Daseinsvorsorge in Europa", siehe bereits o. Fn. 25; die zweite Mitteilung stammt v. 20. 09. 2000 (ABl. EG C 17 v. 19. 01. 2001, S. 4), dazu *Ennuschat*, Die neue Mitteilung der EU-Kommission zur den „Leistungen der Daseinsvorsorge in Europa", RdE 2001, S. 46 ff.; zuletzt: Bericht der Kommission für den Europäischen Rat von Laeken v. 17. 10. 2001 (KOM [2001] 598 endg.).

[31] Siehe insbes. Art. 81 Abs. 3, 83 Abs. 2 und Art. 87 Abs. 2 und 3 EGV.

[32] So zu Recht *von Danwitz*, Dienste von allgemeinem wirtschaftlichen Interesse in der europäischen Wettbewerbsordnung, in: 39. Bitburger Gespräche 2001 (i. E.), S. 13 des Typoskripts; unzutreffend („Bereichsausnahme") dagegen *Ch. Jung*, in: Calliess/Ruffert (Fn. 27), Art. 86 Rn. 33 f.; wie hier auch *Burgi*, Die öffentlichen Unternehmen im Gefüge des primären Gemeinschaftsrechts, EuR 1997, S. 261 (277): „Anerkennung spezifischer Aufgabenstellungen, welche unter bestimmten Umständen die partielle bis gänzliche Nichtanwendung einzelner Bindungsvorschriften [des EGV] zu begründen vermögen". Zur urspr. Heranziehung von ex-Art. 90 Abs. 2 EGV als Verbot mit Erlaubnisvorbehalt: *Emmerich*, in: Dauses (Fn. 12), H. II Rn. 144.

[33] So *Schwarze*, Daseinsvorsorge im Lichte des europäischen Wettbewerbsrechts, EuZW 2001, 334 (337).

sion um das Verhältnis von Wettbewerb und Daseinsvorsorge anzusehen ist[34]. Darauf wird zurückzukommen sein.

Aus der zwischenzeitlich gewiss nuancierten Grundphilosophie des EG-Vertrages folgt m. E. nun – und selbst in Ansehung von Art. 16 EG-Vertrag – keineswegs ein irgendwie geartetes Gleichordnungsverhältnis von „Markt" und „Staat" im Sinne möglichst herzustellender „praktischer Konkordanz" zwischen diesen Polen[35]. Deutlich angelegt ist hier – schon angesichts des in Art. 3 lit. c) und g), 4 Abs. 1 und 14 eigens (und zuvörderst) betonten (Binnen-) Markt- und Wettbewerbspostulats und der in Art. 16 selbst enthaltenen ausdrücklichen Vorbehalte (namentlich hinsichtlich Art. 86 Abs. 2 EGV) – vielmehr ein *Regel-Ausnahme-Schema*, wie es auch dem Wettbewerbskapitel des Vertrages zugrunde liegt, und welches die Anwendung von „Marktmodellen" prinzipiell selbst dort verlangt, wo in Fällen eines drohenden Marktversagens (etwa im Bereich sog. „natürlicher" Monopole) bislang quasi automatisch der Staat als Dirigent, wenn nicht Solist in Erscheinung trat[36].

---

[34] Ihre Entstehungsgeschichte und die kompromissbedingt vage Formulierung der Norm künden davon, dass den Vertragsvätern der drohende Dissens zwischen Wettbewerb und nationalen Gestaltungsinteressen durchaus bewusst, eine befriedigende Auflösung dieses Konflikts indes von Anfang an nicht in Sicht war. Siehe nur die Hinweise – u. a. auf die treibende Rolle Frankreichs – bei *H.P. Ipsen*, Öffentliche Unternehmen im Gemeinsamen Markt, NJW 1969, 2336 ff., *Page*, Member States, Public Undertakings and Article 90, Europ. Law Rev. 7 (1982), 19 ff., und *Emmerich*, in: Dauses (Fn. 12), H. II Rn. 142.

[35] So *Schwarze* (Fn. 33), S. 339, dem folgend *von Danwitz* (Fn. 32), S. 13, und – aus sogleich noch aufzuzeigenden Gründen – große Teile des französischen bzw. romanischen, zur Annahme eigentlicher „Bereichsausnahmen" für „öffentliche Dienste" neigenden Schrifttums, siehe stellvertretend neben *Rodriguez* (Fn. 28) etwa *Hamon*, Urteilsanm., AJDA 1997, 996; *Lombart*, La portée de l'arrêt au regard de monopoles d'importation et d'exportation de gaz naturel, in: Cahiers Juridiques de l'Electricité et du Gaz (CJEG) 1998, S. 55 (65, 70); *López Pina*, Las tareas públicas en la Unión Europea, in: Revista de Derecho Comunitario Europeo (RDCE) 4 (1998), S. 353 (375).

[36] „Wettbewerbsmodelle" in zum Marktversagen tendierenden Wirtschaftssektoren bilden namentlich die Verpflichtung marktbeherrschender Unternehmen zur flächendeckenden Erbringung näher bestimmter „Universaldienstleistungen", eventuell unter Heranziehung der übrigen Wettbewerber zur (Mit-)Finanzierung dieser Art von Grundversorgung („Fonds-Lösungen"), ferner die öffentliche Vergabe bestimmter Dienstleistungen nach dem Bestellerprinzip (namentlich auf dem Gebiet der Nahverkehrsversorgung) oder die intervallmäßige obligatorische Ausschreibung geschlossener Versorgungsgebiete, wie sie im Bereich netzgebundener Dienste auch mit Blick auf lange Amortisationszeiten der hier erforderlichen Großinvestitionen (anstelle eines Regimes des Netzzugangs Dritter) erwogen wurden und weiterhin, siehe Wasserversorgung, o. I 1, werden.

3. Aus rechtsvergleichender Sicht folgende Probleme eines erweiterten Ansatzes

Das funktional ausgerichtete Regel-Ausnahme-Schema des EG-Kartellrechts wirkt im Übrigen Gefährdungen entgegen, die sich mit einer erweiterten, also auch spezifische Anliegen der Daseinsvorsorge bzw. dahinter stehende Verwaltungszwecke der Mitgliedstaaten in den Blick nehmenden („mehrdimensionalen") Ausrichtung dieser Vorschriften ergäben. Denn die Anerkennung damit induzierter Sonderrechtsregime in einem Staat wirkte sich im grenzüberschreitenden Wettbewerb zwangsläufig – und wettbewerbsverzerrend – zulasten solcher Unternehmen aus, deren Sitzländer vergleichbar breit gefasste Durchbrechungen des Marktprinzips gerade nicht bereithalten.

a) Service public in Frankreich

Öffnete sich das europäische Wettbewerbsrecht in großem Stil staatlichen oder administrativen Zwecksetzungen, geriete es unweigerlich in Konflikt mit den von Staat zu Staat (derzeit noch) ausgesprochen inhomogen gelagerten Ordnungsstrukturen in der Versorgungswirtschaft. Gerade ein Vergleich mit dem französischen *Service public*, der ja – lange vor der erst mit dem „Sparkassenstreit" einsetzenden Debatte in Deutschland – die eigentliche Triebfeder der europäischen Debatte um die Daseinsvorsorge bildete[37], ist geeignet, diese Systembrüche zu illustrieren. Dazu an dieser Stelle nur einige kurze Anmerkungen[38]:

Wesentlich ist, dass als *Services publics* ausgestaltete Versorgungseinrichtungen – und darunter fallen die meisten der in Deutschland unter dem Begriff Daseinsvorsorge subsumierten Agenden – *originäre* Angelegenheiten der staatlichen oder kommunalen Verwaltung und nicht etwa herkömmliche Wirtschaftstätigkeiten bilden, die überwiegend nicht den allgemeinen Wett-

---

[37] Siehe (neben den schon erfolgten Nachweisen) insbes. die Beiträge im Sonderheft „Le Service Public – Unité et diversité" der AJDA v. 20. 06. 1997, darin namentlich der Beitrag von *Lyon-Caen*, Les services publics et l'Europe: Quelle Union?, ebda., S. 33 ff.; ferner – als langjähriges Direktoriumsmitglied der EDF – Stoffaes (Hrsg.), L'Europe à l'épreuve de l'intérêt générale, 1994; Ecole Nationale d'Administration (Hrsg.), Services publics comparés en Europe: exception française, exigence européenne, Bde. I (sous la direction de Stoffaes) und II, 1997. Vgl. im Übrigen die weiteren Hinweise zur Genese des Art. 16 EGV bei *Tettinger* (Fn. 28) und *Pielow* (Fn. 3), S. 96 f.

[38] Eingehender: *Pielow* (Fn. 3) insbes. S. 111 ff., sowie – kürzer – in: Hrbek/Nettesheim (Hrsg.), Europäische Union und mitgliedstaatliche Daseinsvorsorge, 2002, S. 155 ff.; siehe ferner *Holoubek*, Der Staat als Wirtschaftssubjekt und Auftraggeber, VVDStRL 60 (2001), 513 (530 ff. u.ö.); unlängst auch *Schweitzer*, Daseinsvorsorge, „service public", Universaldienst, 2002.

bewerbsregeln unterliegen[39]. Handeln anstelle der damit im Regelfall befassten öffentlichen Monopolunternehmen – etwa *Gaz de France (GDF)* und *Electricité de France (EDF), SNCF, La Poste*; auf örtlicher Ebene insbesondere Nahverkehrsbetriebe, z. B. *RATP* in Paris – einmal, wie in der örtlichen Wasserversorgung, Private, werden auch sie nicht als normale Wirtschaftsakteure, sondern kraft „Konzession" gleichsam als Trabanten des eigentlich zuständigen staatlichen oder kommunalen Aufgabenträgers (ähnlich dem deutschen „Beliehenen") tätig[40]. Dies erleichtert einerseits die staatliche Beherrschung (*maîtrise*) der Aufgabenerledigung: Üblich sind extensive sowie rigider Kontrolle und Weisungsbefugnissen unterliegende Pflichtenbindungen der Versorgungsunternehmen zwecks Gewährleistung einer allgemein zugänglichen sowie nicht diskriminierenden und qualitativ angemessenen Leistungen entsprechend den sog. *Principes du Service public* (vor allem: *continuité, égalité* und *adaptabilité*)[41]. Kompensiert sehen sich diese Bindungen durch entsprechend großzügige Monopol- und andere Vorzugsrechte, namentlich etwa Finanzhilfen der öffentlichen Hand.

Service public bildet demnach ein im öffentlichen Bewusstsein Frankreichs fest verwurzeltes Synonym für die Leistungs- und Versorgungsfunktion des Staates zwecks Sicherung des „sozialen und territorialen Zusammenhalts" (*cohésion territoriale et sociale*). Insofern verwundert es nicht, wenn die Betreiber von *Services publics* neben den eigentlichen Versorgungspflichten zugleich und regelmäßig auch zur Verfolgung breit gesteckter „Sekundäranliegen" instrumentalisiert sind. Unter dem Leitbegriff der *cohésion territoriale et sociale* geht es hier um unterschiedliche Belange (*missions, ambitions*) wie Umweltschutz und Raumordnung (*aménagement territoriale*), arbeitsmarkt- und ausbildungspolitische Ziele, namentlich aber auch um eine sozialverträgliche Tarifpolitik sowie um die regionale Strukturförderung

---

[39] Dies hängt auch mit einem deutlich objektivierten Verständnis der französischen Grundrechte (Libertés publiques) zusammen, die Aufgabenverstaatlichungen nebst rigiden Pflichtenbindungen im Schutzinteresse des Verbrauchers viel eher gestatten oder sogar gebieten, als dies unter dem Grundgesetz der Fall ist. Hinzu tritt die traditionell stark ausgeprägte Gestaltungsfreiheit der Gesetz- und Verordnungsgebung, deretwegen es Conseil d'Etat und Conseil constitutionnel oftmals bei einer bloßen Evidenzkontrolle auf sog. „erreurs manifestes d'appréciation" belassen.

[40] Die „Konzession", man spricht auch von der „habilitation", entspricht der von später O. Mayer geprägten Figur der „Verleihung" eines subjektiven öffentlichen Rechts bzw. „eines Stücks öffentlicher Verwaltung".

[41] In Konkretisierung des Prinzips der *égalité* des *usagers* haben die Versorgungsunternehmen etwa auch Sozialtarife für Familien, Rentner und Arbeitslose anzubieten. Im Fall des Nicht- oder Schlechtfunktionierens eines Service public kann die Konzession entzogen oder die öffentliche Ersatzvornahme angeordnet werden. Je nach Konkretisierungsgrad der Betreiberpflichten kommen überdies Verpflichtungs- resp. Amtshaftungsansprüche der Verbraucher gegen den öffentlichen Träger des Dienstes wegen Vernachlässigung seiner Aufsichtspflichten in Betracht.

und die Förderung des Wirtschaftsstandorts Frankreich[42]. Angesichts derart vielgestaltiger Sekundärzwecke gerät das Postulat vom territorialen und sozialen Zusammenhalt leicht zum *Passepartout* für die Rechtfertigung jedweder Wettbewerbsdurchbrechung. Der Unterschied speziell gegenüber den Verhältnissen in Deutschland ist zudem noch ein geographischer: So erstrecken sich „primäre" wie „sekundäre" Gemeinwohlbindungen von Versorgungsunternehmen speziell im Fall der sog. *Grands Services publics nationaux* nicht selten gleich auf das *gesamte* französische Staatsgebiet (einschließlich der überseeischen Territorien), während vergleichbare Bindungen bei uns (schon der traditionell stärkeren kommunalen Stellung wegen) sehr viel häufiger auf der Ebene *örtlicher* Versorgungsgebiete konzentriert sind[43] – und dementsprechend auch nur dort Durchbrechungen des Wettbewerbsprinzips rechtfertigen können.

b) **Drohende Wettbewerbsverzerrungen –
Ein Beispiel aus dem Vergaberecht**

Wie sehr eine schon im Ansatz differenzierende Anwendung europäischer Wettbewerbsmaßstäbe infolge inkongruenter Ordnungsstrukturen in den Mitgliedstaaten zu Wettbewerbsverzerrungen führen kann, verdeutlicht ein aktuelles Beispiel aus dem Recht der öffentlichen Auftragsvergabe: Dieses nimmt, übrigens infolge massiver Vorstöße der französischen EU-Diplomatie, die Vergabe an und für sich staatlicher Dienstleistungen, die jedoch von Dritten auf eigene Rechnung erbracht werden sollen (sog. „Dienstleistungskonzessionen"), derzeit noch von der ansonsten und vorbehaltlich des Überschreitens bestimmter Schwellenwerte allgemein geltenden Pflicht zur EU-weiten Ausschreibung durch öffentliche Auftraggeber und zur Vergabe an den „wirtschaftlichsten" Anbieter aus[44]. Damit unterliegt ge-

---

[42] Unverblümt wird in manchen Plan- und Programmverträgen mit öffentlichen Unternehmen (z. B. EDF) selbst die nachhaltige Expansion auf Auslandsmärkten zur „Sekundärtugend" erhoben. Siehe zum Selbstverständnis des ÖPNV-Betreibers RATP (Paris) im Zuge der Stadt- und Regionalentwicklung sowie der Internationalisierung die ambitionierten Hinweise unter *http://www.ratp.fr/groupe_ratp/mission/projet_2001_2003/204.shtml*.

[43] Vgl. einerseits nur Art. 1 Abs. 1 des franz. Elektrizitätsgesetzes v. 10. 02. 2000 (J.O. v. 11. 02. 2000, S. 2143; dazu *Pielow*, RIW 2001, 351 ff.), andererseits etwa die Regelung zur allgemeinen Anschluss- und Versorgungspflicht in § 10 EnWG.

[44] Siehe. i. E. die Richtlinie 92/50/EWG des Rates v. 18. 06. 1992 über die Koordinierung der Verfahren zur Vergabe öffentlicher Dienstleistungsaufträge, ABl. EG L 209 v. 24. 07. 1992, S. 1; bestätigt durch EuGH, WuW 2001, 103 ff. (Telaustria), insbes. Tz. 41 ff.; zu den (rechtspolitischen) Hintergründen dieser Ausnahme siehe etwa die Schlussfolgerungen des GA *Fennelly* in derselben Rechtssache C-324/98, Ziff. 21 f., ferner *Ullrich*, Dienstleistungskonzessionen und europäisches Vergaberecht, ZVgR 2000, 85 (88). Siehe zur Problematik auch *Enzian*, Zur Frage, ob das Vergaberecht auf Dienstleistungskonzessionen anwendbar ist, DVBl. 2002, 235 ff.; *Gröning*, Private Public Partnership bei Dienstleistungskonzessionen, NZBau 2001, 123 ff.; *ders.*, Der Begriff der Dienstleistungskonzession, VergabeR 2002, S. 24 ff.; *Voigtländer*, Urteilsanm., EWiR 2001, 493 f.

rade die Delegation von an und für sich „staatlichen" *Services publics* an (öffentliche oder private) Drittunternehmen allenfalls den weniger weit reichenden allgemeinen Bindungen des Primärrechts, namentlich: der Pflicht zur *transparenten* und *nicht diskriminierenden* Auswahl des Konzessionärs[45]; der Marktzutritt möglicher Konkurrenten aus dem In- und Ausland ist – schon mangels Durchführung der sekundärrechtlich vorgesehenen europaweiten Ausschreibung – entsprechend erschwert. Hingegen ist in Ländern, welche die betreffende Tätigkeit als privatwirtschaftliche Agenda konzipiert haben, EU-ausländischen und damit auch französischen Unternehmen der Marktzutritt, regelmäßig schon dank eines insoweit oftmals lediglich bestehenden „präventiven Verbots mit Erlaubnisvorbehalt" mit Zulassungsanspruch (in Deutschland etwa gemäß § 6 AEG oder § 3 EnWG), sogar subjektiv-rechtlich verbürgt.

Noch unterstrichen wird diese Problematik bei einer „saldierenden" Betrachtung: Bedenkt man, dass die „Publifizierung" der Versorgungswirtschaft unter dem Dach des *Service public* in Frankreich wesentlich verbreiteter ist als in liberaleren Marktordnungen, lässt dies die hier nur beispielhaft aufgezeigte gemeinschaftsrechtliche Sonderbehandlung von *Services publics* und daraus folgende Wettbewerbsverzerrungen noch schwergewichtiger erscheinen. Eine interessante Frage ist dann, ob unter dem Eindruck des Art. 295 EGV nicht auch einseitige Besserstellungen einzelner nationaler Eigentumsordnungen zu unterbleiben haben.

III. Zwischenfazit

Die im Titel dieses Beitrags angelegte Dichotomie ist, so viel steht schon hier fest, tunlichst aufzulösen: Die „Stabilisierung" der Daseinsvorsorge vollzieht sich nach der Grundkonzeption des EG-Vertrages im Allgemeinen und des EG-Kartellrechts im Besonderen gerade *durch* „Liberalisierung"[46]. Insofern erscheint es geboten, nicht mehr so sehr über den nebulösen „Stellenwert" der Dienste von allgemeinem wirtschaftlichen Interesse im Sinne des Art. 16 EGV und damit verbundene, gleichsam „kernbereichsfeste"

---

[45] Siehe dazu auch die – eindeutig von „frankophiler" Handschrift geprägte – Mitteilung der Kommission zu Auslegungsfragen im Bereich Konzessionen, ABl. EG C 121 v. 29. 04. 2000, S. 2 (4 ff.); zu den „weitreichenden Spielräumen" bei der Auswahl des Konzessionärs eines Service public getreu dem Prinzip des intuitu personae auch *Holoubek* (Fn. 38), S. 556 f.

[46] Siehe auch *Koenig*, Editorial: Daseinsvorsorge durch Wettbewerb, EuZW 2001, 481: „Die [normativen] Wettbewerbsregeln sollen als Allokationsmechanismus auch das [abstrakte] Prinzip Daseinsvorsorge optimieren".

Souveränitätsvorbehalte zugunsten der Mitgliedstaaten und ihrer territorialen Untergliederungen zu spekulieren. Ganz pragmatisch muss es vielmehr darum gehen, innerhalb des beschriebenen und, wie sogleich zu zeigen sein wird, durchaus noch entwicklungsoffenen Regel-Ausnahme-Schemas des europäischen Wettbewerbsrechts nach Stabilisierungsoptionen zugunsten der Daseinsvorsorge gerade dort zu suchen, wo Markt und Wettbewerb der Durchsetzung diesbezüglicher Gemeinwohlbelange im Wege stehen. Mit allem Nachdruck gilt es dabei allerdings zu vermeiden, dass unter dem Deckmantel des *Service public* oder auch der „Daseinsvorsorge" verborgenen nationalen Souveränitäts- und damit mitunter verbundenen handfesten Wirtschaftsinteressen allzu einseitig zum Durchbruch verholfen wird[47].

B. Stabilisierungsoptionen aus Sicht des europäischen Rechts

Im Folgenden sind nun die sich speziell auf der Ebene des Gemeinschaftsrechts bietenden Stabilisierungsoptionen zu beleuchten – und zwar unter besonderer Berücksichtigung der besonderen Steuerungsinteressen im Bereich der *kommunalen* Daseinsvorsorge und unter Beachtung bereits verfügbarer Eckdaten, wie sie sich aus der Rechtspraxis von Gerichtshof und Kommission *de lege lata* (I.) und aus darauf basierenden rechtspolitischen Vorschlägen *de lege ferenda* (II.) ergeben.

I. De lege lata

Wendet man sich den einzelnen Tatbeständen des Wettbewerbskapitels im EG-Vertrag zu, zeigt sich, dass Durchbrechungen des Marktprinzips zugunsten kommunaler Daseinsvorsorge nicht immer gleich den Rückgriff auf Ausnahmebestimmungen (wie in Art. 86 Abs. 2 EGV) erfordern; differenzierte Lösungsansätze kommen durchaus bereits auf der Tatbestandsebene in Betracht.

---

[47] So schon vor geraumer Zeit *Mestmäcker*, Risse im europäischen Gesellschaftsvertrag, in: FAZ Nr. 73 v. 04. 10. 1997, S. 15, sowie unlängst wieder das Gutachten des Wiss. Beirats beim Bundesministerium für Wirtschaft und Technologie zum Thema „'Daseinsvorsorge' im Europäischen Binnenmarkt" v. 12. 01. 2002 (BMWi-Dokumentation 503, Feb. 2002), S. 2 u. ö. – dort auch zu drohenden Relativierungen, die sich aus der grundrechtsähnlichen Verbürgung des Zugangs zu Diensten von allg. wirtschaftl. Interesse (Art. 36 Europ. Grundrechtecharta) für das bisherige System der europäischen Grundfreiheiten ergeben können.

1. Binnenmarktrelevante „Unternehmen" im Sinne des EG-Kartellrechts

Wenn unter dem einheitlich „funktional" verstandenen Unternehmensbegriff der Art. 81 ff. EGV von vornherein nur „wirtschaftliche" bzw. *marktbezogene* Verhaltensweisen subsumiert werden[48], ist der Bereich der Daseinsvorsorge, von der Kommission als Inbegriff „marktbezogener *oder nichtmarktbezogener"* Gemeinwohldienste definiert[49], von vornherein nur partiell erfasst. Auszugrenzen sind namentlich die „nicht-wirtschaftlichen" Dienstleistungen. Darunter fallen ständiger Rechtsprechung zufolge zunächst die *hoheitlichen* Aufgaben der Mitgliedstaaten. Auch wenn diesbezügliche Präzisierungen gelegentlich etwas schillernd ausfallen – die Rede ist schon einmal von „typischerweise", „per se" oder „wesentlich" in die Zuständigkeit des Staates fallenden Aufgaben –geht es hier doch stets um in Ausübung einseitig staatlicher Gestaltungs- und Entscheidungsbefugnisse wahrgenommene Dienste (z. B. in den Bereichen äußere und innere Sicherheit, Justiz und auswärtige Beziehungen)[50]. Immer deutlichere, wenn auch bislang nur einzelfallbezogen präzisierte „nicht-marktbezogene" Dienste zeichnen sich des Weiteren auf *sozialem, kulturellem und bildungspolitischem* Gebiet ab; freilich sind die insofern angebotenen Differenzierungskriterien ebenfalls alles andere als konturenscharf. Problematisch ist vor allem, wenn hier zuweilen auf die „fehlende Gewinnabsicht" des Staates abgehoben wird[51]; schließlich besitzt dieses Kriterium nach gefestigter Rechtsprechung keine Bedeutung bei der Bestimmung der Unternehmenseigenschaft, sodass auch gemeinwirtschaftliche Aktivitäten „Unternehmen" bilden können[52]. Zur Ausscheidung sozialer, kultureller und bildungspolitischer Aktivitäten wird man daher noch weitere Indizien zu fordern haben, beispielsweise die Organisation in Gestalt einer „Solidargemeinschaft", die

---

[48] Siehe bereits die Nachw. in Fn. 27.
[49] Vgl. Mitteilung „Leistungen der Daseinsvorsorge in Europa" v. 29. 09. 2000 (Fn. 30), Anhang II.
[50] Wie vor, Rn. 28, sowie EuGH, Slg. 1994, I-43 (SAT/Eurocontrol), Tz. 30 (betr. die Flugsicherung), und Slg. 1997, I-1547 (Cali), Tz. 22 f., bzgl. einer privatrechtlichen Einrichtung zur Überwachung der Umweltverschmutzung in einem Seehafen; zur Problematik wesentlicher Staatsaufgaben allgemein *Pielow* (Fn. 3), S. 319 ff.
[51] Mitteilung der Kommission v. 29. 09. 2000 (Fn. 30), Rn. 29 f., unter Verweis auf EuGH, Slg. 1988, 5365 (Belgien/Humbel), Tz. 14 ff., und Slg. 1993, I-6447 (Wirth), Tz. 13 ff., wo der Gerichtshof die Frage der Entgeltlichkeit (von Bildungseinrichtungen) hinsichtlich der Art. 49 und 50 (ex-Art. 59, 60) EGV und der dort explizit geforderten Gewinnabsicht überprüfte. Siehe auch die Entschließung des Bundesrates anlässlich des Europäischen Rates in Laeken zu Leistungen der Daseinsvorsorge, BR-Drs. 992/01, Ziff. 3, dort unter besonderer Hervorhebung der „Sonderstellung des öffentlich-rechtlichen Rundfunks".
[52] Vgl. etwa EuGH, Slg. 1980, 3125 (Van Landewyck/Kommuission), Tz. 88, etwa wiederholt in Slg. 1995, I-4022 (FFSA u. a.), Tz. 21.

den Gerichtshof kürzlich wieder dazu veranlasste, eine staatliche Unfallversicherungsanstalt von der Anwendung des Art. 81 EGV auszunehmen[53].

Begrenzt wird das Anwendungstableau der Art. 81, 82 und 87 EGV sodann durch die erforderliche Geeignetheit der Tätigkeit zur *Beeinträchtigung des innergemeinschaftlichen Handels*[54]. Auszuklammern sind nach Aussage der Kommission Aktivitäten, von denen, wie bei Leistungen der Daseinsvorsorge „für ein räumlich begrenztes Gebiet", nur „unwesentliche" Auswirkungen ausgehen, oder aber ausgesprochene „Bagatellfälle" unterhalb der Spürbarkeitsschwelle[55]. Ob allerdings die solchermaßen angedeutete konziliante Haltung zugunsten „(lediglich) lokal angebotener Dienstleistungen" auf Dauer Bestand haben kann, erscheint zweifelhaft. Derartige, auch von deutscher Seite unterstützte[56] Pauschalierungen übersähen, dass mit voranschreitender Öffnung der Märkte und Praktizierung von Freizügigkeit im Binnenmarkt auch der kleinste und versteckt gelegenste Markt durchaus zum „relevanten Markt" werden kann; schließlich stehen europäische Wettbewerber ja, wie am Beispiel der Wasserwirtschaft (oben A I 1) verdeutlicht und soweit sie nicht bereits (z. B. in Form von Unternehmensbeteiligungen) Fuß gefasst haben, vielerorts unmittelbar vor der Tür.

2. Die Verbotstatbestände der Art. 81 ff., insbesondere Art. 87 Abs. 1 EGV: „Staatliche Beihilfen"

Führt an der Unternehmenseigenschaft einer wirtschaftlichen Betätigung auf dem Gebiet der Daseinsvorsorge und deren „Binnenmarktrelevanz" kein Weg vorbei, sind in einem zweiten Schritt mögliche Ausnahmen vom Wettbewerbsprinzip anhand der konkreten Verbotstatbestände in den Art. 81 Abs. 1 (Kartelle), 82 (Monopolmissbrauch) und schließlich 87 Abs. 1 EGV (staatliche Beihilfen) zu erörtern. Auf die kasuistisch äußerst fein ziselierte Entscheidungspraxis des Gerichtshofs und der Kommission gerade zu den erstgenannten Bestimmungen kann an dieser Stelle nicht eingegangen wer-

---

[53] Vgl. EuGH v. 22. 01. 2002, EuZW 2002, 146 (Instituto nazionale per l'assicurazione contro gli infortuni sul lavoro), (INAIL); zuvor bereits EuGH, Slg. 1993, I-637 (Poucet/AGV), Tz. 8. Deutlich auch W. *Weiß*, in: Calliess/Ruffert (Fn. 27), Art. 81 Rn. 36 f. m. w. N.

[54] Dazu etwa EuGH, Slg. 1999, I-135 (Bagnasco): Eine wesentliche Rolle spielt danach die Stellung und das Gewicht der beteiligten Unternehmen in dem relevanten Markt.

[55] Mitteilung v. 29. 09. 2000 (Fn. 30), Rn. 32, unter Verweis auf die „Bekanntmachung über [Kartell-] Vereinbarungen von geringer Bedeutung, die nicht unter Art. 81 Absatz 1 EGV fallen", ABl. EG C 372 v. 09. 12. 1997, S. 13.

[56] Siehe z. B. die Entschließung des Bundesrates (Fn. 51), Ziff. 3.

den[57]. Aktuelle Entwicklungen legen indes einige Bemerkungen zu dem – speziell für kommunale Daseinsvorsorgeunternehmen ja unter mehreren Aspekten relevanten – Begriff der „Beihilfe" in Art. 87 Abs. 1 EGV nahe:

a) Die zentrale Problematik dieser Vorschriften besteht seit jeher in der aus dem Normtext („Beihilfen gleich welcher Art") anscheinend folgenden grenzenlosen Weite des Beihilfeverbots. Nach ständiger Rechtsprechung fallen hierunter nicht nur positive Leistungen wie Subventionen, sondern auch Maßnahmen, die in unterschiedlicher Form die Belastungen vermindern, die ein Unternehmen normalerweise zu tragen hat und die somit zwar keine Subventionen im strengen Sinne des Wortes darstellen, diesen aber nach Art und Wirkung gleichstehen[58]. Immerhin liegen hierzu einige auch im vorliegenden Kontext relevante neuere Akzentuierungen aus der europäischen Entscheidungspraxis vor. Zu erwähnen sind namentlich die Ausführungen des Gerichtshofs zum deutschen Stromeinspeisungsgesetz[59]: Danach muss der gewährte finanzielle Vorteil tatsächlich aus „staatlichen Mitteln" stammen; lediglich „staatlich veranlasste" Zuwendungen genügen insofern nicht (mehr)[60].

b) Wie es sich speziell mit der Gewährung von Ausgleichszahlungen an auf dem Gebiet der öffentlichen Daseinsvorsorge tätige Unternehmen verhält, ist bekanntlich insbesondere anhand der *Anstaltslast und der Gewährträgerhaftung* zugunsten öffentlicher Kreditinstitute in Deutschland problematisiert worden[61]: Grundsätzlich sind jedenfalls staatliche Kapitalbeteiligungen, aber auch die situationsbedingte Zuführung staatlicher Vermögenswerte ohne ausreichende Vergütung an *öffentliche* Unternehmen als „Beihilfe"

---

[57] Insoweit sei auf die einschlägigen Kommentierungen verwiesen, z. B. bei *W. Weiß,* in: Calliess/Ruffert (Fn. 27), Art. 81 EG Rn. 51 ff., 82 ff., und 169 ff.

[58] Vgl. nur EuGH, Slg. 1994, I-877 (Banco Exterior de España), Tz. 13, sowie Slg. 1999, I-3735 (Piaggio), Tz. 34.

[59] Konkret ging es um die Förderung des Absatzes „erneuerbarer" Energien aufgrund gesetzlich vorgegebener Einspeise- und Vergütungspflichten der Versorgungsnetzbetreiber.

[60] Vgl. EuGH, JZ 2001, 757 (758) (PreussenElektra) m. Anm. *Kühne,* Der Einlassung der Kommission, die „praktische Wirksamkeit" der Art. 87 ff. EGV erfordere extensive Interpretationen, schloss sich der Gerichtshof ausdrücklich nicht an; stattdessen überprüfte er das Einspeisungsgesetz anhand der Marktfreiheiten (namentlich Art. 28 und 30 EGV). Siehe auch die Urteilsanm. von *Lecheler,* RdE 2001, S. 140 ff.; *Martínez Soria,* DVBl. 2001, 881 ff., sowie *Ruge,* Das Beihilfemerkmal der staatlichen Zurechenbarkeit, WuW 2001, 560 ff.

[61] Dazu zuletzt etwa die Beiträge zum Tagungsthema „Finanzdienstleistungen der öffentlichen Hand in der Europäischen Wettbewerbsordnung" europäischen System des unverfälschten Wettbewerbs" der 39. Bitburger Gespräche der Stiftung Gesellschaft für Rechtspolitik vom 20./21. 09. 2001 (Tagungsband i. E.), namentlich diejenigen von *von Danwitz* (o. Fn. 32) und von *Kluth* („Anstaltslast und Gewährträgerhaftung öffentlicher Finanzinstitute angesichts des gemeinschaftsrechtlichen Beihilfeverbots"); ferner *Oebbecke,* Das Europarecht als Katalysator der Sparkassenpolitik, VerwArch. 2002, S. 278 ff.

zu qualifizieren⁶². Auch insoweit kommt es auf die Unmittelbarkeit der Vorteilsgewährung an, die im Fall der Anstaltslast zugunsten kommunaler Sparkassen (s. z. B. noch § 6 Satz 3 SparkG NW v. 25. 01. 1995, GV NW S. 92) mehrheitlich jedenfalls bis zum Zeitpunkt der Inanspruchnahme resp. Aktualisierung dieser Garantie infrage gestellt worden ist, weil *davor* etwaige Besserstellungen allein aus den Reaktionen der (Finanz-) Märkte, etwa in Gestalt erleichterter Refinanzierungsmöglichkeiten für öffentliche Banken, resultierten⁶³.

Hinsichtlich möglicher Ausnahmen schon auf der Tatbestandsebene bedeutsam ist hier vor allem der sog. *Private Investor Test,* also die Frage, ob ein „marktwirtschaftlich handelnder (privater) Kapitalgeber" in der konkreten Situation ebenfalls vergleichbare Zuwendungen vorgenommen hätte, was vom EuGH etwa für einen über längere Zeit stattfindenden Verlustausgleich bejaht⁶⁴ und von der Kommission zum Anlass genommen wurde, „Anstaltslasten" zugunsten öffentlicher Kreditinstitute von nun an nur noch in deutlich „abgespeckter" Version zu akzeptieren⁶⁵.

Des Weiteren angestellte Erwartungen dahingehend, dass über den *Private Investor Test* nun auch Unterstützungen für die Verfolgung „sekundärer", etwa sozial- oder regionalpolitischer Zwecksetzungen resp. Gemeinwohlverpflichtungen vom Beihilfeverbot auszunehmen seien, konnten sich bislang nicht durchsetzen⁶⁶. Ganz allgemein hat sich insbesondere das Gericht erster Instanz gegen die Ausblendung von Vorteilen zur Finanzierung von gemeinwohlbedingten Sonderlasten schon auf der Tatbestandsebene ausgesprochen⁶⁷ – maßgeblich mit dem Hinweis, dass Art. 87 Abs. 1 EGV als

---

⁶² Siehe nur EuGH, Slg. 1991, I-1433 (Italien/Kommission), Tz. 21 f.; ferner die Entscheidung der Kommission v. 08. 07. 1999 in Sachen „WestLB", ABl. EG L 150 v. 23. 06. 2000, S. 1, sowie *Cremer,* in: Calliess/Ruffert (Fn. 27), Art. 87 Rn. 7. Allgemein auch *Bonkamp*, Die Bedeutung des gemeinschaftsrechtlichen Beihilfeverbots für die Beteiligung der öffentlichen Hand an einer Kapitalgesellschaft, 2001.
⁶³ Dazu eingehend *Kluth* (Fn. 61), S. 10 ff. des Typoskripts m. w. N.
⁶⁴ Vgl. EuGH, Slg. 1994, I-4103 (Spanien/Kommission), Tz. 26; s. a. *Kluth* (Fn. 61), S. 8 des Typoskripts m. w. N.
⁶⁵ In der „Verständigung über Anstaltslast und Gewährträgerhaftung" v. 17. 07. 2001 (Ziff. 2.2.) vereinbarte sie mit den Verantwortlichen der deutschen Finanzpolitik sowie des Sparkassen- und Giroverbandes darauf, die Anstaltslast (anders als die nach herrschender Überzeugung unproblematisch dem Beihilfeverbot unterfallende Gewährträgerhaftung) ihren Auswirkungen nach den üblichen Einstandverpflichtungen seitens eines privaten Kapitalgebers anzugleichen, was derzeit mit der Anpassung der einschlägigen Landesgesetze geschieht.
⁶⁶ Siehe etwa die Hinweise bei *von Danwitz* (Fn. 32) S. 4 des Typoskripts, auf die entgegenstehenden Entscheidungen des EuGH, Slg. 1986, 2263 (Meura), Tz. 14, Slg. 1991, 1433 (ENI/Lanerossi), Tz. 18, 21 ff. und Slg. 1991, 1603 (Alfa Romeo), Tz. 20.
⁶⁷ Vgl. EuG, Slg. 1997, II-229 (FFSA u. a./Kommission), Tz. 172; ferner in Slg. 2000, II-2125, (SIC/Kommission), Tz. 83.

„objektiv" gefasste Norm nicht nach den Gründen oder Zielen der staatlichen Interventionen unterscheide; entscheidend sei allein die Verschaffung eines finanziellen Vorteils[68]. Der Gerichtshof seinerseits hat freilich die Gewährung finanzieller Vorteile für die Erfüllung „gemeinwirtschaftlicher Pflichten" wiederholt schon nicht als Beihilfe qualifiziert, sofern sie lediglich dem adäquaten Ausgleich derjenigen Kosten dienten, die den betroffenen Unternehmen durch derartige Sonderlasten entstehen[69].

Die Frage „Beihilfe oder adäquate Gegenleistung?" stellt sich nun auch in einem vom Bundesverwaltungsgericht angestrengten Vorlageverfahren in der Rechtssache *Altmark Trans / NVG Altmark*[70]; im Zuge eines Konkurrentenstreits um die Erteilung von Linienverkehrsgenehmigungen im Landkreis Stendal hat der Gerichtshof hier über die Zulässigkeit staatlicher Zuschüsse zum Defizitausgleich im öffentlichen Personennahverkehr zu befinden. In dem dazu gerade erfolgten Schlussplädoyer fordert Generalanwalt *Philippe Léger* den Gerichtshof allerdings nachdrücklich dazu auf, seine vorbeschriebene Haltung „zu überdenken"[71]. Wie das Gericht erster Instanz konzentriert sich der Generalanwalt auf die *objektive* Natur des Beihilfenbegriffs, der eine Berücksichtigung von mit der Zuwendung einhergehenden (Gemeinwohl-) *Zwecken* allenfalls auf der Rechtfertigungsebene, also bei der Prüfung in Betracht kommender Ausnahmetatbestände (dazu unten 3.) gestatte[72]. Jeder andere Ansatz widerspreche dem „klaren" Aufbau der Beihilfevorschriften des EG-Vertrages, welche insbesondere im Urteil zur Rechtssache *Ferring*[73] „miteinander vermengt" worden seien[74]. Diese Stellungnahme verdient auch deshalb volle Unterstützung, weil nur so dem eingangs beschriebenen „eindimensionalen", also von (nationalen) Zweckbetrachtungen im Interesse der Vermeidung „immanenter" Wettbewerbsverzerrungen zunächst unbelasteten Ansatz des europäischen Wettbewerbsrechts Rechnung zu tragen ist. Auch nach inzwischen konsolidierter Auffassung der Kommission kommt eine Befreiung der finanziellen Förderung

---

[68] Urteil in der Rs. SIC/Kommission, a.a.O.
[69] So Urteil v. 22. 11. 2001, Rs. C-53/00 (Ferring/ACOSS), RIW 2002, 230 (Tz. 29), zu Abgaben auf Arzneimittel, mit denen Vorratsverpflichtungen franz. Pharma-Großhändler abgegolten werden; siehe zuvor bereits EuGH, Slg. 1985, 531 (ADBHU), Tz. 18 in Bezug auf Zuschüsse für das Einsammeln von Altölerzeugnissen. Im Erg. ebenso: Stellungnahme der Bundesrepublik zu den Arbeiten der EU-Kommission gem. Ziffer E 45 der Schlussfolgerungen des Europäischen Rates von Nizza v. 20. 09. 2001, Rats-Dok. 12028/01, S. 3; derartige Ausgleichszahlungen dienten erst der Herstellung von Wettbewerbsgleichheit.
[70] Vgl. BVerwG, EuR 2000, 792 ff.
[71] Vgl. Schlussanträge v. 19. 12. 2001 in der Rs. C-280/00, bislang nur im Internet (*http://europa.eu.int/cj/de/jurisp/index.htm*) veröff., Ziff. 61 u. 98.
[72] Wie vor, Ziff. 77.
[73] A.a.O. (Fn. 69).
[74] GA *Léger*, a.a.O., Ziff. 74, 78.

von Gemeinwohldiensten allein über die Ausnahmevorschriften in Art. 87 Abs. 2 und 3 oder in Art. 86 Abs. 2 EGV in Betracht[75]; ein Festhalten an der jüngsten Rechtsprechung des Gerichtshofs stünde diesem, wohl auch vom Europäischen Rat gebilligten[76] Ansatz entgegen. Dem Urteil zum Nahverkehr in der Altmark wird man wegen der aus einer weiteren Präzisierung des „Beihilfe"-Begriffs folgenden praktischen Konsequenzen – namentlich: Notifizierungspflicht nach Art. 88 Abs. 3 EGV! –, aber auch deshalb gespannt entgegenzublicken haben, weil hiervon weitere Aussagen zum Erfordernis der potenziellen Beeinträchtigung des innergemeinschaftlichen Handels (vgl. Art. 87 Abs. 1 EGV) bei nur „lokal" wirkenden Zuschüssen zu erwarten sind. Zu nennenswerten Akzentverschiebungen dürfte es indes kaum kommen: Nach bereits existierender Rechtsprechung ist von einer solchen Beeinträchtigung in der Regel schon dann auszugehen, sobald durch staatliche Finanzhilfen die Stellung eines (inländischen) Unternehmens gegenüber ausländischen Anbietern gestärkt wird[77] und ein entsprechender grenzüberschreitender Wettbewerb, wie auf dem Verkehrssektor zweifellos der Fall[78], zumindest vorhersehbar erscheint[79].

3. Befreiungsmöglichkeiten, insbesondere zur Legalausnahme in Art. 86 Abs. 2 EGV

Befreiungen von den einzelnen Verbotstatbeständen des europäischen Wettbewerbsrechts kommen nach allem vorwiegend aufgrund bestehender Ausnahmevorschriften in Betracht. Einmal abgesehen von den in Art. 81 Abs. 3 und Art. 83 EGV genannten Möglichkeiten enthalten namentlich die Art. 87 Abs. 3 und 89 EGV durchaus offene und flexibel handhabbare Instrumentarien, die das Beihilfeverbot letztlich zu einem *Verbot mit Erlaub-*

---

[75] Vgl. Bericht für den Europäischen Rat von Laeken (Fn. 30), Rn. 14 f., dort freilich „vorbehaltlich einer möglichen Entwicklung der Rechtsprechung des Gerichtshofs". Die Entscheidung in Sachen Ferring beruhen dagegen, wie der diesbezügliche Schlussantrag von GA *Tizzano* v. 08. 05. 2001 (Ziff. 57, m. entspr. N.) vermuten lässt, auf früher vertretenen, anders lautenden Auffassungen der Kommission.

[76] Vgl. nur Anlage II zu den Schlussfolgerungen des Rates von Nizza (07.–09. 12. 2000) – „Erklärung zu den gemeinwirtschaftlichen Diensten": Maßnahmen zum Ausgleich gemeinwirtschaftlicher Verpflichtungen bilden daher „Beihilfen", die nach Art. 86 Abs. 2 EGV gerechtfertigt sein können.

[77] Vgl. EuGH, Slg. 1980, 2671 (Philip Morris), Tz. 11; Slg. 1988, 4067 (Frankreich/Kommission), Tz. 19; Slg. 1991, I-1433 (Italien/Kommission), Tz. 27.

[78] Siehe nur die Hinweise von GA *Léger* (Fn. 71), Ziff. 107, auf inzwischen auch in Deutschland operierende EU-ausländische Verkehrsunternehmen.

[79] Vgl. EuG, Slg. 1995, II-1971 (AITEC u. a./Kommission), Tz. 139 ff.

nisvorbehalt geraten lassen[80]. Zusätzliche (sektorbezogene) Ausnahmemöglichkeiten bestehen nach Art. 36 für den Landwirtschafts- und nach Art. 77 für den Verkehrsbereich, und zwar jeweils nach näherer Maßgabe des hierzu ergangenen Sekundärrechts[81].

Greifen diese speziellen Befreiungsmöglichkeiten nicht durch, kann schließlich die zentrale *Legalausnahme nach Art. 86 Abs. 2 EGV* zur Anwendung gelangen. Zwar ist diese Vorschrift als Ausnahmenorm eigentlich restriktiv zu interpretieren[82]. Mit zunehmender Sensibilisierung der Rechtsprechung gegenüber den zunehmend vom „Liberalisierungssog" erfassten Dienstleistungen von allgemeinem wirtschaftlichem Interesse (und diesbezüglicher Abwehrgefechte in den Mitgliedstaaten) ist ihr Anwendungstableau in letzter Zeit freilich kontinuierlich und in einer den Normtext gelegentlich schon stark strapazierenden Weise ausgedehnt worden[83]. Aus heutiger Sicht lässt sich das nach wie vor eher schillernde, von der Kommission mit den Attributen *Neutralität, Gestaltungsfreiheit* und *Verhältnismäßigkeit* belegte[84] „Wirkpanorama" des Art. 86 Abs. 2 EGV folgendermaßen skizzieren:

a) Die nähere Bestimmung der das Zielobjekt der Vorschrift bildenden *„Dienstleistungen von allgemeinem wirtschaftlichem Interesse"* sieht sich ganz allgemein zunächst einer weit reichenden *Einschätzungsprärogative* der Parlamente, Behörden und Gerichte in den *Mitgliedstaaten* überantwortet. Dies kann zunächst nicht näher verwundern, denn das Normziel besteht ja gerade darin, einen Ausgleich für die legitime Verfolgung allgemeinwirt-

---

[80] So zu Recht *Kluth* (Fn. 61), S. 9 des Typoskripts. Hinzuweisen ist im hier gegebenen Kontext – neben sektorbezogenen Leitlinien und Mitteilungen der Kommission (siehe Bericht für den Europ. Rat in Laeken, Fn. 30, S. 6 mit Fn. 5 – etwa auf jüngere Gruppenfreistellungsverordnungen zu Ausbildungsbeihilfen, zu sog „De minimis"-Beihilfen und zu staatlichen Beihilfen an kleine und mittlere Unternehmen v. 12. 01. 2001 (ABl. EG L 10 v. 13. 01. 2001, S. 20, 30, 33).

[81] Für den Verkehrsbereich: Verordnung Nr. 1191/69/EWG des Rates v. 26. 06. 1969 über das Vorgehen der Mitgliedstaaten bei mit dem Begriff des öffentlichen Dienstes verbundenen Verpflichtungen auf dem Gebiet des Eisenbahn-, Straßen- und Binnenschiffsverkehrs (ABl. EG L 156 v. 28. 06. 1969, S. 1) i.d.F. der Verordnung Nr. 1893/91/EWG des Rates v. 20. 06. 1991 (ABl. EG L 169 v. 29. 06. 1991, S. 1). Zur – durch Auslegung zu ermittelnden Frage – einer darüber hinaus gegebenen Anwendbarkeit des Art. 77 (abschließenden Regelung in der VO 1191/69?) siehe wiederum GA *Léger* (Fn. 71), Rn. 111 ff.

[82] Vgl. insoweit nur EuGH, EuZW 2001, 408, (TNT Traco/Poste Italiane), Tz. 56, m. w. N.

[83] Die Zäsur der Rechtsprechung markieren die Entscheidungen des EuGH in Slg. 1993, I-2533 ff. *(Corbeau)* zum belgischen Postmonopol, und in Slg. 1994, 1977 ff. *(Almelo)* zum niederländischen Stromimportverbot; aus der Reihe nachfolgender Entscheidungen seien hervorgehoben: EuGH, Slg. 1994, 877 ff. (Banco Exterior de España); Slg. 1997, 5699 ff., 5789 ff. und 5815 ff. – betr. nationale Stromhandelsmonopole; Slg. 2000, 825 ff. (Deutsche Post AG) Urteil v. 17. 05. 2001, Rs. C-340/99 (TNT Traco), EuZW 2001, 408 ff.

[84] Vgl. Mitteilung „Leistungen der Daseinsvorsorge in Europa" v. 20. 09. 2000 (Fn. 30), Rn. 20 ff.

schaftlicher Sonderinteressen in den Mitgliedstaaten zu schaffen. Problematisch ist allerdings, wenn selbst in Verlautbarungen der Kommission von einem „großen (Gestaltungs-) Spielraum"[85] der Mitgliedstaaten oder sogar von nationaler „Definitionshoheit"[86] die Rede ist. Schließlich geht es hier um die Auslegung eines genuin europäischen, wiewohl höchst unbestimmten Rechtsbegriffs. Der der deutschen Lehre vom Beurteilungsspielraum[87] entlehnte Begriff einer (bloßen) Einschätzungsprärogative trifft deshalb wohl eher den Kern der Sache; *sub signo* „Gestaltungsspielraum" allzu leicht ausgelöste Assoziationen in Richtung impermeabeler resp. wettbewerbsresistenter *Kompetenzreserven* wären mit dem („funktionalen") Regel-Ausnahme-Schema der Art. 81 ff. EGV schlicht unvereinbar.

Von der Einschätzung in Bezug auf Dienstleistungen von allgemeinem wirtschaftlichem Interesse strikt zu unterscheiden hat man allerdings, was klarstellend zu unterstreichen ist, die auch schon aus den Art. 86 Abs. 1 und 295 EGV folgende und dem Grundsatz nach unbegrenzte Ausgestaltungsfreiheit der Mitgliedstaaten hinsichtlich einzelner (nationaler oder kommunaler) Sektoren der Daseinsvorsorge an und für sich; schließlich geht es *insoweit* nicht um die Konturierung unbestimmter Rechtsbegriffe des EU-Rechts. Das Gebrauchmachen von diesen Gestaltungsspielräumen steht freilich wiederum unter dem Vorbehalt der Vereinbarkeit mit den Rahmenvorgaben des primären und sekundären Gemeinschaftsrechts.

Als Korrektiv jenes, im Ansatz durchaus auch weit zu verstehenden Beurteilungsspielraums greift eine Vertretbarkeits- oder Evidenzkontrolle – auf „offenkundige" Bewertungsfehler – seitens der europäischen Gerichte, deren Umrisse indes angesichts notwendig punktueller Einzelfallentscheidungen ebenfalls nur schemenhaft zu erkennen sind. Bestanden haben diesen Test bislang namentlich („klassische") Dienstleistungen wie die auf die sichere, qualitativ angemessene und allgemeine („öffentliche" bzw. flächendeckende) Bereitstellung etwa von Wasser und Energie, Post-, Rundfunk- und Telekommunikations- sowie Transportleistungen gerichtete, ferner die Abwasser- und Abfallentsorgung beinhaltende, im Übrigen nicht zwingend das gesamte Staatsgebiet, sondern durchaus auch einzelne Gemeinden oder Regionen betreffende Versorgungsdienste. „Sekundäre" Gemeinwohlanliegen (s. o. A I 2) sollen dagegen nur erfasst sein, soweit sie nachweisbar mit

---

[85] Vgl. Kommissionsmitteilung „Leistungen der Daseinsvorsorge" v. 20. 09. 2000 (Fn. 30), Rn. 22.
[86] Siehe etwa *Lecheler/Gundel,* Die Rolle von Art. 90 Abs. 2 und 3 EGV in einem liberalisierten Energiemarkt, RdE 1998, S. 92 (93).
[87] Siehe nur *Maurer,* Allg. Verwaltungsrecht, 13. Aufl. 2000, Rn. 31 ff.

dem Primärziel der Versorgungsdienstleistung „in Zusammenhang stehen und unmittelbar zur Befriedigung dieses Interesses beitragen"[88].

Unter den Leistungen der Daseinsvorsorge bilden Dienstleistungen von allgemeinem wirtschaftlichem Interesse letztlich nur eine – auf „marktbezogene" Tätigkeiten beschränkte – *Teilmenge*, wobei wiederum ein *trägerneutrales* Leitbild dominiert[89]: Erfasst sind deshalb nicht nur „öffentliche" Unternehmen i. S. d. Art. 86 Abs. 1 EGV, selbst wenn wegen der dort ebenfalls genannten Unternehmen mit „besonderen oder ausschließlichen Rechten", derer es als Korrelat für die übernommenen Gemeinwohlverpflichtungen nicht selten bedarf, die Anwendungsbereiche beider Absätze nahezu deckungsgleich sein dürften. „Neutralität" dann aber auch in eigentlich *aufgaben*bezogener Hinsicht: Eine Gleichsetzung der Dienstleistungen nach Art. 86 Abs. 2 EGV mit originär staatlichen oder kommunalen (Verwaltungs-) Aufgaben wäre schon wegen der beschriebenen Systemunterschiede in den Mitgliedstaaten nicht hinnehmbar; notwendig mit erfasst ist vielmehr auch die bloße „Indienstnahme" privater Unternehmen durch Auferlegung von Gemeinwohl- oder Universaldienstverpflichtungen, deren Einhaltung staatlicherseits im Interesse des Gemeinwohls für notwendig gehalten wird.

b) Die ferner erforderliche *„Betrauung"* des Unternehmens verlangt nach Mitteilung der Kommission einen „klar definierten" Versorgungsauftrag „ausdrücklich durch Hoheitsakt (Verträge eingeschlossen)"[90]. Dieses Erfordernis wird man gleichfalls nicht überspannen und darunter etwa – im Sinne der „Konzession" beim *Service public*, an die Art. 86 Abs. 2 EGV ersichtlich angelehnt ist – nur die „Investitur" mit originär *staatlichen* Versorgungsaufgaben (im Sinne einer nur „funktionalen" Privatisierung) verstehen dürfen[91]. Gemäß dem „trägerneutralen" Konzept der Dienstleistungen von allgemeinem wirtschaftlichen Interesse muss auch hier die „Indienstnahme" ausschließlich privatwirtschaftlich tätiger Dienstebetreiber (z. B. durch

---

[88] EuGH, Slg. 1997, I-5815 (franz. Stromhandelsmonopol), Tz. 68 ff., wegen nicht hinreichender Nachweise verneint für Sonderpflichten der franz. Energieversorger EDF und GDF im Rahmen von Umweltschutz und Raumordnung.

[89] Vgl. die Definition in der Mitteilung „Leistungen der Daseinsvorsorge in Europa" v. 20. 09. 2000 (Fn. 30), Anhang II: „marktbezogene Tätigkeiten, die im Interesse der Allgemeinheit erbracht und daher von den Mitgliedstaaten mit besonderen Gemeinwohlverpflichtungen verbunden werden".

[90] Mitteilung „Leistungen der Daseinsvorsorge" v. 20. 09. 2000 (Fn. 30), Rn. 22 m. w. N. Ob demgegenüber neuere EuGH-Entscheidungen ein „pragmatisches" Abrücken von diesem „formal-restriktiven" Verständnis indizieren (so von *Danwitz*, Fn. 32, S. 11 f. m. Nachw. zur Rspr.), erscheint m. E. fraglich: Wenn dort wiederholt das Vorliegen eines Betrauungsaktes nicht gesondert überprüft wurde, liegt dies schlicht daran, dass derselbe im konkreten Fall unproblematisch vorlag.

[91] Vgl. *Götz*, Die Betrauung mit Dienstleistungen von allgemeinem wirtschaftlichem Interesse, in: Festschrift für Maurer, 2001, S. 921 (931 f.).

Auferlegung von Anschluss- und Versorgungspflichten) genügen. Im Interesse der Rechtsklarheit wird man unterdessen in jedem Fall explizite, namentlich von bloßen Zulassungsgenehmigungen und Gewerbeerlaubnissen hinreichend unterscheidbare, wegen der Formenvielfalt in den nationalen Rechtsordnungen freilich nicht notwendigerweise *öffentlich-rechtliche* Betrauungsakte zu fordern haben[92] – ein Petitum, welches insbesondere von der deutschen Kommunalwirtschaft ernster genommen werden sollte.

c) Deutlichere Relativierungen betreffen die von Art. 86 Abs. 2 EGV explizit geforderte *„Ver"-hinderung der Aufgabenerfüllung* bei Anwendung der europäischen Wettbewerbsregeln: Nach nun schon ständiger Rechtsprechung muss nicht schon „das finanzielle Gleichgewicht oder das wirtschaftliche Überleben des mit einer Dienstleistung von allgemeinem wirtschaftlichem Interesse betrauten Unternehmens bedroht" sein. Vielmehr genügt es, „dass ohne die streitigen Rechte die Erfüllung der dem Unternehmen übertragenen besonderen Aufgaben *gefährdet* wäre, wie sie sich aus den ihm obliegenden Verpflichtungen und Beschränkungen ergeben, oder dass die Beibehaltung dieser Rechte erforderlich ist, um ihrem Inhaber die Erfüllung seiner im allgemeinen wirtschaftlichen Interesse liegenden Aufgaben zu wirtschaftlich annehmbaren Bedingungen zu ermöglichen"[93].

Die diesbezügliche Überprüfung sei wiederum „Sache des nationalen Gerichts", wobei die Darlegungs- und Beweislast den betreffenden Mitgliedstaat resp. das Unternehmen, das sich auf Art. 86 Abs. 2 EGV beruft, treffe[94]. Als in diesem Kontext anzuerkennende besondere „Rechte" erscheinen neben der Einräumung eigentlicher Monopolstellungen oder Exklusivlizenzen namentlich Maßnahmen zum finanziellen Ausgleich zwischen den rentablen und den „weniger rentablen", weil aus Gemeinwohlgründen flächendeckend zu erbringenden Tätigkeitsbereichen resp. „Universaldiensten"[95]. Dabei kann es sich einmal um „Quersubventionen" innerhalb des betroffenen Versorgungsunternehmens handeln. Nach neuerer Rechtsprechung sind über Art. 86 Abs. 2 EGV aber auch solche Ausgleichsverpflichtungen zu rechtfertigen, die *Dritten* als Erbringern von nicht zum Universaldienst gehörenden, also reinen Wettbewerbsdienstleistungen auferlegt werden, soweit diese Mitfinanzierung erforderlich ist, um dem Träger der im Allgemeininteresse liegenden (Universaldienst-) Aufgabe deren Erfüllung unter

---

[92] Ebenso *Burgi* (Fn. 18), S. 267 m. Fn. 50.
[93] Vgl. EuGH, EuZW 2001 (TNT Traco/Poste Italiane), Tz. 54 (m. w. N.); zuvor bereits EuGH, Slg. 1993, I-2533 (Corbeau), Tz. 14: Möglichkeit der Aufgabenerfüllung „unter wirtschaftlich tragbaren Bedingungen", sowie EuGH, Slg. 1997, I-5815 (Kommission/Frankreich) Tz. 59.
[94] Vgl. EuGH, EuZW 2001, 408 (TNT Traco), Tz. 59, sowie in Slg. 1997, I-5815 (Kommission/Frankreich), Tz. 94.
[95] Grundlegend: EuGH, Slg. 1993, I-2533 (Corbeau), Tz. 17 ff.

wirtschaftlich ausgeglichenen Bedingungen zu ermöglichen[96]. Entscheidend ist hier das „Nettomehrkosten"-Prinzip, wonach der Wert des gewährten Vorteils nicht die Mehrkosten der betreffenden Unternehmen bei der Erbringung einer Dienstleistung von allgemeinem wirtschaftlichen Interesse überschreiten darf[97]. Von Letzterem soll allerdings auszugehen sein, sofern die betreffende Dienstleistung im Zuge eines fairen, transparenten und nicht diskriminierenden (Vergabe-) Verfahrens vergeben wurde[98]. Speziell für Ausgleichszahlungen an bzw. „Quersubventionen" innerhalb öffentlicher Unternehmen soll der Nettomehrkosten-Nachweis im Übrigen nur zu führen sein, sofern die Vorgaben der unlängst verschärften „Transparenzrichtlinie", namentlich die Pflicht zu getrennter Buchführung zwischen den verschiedenen Geschäftsbereichen, „streng beachtet" sind[99].

Die damit letztlich anzuwendende „mathematisierende" Betrachtungsweise kann sich gerade aus Sicht der deutschen Kommunalwirtschaft als problematisch erweisen: Denn wenn von diesen Unternehmen neben dem primären (Versorgungs-) Zweck regelmäßig zugleich auch „sekundäre" Gemeinwohl- oder Steuerungsanliegen verfolgt werden, fällt in diesem „Gesamtpaket mit Elementen der Quersubventionierung"[100] die vom EuGH geforderte Zuordnung eines (Finanzierungs-) Vorteils zu einer (abtrennbaren) konkreten Einzelleistung nach dem „Nettomehrkosten"-Prinzip erheblich schwerer. Zum anderen ist die nicht weniger problematische Frage nach der Kommerzialisierbarkeit derartiger, oftmals jenseits jeder betriebswirtschaftlicher Rationalität übernommener Sekundärleistungen – man denke nur an besondere Anstrengungen kommunaler Unternehmen zur Förderung des

---

[96] Vgl. EuGH, EuZW 2001, 408 (TNT Traco), Tz. 55: Es ging um die einem Eilkurierdienst auferlegte Universaldienstabgabe für die Finanzierung der postalischen Grundversorgung durch die staatliche Ente Poste Italiane, wie sie auch im deutschen Post- und Telekommunikationsrecht (vgl. §§ 15 und 16 PostG sowie §§ 18ff. TKG) vorgesehen ist. Zum Streit um die (finanz-) verfassungsrechtliche Zulässigkeit solcher Universaldienstabgaben einerseits *von Danwitz*, Die Universaldienstfinanzierungsabgaben im Telekommunikationsgesetz und im Postgesetz als verfassungswidrige Sonderabgaben, NVwZ 2000, 615ff.; *ders.*, in: Beck'scher PostG-Kommentar, 2000 § 16 Rn. 5-48; andererseits *Ruffert*, Regulierung im System des Verwaltungsrechts, AöR 124 (1999), 237 (273f.); *Lege*, Wer soll die Grundversorgung mit Post und Telefon bezahlen?, DÖV 2001, 969ff.
[97] Grundlegend: EuG, Slg. 1997, II-229 (FFSA), Tz. 178; vgl. im Übrigen Bericht der Kommission für den Europäischen Rat von Laeken (Fn. 30), Rn. 18.
[98] Bericht der Kommission, wie vor, Rn. 19; siehe auch schon die Mitteilung über Leistungen der Daseinsvorsorge in Europa v. 20. 09. 2000 (Fn. 30), Rn. 26.
[99] Vgl. Bericht der Kommission für den Europäischen Rat von Laeken (Fn. 30), Rn. 20, sowie Richtlinie 2000/52/EG der Kommission v. 26. 07. 2000 zur Änderung der Richtlinie 80/723/EG über die Transparenz der finanziellen Beziehungen zwischen den Mitgliedstaaten und den öffentlichen Unternehmen, ABl. EG L 193 v. 29. 07. 2000, S. 75.
[100] *Burgi* (Fn. 18), S. 267.

sparsamen Umgangs mit (Ab-) Wasser und Energie oder zur Schaffung und Erhaltung von Arbeitsplätzen im Unternehmen – aufgeworfen[101].

d) Gemäß Art. 86 Abs. 2 Satz 2 EGV bedarf es schließlich einer dezidierten Prüfung der *Verhältnismäßigkeit* unter Abwägung des mitgliedstaatlichen Gestaltungsinteresses hinsichtlich „öffentlicher Dienste" mit dem „Interesse der Gemeinschaft". Wie oben (A II 2) schon ausgeführt, geht es hier nicht um die Herstellung „praktischer Konkordanz" zwischen Wettbewerb und Daseinsvorsorge als an und für sich gleichberechtigter Anliegen des EG-Vertrages. Ein solcher Ansatz widerspräche im Übrigen dem in Umsetzung des Regel-Ausnahme-Schemas der Art. 81 ff. EGV eindeutig auf die *Erforderlichkeit* und *Angemessenheit* mitgliedstaatlich bewirkter Wettbewerbsdurchbrechungen abzielenden Gesamtduktus der Rechtsprechung[102] und sie flankierender Aussagen der Kommission[103]. Art. 86 Abs. 2 Satz 2 EGV postuliert insofern eine „Schranken-Schranke"[104], die angesichts eines weit gesteckten Beurteilungsspielraums der Mitgliedstaaten am Ende auch nur scheinbar relativiert ist: Diesen obliegt zwar, vorbehaltlich einer gerichtlichen Evidenzkontrolle, die Ersteinschätzung bezüglich der „Dienstleistungen von allgemeinem wirtschaftlichem Interesse" und etwa notwendiger Wettbewerbsdurchbrechungen.

Eigentlicher *Clou* dieser *Darlegungs- und Beweislastverteilung* ist nun aber, dass der Gerichtshof den *Gegen*beweis durch die *Kommission* nicht nur zugelassen, sondern ausdrücklich gefordert hat: Unter hinreichender Berücksichtigung der Umstände des Einzelfalls hat diese substantiiert darzutun, dass die Erbringung der jeweiligen Gemeinwohlaufgabe auch in einer das Gemeinschaftsinteresse (am Wettbewerb!) weniger beeinträchtigenden Weise erfolgen kann[105]. Zur Konkretisierung derartiger, wettbewerbsfreundlicherer Alternativregime – beispielsweise in Gestalt von „Universaldienst-

---

[101] Die nach derzeitigem Stand drohende Geringschätzung aus dem Gedanken der kommunalen Selbstverwaltung folgender Steuerungsspezifika führt *Burgi* zu der Verallgemeinerung, dass der Umgang mit dem öffentlichen Unternehmen als Instrument mitgliedstaatlicher bzw. kommunaler Politik „gegenwärtig nicht durchgehend funktionsadäquat ist" (wie vor, S. 268).

[102] Grundlegend: EuGH, Slg. 1997, I-5815 (Kommission/Frankreich), Tz. 94, 101 f.

[103] Vgl. nur Mitteilung über „Leistungen der Daseinsvorsorge" v. 20.09.2000 (Fn. 30), Rn. 23: „Konkret ist sicherzustellen, dass Einschränkungen des Wettbewerbs oder der Binnenmarktfreiheiten nicht über das zur tatsächlichen Erfüllung des Auftrags erforderliche Maß hinausgehen".

[104] So schon *Tettinger*, Für die Versorgungswirtschaft bedeutsame Entwicklungslinien im primären Gemeinschaftsrecht, RdE 1999, 45 (47); siehe ferner *Lecheler/Gundel* (Fn. 86), S. 92 (94).

[105] Grundlegend: EuGH, Slg. 1997, I-5815 (Kommission/Frankreich), Tz. 94, 101 f.; ebenso in Slg. 1997, I-5699 (Kommission/Niederlande), Tz. 51, 58 f., sowie Slg. 1997, I-5789 (Kommission/Italien), Tz. 54 f.

leistungsverpflichtungen" oder der gemeinwohlbezogenen Auftragsvergabe nach Art des Bestellerprinzips im „ÖPNV" – soll sich die Kommission namentlich ihrer (Sekundär-) Rechtsetzungsbefugnis nach Art. 86 *Abs. 3* EGV bedienen können[106]; ist dies geschehen, sieht sich auch die Kontrolle durch den Gerichtshof gleichsam auf Null reduziert[107].

II. Stabilisierungsoptionen de lege ferenda

Das vom Europäischen Gerichtshof gerade auch im Bereich des Art. 86 Abs. 2 EGV unterstrichene Regel-Ausnahme-Schema nebst fein ziselierter Regelung der Darlegungs- und Beweislast erscheint schon wegen der heterogenen Strukturen nationaler Konzepte der Daseinsvorsorge folgerichtig. Angesichts fortbestehender und im Einzelnen dargelegter Auslegungs- und Anwendungsunsicherheiten sowohl auf der Tatbestandsebene wie namentlich im Bereich der Legalausnahme nach Art. 86 Abs. 3 EGV fragt sich gleichwohl, ob nicht auch durch präzisierende rechtsnormative Vorkehrungen ein Mehr an Rechtsklarheit bei der Anwendung der Art. 81 ff. EGV herzustellen ist. Angesichts des erklärten Ausgestaltungsvorbehalts zugunsten der Kommission, aber auch rechtspolitischer Forderungen im Umfeld der EU-Gipfel von Laeken und Barcelona und schließlich der Bezeichnung der Dienste von allgemeinem wirtschaftlichem Interesse als „*gemeinsamem Wert der Union*" (vgl. Art. 16 EGV) erscheinen solche Präzisierungen geradezu unumgänglich. Die Frage ist nur, auf welche Weise Ansätze in Richtung eines „Gemeinschaftsrechts der Daseinsvorsorge" am besten zu verwirklichen sind.

1. Sekundärrechtliche Präzisierungen

Einen gangbaren Weg bildet nahe liegender Weise die nähere *sekundärrechtliche* Ausformung des Verhältnisses von Wettbewerb und Wettbe-

---

[106] Siehe nur EuGH, Slg. 1997, I-5815 (Kommission/Frankreich), Tz. 113, sowie sogleich II 1.

[107] So sieht es der Gerichtshof ausdrücklich nicht als seine Aufgabe an, „unter Berücksichtigung wirtschaftlicher, finanzieller und sozialer Gesichtspunkte die Maßnahmen zu würdigen, die ein Mitgliedstaat erlassen könnte, um die Lieferung von Elektrizität und Gas in seinem Gebiet, die Ständigkeit der Versorgung und die Gleichbehandlung der Kunden sicherzustellen", vgl. EuGH, Slg. 1997, I-5815 (Kommission/Frankreich), Tz. 106. Die Einschätzung durch die Kommission unterliege, wie das Gericht erster Instanz sekundiert, ihrerseits allenfalls der Überprüfung auf „offensichtliche Beurteilungsfehler", vgl. insbes. EuG, Slg. 1997, II-229 (FFSA), Tz. 97 ff., 101.

werbsdurchbrechung für die einzelnen Sektoren „wirtschaftlicher" Daseinsvorsorge, die ja in zentralen Bereichen (z. B. Telekommunikation und Energie) schon ein fortgeschrittenes Stadium erreicht hat.

a) Der „Ausgestaltungsvorbehalt" zugunsten der Kommission in Art. 86 Abs. 3 EGV

Wenn der Gerichtshof insoweit freilich die Konkretisierung gerade durch die *Kommission* einfordert, bedarf dies wiederum einiger Klarstellungen. Schließlich wäre, befolgte man diesen Ansatz allzu unreflektiert, mit der Formulierung wettbewerbsfreundlicherer Alternativmodelle durch die Kommission die Berufung der Mitgliedstaaten bzw. „ihrer" Versorgungsunternehmen auf Art. 86 Abs. 2 EGV präkludiert, was auf eine – regelwidrige – Verdrängung des primären durch das sekundäre Gemeinschaftsrecht hinausliefe[108]. Streng genommen ist eine Konkretisierungsbefugnis der Kommission daher allenfalls *im Rahmen* des Art. 86 Abs. 2 EGV denkbar; nicht grundlos will sie denn auch die Kontrolle nach Art. 86 Abs. 3 EGV „unter der Kontrolle des Gerichtshofs" ausüben[109]. Anzumahnen wäre insoweit freilich, dass sich die Rechtsprechung angesichts einer Ausgestaltung durch die Kommission nicht allzu leichtfertig auf eine bloße Evidenzkontrolle zurückzieht; ansonsten stünde die Reichweite der Legalausnahme in Art. 86 Abs. 2 EGV letztlich und tatsächlich zur Disposition der Kommission[110]. Noch prekärer geriete die Situation, sollte die Kommission ihrerseits mitgliedstaatliche Festlegungen in Bezug auf öffentliche Dienstleistungen lediglich einer Missbrauchs- oder Offenkundigkeitskontrolle unterwerfen[111]: Die daraus dann in der Tat resultierenden „(Gestaltungs-) Spielräume" der Mitgliedstaaten öffneten mannigfaltigen Wettbewerbsverzerrungen Tür und Tor, womit abermals das „wachsame Auge" des Gerichtshofs eingefordert

---

[108] Vgl. zum spannungsgeladenen Verhältnis von europäischem Primär- und Sekundärrecht im hier gegebenen Kontext etwa *Lecheler/Gundel* (Fn. 86), S. 94, 96 m. w. N. in Fn. 54; *Schneider*, Liberalisierung der Stromwirtschaft durch regulative Marktorganisation, 1999, S. 396 ff.; *Pielow* (Fn. 3), S. 91 ff.; allgemein: *Ch. Jung*, in: Calliess/Ruffert (Fn. 27), Art. 73 Rn. 5 a.E. m. w. N.

[109] Vgl. EuGH, Slg. 1997, I-5815 (Kommission/Frankreich), Tz. 113; ähnlich: Mitteilung der Kommission „Leistungen der Daseinsvorsorge" v. 20. 09. 2000 (Fn. 30), Rn. 23. Ferner bestehen gemeinwirtschafsbezogene Ausnahmetatbestände z. B. in Art. 3 Abs. 2 der Richtlinie 96/92/EG betr. gemeinsamer Vorschriften für den Elektrizitätsbinnenmarkt (ABl. EG L 27 v. 30. 01. 1997, S. 20) ausdrücklich nur vorbehaltlich der „uneingeschränkten Beachtung der einschlägigen Bestimmungen des Vertrags, insbesondere des Artikels 90 [jetzt: 86 EGV]".

[110] Eine eingehendere Kontrolle des Gerichtshofs wäre jedenfalls immer dann zu fordern, sobald Sekundärrechtsmaßnahmen der Kommission von gerichtlich anerkannten Ausnahmetatbeständen zu Lasten der betroffenen Unternehmen abweichen oder gänzlich neuartige Wettbewerbsmodelle entwerfen wollen.

[111] In diese Richtung: Mitteilung v. 20. 09. 2000 (Fn. 30), Rn. 22.

sein dürfte. Auch vermag nur eine flankierende Aufsicht durch die Gerichte zu gewährleisten, dass im Wege einer zu strikt verstandenen Verhältnismäßigkeitskontrolle (in diesem Fall der Kommission) der den Mitgliedstaaten im Ansatz zuerkannte weite Beurteilungsspielraum nicht wieder über Gebühr eingeengt wird[112].

Eine unbegrenzte Ausgestaltungsbefugnis gemäß Art. 86 Abs. 3 EGV bedarf auch insofern kritischer Reflexion, als der Kommission damit eine unabhängig von Rat und Parlament bestehende (Exklusiv-) Kompetenz eingeräumt ist. Insofern fragt sich, ob Grenzziehungen an der sensiblen Schnittstelle zwischen europäischem Wettbewerbsprinzip und (verbleibenden) wirtschaftspolitischen Einschätzungsspielräumen in den Mitgliedstaaten nicht auf eine breitere demokratisch-legitimatorische Grundlage zu stellen sind und deshalb mindestens der Entscheidung des Rates (gemäß den einschlägigen Kompetenztiteln, etwa nach Art. 95 i.V.m. Art. 251 EGV) bedürfen[113]. Gewiss mag gerade die Alleinzuständigkeit der Kommission geeignet sein, den Eigeninteressen der Mitgliedstaaten an der Aufrechterhaltung bestehender Monopol- und Sonderrechte entgegenzuwirken[114]. Deshalb jedoch die Konkretisierungsbefugnis nach Art. 86 Abs. 3 EGV zu einer Generalkompetenz für die Durchsetzung – jedweder – Wettbewerbsmodelle geraten zu lassen, erscheint angesichts der komplexen Struktur europäischer Rechtsetzungskompetenzen und des Umstands, dass die nationalen Eigeninteressen nicht nur unternehmerische Anliegen, sondern gerade auch (wirtschaftspolitische) *Souveränitätsrechte* reflektieren, jedenfalls dann bedenklich, sobald die auch in Art. 86 Abs. 3 EGV lediglich angelegte Rechts*anwendungs*kontrolle der Kommission[115] in eine eigentliche Rechts*fortbildungs*kontrolle umschlägt[116].

---

[112] Vgl. zu diesbezüglichen Befürchtungen die Stellungnahme der Bundesrepublik zu den Arbeiten der EU-Kommission gem. Ziffer E 45 der Schlussfolgerungen des Europäischen Rates von Nizza (Fn. 69), S. 3.

[113] Nicht umsonst hat die Kommission jedenfalls von der Richtlinienkompetenz nach Art. 86 Abs. 3 EGV bislang nur zurückhaltend Gebrauch gemacht, vgl. Mitteilung „Leistungen der Daseinsvorsorge in Europa", ABl. EG C 281 v. 26. 09. 1996, S. 3 (6 mit Fn. 1): Von 1958 bis Sept. 1996 nur acht Richtlinien.

[114] So der Einwand des Wissenschaftlichen Beirats beim BMWi (Fn. 47), S. 5, 7f., unter Hinweis auf die größere (auch in der Alltagspraxis bestehende?) Unabhängigkeit der Kommission.

[115] Dazu allgemein von *Ruffert*, in: Calliess/Ruffert (Fn. 27), Art. 211 Rn. 2; *Oppermann*, Europarecht, 2. Aufl. 1999, § 5 Rn. 365 ff.

[116] Zur notwendigen restriktiven Interpretation des Art. 90 Abs. 3 EGV a. F. auch EuGH, Slg. 1991, 1223 (Telekommunikationsendgeräte), Tz. 14, 21, 24 ff.; siehe ferner *Burgi* (Fn. 18), S. 273 f. („Die Kompetenz zur Reglementierung des mitgliedstaatlichen Wettbewerbsverhaltens ist kein Hebel zur unionspolitischen Aufladung der Daseinsvorsorge") sowie *ders.*, Vertikale Kompetenzabgrenzung in der EU und materiellrechtliche Kompetenzausübungsschranken nationaler Daseinsvorsorge, in: Henneke (Hrsg.), Verantwortungsteilung zwischen Kommunen, Ländern, Bund und EU, 2001, S. 90 (115 f.), jew. m. w. N.

b) Sonstige Maßnahmen/Evaluierung

Nachdrücklich zu begrüßen sind dagegen die im Vorfeld eigentlicher Sekundärrechtssetzung erfolgenden und im Interesse der Rechtsklarheit bei Anwendung der durchweg vagen Ausnahmenormen stets aufs Neue eingeforderten *informalen* Präzisierungen der Kommission hinsichtlich einzelner *Tatbestände* des EG-Kartellrechts. Zu nennen ist namentlich der im Zuge des EU-Gipfels von Laeken entwickelte „Zweiphasen-Ansatz" bezüglich *finanzieller Ausgleichszahlungen* für Dienstleistungen von allgemeinem wirtschaftlichem Interesse. Vorgesehen ist zunächst die Schaffung eines „gemeinschaftsrechtlichen Rahmens für staatliche Beihilfen" auf dem Gebiet der Daseinsvorsorge (angekündigt für 2002). Daran soll sich – erforderlichenfalls und als zweiter Schritt – eine eigene Gruppenfreistellungsverordnung gemäß Art. 89 EGV anschließen, deren Verabschiedung durch die *Kommission* freilich noch einer Ergänzung der einschlägigen Ermächtigungsverordnung[117] durch den *Rat* (*sic !*) bedürfte[118].

Wünschenswerte Präzisierungen sind des Weiteren für den Bereich der *öffentlichen Auftragsvergabe* beabsichtigt: Auch hier geht es im Wesentlichen um die Reichweite möglicher Ausnahmen im Sinne des Art. 86 Abs. 2 EGV[119], insbesondere aber auch um die künftige Behandlung der bislang vom sekundären Vergaberecht ausgeblendeten „Dienstleistungskonzessionen" (oben A II 3 b)[120].

Durchaus begrüßenswert erscheint schließlich auch das zur Flankierung dieser inhaltlich-konzeptionellen Festlegungen vorgesehene *System der Evalu-*

---

[117] Verordnung 994/98 des Rates v. 07. 05. 1998 über die Anwendung der Artikel 92 und 93 EGV [a.F.], ABl. EG L 142 v. 14. 05. 1998, S. 1.

[118] Vgl. Bericht für den Europäischen Rat von Laeken „Leistungen der Daseinsvorsorge" v. 17. 10. 2001 (KOM [2001] 598 endg.), 10 f.

[119] Zur Akzeptanz möglicher „vergabefremder" Zwecke bei der Vergabe von Dienstleistungen, deren Erbringung mit der Verfolgung „sekundärer" Gemeinwohlbelange verknüpft ist, siehe im Übrigen bereits die Mitteilungen der Kommission über die Auslegung des gemeinschaftlichen Vergaberechts und die Möglichkeiten sozialer Belange bei der Vergabe öffentlicher Aufträge v. 15. 10. 2001 (KOM [2001] 566 endg.) bzw. über die Möglichkeiten zur Berücksichtigung von Umweltbelangen v. 04. 07. 2001 (KOM [2001] 274 endg.).

[120] Vgl. Bericht für den Europäischen Rat von Laeken (Fn. 30), Rn. 33 ff.; dieser Aspekt ist von dem vorliegenden Gesetzespaket zur Vereinfachung und Modernisierung des Öffentlichen Auftragswesens (vgl. *http://www.europa.eu.int/comm/internal_market/de/publproc/general/-2k-461.htm*) noch nicht berücksichtigt. Bund und Länder fordern in diesem Kontext ganz allgemein auch klarere Grenzziehungen zwischen dem Vergabe- und dem Beihilferecht („insbesondere bei ‚in house'-Geschäften und public-private-partnerships"), vgl. Stellungnahme der Bundesrepublik zu dem Bericht der Kommission für den Europäischen Rat in Laeken v. 28. 11. 2001 (Dok. 14608/01).

ierung von Leistungen der Daseinsvorsorge in Europa[121]. Beabsichtigt ist die Schaffung einer dauerhaften „Feedback-Kultur" auf der Basis vertikaler und horizontaler Vergleichserhebungen im Rahmen des Cardiff-Prozesses[122] sowie ergänzender Benchmarking-Systeme. Überprüft werden soll neben dem eigentlichen Versorgungsbeitrag gerade auch, inwieweit die betreffenden Dienste auch den ihnen obliegenden sonstigen („sekundären") Gemeinwohlverpflichtungen, etwa bezüglich des Umwelt- oder Verbraucherschutzes, gerecht werden. Wie bisherige Erfahrungen in anderen Bereichen – etwa auf dem Wissenschaftssektor[123] – lehren, hängt, will man zu konstruktiven Ergebnissen und nicht nur zu mehr (Überwachungs-) Bürokratie gelangen, hier am Ende alles von den konkret zur Anwendung gelangenden Vergleichsmerkmalen, den Bewertungsmaßstäben und schließlich der Vergleichs*kompetenz* der zuständigen Evaluationsinstanzen ab. Bedenkt man die ausgesprochene Heterogenität daseinsvorsorgebezogener Ordnungsregime sowohl zwischen den EU-Staaten wie auch in den einzelnen Wirtschaftssektoren, ferner die damit einhergehenden Gemeinwohlerwartungen – *cohésion territoriale et sociale* in Frankreich, unterschiedlich gelagerte, namentlich kommunale (Sekundär-) Interessen in Deutschland – erscheint die implizit geäußerte Befürchtung, dass hier letztlich „Äpfel mit Birnen" verglichen werden, nicht unberechtigt[124].

2. Rahmenrichtlinie zu Art. 16 EGV?/ Zur Rolle des Konvents

Dem über sekundärrechtliche Einzellösungen weit hinaus reichenden französischen Vorschlag nach Verabschiedung einer „Rahmenrichtlinie über die gemeinwirtschaftlichen Dienste" zur Konkretisierung der Bestimmungen in

---

[121] Vgl. Bericht für den Europäischen Rat von Laeken (Fn. 30), Rn. 40ff.

[122] Einen Vorgeschmack vermittelt der Anhang zum „(Kommissions-) Bericht über die Funktionsweise der gemeinschaftlichen Güter- und Kapitalmärkte" – Marktleistung der netzgebundenen Wirtschaftszweige, die Leistungen der Daseinsvorsorge erbringen: Erste horizontale Bewertung –, SEK (2001) 1998 v. 07. 12. 2001.

[123] Dazu etwa *Schulze-Fielitz*, Was macht Qualität öffentlich-rechtlicher Forschung aus?, JöR n.F. Bd. 50 (2002), 1 ff.

[124] Vgl. Stellungnahme der Bundesrepublik (Fn. 120); skeptisch auch Wiss. Beirat beim BMWi (Fn. 47), S. 7, u. a. angesichts des französischen Vorstoßes in Richtung einer bloßen intergouvernementalen Zusammenarbeit unter Preisgabe der Kommissionskompetenz nach Art. 86 Abs. 3 EGV. Zu der von der franz. Regierung unterbreiteten, in der Tat stark service public-lastigen Evaluierungsmethodik nebst Vorschlags eines Kriterienkatalogs vgl. das dem Rat vorgelegte „Memorandum Frankreichs zu den gemeinwirtschaftlichen Diensten" v. 20. 09. 2001 (Drs. 12029/01), S. 12ff. und Anlage II.

Art. 16 EGV[125] wird dagegen aus rechtlichen wie praktischen Gründen skeptisch bis ablehnend begegnet. Schon die darin vorgesehenen Garantien zugunsten „gleichgewichtiger" und breit gesteckter nationaler Freiräume bei der Bestimmung der Dienste von allgemeinem wirtschaftlichem Interesse widerliefen dem Regel-Ausnahme-Schema des am „funktionalen" Unternehmensverständnis ausgerichteten EG-Kartellrechts diametral. In der praktischen Konsequenz würde ein solches Gegenmodell zum Markt- und Wettbewerbsprinzip aufgrund der ungleich gelagerten Systempräferenzen in den Mitgliedstaaten wiederum erhebliche Wettbewerbsverzerrungen nach sich ziehen, überdies aber auch Gefahr laufen, die mit den Grundfreiheiten des EG-Vertrages vorgezeichneten individuellen und unternehmerischen Entfaltungschancen zugunsten nationaler Interessen außer Kraft zu setzen[126]. Die Kommission hat immerhin eine eingehendere Prüfung des französischen Vorschlags zugesagt und wurde insoweit vom EU-Gipfel in Barcelona ausdrücklich unterstützt[127]. Eine bereichsübergreifende Rahmenrichtlinie könne allerdings schon wegen der unterschiedlichen und ständigem Wandel unterworfenen Ausgangsbedingungen in den einzelnen Wirtschaftssektoren nur sehr allgemein ausfallen und müsse sich – anders als sektorbezogene Festlegungen – generell auf die Vorgabe von „Mindest-Standards" beschränken[128]. Auch Bund und Länder bezweifeln den „Mehrwert" einer Rahmenrichtlinie und stellen überdies eine entsprechende europäische Regelungskompetenz ganz grundsätzlich in Frage[129].

Es fragt sich gleichwohl, ob nicht – losgelöst von der weiter reichenden französischen Überlegung in Richtung eines gemeinschaftsweiten (und dezisionistischen) Konzepts der Daseinsvorsorge – daran gedacht werden sollte, im Wege einer Rahmenregelung (des Rates) zentrale Zweifelsfragen „vor die Klammer" zu ziehen und einer sektorübergreifenden Lösung zuzuführen. Wünschenswerte Klärung brächte schon die deutlichere Hervorhebung des Regel-Ausnahme-Prinzips auch im Bereich der Dienstleistungen von allgemeinem wirtschaftlichem Interesse. Fachübergreifende Präzisierungen böten sich auch hinsichtlich möglicher Ausnahmen auf der „Tatbe-

---

[125] Vgl. das Memorandum Frankreichs (Fn. 124), S. 3 ff.; in dieselbe Richtung zielten bereits die vor der Aufnahme von Art. 16 EGV unterbreiteten Vorschläge des Europäischen Zentralverbands der Öffentlichen Wirtschaft (CEEP) zu einer „Europäischen Charta der Dienstleistungen von allgemeinem Interesse", in: CEEP (Hrsg.), Europe, concurrence et service public, 1995, Annex I und II (S. 61 ff.); deutsche (Kurz-) Fassung in: Gesellschaft für öffentliche Wirtschaft (Hrsg.), Europa, Wettbewerb und öffentliche Dienstleistungen, 1996, S. 75 ff.
[126] In diesem Sinne namentlich der Wiss. Beirat beim BMWi (Fn. 47), S. 7.
[127] Vgl. Schlussfolgerungen des Vorsitzes des Rates (Barcelona), SN 100/02, Rn. 42.
[128] Vgl. Bericht für den Europäischen Rat von Laeken (Fn. 30), Rn. 51.
[129] Vgl. Stellungnahme der Bundesrepublik (Fn. 120); ferner: *Storr*, Der Staat als Unternehmer, 2001, S. 339 ff.

standsebene" der Art. 81 ff. EGV an, etwa zur weiteren Eingrenzung des Unternehmensbegriffs zwischen „wirtschaftlichen" und „nicht-wirtschaftlichen", insbesondere sozialen, kulturellen und bildungspolitischen Betätigungen[130], oder der für marktbezogene Tätigkeiten durchweg geforderten Beeinträchtigung des innergemeinschaftlichen Handels (Binnenmarktrelevanz). In letztgenanntem Zusammenhang ergäbe sich zudem die Chance, vielfach reklamierte Verbürgungen zugunsten *kommunaler* Daseinsvorsorge gemeinschaftsrechtlich abzusichern, was freilich den Konsens mit denjenigen Mitgliedstaaten erforderte, in denen vergleichbare Gewährleistungen der örtlichen Selbstverwaltung nicht existieren.

Endlich dürfte auch zu prüfen sein, ob nicht einzelne Grundmerkmale eines europäischen Konzepts der Daseinsvorsorge nicht schon auf der Ebene des primären Rechts, etwa in Ergänzung von Art. 16 oder 86 Abs. 2 EGV zum Ausdruck gebracht werden sollten. Ein denkbar gut geeignetes Podium für diesbezügliche Überlegungen bietet der derzeit beratende (Verfassungs-) Konvent unter dem Vorsitz von *V. Giscard d'Estaing*[131], der sich nach dem Willen der Regierungschefs insbesondere auch mit der weiteren Zuständigkeitsverteilung zwischen Union und Mitgliedstaaten auseinanderzusetzen hat. Dabei ist freilich wiederum zu beachten, dass das Spannungsfeld zwischen „Markt" und „Staat" im Bereich gemeinwohlorientierter Dienstleistungen nicht eigentlich ein Kompetenzproblem ist: Sollen nicht konkrete Bereichsausnahmen resp. nationale „Souveränitätsvorbehalte" begründet werden, kann es unter der Geltung des funktional an „unternehmerisches" Handeln anknüpfenden EG-Kartellrechts auch auf der Primärrechtsebene allenfalls um „materiellrechtliche Kompetenzausübungsschranken" für nationale Gestaltungsbefugnisse im Bereiche Daseinsvorsorge gehen[132].

---

[130] Zu den sich insoweit wiederum stellenden Problemen der Unterschiedlichkeit und Wandelbarkeit entsprechender Rahmenbedingungen in einzelnen Staaten und Sektoren siehe etwa die Stellungnahme des Wirtschafts- und Sozialausschusses zum Thema „Private Sozialdienste ohne Erwerbszweck im Kontext der Daseinsvorsorge in Europa" v. 12. 09. 2001, ABl. EG C 311 v. 07. 11. 2001, S. 33 ff.

[131] Vgl. dazu die „Erklärung von Laeken zur Zukunft der Europäischen Union" Anhang I zu den Schlussfolgerungen des Vorsitzes zum Europäischen Rat von Laeken, a.a.O.; hier abgedruckt als Anhang I.

[132] Vgl. *Burgi*, Vertikale Kompetenzabgrenzung in der EU und materiellrechtliche Kompetenzausübungsschranken nationaler Daseinsvorsorge, in: Henneke (Hrsg.), Verantwortungsteilung zwischen Kommunen, Ländern, Bund und EU, 2001, S. 90 (105 ff.).

Winfried Kluth

Zur Bedeutung des Art. 16 EGV für die Wahrnehmung von Aufgaben der Daseinsvorsorge durch die Kommunen

A. Kommunale Daseinsvorsorge im Mehrfrontenkrieg

Der Blick der Kommunen „nach oben", d. h. zu den höheren staatlichen Ebenen, ist traditionell durch einen besorgt-ängstlichen Gesichtsausdruck geprägt. Die Angst vor dirigistischen Maßnahmen, die eigene Handlungsspielräume schmälern, und vor der Übertragung von kostenintensiven zusätzlichen Aufgaben ohne angemessenen finanziellen Ausgleich haben hier inzwischen manche Falte hinterlassen. Ein hoffnungsfrohes Leuchten ist von Zeit zu Zeit aber zu vermelden, wenn die Kommunen den Rettungsanker der Selbstverwaltungsgarantie ausgeworfen und dieser durch eine verfassungsgerichtliche Entscheidung staatlicher Ingerenz oder Kostenabwälzung Einhalt geboten hat.

Zu der nationalen Besorgnis ist in den letzten Jahren ein zweites Bedrohungsszenario hinzugetreten, bei dem die Gefahren von der Europäischen Union und ihrer rechtsetzenden und administrierenden Ordnung ausgehen. Neben der durch das Gemeinschaftsrecht ausgelösten Hochzonung von Aufgaben sind es vor allem die zunehmenden normativen Vorgaben des Gemeinschaftsrechts, die die für das Selbstverwaltungsrecht zentrale Gestaltungsfreiheit beschränken und damit die genuin politisch geprägte Eigenverantwortlichkeit kommunaler Aktivitäten zumindest partiell in Frage stellen.[1] Wie die in den letzten drei Jahren intensiv und mit großer publizistischer Anteilnahme von Kommunen, Bund und Ländern mit EU-Wettbewerbskommissar Monti geführte Auseinandersetzung um die Landesbanken und Sparkassen gezeigt hat[2], geht es dabei um zentrale Bereiche vor allem der kommunalen Daseinsvorsorge. In diesem vergleichsweise neuen Konfliktfeld könnte in der Gestalt des Art. 16 EGV ein dem Art. 28

---

[1] Siehe dazu exemplarisch die Beiträge in Henneke (Hrsg.), Verantwortungsteilung zwischen Kommunen, Ländern, Bund und EU, 2001.
[2] Zusammenfassende Darstellung und kritische Analyse bei *Kluth*, Anstaltslast und Gewährträgerhaftung öffentlicher Finanzinstitute angesichts des gemeinschaftsrechtlichen Beihilfeverbots, in: Jahrbuch Bitburger Gespräche, 2002 (i. E.).

Abs. 2 GG vergleichbarer Rettungsanker am Horizont des primären Gemeinschaftsrechts aufgegangen sein, der den Kommunen Anlass zur Hoffnung sein könnte, da er die von ihnen verfolgten Zielsetzungen als gemeinsamen Wert bezeichnet, den die Gemeinschaftsorgane zu beachten haben. Ob und inwieweit das der Fall ist und welche Rolle dabei die einzelnen Organe auf Gemeinschafts- und mitgliedstaatlicher Ebene spielen können und müssen, ist Thema und Anliegen meiner Überlegungen, die ich folgendermaßen gliedern möchte: Zunächst werde ich einen Blick auf die Funktionen und Regelungsgehalte des Art. 16 EGV werfen, um dabei vor allem seine Stellung in der Vertragsstruktur zu klären (sub II.). Daran schließt sich eine Analyse der möglichen Auswirkungen dieser Norm auf die kommunale Daseinsvorsorge an (sub III.). Diese Analyse setzt ihrerseits eine Bestandsaufnahme der Einwirkungen des Gemeinschaftsrechts auf die kommunale Daseinsvorsorge voraus und muss sich darauf aufbauend mit der Frage auseinandersetzen, welche Korrektivelemente von Art. 16 EGV ausgehen und wie diese zur Geltung gebracht werden können. Die dabei gewonnenen Ergebnisse werden sodann in einen Anforderungskatalog gegossen, der die teilweise notwendigen, teilweise sinnvollen und möglichen Reaktionen der Landesgesetzgeber und Kommunen auf den gemeinschaftsrechtlichen Befund verdeutlicht (sub IV.).

B. Funktion(en) und Regelungsgehalt(e) des Art. 16 EGV

I. Entstehungsgeschichte und erste Deutungen

Auf die politischen Hintergründe, die aufgrund einer französisch-deutschen Initiative zur Einführung des Art. 16 EGV durch den Amsterdamer Vertrag geführt haben, brauche ich in diesem Kreis nicht im Einzelnen einzugehen.[3] Hervorheben möchte ich nur folgende Aspekte, die für die Wahrnehmung und Interpretation der Vorschrift von besonderer Bedeutung sind:

- Die Vorschrift ist *aufgaben-* und *nicht trägerorientiert* formuliert und ist damit in ihrem Anwendungsbereich nur teilweise auf öffentliche bzw. kommunale Unternehmen fixiert. Darin spiegelt sich insbesondere die Tradition des französischen *service public* wider[4], der nicht notwendig eine staatliche Aufgabenerfüllung verlangt.

---

[3] Dazu näher *Pielow*, Grundstrukturen öffentlicher Versorgung, 2001, S. 96 ff.
[4] Zu diesem mit weiteren Einzelheiten *Pielow* (Fn. 3), S. 115 ff.; *Püttner*, Daseinsvorsorge und service public im Vergleich, in: Cox (Hrsg.), Daseinsvorsorge und öffentliche Dienstleistungen in der Europäischen Union, 2000, S. 45 ff.

- Die Vorschrift wird ergänzt[5] durch Art. 36 der EU-Grundrechtecharta[6] und sollte deshalb auch in ihrer Wechselwirkung mit den möglichen Regelungsgehalten dieser Vorschrift gesehen werden.

Die bislang vorliegenden Interpretationen des Art. 16 EGV lassen sich auf drei Positionen zurückführen. Eine erste Position sieht Art. 16 EGV als politischen bzw. programmatischen Leitsatz, der auf die Anwendung der Wettbewerbsregeln keinen Einfluss hat[7]. Dem steht eine zweite Position gegenüber, die geltend macht, dass Art. 16 EGV das vor allem in Art. 86 Abs. 2 EGV statuierte Regel-Ausnahme-Verhältnis zu Gunsten der Dienstleistungen von allgemeinem wirtschaftlichem Interesse verschoben habe und von ihm Direktiven für den Gebrauch der Handlungsermächtigungen in Art. 86 Abs. 3 EGV ausgehen[8]. Noch etwas weiter geht eine dritte Position, die aus Art. 16 EGV einen Handlungsauftrag für die Gemeinschaft ableitet[9].

II. Die vertragssystematische Perspektive

Wendet man die herkömmliche Methode der Gesetzesinterpretation auf Art. 16 EGV an, so wird zunächst klar, dass die Vorschrift einerseits die bestehende Ordnung im Bereich des Wettbewerbsrechts nicht umkehren will. Zugleich wird aber deutlich, dass sie für die in den einzelnen Vorschriften des Wettbewerbs- und Beihilferechts vorgesehenen Gestaltungsspielräume eine deutliche Direktive gibt.

Im Einzelnen: Der Wortlaut „unbeschadet der Artikel 73, 86 und 87" macht deutlich, dass in die bestehende Regelungsstruktur des Wettbewerbs- und

---

[5] Ursprünglich sollte Art. 16 EGV durch eine entsprechende Regelung ergänzt werden. Diese Position konnte sich aber nicht durchsetzen. Vgl. *Schwarze*, Daseinsvorsorge im Lichte des europäischen Wettbewerbsrechts, EuZW 2001, 334 (336).

[6] Diese Vorschrift lautet: „Die Union anerkennt und achtet den Zugang zu Dienstleistungen von allgemeinem wirtschaftlichen Interesse, wie er durch die einzelstaatlichen Rechtsvorschriften und Gepflogenheiten im Einklang mit dem Vertrag zur Gründung der Europäischen Gemeinschaft geregelt ist, um den sozialen und territorialen Zusammenhalt der Union zu fördern."

[7] *Kruse*, Kommunale Sparkassen im Blickfeld des europäischen Beihilfenrechts, NVwZ 2000, 721 (724); *Jung*, in Calliess/Ruffert (Hrsg.), EUV/EGV Kommentar, 1999, Art. 16 EGV Rn. 49.

[8] *Schwarze*, Daseinsvorsorge im Lichte des europäischen Wettbewerbsrechts, EuZW 2001. 334 (336); *Badura*, Dienste von allgemeinem wirtschaftlichen Interesse unter der Aufsicht der Europäischen Gemeinschaft, in: Classen u. a. (Hrsg.), Liber amicorum Thomas Oppermann, 2001, S. 571 (578); *Tettinger*, Dienstleistungen von allgemeinem wirtschaftlichen Interesse in der öffentlichen Versorgungswirtschaft, in: Cox (Hrsg.), Daseinsvorsorge und öffentliche Dienstleistungen in der Europäischen Union, 2000, S. 97 (104 f.).

[9] *Frenz*, Dienste von allgemeinem wirtschaftlichem Interesse, EuR 2000, 901 (918 ff.).

Beihilfenrechts nicht eingegriffen werden soll. Insbesondere wird das Art. 86 Abs. 2 EGV zugrunde liegende Regel-Ausnahme-Verhältnis nicht aufgehoben oder gar umgekehrt[10]. Die Regelungsintention des Art. 16 EGV zielt vielmehr auf die Nutzung und Ausfüllung der Gestaltungsspielräume[11], die das Primärrecht in diesem Bereich eröffnet: für das Wettbewerbsrecht in Art. 86 Abs. 2 und Abs. 3 EGV[12] und für das Beihilfenrecht in Art. 88 Abs. 3 EGV.

Durch die vertragssystematische Stellung des Art. 16 im Ersten Teil, der die Vertragsgrundsätze regelt, ist zugleich deutlich zum Ausdruck gebracht, dass bei der Wahrnehmung und der inhaltlichen Ausfüllung des Gestaltungsauftrages von einem besonderen Gewicht der Dienste von allgemeinem wirtschaftlichem Interesse auszugehen ist. Damit werden diese Dienste zwar nicht zu einem mit dem Markt- und Wettbewerbsprinzip gleichrangigen Vertragsziel erhoben, das einen Ausgleich im Sinne praktischer Konkordanz verlangt[13]. Aber es wird eine besondere Berücksichtigung der Verfassungs- und Verwaltungstraditionen der Mitgliedstaaten verlangt. Dadurch wird der genuin verfassungsrechtliche, gegenseitige Rücksichtnahme verlangende Charakter der Norm deutlich[14]. Diese Vorgabe wird inhaltlich dadurch weiter

---

[10] In diese Richtung aber *Schwarze* (Fn. 4), S. 336. Wenn ich selbst in dem unter Fn. 2 zitierten Text unter Verweis auf *Schwarze* von einer „Verschiebung" des Regel-Ausnahme-Verhältnis zugunsten der Dienstleistungen von allgemeinem wirtschaftlichen Interesse gesprochen habe, so war dies im Sinne eine Gewichtverschiebung und nicht im Sinne einer Umkehrung der Regelungsstruktur gemeint.

[11] Vergleichbar ist insoweit das Verhältnis zwischen den Direktiven, die das Sozialstaatsprinzip, das Staatsziel Umweltschutz und die grundrechtlichen Pflichten auslösen und die sich dann ggf. in die Handlungsspielräume einfügen müssen, die grundrechtliche Gesetzesvorbehalte eröffnen. Auch hier wird das den Grundrechten immanente Regel-Ausnahme-Verhältnis nicht umgekehrt, also keine Vermutung für die Freiheitsbeschränkung ausgelöst. Die Begründung verfassungsrechtlicher Handlungsaufträge kann aber zu Grundrechtsbeschränkungen verpflichten und sich materiell auf den Abwägungsvorgang im Rahmen der Verhältnismäßigkeitskontrolle auswirken.

[12] Beide Absätze unterscheiden sich dadurch, dass Absatz 2 eine auf den Einzelfall direkt anwendbare Vorschrift darstellt – dazu näher EuGH, Slg. 1974, 313 (BRT/SABAM) insbes. 318; Slg. 1991, I-1979 (Höfner u. Elser/Marcrotron), Tz. 17; *Pielow* (Fn. 3), S. 62, während Absatz 3 zu Rechtsetzungsakten ermächtigt.

[13] So aber *Schwarze* (Fn. 8), 339.

[14] Der spezifisch verfassungsrechtliche Gehalt dieser Vorschrift erschließt sich im Kontext des verfassungsrechtlichen Mehrebenensystems, dass das Primärrecht der Gemeinschaft und die Verfassungs- und Rechtsordnungen der Mitgliedstaaten umschließt (dazu *Pernice*, Europäisches und nationales Verfassungsrecht, VVDStRL 60 [2001], 148 [172 ff.]). Die gegenseitige Harmonisierung der verfassungsrechtlichen Grundstrukturen gehört in diesem System zu den verfassungsrechtlichen Elementaraufgaben. Dieses verfassungsrechtliche Prinzip wird in Art. 16 EGV für den Bereich der Dienstleistungen von allgemeinem wirtschaftlichem Interesse konkretisiert und effektuiert. Umgekehrt kann Art. 16 EGV herangezogen werden, um diese normative Dimension des Mehrebenensystems deduktiv herauszuarbeiten und auch für andere Bereiche als ungeschriebenes Verfassungsprinzip fruchtbar zu machen.

präzisiert, dass auf die „Förderung des sozialen und territorialen Zusammenhalts" verwiesen wird, ein Aspekt, der besonders für die kommunale Daseinsvorsorge von Bedeutung ist und fruchtbar gemacht werden kann.
Eine Präzisierung verlangt in diesem Zusammenhang der Begriff des Gestaltungsauftrages. Er ist nicht so zu verstehen, dass aus Art. 16 EGV eine umfassende Regelungsbefugnis der Gemeinschaft für die Dienste von allgemeinem wirtschaftlichem Interesse abzuleiten wäre. Das wäre aus verschiedenen Gründen kompetenzrechtlich nicht haltbar[15]. Vielmehr handelt es sich um einen anlassbezogenen Gestaltungsauftrag, der dadurch ausgelöst wird, dass nach Maßgabe der Wettbewerbs- und Beihilfenvorschriften eine Konfliktlage und damit ein Handlungsbedarf besteht. Es geht also um eine Gestaltung als Reaktion auf Konflikte im Anwendungsbereich der Wettbewerbs- und Beihilfevorschriften, die im Rahmen der Befugnisse zu erfolgen hat, die durch den Vertrag schon immer begründet wurden. Wenn erst in den letzten Jahren vermehrte Aktivitäten in diesem Bereich zu verzeichnen sind, so ist das nicht die Folge neuer Zuständigkeiten und auch nicht der Einfügung des Art. 16 EGV, sondern die Konsequenz neuer Prioritäten der Kommission bei der Ausübung von Befugnissen[16], wobei ganz maßgeblich auch äußere Anstöße eine Rolle spielen, wie die durch die Beschwerde der Bankenvereinigung in der Europäischen Union gegenüber den Landesbanken und öffentlichen Sparkassen ausgelöste Überprüfung von Gewährträgerhaftung und Anstaltslast gezeigt hat[17].

Art. 16 EGV enthält für die Zuständigkeits- und Verantwortungsverteilung einen wichtigen Hinweis, aus dem sich Verfahrensvorgaben ableiten lassen. Wenn die „Gemeinschaft und die Mitgliedstaaten im Rahmen ihrer jeweiligen Befugnisse im Anwendungsbereich dieses Vertrags dafür Sorge" tragen, „dass die Grundsätze und Bedingungen für das Funktionieren dieser Dienste so gestaltet sind, dass sie ihren Aufgaben nachkommen können", so begründet dies eine Kooperationspflicht. Diese ist materiellrechtlich durch Art. 16 EGV selbst determiniert und bedarf darüber hinaus der verfahrensrechtlichen Ausgestaltung. Für den Bereich der Beihilfenaufsicht wird der Kooperationsaspekt z. B. durch die Verordnung 659/1999[18] hinreichend berücksichtigt.

---

[15] Vor allem würden einer solchen Interpretation das Prinzip der begrenzten Einzelermächtigung und der für eine Ermächtigung keine Anhaltspunkte liefernde Wortlaut entgegenstehen. In systematischer Hinsicht sprechen auch die in den Art. 86 und 87 EGV vorhandenen Ermächtigungen gegen ein solches Verständnis.
[16] Siehe zu diesem Wandel auch *Rodi*, Die Subventionsrechtsordnung, 2000, S. 143 ff.
[17] Dazu näher *Kluth*, Anstaltslast und Gewährträgerhaftung öffentlicher Finanzinstitute angesichts des gemeinschaftsrechtlichen Beihilfeverbots, in: Jahrbuch Bitburger Gespräche, 2002 (i. E.).
[18] Verordnung (EG) Nr. 659/1999 des Rates über besondere Vorschriften für die Anwendung von Artikel 88 des EG-Vertrages v. 22. 03. 1999, ABl. EG L 83 v. 27. 03. 1999, S. 1.

Zu beachten ist schließlich, dass Art. 16 EGV nicht der Sicherung des Status Quo der Organisationsstrukturen in den Mitgliedstaaten dient, sondern der Sicherung der Erbringung von Diensten von allgemeinem wirtschaftlichem Interesse in Einklang mit der Rahmenordnung des Gemeinschaftsrechts.

III. Das Zusammenspiel zwischen Art. 16 und Art. 86, 87 EGV im Einzelnen

Diese allgemeinen Einsichten vorausgesetzt können im nächsten Schritt genauere Aussagen über das Zusammenspiel zwischen Art. 16 EGV auf der einen und Art. 86 und 87, 88 EGV auf der anderen Seite gemacht werden.

1. Kompetenzfragen

Die ständig im Zentrum der Aufmerksamkeit stehende Kompetenzfrage ist sowohl für die Definitionsmacht über den Begriff der Dienste von allgemeinem wirtschaftlichem Interesse als auch die Zuordnung einzelner Betätigungen zu diesem Bereich und die Konkretisierung der Bedingungen für das Funktionieren dieser Dienste zu beantworten.

a) Definition der Dienste von allgemeinem wirtschaftlichem Interesse

Der Begriff der Dienste von allgemeinem wirtschaftlichem Interesse als solcher ist als gemeinschaftsrechtlicher Begriff letztverbindlich durch die Gemeinschaftsorgane zu definieren, in letzter Instanz also durch den EuGH. Dabei ist dem besonderen Charakter dieses Begriffs bzw. Tatbestandsmerkmals Rechnung zu tragen. Es wird in Normen verwendet, die das Ziel verfolgen, konfligierende Interessen[19] zum Ausgleich zu bringen und die dafür einen besonderen Ausgleichsmechanismus zur Verfügung stellen. Derartige Rahmennormen sind auf der Tatbestandsebene möglichst weit zu fassen, Abgrenzungen und Feinjustierungen sind bei der Anwendung der Proportionalitätskontrolle nach Art. 86 Abs. 2 EGV anzubringen[20].

---

[19] Das Spannungsverhältnis ist dabei ein Doppeltes: Erstens sachlich zwischen Wettbewerbsfreiheit und privilegierter staatlicher Daseinsvorsorge und zweitens institutionell zwischen Mitgliedstaat und Gemeinschaft (Kommission).

[20] Es kann insoweit, ähnlich wie bei den Grundrechten, die eine vergleichbare Ausgleichsfunktion erfüllen, von einer weiten Tatbestandslehre und einem offenen Tatbestand ausgegangen werden. Siehe dazu *Isensee*, Das Grundrecht als Abwehrrecht und als staatliche Schutzpflicht, in: ders./Kirchhof (Hrsg.), Handbuch des Staatsrechts, Bd. V, 1992, § 111, Rn. 44 ff.

Ganz in diesem Sinne geht auch die Kommission davon aus, dass der Begriff der Dienste von allgemeinem wirtschaftlichem Interesse weit zu fassen und hierbei grundsätzlich von den Wertungen auszugehen ist, die die Mitgliedstaaten in ihren Rechtsordnungen bzw. ihrer Verwaltungspraxis zugrunde legen[21]. Diese weitgehende politische Gestaltungsfreiheit wird von Seiten der Kommission einer „Kontrolle auf offenkundige Fehler" unterworfen[22], die auch als Vertretbarkeitskontrolle[23] bezeichnet werden kann – die ihrerseits wiederum durch den EuGH zu überprüfen ist[24]. Die Kommission hat entsprechend dieser allgemeinen Vorgabe auch noch in keinen Fall die durch einen Mitgliedstaat vorgenommene Zuordnung zurückgewiesen.

In ihren beiden letzten Berichten zu den Leistungen der Daseinsvorsorge[25] hat die Kommission im Anhang eine Begriffsbestimmung beigefügt, die sich sowohl auf die Leistungen der Daseinsvorsorge als auch die Dienstleistungen von allgemeinem wirtschaftlichem Interesse bezieht. Als Dienstleistungen von allgemeinem wirtschaftlichem Interesse werden marktbezogene Tätigkeiten definiert, die im Interesse der Allgemeinheit erbracht und daher von den Mitgliedstaaten mit besonderen Gemeinwohlverpflichtungen verbunden werden. Konkretisierend wird dann insbesondere auf die Verkehrs-, Energieversorgungs- und Telekommunikationsdienste verwiesen. Der Ausschuss der Regionen hat diese Begriffsbestimmung in einer Stellungnahme vom 20. September 2001 als zu allgemein und unbestimmt kritisiert[26]. Allerdings sucht man in der Stellungnahme vergeblich nach alternativen Be-

---

[21] Die Literatur spricht von einer „Definitionshoheit" der Mitgliedstaaten; vgl. *Pielow* (Fn. 3), S. 80 f. m. w. N.
[22] Mitteilung der Kommission „Leistungen der Daseinsvorsorge in Europa" v. 20. 09. 2000, KOM (2000) 580 endgültig, Tz. 22. Die von *Dohms* verwendete Formulierung Missbrauchskontrolle ist nicht ganz zutreffend. Vgl. *Dohms*, Die Vorstellungen der Kommission zur Daseinsvorsorge, in: Schwarze (Hrsg.), Daseinsvorsorge im Lichte des Wettbewerbsrechts, 2001, S. 41 (58). Es handelt sich um den Text eines Vortrags im Rahmen des am 08. 12. 2000 vom Europa-Institut Freiburg organisierten Kolloquiums „Daseinsvorsorge im Lichte des Wettbewerbsrechts". Der Text ist auch unter dem Namen des Autors auf der Website der Europäischen Union abrufbar. Bei diesem Text bezieht sich das Zitat auf die S. 16.
[23] So auch *Pielow* (Fn. 3), S. 81.
[24] *Dohms* (Fn. 22), S. 58.
[25] Mitteilung der Kommission „Leistungen der Daseinsvorsorge in Europa" v. 20. 09. 2000, KOM (2000) 580 endg.; Bericht der Kommission für den Europäischen Rat in Laeken „Leistungen der Daseinsvorsorge" v. 17. 01. 2001, KOM (2001) 598 endg. Siehe auch *Ennuschat*, Die neue Mitteilung der EU-Kommission zu den „Leistungen der Daseinsvorsorge in Europa", RdE 2001, 46 ff.
[26] Stellungnahme des Ausschusses der Regionen zu der „Mitteilung der Kommission: Leistungen der Daseinsvorsorge in Europa", ABl. EG C 19 v. 22. 01. 2002, S. 8.

griffsbestimmungen. Es wird lediglich die Bedeutung der Gemeinwohlorientierung und die Gestaltungsfreiheit der regionalen und lokalen Ebene betont.

Meines Erachtens wird weder durch die Definition der Kommission noch durch die Stellungnahme des Ausschusses der Regionen dem Umstand ausreichend Rechnung getragen, dass durch die Einfügung des Art. 16 EGV weitere Facetten zur Bestimmung der Dienste von allgemeinem wirtschaftlichem Interesse hinzugekommen sind, die Art. 86 Abs. 2 EGV nicht enthält. Es geht dabei um den Hinweis auf die Förderung des sozialen und territorialen Zusammenhalts, der Art. 16 EGV als ein zentrales Moment der Qualifizierung der Dienste von allgemeinem wirtschaftlichem Interesse als gemeinsamer Wert der Union ausmacht und deshalb auch bei der Bestimmung dieser Dienste zu berücksichtigen ist. Zu überlegen ist, ob darin nicht auch ein Verweis auf die bürgerschaftliche Gestaltung der örtlichen Lebensverhältnisse zu erblicken ist, wie sie traditionell durch das Instrument der öffentlichen Einrichtungen den Kommunen als wichtiges Element ihrer örtlichen Allzuständigkeit und Eigenverantwortlichkeit übertragen ist[27]. Eine Anknüpfung der Auslegung an Verständnis und Praxis dieses Sachbereichs in den Mitgliedstaaten liegt nicht zuletzt vor dem Hintergrund der Entstehungsgeschichte der Norm nahe. Soweit sich daraus neue Akzente für das Begriffsverständnis ergeben, sind diese auch bei Art. 86 Abs. 2 EGV zu berücksichtigen. Ich möchte jedoch noch einmal betonen, dass die Beschränkung der Kommission auf Vertretbarkeitskontrolle bislang keinen Anlass dafür bietet, sich über den Begriff der Dienste von allgemeinem wirtschaftlichem Interesse zu streiten[28]. Die Probleme und interessanten Abgrenzungsfragen liegen auf einer anderen Ebene.

---

[27] Gegen diese Deutung könnte der Einwand erhoben werden, dass man den sozialen und territorialen Zusammenhalt auch auf andere Ebenen beziehen kann, etwa auf die Regionen oder gar die Mitgliedstaaten. Das ist auch ein weiteres möglich. Da Art. 16 EGV aber auf die jeweiligen Strukturen und Traditionen der Mitgliedstaaten Rücksicht nimmt, ist für die Bundesrepublik auch auf die Bedeutung der Sicherung des regionalen und territorialen Zusammenhalts durch die Kommunen abzustellen. Auch hierin zeigt sich die besondere Scharnierfunktion der Norm zwischen den beiden Verfassungs- und Rechtsordnungen von Union und Mitgliedstaaten. Auch im Falle von Rechtsakten der EU ist diese gehalten, den Begriff des sozialen und territorialen Zusammenhalts nicht nur auf eine Ebene zu beziehen. Vielmehr muss auch bei einem solchen Rechtsakt den strukturellen Besonderheiten der einzelnen Mitgliedstaaten ausreichend Rechnung getragen werden. Befürchtungen, dass eine solche Rechtsetzung unitarisierende Wirkung hat, sind zwar politisch nicht haltlos, vom Sinn und Zweck der Norm aber nicht gedeckt.

[28] Eingehend zur Begriffsbestimmung *Badura* (Fn. 8), passim; siehe auch *Pielow* (Fn. 3), S. 79 f. und die entsprechenden Passagen in den Kommentierungen zu Art. 86 und 16 EGV.

b) Feststellung der Voraussetzungen für das Funktionieren der Dienste

Nach dem Gesagten kommt der Feststellung der Voraussetzungen für das Funktionieren der Dienste von allgemeinem wirtschaftlichem Interesse die entscheidende Bedeutung zu. Hier entscheidet sich letztlich auch, wie weit die Gestaltungsfreiheit der Mitgliedstaaten bzw. ihrer regionalen und lokalen Verwaltungsträger reicht. Grundsätzlich gilt auch hier, dass es sich um gemeinschaftsrechtliche Begriffe handelt und demnach den Gemeinschaftsorganen das letzte Wort zusteht. Auch in diesem Bereich sind aber durch Art. 16 EGV einige Akzentverschiebungen ausgelöst worden, die es zu beachten gilt.

In Art. 86 Abs. 2 EGV wird die Option eröffnet, dass die Wettbewerbs- und Beihilferegeln zurücktreten, wenn diese die Erfüllung der Dienste rechtlich oder tatsächlich verhindern. Der EuGH hat dies in seiner neueren Rechtsprechung[29] so interpretiert, dass die Aufgabe zu wirtschaftlich vertretbaren Bedingungen erfüllt werden kann[30]. Damit sind an die Stelle der rechtlichen Verhinderung wirtschaftliche Gründe getreten[31]. Die neuere Rechtsprechung des EuGH geht damit von einem recht großzügigen Maßstab aus, der die offizielle Redeweise der Kommission von Art. 86 Abs. 2 EGV als „eng auszulegender Ausnahmevorschrift" leicht relativiert.

Art. 16 EGV spricht davon, dass „die Grundsätze und Bedingungen für das Funktionieren dieser Dienste so zu gestalten sind, dass sie ihren Aufgaben nachkommen können". Der Unterschied dieser Formulierung zu der in Art. 86 Abs. 2 EGV liegt darin, dass hier durch die positive Formulierung[32] der Akzent auf die dauerhafte Sicherung für das Funktionieren gelegt wird, während es in Art. 86 Abs. 2 EGV darum geht, die Zurückdrängung des Wettbewerbs- und Beihilfenrechts auf das erforderliche Maß zu begrenzen. Die Bedeutung dieser Akzentverschiebung sehe ich in zwei Punkten: Für das dauerhafte Funktionieren der Dienste ist Rechtssicherheit besonders wichtig. Deshalb spricht Art. 16 von einem Gestaltungsauftrag, der sich darauf bezieht, gegenüber den Mitgliedstaaten und ihren öffentlichen Unternehmen und Einrichtungen die Handlungsspielräume zu verdeutlichen, innerhalb derer die Kommission Abweichungen vom Wettbewerbs- und Beihilfenrecht akzeptiert. Damit ist keine neue Kompetenz verbunden, denn es

---

[29] Zunächst hatte der EuGH die strengere Formel verwendet, wonach Unternehmen, die mit Dienstleistungen von allgemeinem wirtschaftlichem Interesse betraut sind, solange den Wettbewerbsvorschriften unterliegen, wie nicht die Anwendung dieser Regeln mit der Erfüllung ihrer besonderen Aufgabe nachweislich unvereinbar ist; EuGH, Slg. 1974, 409 (Sacchi), Tz. 88.

[30] EuGH, Slg. 1997, I-5815 (Monopole bei Strom und Gas), Tz. 96; EuGH, Slg. 1997, I-825 (Deutsche Post AG), Tz. 52; siehe auch *von Burchard*, in: Schwarze (Hrsg.), EG-Kommentar, 2000, Art. 86 Rn. 72.

[31] *Pielow* (Fn. 3), S. 87.

[32] *Pielow* (Fn. 3), S. 100 spricht von einer „positiven Schutzpflicht".

geht lediglich darum, die Instrumente der Art. 86 Abs. 3 und 87 Abs. 3 EGV in einem bestimmten Sinne zu nutzen. Den zweiten Akzent sehe ich darin, dass Art. 16 EGV explizit die Mitgliedstaaten und ihre Mitverantwortung für das Funktionieren der Dienste erwähnt. Das bedeutet zum einen, dass es ihre Aufgabe ist, der Kommission die besonderen Belange der in ihrem Bereich praktizierten Dienste verständlich und verstehbar zu machen[33]. Nur so ist es der Kommission möglich, durch entsprechende Rechtsakte diesen Belangen Rechnung zu tragen. Dieser Prozess ist derzeit für eine Reihe von Sektoren im Gange und Teil des Kooperationsprozesses, den Art. 16 EGV verlangt.

Die Rolle und (Mit-) Verantwortung der Mitgliedstaaten erschöpft sich aber nicht in der Rolle des Informanten. Art. 16 EGV ist vielmehr so zu verstehen, dass auch die Mitgliedstaaten im Rahmen ihrer Zuständigkeiten das Funktionieren der Dienste sicherstellen müssen. Dabei ist vor allem daran zu denken, dass sie die gesetzlichen Rahmenbedingungen für die Daseinsvorsorge so gestalten, dass sie mit den strukturellen und materiellen Vorgaben des Gemeinschaftsrechts in Einklang steht. So muss etwa das kommunale Wirtschaftsrecht vor dem Hintergrund der gemeinschaftsrechtlichen Vorgaben und der dort verankerten Leitbilder[34] durchleuchtet und unter Umständen reformiert werden[35]. Es ist vor allem für die kommunale Ebene wichtig, dass die normativen Vorgaben des Landesrechts Impulse für die Gestaltung der Daseinsvorsorge durch die Kommunen vermitteln, die strukturell im Einklang mit dem Gemeinschaftsrecht stehen[36].

---

[33] *Pielow* (Fn. 3), S. 89 f. spricht von Darlegungslast.
[34] Unter Leitbild wird hier die den Vorschriften des EG-Vertrags zugrunde liegende Vorstellung des öffentlichen Unternehmens verstanden. Dieses ist durch eine Unterscheidung von zwei Arten öffentlicher Unternehmen gekennzeichnet. Die erste Gruppe öffentlicher Unternehmen ist dadurch gekennzeichnet, dass sie ohne Sonderrechte und ohne Subventionen am Wettbewerb teilnimmt. Für diese Unternehmen ergeben sich aus dem Gemeinschaftsrecht keine weiteren Restriktionen. Insbesondere enthält das Gemeinschaftsrecht keine beschränkenden Vorgaben für den Zweck, dem das öffentliche Unternehmen dient. Dadurch unterscheidet sich das Gemeinschaftsrecht in seinem Regelungsansatz vom deutschen öffentlichen Wirtschaftsrecht. Die zweite Gruppe öffentlicher Unternehmen ist mit Sonderrechten ausgestattet und erhält ggf. Subventionen (Beihilfen). Ihre Betätigung ist mit dem Gemeinschaftsrecht nur vereinbar, wenn die verschärften Anforderungen des Art. 86 Abs. 2 EGV erfüllt sind oder Ausnahmevorschriften nach Art. 86 Abs. 2, 87 Abs. 2 und 3 EGV greifen. Unternehmen dieser Gruppe können demnach nur im Rahmen der materiellen und formalen Anforderungen des Art. 86 Abs. 2 EGV agieren.
[35] Ein normatives Defizit ist vor allem auf Bundes- und Landesebene zu verzeichnen, da es hier an allgemeinen normativen Vorgaben für öffentliche Unternehmen fehlt. Denkbar wäre eine entsprechende Ergänzung der Landesorganisationsgesetze oder der Haushaltsordnungen.
[36] Sinnvoll wäre es deshalb, in den entsprechenden Vorschriften die Unterscheidung zwischen den in Fn. 34 vorgezeichneten beiden Gruppen öffentlicher Unternehmen deutlich werden zu lassen und das Tatbestandsmerkmal der Dienste von allgemeinem wirtschaftlichen Interesse aufzugreifen.

c) **Zwischenbilanz**

Als Zwischenbilanz ist festzuhalten, dass die Kompetenz zur Definition und Beurteilung der Dienste von allgemeinem wirtschaftlichem Interesse sowie der Anforderungen an ihr Funktionieren zwar in letzter Instanz bei den Gemeinschaftsorganen liegt. Den Mitgliedstaaten ist jedoch ein weiter Gestaltungsspielraum eingeräumt, der durch die Gemeinschaft nur einer Vertretbarkeitskontrolle unterzogen wird. Die bisherige Praxis wird diesem von der Kommission propagierten Maßstab bislang gerecht. Zudem ist festzuhalten, dass von Art. 16 EGV Impulse für die Rechtsgestaltung sowohl auf Gemeinschafts- als auch auf mitgliedstaatlicher Ebene ausgehen. Ziel ist es dabei, verlässliche Rahmenbedingungen für das Funktionieren der Dienste innerhalb der gemeinschaftsrechtlichen Wettbewerbsordnung zu schaffen.

2. Initiativrecht

Die Kompetenzverteilung hängt eng zusammen mit der Ausübung von Kompetenzen und damit mit der Frage nach dem Initiativrecht. Dieser Punkt ist im vorliegenden Zusammenhang für das Verständnis der jüngeren Ereignisse besonders wichtig, weil die Kommission von ihrem Initiativrecht in den ersten Jahrzehnten nur sehr verhalten Gebrauch gemacht hat. Das gilt sowohl für die Aufsicht über Altbeihilfen als auch für die auf Art. 95 EGV und andere Ermächtigungsgrundlagen gestützten Liberalisierungsmaßnahmen.

Wie ich bereits angedeutet habe, kann sich Art. 16 EGV insoweit auf das Initiativrecht auswirken, als er Handlungsaufträge begründet, wenn erkennbar ist, dass die Rahmenbedingungen für das Funktionieren der Dienste verbessert werden müssen. Soweit dafür Rechtsakte der Gemeinschaft erforderlich sind, wie etwa Rahmen- oder Sektorenrichtlinien, liegt das Initiativrecht bei der Kommission. Doch können die Mitgliedstaaten hier politisch wirkungsvoll Einfluss nehmen und durch eine entsprechende Information über Problemfelder eine entsprechende Rechtsetzung anregen. Der Ausschuss der Regionen hat in seiner bereits erwähnten Stellungnahme die Forderung nach Erlass von Sekundärrecht erhoben und begrüßt, dass die Kommission bis zum Erlass von Rechtsakten durch Beispielkataloge und Datenbanken ihre einschlägige Praxis verdeutlicht[37].

Soweit die Mitgliedstaaten nach Art. 16 EGV berufen sind, im Rahmen ihrer Zuständigkeiten die Rahmenbedingungen für das Funktionieren der Dienste zu sichern[38], liegt das Initiativrecht bei ihnen.

---

[37] Stellungnahme des Ausschusses der Regionen zur Mitteilung der Kommission: „Leistungen der Daseinsvorsorge in Europa", ABl. EG C 19 v. 22. 01. 2002, S. 8, Punkt 4.3.
[38] Siehe dazu die Hinweise in Fn. 35 und 36.

3. Materielle Maßstäbe

Bei den materiellrechtlichen Maßstäben steht aufgrund des weiten Begriffsverständnisses bei den Diensten von allgemeinem wirtschaftlichem Interesse vor allem die Frage im Vordergrund, in welchen Fällen und aufgrund welcher Kriterien die Voraussetzungen der direkt anwendbaren Ausnahmeregelungen des Art. 86 Abs. 2 EGV greifen und unter welchen Voraussetzungen Ausnahmen statuierende Rechtsetzungsakte nach Art. 86 Abs. 3 und 87 Abs. 3 EGV zulässig sind. Da diese Fragestellung bereits von Herrn *Pielow* behandelt wurde, möchte ich mich aus dem Blickwinkel des Art. 16 EGV auf einige Hinweise beschränken.

Die Kommission geht bei der Beurteilung der Anforderungen an das Funktionieren der Dienste von einem vergleichenden Ansatz aus. Sie hat in den letzten Monaten ihre Bemühungen verstärkt, Informationen zu den einzelnen Sektoren aus den Mitgliedstaaten zu erhalten. Die Ergebnisse dieser Erhebungen, die nach ihren Angaben zu einer „Evaluierungs- und Feedback-Kultur" führen sollen, sollen im Rahmen des Cardiff-Prozesses in die jährliche Berichterstattung einfließen. Die Leistungsbewertung soll vorrangig durch die Behörden auf der mitgliedstaatlichen Ebene erfolgen und sowohl ökonomische als auch soziale Kriterien abfragen. Sie soll durch Bürgerbefragungen ergänzt werden. In einigen Bereichen soll zudem ein Benchmarking zur Messung der Wirksamkeit der in den Mitgliedstaaten getroffenen Maßnahmen eingeführt werden[39].

Dieser vergleichende Ansatz hat den Vorteil, dass die Transparenz erhöht und Informationen über die Rahmenbedingungen für die Bereitstellung der Dienste verfügbar gemacht werden. Es besteht aber zugleich die Gefahr, dass ein Sog zur Uniformität ausgelöst wird, wenn man sich jeweils an den wettbewerbsfreundlichsten funktionierenden Modellen orientiert. Die verfassungsrechtliche Entscheidung für eine bürgerschaftliche Leistungsdeterminierung und der Hinweis in Art. 16 auf den sozialen und territorialen Zusammenhalt würden dann zu kurz kommen. Die Erfahrungen im Bankensektor, für den bereits 1998 eine vergleichende Untersuchung durchgeführt wurde[40], lassen aber erkennen, dass die Kommission derartige Erkenntnisse nicht verabsolutiert und auf die besonderen Traditionen der jeweiligen Mitgliedstaaten durchaus Rücksicht nimmt. Dennoch muss man diesen Aspekt weiterhin aufmerksam verfolgen.

---

[39] Zum Vorstehenden siehe den Bericht für den Europäischen Rat in Laeken, (Fn. 25), Tz. 27 ff. und Tz. 41 ff.
[40] http://europa.eu.int/comm/competition/state_aid/others/report_bank/report_bank_de.html.

4. Rahmen für Kooperation

Als letzten Punkt des allgemeinen Teils möchte ich den Rahmen für die von Art. 16 EGV geforderte Kooperation ansprechen. Hier ist zunächst Raum für informelle Zusammenarbeit, wie sie sich in den vergangenen Jahren bereits etabliert hat. So berichtet die Kommission in ihrer letzten Stellungnahme von einem Treffen mit Vertretern der Mitgliedstaaten, das dem besseren Verständnis für die Schwierigkeiten bei der Finanzierung der Dienste diente[41]. Diese Abstimmung soll im Jahr 2002 fortgeführt werden und die Grundlage für den Erlass von Rechtsakten, insbesondere Gruppenfreistellungsverordnungen, schaffen[42]. Als nicht praktikabel sieht die Kommission aber zu Recht die Erstellung eines so genannten A-priori-Verzeichnisses sämtlicher Leistungen der Daseinsvorsorge an, die als „nichtwirtschaftlich" zu qualifizieren sind[43].

Darüber hinaus ist die Kooperation im Verfahrensrecht der Beihilfeaufsicht näher ausgestaltet. So erfolgte etwa der Abstimmungs- und Verständigungsprozess über die Gewährträgerhaftung und Anstaltslast auf der Grundlage der Art. 17 ff. VO 659/1999.

IV. Zwischenbilanz

Den besonderen, über Art. 86 Abs. 2 EGV hinausgehenden Regelungsgehalt des Art. 16 EGV sehe ich demnach in folgenden Punkten:
- Die Funktion der Dienste von allgemeinem wirtschaftlichem Interesse wird präzisiert;
- die Verantwortung von Gemeinschaftsorganen und Mitgliedstaaten für die Gestaltung einer verlässlichen Rahmenordnung für die Dienste wird betont und begründet entsprechende Handlungsaufträge, die im Rahmen eines Kooperationsverhältnisses auszufüllen sind;
- eine Kompetenzerweiterung findet nicht statt; vielmehr beziehen sich die Impulse auf den Gebrauch der vorhandenen Befugnisnormen.

Hinzuzufügen ist die Beobachtung, dass die bisherige Praxis der Kommission die primäre Bestimmungs- und Gestaltungskompetenz der Mitgliedstaaten und dort der regionalen und lokalen Behörden respektiert und sich demnach im Sinne des hier entwickelten Verständnisses der Norm verhält.

---

[41] Bericht für den Europäischen Rat in Laeken (Fn. 25), Tz. 27.
[42] Bericht für den Europäischen Rat in Laeken (Fn. 25), Tz. 29.
[43] Bericht für den Europäischen Rat in Laeken (Fn. 25), Tz. 30.

C. Auswirkungen auf die kommunale Daseinsvorsorge

Ich komme damit zum zweiten Abschnitt, in dem ich die Auswirkungen der gesteigerten Aktivitäten der Kommission auf die kommunale Daseinsvorsorge untersuchen werde.

I. Bedürfnis nach größerer Rechtssicherheit

Der erste Punkt ist schnell abgehandelt, weil er offensichtlich ist: Das Bedürfnis nach größerer Rechtssicherheit. Die vermehrten Aktivitäten der Kommission im Rahmen der Beihilfeaufsicht haben in den Mitgliedstaaten auf allen Ebenen zu Verunsicherungen geführt. Zwar ist es bei Altbeihilfen in der Regel nicht üblich, dass Rückzahlungen verlangt werden. Für das Funktionieren der Dienste und die künftige Aufgaben- und Finanzplanung der Kommunen ist es aber von großer Bedeutung, die Kriterien der Kommission bzw. des Gemeinschaftsrechts zu kennen. Eine rein einzelfallbezogene Anwendung des Art. 86 Abs. 2 EGV birgt viele Unwägbarkeiten in sich[44].

II. Uniformierungsdruck der europäischen Berichterstattung, Aufsicht und Rechtsetzung

Der verständliche Wunsch nach mehr Rechtssicherheit hat aber eine weniger erfreuliche Kehrseite, denn er kann nur um den Preis einer *europäischen* Rechtsetzung erfüllt werden. Die Ankündigung der Kommission, Rahmen- oder Sektorenrichtlinien zu erlassen, ist deshalb in ersten Stellungnahmen auch als Bedrohung der kommunalen Daseinsvorsorge qualifiziert worden,

---

[44] Da Art. 86 Abs. 2 EGV eine durch alle zuständigen Behörden und Gerichte in den Mitgliedstaaten unmittelbar anwendbare Legalausnahme enthält, könnten sich die Kommunen auch auf ein tastendes Vorgehen von Fall zu Fall einlassen, um zu ermitteln, wo die Grenzen verlaufen. Der Vorteil wäre in einem solchen Fall, dass – eventuell vorschnelle – generalisierende Regelungen vermieden und gestalterische Vielfalt erhalten bliebe, wie es dem Gedanken der örtlichen und regionalen Regulierung entspricht. Wie die Stellungnahme des Ausschusses der Regionen (Fn. 26) gezeigt hat, überwiegt bei den betroffenen Verwaltungen aber offenbar das Interesse an Rechtssicherheit.

weil dahinter ein gestalterisch-politischer Wille gesehen wird, der über den kontrollierend-wettbewerblichen Zugriff hinausgeht[45].

Dem ist zu entgegnen, dass mit einer solchen Rechtsetzung keine Kompetenzerweiterung im eigentlichen Sinne verbunden ist, da die Kompetenzen für Rahmen- und Sektorenrichtlinien bereits bestanden haben und nur aufgrund der bisherigen Untätigkeit der Kommission nicht zur Geltung gekommen sind. Auch ist es kaum möglich, Gestaltung und Kontrolle bei der Formulierung von Ausnahmevorschriften zu trennen. Rechnet man die Äußerungen im Ausschuss der Regionen den Kommunen zu, so sind sie es ja selbst, die nach einer solchen Gestaltung verlangen.

Es ist nicht zu leugnen, dass je nach Inhalt der Rechtsakte von ihnen ein Uniformierungsdruck ausgeht, der die kommunale Gestaltungsfreiheit einschränkt. Dafür gewinnen die Kommunen aber aufgrund der verbindlichen Rahmenbedingungen Planungssicherheit, die ihrerseits den Gebrauch der nach wie vor vorhandenen Gestaltungsfreiheiten sichert. Es ist ein Prozess des Gebens und Nehmens, aus dem die Kommunen dann als Gewinner hervorgehen, wenn sie sich die veränderten Strukturen zu Eigen machen und ihre politischen Entscheidungen daran ausrichten. Wichtig erscheint es mir auch, dass die Kommission frühzeitig über die Bereiche örtlicher Daseinsvorsorge informiert wird, die nur unter wettbewerblichen Ausnahmebedingungen dargeboten werden können, damit sie entsprechend in Rechtsetzungsakten berücksichtigt werden.

Es sollte zudem nicht übersehen werden, dass durch den inzwischen in Gang gesetzten Prozess der unionsweiten Informationserhebung und Berichterstattung durch die Kommission die Grundlage für kommunale Entscheidungen verbessert wird, da die empirische Grundlage verbreitert wird. Erkenntnisse über andere Formen der Bereitstellung von Diensten im allgemeinen wirtschaftlichen Interesse können den Entscheidungsprozess vor Ort auf eine breitere Grundlage stellen. Auch hier ist aber die Kehrseite der Medaille, dass sich die kommunale Selbstverwaltung in einem neuen Rechtfertigungskontext befindet, der die Entscheidungen und Gestaltungen einer erhöhten Begründungslast unterwirft. Dadurch werden mittelbar auch die qualitativen Anforderungen an derartige Entscheidungen und die zuständigen Organe erhöht, die sich die entsprechenden Informationen beschaffen und dann verarbeiten müssen.

---

[45] *Burgi,* Verwalten durch öffentliche Unternehmen im europäischen Institutionenwettbewerb, VerwArch. 93 (2002), 255 ff.

III. Auswirkungen auf die Ausgestaltung der organisatorischen und finanziellen Beziehungen zwischen Kommunen und kommunalen Unternehmen

Wie das Beispiel der Sparkassen gezeigt hat, sind Auswirkungen der Anwendung des Wettbewerbs- und Beihilfenrechts vor allem bei der Gestaltung der organisatorischen und finanziellen Beziehungen zwischen Kommunen und kommunalen Unternehmen zu erwarten. Das europarechtliche Leitbild des selbstständig agierenden öffentlichen Unternehmens und das Transparenzerfordernis schränken die bislang in Deutschland praktizierten Verbundlösungen ein. Auf Einzelheiten kann ich aus Zeitgründen nicht eingehen und möchte nur auf die aktuelle Diskussion um den öffentlichen Personennahverkehr verweisen[46].

IV. Zwischenbilanz

Im Hinblick auf die Fragestellung des Vortragstitels können die Auswirkungen des Gemeinschaftsrechts so beschrieben werden: Vom Gemeinschaftsrecht geht auch für den Bereich der öffentlichen Daseinsvorsorge ein Liberalisierungsdruck aus, der jedoch durch Art. 16 und 86 Abs. 2 EGV beschränkt wird. Dabei räumen das Gemeinschaftsrecht und die bisherige Praxis den Mitgliedstaaten und Kommunen weitreichende Gestaltungsspielräume ein. Abweichungen von den Regeln des Wettbewerbs- und Beihilfenrechts sind nunmehr vor dem Horizont unionsweiter Vergleichswerte zu rechtfertigen. Ein höheres Maß an Rechtssicherheit und damit Stabilisierung kann im Bereich der Daseinsvorsorge durch Rechtsetzungsakte der Gemeinschaft und bis dahin durch die Informationspraxis der Kommission erreicht werden. Die Grundlage für die Rechtsetzung ist in einem kooperativen Verfahren zu schaffen. Eine übermäßige Uniformierungsgefahr besteht nach den bisherigen Erfahrungen dabei nicht. Die Mitgliedstaaten sind ebenfalls berufen und in der Lage, einen Beitrag zur Stabilisierung der öffentlichen Daseinvorsorge zu schaffen, indem die Strukturen der einschlägigen Normenkomplexe den Vorgaben und Leitbildern des Gemeinschaftsrechts angepasst werden. Es geht um eine Funktionsgarantie zugunsten der Dienste, aber nicht um eine Bestandsgarantie zugunsten aller Strukturen und Modalitäten. Diesen letzten Punkt möchte ich im letzten Abschnitt meiner Überlegungen noch weiter konkretisieren.

---

[46] Dazu *Brinker*, Die Vergabe von Lizenzen im öffentlichen Personennahverkehr, in: Schwarze (Hrsg.), Daseinsvorsorge im Lichte des Wettbewerbsrechts, 2001, S. 185 ff.; OVG LSA, ZUR 1998, 210 ff.; BVerwG, EuR 2000, 792 ff.

D. Verhaltensanforderungen an Bund, Länder und Kommunen zur Nutzung des normativen Potentials des Art. 16 EGV zugunsten der Kommunen

I. Konkretisierung der Betätigungszwecke für subventionierte Bereiche

Obwohl das deutsche Wirtschaftsverfassungsrecht die Legitimation einer wirtschaftlichen Betätigung des Staates und der Kommunen an den verfolgten Zweck knüpft[47], sind die gesetzlichen Vorgaben und die Vorgaben nicht nur in den gesetzlichen Regelungen, sondern auch in den meisten Unternehmensstatuten sehr allgemein gehalten[48]. Die erst vor kurzem abgeschlossene Auseinandersetzung um die öffentlichen Banken und Sparkassen hat gezeigt, dass es hier einer genaueren Festlegung und unter Umständen einer Trennung verschiedener Tätigkeitsbereiche mit und ohne Sonderkonditionen bedarf. Insbesondere für Betätigungen, die unter die Ausnahmeklausel des Art. 86 Abs. 2 EGV oder entsprechende Richtlinien fallen sollen, ist eine präzise Formulierung des Betätigungszwecks unerlässlich. Es liegt dabei nahe, die Zweckbestimmung mit dem Betrauungsakt zu verbinden[49].

II. Anforderungen an die Unternehmensführung durch Kommunen

Neben der Präzisierung des Betätigungszwecks spielen bei der gemeinschaftsrechtlichen Beurteilung öffentlicher Unternehmen auch die Anforderungen an die Unternehmensführung eine wichtige Rolle.

Wie bereits erwähnt, geht das Gemeinschaftsrecht vom Leitbild des finanziell selbstständigen öffentlichen Unternehmens aus. Der sowohl in Art. 86

---

[47] Zur Zweckbindung und Zweckkonkretisierung ausführlicher *Hidien*, Die positive Konkretisierung der öffentlichen Zweckbindung kommunaler Wirtschaftsunternehmen, 1984. Kritisch zur Wirksamkeit einer Betätigungsbeschränkung durch Zweckbindungen *Kluth*, Der Staat als Unternehmer: ein wirkungsvolles Instrument der Wirtschaftspolitik?, in: Storr (Hrsg.), Öffentliche Unternehmen im Wettbewerb und Vergaberecht, (i. E.) unter II.

[48] Einige neu gefasste Gemeindeordnungen haben die Anforderungen an die Zweckbestimmung insoweit indirekt verschärft, als im Rahmen der Berichterstattungspflichten eine jährliche Stellungnahme zur Zielverwirklichung der kommunalen Unternehmen erfolgen muss.

[49] Zu diesem näher *Pielow* (Fn. 3), S. 83 ff.; *Dohms* (Fn. 22), S. 58 ff.

Abs. 2 als auch in Art. 16 EGV angesprochene Gedanke der Funktionsfähigkeit verweist insoweit auf einen Aspekt, der im Rahmen des Kommunalrechts in Deutschland auch vor einem ganz anderen Hintergrund diskutiert wurde und wird: die Wahl der richtigen Unternehmensgröße. Es ist ja durchaus denkbar, dass Dienste ab einer bestimmten Mindestgeschäftsgröße wirtschaftlich sinnvoll dargeboten werden können, während sie unterhalb dieser Größen nur als subventionierte Leistungen erbracht werden können. Es ist eine interessante Frage, inwieweit im Rahmen des Art. 86 Abs. 2 EGV der Aspekt der Wahl einer Wirtschaftlichkeit ermöglichenden Betätigungsebene[50] bei der Prüfung einer Ausnahme berücksichtigt werden kann und muss. Im Bereich der Energiewirtschaft haben einige Bundesländer diesem Gesichtspunkt durch die Zulassung der überörtlichen Betätigung bereits Rechnung getragen[51]. Auch bei den Sparkassen ist ein deutlicher Trend zu größeren Betriebseinheiten zu beobachten. Im Bereich des online-banking ist zudem die Bildung von Kompetenzzentren und anderen Formen der gemeinsamen überörtlichen Betätigung zu konstatieren[52].

Unerlässlich ist des Weiteren die regelmäßige Prüfung der (faktischen) Betätigungszwecke und -felder von kommunalen Unternehmen. Es gibt viele Beispiele dafür, dass Unternehmen sich im Laufe der Zeit neue Geschäftsfelder erschließen und etwa durch Gründung von Tochterunternehmen in Bereiche expandieren, die mit dem ursprünglichen Zweck wenig zu tun haben[53]. Derartige Praktiken sind jedenfalls im Anwendungsbereich des Art. 86 Abs. 2 EGV nicht möglich.

Eine kritische Anmerkung verdient zudem das Verhältnis von Theorie und Praxis kommunaler Unternehmen. Werden kommunale Unternehmen in der theoretischen Rechtfertigung als Instrument kommunalpolitischer Gestaltung ausgewiesen, so zeigt der Kontakt mit ihnen und ihren Verbänden,

---

[50] Zum Argument der Wirtschaftlichkeit bei der bisherigen Diskussion über die Rechtfertigung kommunaler Unternehmen *Kluth*, Öffentlich-rechtliche Zulässigkeit gewinnorientierter staatlicher und kommunaler Tätigkeit, in: Stober/Vogel (Hrsg.), Wirtschaftliche Betätigung der öffentlichen Hand, 2000, S. 23 (36 f.).

[51] Siehe etwa Art. 89 Abs. 4 BayGO; § 116 Abs. 3 GO LSA; § 71 Abs. 4 ThürKO. Kritisch zur überörtlichen Betätigung *Heintzen*, Zur Tätigkeit kommunaler (Energieversorgungs-) Unternehmen außerhalb des Gemeindegebiets, NVwZ 2000, 743 ff.; siehe auch *Schulz*, Anmerkungen zur Tätigkeit gemeindlicher Unternehmen außerhalb des Gemeindegebiets, BayVBl. 1998, 449 ff.

[52] Knapper Überblick zur Entwicklung der Sparkassen bei *Hoppenstedt*, Der Sparkassenverbund im Spannungsfeld von verschärftem Wettbewerb und Determinierung durch EG-Recht und Landesrecht, in: Henneke (Hrsg.), Kommunale Aufgabenerfüllung in Anstaltsform, 2000, S. 127 ff.

[53] Ein klassisches Beispiel dafür sind die RWE; siehe dazu *Kluth*, Rechtsfragen der Beteiligung von Kommunen an Großkonzernen. Das Beispiel RWE, in: Peter/Rhein (Hrsg.), Wirtschaft und Recht, 1989, S. 117 ff.

dass in der Praxis die wirtschaftliche Orientierung der Unternehmensführung überwiegt und die meisten Bestrebungen nach einer effektiveren politischen Steuerung abgelehnt werden. Es ist zudem auffällig, dass gerade in diesem Punkt und bei der Ausgestaltung der Subsidiaritätsklauseln[54] die Regelungen im kommunalen Wirtschaftsrecht der einzelnen Bundesländer deutlich voneinander abweichen.

Das Gemeinschaftsrecht wirkt sich hier ambivalent aus. Folgt man seinem Leitbild vom selbstständigen öffentlichen Unternehmen, so wird die Tendenz derjenigen gestärkt, die sich gegen allzu starke kompetenzielle und leitungsmäßige Vorgaben für kommunale Unternehmen zur Wehr setzen und ihnen vor allem ein wirtschaftlich sinnvolles und zugleich erfolgreiches Agieren ermöglichen wollen. Von einem politischen Steuerungsinstrument kann man dabei nur insoweit sprechen, als Überschüsse für den Kommunalhaushalt erwirtschaftet werden oder die Unternehmen als Sponsoren der lokalen Kultur und Sportvereine auftreten. Im Bereich der Dienste von allgemeinem wirtschaftlichem Interesse verlangt das Gemeinschaftsrecht demgegenüber eine klare Zweckbestimmung und deren strikte Einhaltung bei der unternehmerischen Betätigung sowie die Gewähr finanzieller Transparenz. Hier wird auch die politische Steuerung deutlich.

Die jüngere Entwicklung im kommunalen Wirtschaftsrecht ist durch ein unentschlossenes Schwanken zwischen diesen beiden Leitbildern geprägt. Zuweilen werden auch beide Leitbilder vermischt, ohne dass der Gesetzgeber es merkt. Hinzu kommen die Auswirkungen, die vom Neuen Steuerungsmodell ausgehen, das tendenziell die Orientierung an einer erhöhten Wirtschaftlichkeit fördert.

E. Zusammenfassung und Ausblick

Damit ergibt sich folgendes Bild: Die vermehrte Aktivität der Kommission bei der Wettbewerbs- und Beihilfenaufsicht hat in den letzten Jahren auch im Bereich der Daseinsvorsorge einen Liberalisierungsdruck ausgelöst. Dieser beruht nicht auf einer Kompetenzausweitung, sondern ist das Resultat veränderter Schwerpunkte in der Aufsichtstätigkeit der Kommission.

Dieser Prozess hat zu einer Verunsicherung in den Mitgliedstaaten und auf der kommunalen Ebene bei der Beurteilung der Frage geführt, welche Dienste und vor allem welche Bezuschussungen mit dem Gemeinschaftsrecht vereinbar sind bzw. im Rahmen des Art. 86 Abs. 2 EGV legitimiert werden können.

---

[54] Dazu ein Überblick bei *Kluth* (Fn. 50), S. 35.

Der zur Stärkung der Daseinsvorsorge durch den Amsterdamer Vertrag neu eingeführte Art. 16 EGV macht es Gemeinschaft und Mitgliedstaaten gemeinsam zur Aufgabe, die Rahmenbedingungen für das Funktionieren der Dienste von allgemeinem wirtschaftlichem Interesse zu sichern. Soweit es dabei zu Rechtsetzungsakten der Gemeinschaft kommt, sind diese in einen kooperativen Prozess eingebunden. Die Kommission gewährt den Mitgliedstaaten bislang große Gestaltungsspielräume und auch der Uniformierungsdruck scheint nicht allzu groß zu sein.

Die Kommunen befinden sich aufgrund dieses Wandels in einem neuen, jetzt europaweiten Rechtfertigungskontext, wenn sie über die Erbringung von Leistungen der Daseinsvorsorge zu entscheiden haben.

Art. 16 EGV spricht auch die Mitgliedstaaten an. Auch sie müssen einen Beitrag zur Sicherung der Funktionsfähigkeit der Dienste von allgemeinem wirtschaftlichem Interesse leisten. Dabei steht die Pflicht zur genaueren Bestimmung der Betätigungszwecke im Vordergrund. Zudem müssen sie sich mit der Frage beschäftigen, von welchem Leitbild kommunaler Unternehmen sie ausgehen und wie die Wahl der richtigen Betätigungsebene und Unternehmensgröße gewährleistet werden kann. Auch darin kann ein wichtiger Beitrag zur Stabilisierung der öffentlichen Daseinsvorsorge liegen.

Die europäische Ebene blickt demnach ihrerseits mit einem zwar strengen aber wohlwollenden Blick auf die kommunale Ebene und die von ihr erbrachten Dienste von allgemeinem wirtschaftlichem Interesse. Der durch die Kommission in Gang gesetzte zweistufige Prozess des aufklärenden Dialogs und der Orientierung vermittelnden Rechtsetzung kann zur Stabilisierung der Aktivitäten im Bereich der Daseinsvorsorge beitragen. Eingriffe in vorhandene Strukturen und ein Zwang zur teilweisen Schärfung des Leitbilds für kommunale Unternehmen werden dabei jedoch unvermeidlich sein. Es liegt an den Mitgliedstaaten und den Kommunen, diesen Prozess zu nutzen, um ihre Konzeption im Bereich der Daseinsvorsorge kritisch zu prüfen.

Zweiter Abschnitt

Materielle und prozedurale Erfahrungen am Beispiel der Auseinandersetzung um die öffentlich-rechtlichen Kreditinstitute

Viktor Kreuschitz

Bewertung aus Sicht eines Kommissionsbeamten[1]

I.

Es dürfte allgemein bekannt sein, dass das Verfahren zur beihilfenrechtlichen Prüfung der beiden erwähnten deutschen Rechtsinstitute auf eine am 21. Dezember 1999 eingebrachte Beschwerde der privaten Banken in Deutschland zurückzuführen ist[2]. Diese sehen in der Anstaltslast und in der Gewährträgerhaftung staatliche Garantien, die den Wettbewerb zwischen privaten Kreditinstituten und ihren öffentlichen Konkurrenten beeinträchtigen, ja verzerren. Jene Sparkassen und Landesbanken, die solche Garantien in Anspruch nehmen können, genießen in erster Linie bei der Aufnahme von Krediten zur Refinanzierung ihrer Aktivitäten enorme Vorteile. Die staatlichen Garantien senken erheblich das mit der Gewährung solcher Kredite verbundene Risiko, sodass die Gläubiger Kredite zu günstigeren Konditionen vergeben. Insbesondere sind die Zinsen für solcherart gesicherte Finanzierungsformen niedriger. Die privaten Kreditinstitute können keine solchen Kostenvorteile lukrieren.

II.

Auch wenn das förmliche Prüfverfahren mit der erwähnten Beschwerde begann, haben staatliche Garantien im Bankensektor eine bewegte Geschichte. So hat schon im Jahre 1996 Herr Kommissar van Miert in einem Schreiben an die Bundesregierung die Ansicht geäußert, dass er die staatlichen Haftungen zugunsten der deutschen öffentlich-rechtlichen Kreditinstitute als staatliche Beihilfen gemäß Artikel 92 EG-Vertrag (jetzt Artikel 87 EGV) ansieht.

Am 18. Juni 1997 wurde die Erklärung über „Öffentlich-rechtliche Kreditinstitute in Deutschland" auf Wunsch der Bundesrepublik Deutschland als

---

[1] Dieser Beitrag stellt die persönliche Ansicht des Autors dar und ist keineswegs als Standpunkt der Europäischen Kommission zu sehen.
[2] Abgedruckt bei Henneke (Hrsg.), Kommunale Aufgabenerfüllung in Anstaltsform, 2000, S. 231.

Anhang zum Amsterdamer Vertrag verabschiedet. Die dazu gehörenden Schlussfolgerungen der Präsidentschaft führten zum Bericht der Kommission über „Dienstleistungen von allgemeinem wirtschaftlichem Interesse im Bankensektor" vom 17. Juni 1998, der auch dem Rat übermittelt wurde.

Am 23. November 1999 nahm dann die Kommission die „Mitteilung der Kommission über die Anwendung der Artikel 87 und 88 EG-Vertrag auf staatliche Beihilfen in Form von Haftungsverpflichtungen und Bürgschaften"[3] an. Diese Mitteilung erläutert die Grundsätze, von denen sich die Kommission in ihrer Beurteilung von Bürgschaften und Haftungen gemäß den Beihilferegeln leiten lassen wird. In diesem Dokument betont die Kommission, dass die günstigeren Finanzierungsbedingungen für Unternehmen, deren Rechtsform einen Konkurs oder andere Zahlungsunfähigkeitsverfahren ausschließt oder dem Unternehmen eine ausdrückliche staatliche Garantie oder Verlustübernahme durch den Staat verschafft, als Beihilfe in der Form einer Garantie betrachtet[4].

III.

Auf die Einleitung des Hauptprüfverfahrens folgte dann in den darauf folgenden Monaten eine intensive Diskussion teils mit Vertretern der Beschwerdeführer, teils mit der Bundesregierung, die regelmäßig vom Bundesministerium der Finanzen vertreten wurde. Dabei war die Verhandlungsposition der Bundesrepublik Deutschland vor allem durch große Zurückhaltung gekennzeichnet. Am Anfang wurde die Kooperation mit dem Argument auf ein Minimum reduziert, bei diesen Rechtsinstituten handle es sich um gewachsene, öffentliche Aufgaben des Staates betreffende Rechtsinstitute, die vom Gemeinschaftsrecht nicht erfasst seien. Die Kommission hielt dem entgegen, dass Art. 295 des EG-Vertrages dem Mitgliedstaat tatsächlich die Gestaltung der Eigentumsverhältnisse überlasse, daraus könne aber nicht geschlossen werden, dass die Ausübung der Eigentümerfunktion an keine gemeinschaftsrechtlichen Schranken stoßen kann. Anders gesagt, nicht die öffentliche Eigentumsform der Kreditinstitute stelle das Problem dar, die kann aufrechterhalten werden. Problematisch sind nur die aus dieser Eigentümerschaft nicht zwingend folgenden Haftungsregeln, die zwar historisch gewachsen sein mögen, die Anwendung der Wettbewerbsregeln der Gemeinschaft und insbesondere der Art. 87 und 88 EGV aber nicht ausschließen. Diese Verhandlungsphase endete mit dem am 11. Mai 2001 der

---

[3] ABl. EG C 71 v. 11. 03. 2000, S. 14; abgedruckt bei Henneke (Fn. 2), S. 228 ff.
[4] Vgl. Abschnitt 2.1.3. der Mitteilung.

Bundesregierung zugestellten Vorschlag von zweckdienlichen Maßnahmen[5] gemäß Art. 88 Abs. 1 EGV und Art. 18 der Verfahrensverordnung[6].

Nach einer eingehenden Darstellung und Prüfung der Anstaltslast und der Gewährträgerhaftung aus beihilfenrechtlicher Sicht wird in diesem Dokument der Bundesrepublik Deutschland die Annahme aller gesetzgeberischen, verwaltungsmäßigen und sonstigen Maßnahmen vorgeschlagen, „die notwendig sind, um jegliche staatliche Beihilfe ..., die aus dem System der Anstaltslast und Gewährträgerhaftung herrührt und öffentlich-rechtlichen Kreditinstituten gewährt wird, zu beseitigen". Für diese Maßnahmen wurde eine Frist bis Ende März 2002 gesetzt, wobei die geplanten Maßnahmen der Kommission bis zum 30. September 2001 mitzuteilen waren. Die Bundesregierung wurde ferner aufgefordert, die Kommission spätestens zwei Monate nach Zustellung dieses Schreibens darüber zu informieren, dass sie gemäß Art. 19 der Verfahrensordnung diesen Vorschlag bedingungslos und unmissverständlich in seiner Gesamtheit annimmt.

Der rechtliche Ursprung dieser zweckdienlichen Maßnahmen ist die Einschätzung der Anstaltslast und der Gewährträgerhaftung als „bestehende Beihilfen". Bestehende Beihilfen sind solche, die „vor In-Kraft-Treten des Vertrags eingeführt worden sind und auch nach dessen In-Kraft-Treten noch anwendbar sind"[7]. Diese Qualifizierung war für die Beteiligten enorm vorteilhaft, denn bestehende Beihilfen, die vor dem Zeitpunkt der in den zweckdienlichen Maßnahmen gesetzten Frist gewährt worden sind, müssen nicht zurückgezahlt bzw. zurückgefordert werden, auch dann nicht, wenn die beihilferechtliche Prüfung ergibt, dass die Beihilfe gemäß Art. 87 EGV mit dem gemeinsamen Markt nicht vereinbar ist.

Diese Einschätzung ist nicht selbstverständlich, denn in jenen Fällen, in denen die gesetzlichen Regelungen, die solche Haftungen vorsehen, nach In-Kraft-Treten des EG-Vertrages geschaffen worden sind[8], wäre die Qualifikation als bestehende Beihilfen eigentlich nicht zwingend. Die Kommission hat sich aber in diesem Zusammenhang davon leiten lassen, dass beide Rechtsinstitute der deutschen Rechtstradition entsprechen und als solche seit Jahrzehnten bestehen, wobei ihre Einstufung als staatliche Beihilfen bis zu den letzten Jahren vor der Einleitung des Hauptprüfverfahrens nicht the-

---

[5] Dazu ausf.: *Henneke*, NdsVBl. 2002, 113 (116f.).
[6] Verordnung (EG) Nr. 659/1999 des Rates v. 22. März 1999 über besondere Vorschriften für die Anwendung von Artikel 93 des EG-Vertrages, ABl. EG L 83 v. 27. 03. 1999, S. 1.
[7] Vgl. dazu Artikel 1 lit. b. der in der vorangehenden Fußnote angeführten Verfahrensverordnung, die im Übrigen eine umfassende Definition aller Formen von bestehenden Beihilfen enthält.
[8] Hinzuweisen ist in erster Linie auf die entsprechenden gesetzlichen Regelungen in den neuen Ländern.

matisiert wurde. Sie wollte ferner das Problem einer einheitlichen bundesweiten Regelung unterziehen, zumal auch diejenigen Länder, die ihre Regelungen erst später geschaffen haben, nur an bestehende Rechtsinstitute angeknüpft haben. Dieser Weg schien daher der geeignetste zu sein, um interne Spannungen zu vermeiden und den Vorwurf des selektiven Vorgehens zu entkräften. Dieser ausgesprochen freundliche Akt wurde freilich in den nachfolgenden Verhandlungen nicht gerade honoriert, obwohl er geholfen hat, eine Menge zusätzlicher Probleme zu vermeiden.

IV.

Die Bundesrepublik Deutschland hat am letzten Tag der zur Verfügung stehenden Frist, also am 17. Juli 2001, den Vorschlag der Kommission angenommen.

An diesem Tag unterzeichneten Herr Kommissar Monti und der Herr Staatssekretär im Bundesministerium der Finanzen eine Verständigung, die als Lösung des beihilfenrechtlichen Problems das „Plattform-Modell" vorsieht. Dieses besteht aus der völligen Abschaffung der Gewährträgerhaftung und der Änderung der Anstaltslast in der Form, dass sie dann einer normalen kommerziellen Eigentümerbeziehung – wie sie etwa zwischen den privaten Anteilseignern und einem Unternehmen in der Rechtsform einer Gesellschaft mit beschränkter Haftung besteht – entspricht. Eine der Konsequenzen dieser Neuregelung ist, dass materielle Zuwendungen des Eigentümers an das Kreditinstitut der beihilfenrechtlichen Kontrolle unterliegen.

Eine solch gravierende Änderung der Geschäftsgrundlagen der öffentlichrechtlichen Kreditinstitute konnte natürlich nicht mit sofortiger Wirkung in Kraft treten, vielmehr waren sich alle Beteiligten einig, dass solide Übergangsbestimmungen notwendig seien. Diese sahen im Wesentlichen vor, dass Verbindlichkeiten, die am Tag nach der Verständigung, also am 18. Juli 2001, bestanden haben, bis zum Ende ihrer Laufzeit von der Gewährträgerhaftung gedeckt bleiben. Für Verbindlichkeiten, die nach diesem Zeitpunkt, aber vor dem 18. Juli 2005 eingegangen werden, bleiben Anstaltslast und Gewährträgerhaftung bestehen. Mit Ende dieser Übergangszeit wird jede bis dahin bestehende und nach dem 18. Juli 2001 begründete Verbindlichkeit von der Gewährträgerhaftung nur unter der Bedingung gedeckt sein, dass ihre Laufzeit nicht über den 31. Dezember 2015 hinausgeht[9].

Schon bald nach der Unterzeichnung der Verständigung haben sich Differenzen über den Inhalt und die Auslegung des Vereinbarten und insbesondere dieser Übergangsregelung gezeigt. Diese betrafen vor allem die Fragen,

---

[9] Dazu ausf.: *Henneke*, in: Festschrift für Brohm zum 70. Geburtstag, 2002, S. 81 (95 ff.).

wie die Rechtsbeziehung zwischen dem Träger und der Anstalt auszugestalten sein wird (welche tatsächliche Folge die Abschaffung der Anstaltslast auf die Rechtsbeziehung zwischen Träger und Kreditinstitut haben wird) und welches Verfahren eingehalten werden muss, wenn Anstaltslast und Gewährträgerhaftung tragend werden.

Über diese beiden Fragen wurde daher ab dem Herbst 2001 bis Ende Februar 2002 verhandelt. Die dann erzielte Vereinbarung sieht – erneut – die Abschaffung der Anstaltslast vor. Zusätzlich soll in den einschlägigen Regelungen der Länder vorgesehen werden, dass eine Verpflichtung des Trägers zur oder ein Anspruch des Kreditinstituts gegen den Träger auf Zurverfügungstellung von Mitteln nicht besteht. Im Zusammenhang mit der Gewährträgerhaftung wurde vereinbart, dass öffentlich-rechtliche Kreditinstitute für ihre Verbindlichkeiten mit ihrem gesamten Vermögen haften. Die Haftung des Trägers ist auf das satzungsmäßige Kapital beschränkt, der Träger haftet jedenfalls nicht für die Verbindlichkeiten des Kreditinstituts.

Sämtliche bestehenden Bestimmungen über die Anstaltslast und über die Gewährträgerhaftung, die mit den vereinbarten Grundsätzen in Widerspruch stehen, sind abzuschaffen. Insbesondere die landesrechtlichen Regelungen, die im Sinne des § 12 Abs. 1 Nr. 2 der Insolvenzordnung die Institute für insolvenzunfähig erklären, sind zu streichen. Die ursprüngliche Forderung, die erwähnte bundesrechtliche Norm abzuschaffen, wurde hingegen als zu weitgehend aufgegeben.

Zu den Übergangsbestimmungen wurde eine Präzisierung vereinbart, nach der die Träger ihren Verpflichtungen aus der Gewährträgerhaftung gegenüber den Gläubigern der bis zum 18. Juli 2005 vereinbarten Verbindlichkeiten nachkommen werden, sobald sie bei deren Fälligkeit ordnungsgemäß und schriftlich festgestellt haben, dass die Gläubiger dieser Verbindlichkeiten aus dem Vermögen des Instituts nicht befriedigt werden können[10].

V.

An dieser Stelle wird eine „Präzisierung" fällig. Neben den Landesbanken und Sparkassen, die man während der Verhandlungen vor Augen hatte, bezogen sich die Verständigungen der Kommission und der deutschen Seite – quasi ungewollt – auch auf Kreditinstitute, die man unter dem Namen Förderbanken kennt. Die bekannteste Vertreterin dieser Gruppe ist die Kreditanstalt für Wiederaufbau. Diese Banken haben vorwiegend oder ausschließlich echte öffentlich-rechtliche Aufgaben, wie die Ausgestaltung oder Durchführung von Förderprogrammen. Sie haben daher in der Regel beson-

---

[10] Dazu ausf.: *Henneke*, NdsVBl. 2002, 113 (119 f.).

dere gesetzliche Grundlagen. Soweit sie nur diese Art von Aufgaben wahrnehmen und keinen kommerziellen Tätigkeiten nachgehen, ist die Beibehaltung der Anstaltslast und der Gewährträgerhaftung unproblematisch. In Bezug auf ihre kommerziellen Tätigkeiten stehen sie jedoch im Wettbewerb mit privaten Banken, sodass für diesen Tätigkeitsbereich dasselbe gelten muss wie für die Landesbanken und die Sparkassen.

Aus diesem Grund wurden – parallel zu den bisher beschriebenen Verhandlungen – auch Lösungsmöglichkeiten für die Förderbanken gesucht. Diese wurden in einem Modell aus zwei Gesellschaften gefunden, wobei die öffentliche Aufgaben wahrnehmende Mutter die beiden strittigen Rechtsinstitute beibehalten darf, während die private Tochtergesellschaft, die am Wettbewerb im kommerziellen Geschäft teilnimmt, diese Garantien nicht haben darf. Die Rechtsbeziehungen der Tochter- und der Muttergesellschaft müssen freilich dem entsprechen, was für die Beziehungen zwischen Träger und Kreditinstitut bei den Landesbanken und den Sparkassen vorgesehen ist.

VI.

Versucht man zu beschreiben, wie die Gespräche zwischen der Kommission und Deutschland verlaufen sind, so ist als auffälligstes Merkmal zu erwähnen, dass sie nicht den Anschein eines förmlichen Verwaltungsverfahrens hatten, vielmehr eher Verhandlungen von gleichberechtigten Partnern darstellten. Dabei war die behördliche Aufgaben wahrnehmende Kommission oft in der Defensive, obwohl objektiv kein Grund dazu vorzuliegen schien. Insbesondere in jenen Besprechungen, in denen viele Ländervertreter teilnahmen, war der auf den Vertretern der Kommission lastende Druck ziemlich groß. Eine der beliebtesten Methoden, einen solchen Druck zu erzeugen, war das Hantieren mit Millionenbeträgen, die die Banken und Sparkassen verlieren, wenn man einen bestimmten Kommissionsvorschlag akzeptiert. Oft wurde auch schon die Insolvenz des ganzen Sektors in Aussicht gestellt. Diese Bemerkungen fielen im Bewusstsein, dass die Kommission selbstverständlich kein Interesse an der Zerstörung der Landesbanken und der Sparkassen hatte und dies auch nicht verantworten wollte.

Der Umstand, dass das Verfahren eigentlich von den privaten Wettbewerbern der öffentlich-rechtlichen Banken in Gang gesetzt wurde, ist sonderbarerweise in Vergessenheit geraten. Sie wurden jedenfalls nicht in die Rolle des Bösen gedrängt.

Auffällig war das Fehlen einer klaren Verhandlungslinie auf deutscher Seite. Während die Kommission auf die Abschaffung von Anstaltslast und Gewährträgerhaftung bestehen musste und daher ihre Verhandlungslinie von Anfang an klar war, schien die deutsche Delegation kein Konzept zu haben. So wie in den Gesprächen vor der Verständigung versucht wurde, das Ergebnis durch das Verweigern der Kooperation zu bestimmen, war man in der Verhandlungsphase von September 2001 an hauptsächlich bemüht, die Verständigung vom 17. Juli 2001 in Frage zu stellen. Die Folge war eine große Zahl von zeitraubenden Sitzungen, die oft ohne greifbares Ergebnis zu Ende gingen.

Dies dürfte zum Teil auf eine objektiv schwierige Lage auf deutscher Seite zurückzuführen sein. Die Materie, über die gesprochen wurde, betrifft weitgehend Landeszuständigkeiten. Die Verhandlungen waren aber größtenteils vom Bundesministerium der Finanzen geführt worden. Nach jeder stattgefundenen Verhandlungsrunde mussten die Länder informiert und ihre Standpunkte koordiniert werden. Dabei musste der jeweilige Standpunkt auch mit den Landesbanken und den Sparkassen koordiniert werden. Man kann sich leicht vorstellen, dass die interessierten Kreise nicht immer identische Interessen hatten. Dies bringt objektiv jede Verhandlungsdelegation in eine schwierige Lage.

Die Forderungen waren – wohl aus diesem Grund – teilweise maximalistisch. Sie zielten darauf ab, die beanstandeten Haftungsformen wenn schon nicht unangetastet zu lassen, so doch möglichst lang beizubehalten. Dabei hat man offensichtlich nicht in Betracht gezogen, dass ein förmliches Verwaltungsverfahren immer unter dem Damokles-Schwert der Anfechtung vor dem Europäischen Gerichtshof steht. Wollte man ein Ergebnis erzielen, welches einer Anfechtung standhält, so musste etwas angepeilt werden, das spürbare Konsequenzen für die Beteiligten hat.

Die Kommission war sehr um Kompromisse bemüht und versuchte ein gutes Gesprächsklima zu erhalten, auch wenn dies nicht immer gelungen ist. Um ihren guten Willen und ihre partnerschaftliche Einstellung zu demonstrieren, stimmte sie auch Gesprächen in Berlin zu, obwohl dies eher ungewöhnlich ist. Da der Sitz der Kommission Brüssel ist, nimmt sie ihre behördlichen Aufgaben grundsätzlich dort wahr. Im vorliegenden Fall war aber die Verhandlungsdelegation auf deutscher Seite manchmal so groß, dass es gerechtfertigt schien, von dieser Übung fallweise abzugehen.

VII.

Es dürfte von Interesse sein, diesem Verhandlungsablauf die Gespräche die Kreditanstalt für Wiederaufbau betreffend gegenüberzustellen. Die Gespräche mit der KfW waren wesentlich effizienter. Die KfW war durch eine kleine Gruppe von Experten vertreten. Das gemeinschaftsrechtlich vorgegebene Ziel war von Anfang an klar. Das Verhandlungskonzept war dem angepasst, sodass in verhältnismäßig wenig Gesprächsrunden brauchbare Ergebnisse erzielt werden konnten.

Ganz ohne Pannen verliefen allerdings auch diese Gespräche nicht. Gegen Ende der Verhandlungen wollte man – wohl aus einem Gefühl von Übermut – Vorgaben schaffen, die alle möglichen beihilfenrechtlich relevanten Situationen von vornherein erfassen. Im Hinblick auf die Vielfalt und Verschiedenheit der von der KfW besorgten Aufgaben musste man jedoch später einsehen, dass dies nicht möglich oder zumindest in der kurzen zur Verfügung stehenden Zeit nicht möglich ist.

VIII.

Will man aus den Verhandlungen in aller Kürze einige Lehren für die Zukunft ziehen, so scheint die Einsicht ganz besonders wichtig, dass es sich bei einem Verfahren betreffend zweckdienliche Maßnahmen um ein förmliches Verwaltungsverfahren handelt, dessen Ergebnisse der rechtlichen Kontrolle durch die europäischen Gerichte unterliegen. Daraus folgend ist es nicht zielführend, mit Forderungen in die Verhandlung zu gehen, die keinen Bestand vor dem Gemeinschaftsrichter haben können.

Die Verhandlungen dienen der gegenseitigen Information und sollen zu einem guten, wenn es geht sogar zum optimalen Ergebnis führen. Dies ist aber nur möglich, wenn auf beiden Seiten Experten verhandeln, wobei eine stabile Delegation wünschenswert ist, weil wechselnde Mannschaften Redundanzen verursachen. Diese müssen mit einer klar definierten Verhandlungsposition und klar umschriebenen Prioritäten in die Gespräche gehen. Letztere sollen auch eine gewisse Flexibilität ermöglichen.

Kay Ruge

Darstellung aus Sicht des Deutschen Sparkassen- und Giroverbandes*

I. Einführung

Das europäische Beihilferecht hat in den letzten Jahren eine Ausweitung erfahren, die bei In-Kraft-Treten der Gründungsverträge am 1. Januar 1958 nicht absehbar war. Die „klassische" Finanzhilfe für Unternehmen aus industriellen Wirtschaftssektoren wie Kohle, Stahl, Werften, deren beihilferechtliche Kontrolle nahe liegt, ist bildlich betrachtet nur die Spitze des Eisberges. In zahlreichen weiteren Wirtschafts- und Politikbereichen zeichnet sich eine Ausdehnung des sachlichen Anwendungsbereiches erst nach und nach ab. Eine wesentliche Ursache hierfür ist, dass die Generaldirektion Wettbewerb der Europäischen Kommission zunehmend bereichsprägende Strukturelemente ihrer Kontrolle unterzieht. Dabei ist unverkennbar, dass die Grenzen zwischen reiner Rechtsanwendung und politischem Gestaltungswillen verschwimmen.

Die jahrelange Auseinandersetzung um die Haftungsgrundlagen der öffentlich-rechtlichen Kreditwirtschaft in Deutschland bildet hierfür ein aktuelles Beispiel. Mit der Verständigung über Anstaltslast und Gewährträgerhaftung vom 17. Juli 2001 konnte dieser Konflikt beigelegt werden.

Der Weg zu dieser Verständigung verlangte auf deutscher Seite die Einbindung zahlreicher Beteiligter. Neben Bundesregierung, Ländern, Landesbanken und Sparkassen zählten dazu auch die Kommunen als Träger der Sparkassen. Im Rahmen der zahlreichen Koordinierungsbemühungen wurde immer wieder deutlich, dass die Diskussionen um ein Demokratiedefizit der europäischen Institutionen, Kompetenzabgrenzungen im Verhältnis zwischen Bund, Ländern und Europäischer Union, aber auch die Frage des Umfangs und der Intensität der Beihilfenkontrolle durch die Wettbewerbsdirektion ihr Abbild in dieser Wettbewerbsauseinandersetzung gefunden haben.

---

* Chefsyndikus des DSGV Dr. *Thomas Schürmann* danke ich für wesentliche Anregungen.

Darstellung aus Sicht des Deutschen Sparkassen- und Giroverbandes

1. Verfahrensgang

Im Jahre 1995 hatte die Europäische Kommission erstmals mit Außenwirkung in einer Stellungnahme die Vereinbarkeit von Anstaltslast und Gewährträgerhaftung mit den EG-Wettbewerbsvorschriften in Frage gestellt[1]. Mehrere Rechtsgutachten zu diesem Fragenkomplex kamen demgegenüber zu dem Ergebnis, dass die Haftungsgrundlagen der öffentlich-rechtlichen Kreditinstitute unter keinem Gesichtspunkt gegen das gemeinschaftliche Beihilferecht verstießen. Vielmehr sei die Europäische Kommission bei ihrer Betrachtungsweise z. T. von unzutreffenden Voraussetzungen ausgegangen. Zudem habe sie Rechtsgrundlagen und Funktion der öffentlichen Kreditwirtschaft innerhalb des dreigliedrigen Bankensystems in Deutschland verkannt. Übereinstimmend haben sich die öffentliche Kreditwirtschaft, Bundesrat und Bundesregierung diesen Standpunkt zu Eigen gemacht.

1997 forderte der Bundesrat die Bundesregierung deshalb auf, durch eine Ergänzung des EG-Vertrages in Form eines klarstellenden Protokolls zu erreichen, dass die öffentlich-rechtlichen Kreditinstitute grundsätzlich nicht dem Beihilferegime des EG-Vertrages unterfallen[2]. Die Bundesregierung vermochte dieses Ziel allerdings nicht zu erreichen. Auf der Regierungskonferenz in Amsterdam ist anstatt des angestrebten Protokolls mit vertragsergänzender Wirkung zu Art. 222 EG-Vertrag (jetzt Art. 295 EGV) lediglich eine „Erklärung zu den öffentlich-rechtlichen Kreditinstituten in Deutschland" angenommen worden[3]. Diese rechtlich unverbindliche Erklärung des Rates beschränkte sich im Wesentlichen darauf, ohnehin geltende Grundsätze des Beihilferechts zu wiederholen, und beauftragte darüber hinaus die Europäische Kommission mit einer näheren Untersuchung.

Den entsprechenden Bericht „Dienstleistungen von allgemeinem wirtschaftlichem Interesse im Bankensektor" an den Rat legte die Europäische Kommission am 16. Juni 1998 vor und gelangte dabei erneut zu der Auffassung, dass Anstaltslast und Gewährträgerhaftung verbotene Beihilfen darstellten, soweit sie sich nicht lediglich auf die Erbringung von Dienstleistungen von

---

[1] Vgl. das „Non-paper zur Behandlung der Anstaltslast und Gewährträgerhaftung der öffentlich-rechtlichen Kreditinstitute in Deutschland angesichts des Art. 92 (1) des EG-Vertrages" vom Dezember 1995.
[2] Der Text des deutschen Protokollvorschlags ist abgedruckt in WM 1997, 1280.
[3] ABl. EG 1997 Nr. C 340, 138; vgl. insgesamt zur Bedeutung von Zusatzdokumenten im Gemeinschaftsrecht *Everling*, Zur rechtlichen Wirkung von Beschlüssen, Entschließungen, Erklärungen und Vereinbarungen des Rates oder der Mitgliedstaaten der Europäischen Gemeinschaften in: Luke/Ress/Will (Hrsg.), Gedächtnisschrift für L.-J. Constantinesco, 1983, S. 133 ff.; *Koenig*, EWS 1998, S. 149 ff.

allgemeinem wirtschaftlichem Interesse beschränkten[4]. In diesem Zusammenhang bezweifelte die Europäische Kommission den diesbezüglichen Charakter der meisten Aufgaben der öffentlich-rechtlichen Kreditinstitute. Mit Schreiben vom 21. Dezember 1999 reichte die Europäische Bankenvereinigung bei der Europäischen Kommission eine Beschwerde ein, die sich exemplarisch gegen die Westdeutsche Landesbank (WestLB), die Stadtsparkasse Köln und die Westdeutsche Immobilienbank (WIB) richtete, aber offenkundig das Haftungssystem der öffentlichen Banken in Deutschland insgesamt angriff. Die Begründung der Beschwerde wurde im Juli 2000 nachgereicht. Anfang 2001 übermittelte der Deutsche Sparkassen- und Giroverband (DSGV) der Europäischen Kommission eine umfangreiche Erwiderung, die im Einzelnen die Rechts- und Tatsachenbehauptungen der Beschwerdebegründung widerlegte[5]. Praktisch zeitgleich unterrichtete allerdings die Europäische Wettbewerbsdirektion die Bundesregierung gemäß Art. 17 der Verfahrensordnung zu Art. 93 EG-Vertrag (jetzt Art. 88 EGV)[6] über ihre vorläufige Position, dass Anstaltslast und Gewährträgerhaftung als Beihilfen anzusehen und als solche nicht mit dem Gemeinsamen Markt vereinbar seien. Am 8. Mai 2001 bestätigte die Kommission durch Beschluss des Kollegiums der Kommissare ihre Rechtsauffassung und schlug auf der Grundlage von Art. 88 Abs. 1 EGV und Art. 18 der Verfahrensverordnung in allgemeiner Form als sog. „zweckdienliche Maßnahme" vor, die in Anstaltslast und Gewährträgerhaftung gesehenen Beihilfeelemente zu beseitigen oder mit den Wettbewerbsregeln des Vertrages vereinbar zu machen. Hierfür wurde eine Frist bis zum 31. März 2002 gesetzt.

Im Laufe des skizzierten Verfahrens gab es wiederholt Bestrebungen, den Konflikt auf politischer Ebene beizulegen. Zentrales Koordinierungsgremium auf deutscher Seite war dabei eine von Bundesfinanz-Staatssekretär *Koch-Weser* und dem Baden-Württembergischen Finanzminister *Stratthaus* geleitete Arbeitsgruppe, in der es unter Mitwirkung des DSGV gelang, die Finanzminister der Bundesländer sowie Vertreter der Kommunen und der öffentlichen Kreditwirtschaft auf eine gemeinsame Gesprächsplattform für die Verhandlungen mit der Europäischen Kommission zusammenzuführen. Das zu diesem Zweck vom Hauptausschuss des DSGV im März 2001 verabschiedete sog. „Plattform-Modell der modifizierten Anstaltslast" sah im Kern den Wegfall der Gewährträgerhaftung und die Unterstellung der Anstaltslast unter das Europäische Beihilferecht vor.

---

[4] Vgl. Internet-Seite der Europäischen Kommission *http://europa.eu.int/comm/comptition/-state_aid/others/* report_/report_bank_de.html.
[5] Vgl. die als „Stellungnahme" gekennzeichnete Beschwerdeerwiderung auf der Internet-Seite des Deutschen Sparkassen- und Giroverbandes *http://www.dsgv.de/* im Presseforum unter „Stellungnahmen" Februar 2001.
[6] ABl. EG L 83 v. 27. 03. 1999, S. 1.

Auf dieser Grundlage wurden ab März 2001 auf Arbeits- wie auch politischer Führungsebene Gespräche mit der Europäischen Kommission geführt, die letztlich am 17. Juli 2001 zu der Verständigung führten.

2. Rechtliche Bewertung

Die rechtliche Argumentation der Europäischen Kommission zur Einordnung von Anstaltslast und Gewährträgerhaftung als unzulässige staatliche Beihilfen lässt sich wie folgt zusammenfassen:

Die als betraglich und zeitlich unbestimmte Garantien verstandenen Haftungsinstrumente verbessern die Kreditwürdigkeit der Institute und auf diese Weise in der Regel ihre Finanzierungsbedingungen, weil Gläubiger eine geringere Risikoprämie verlangen oder eher gewillt sind, eine Geschäftsbeziehung aufzunehmen. Diese günstigeren Finanzierungsbedingungen bzw. der bessere Zugang zum Markt stärken die Wettbewerbsposition der öffentlich-rechtlichen Kreditinstitute. Da im Bereich der Finanzdienstleistungen der Binnenmarkt bereits in großem Maße verwirklicht sei, werde nahezu zwangsläufig auch der Handel zwischen Mitgliedstaaten beeinträchtigt. Eine Rechtfertigung nach Art. 86 Abs. 2 EGV („Dienstleistungen von allgemeinem wirtschaftlichem Interesse") sei nicht erkennbar, weil wesentliche Teile der geschäftlichen Aktivitäten der meisten öffentlich-rechtlichen Institute nicht als solche Dienstleistungen angesehen werden könnten, eine genaue Festlegung der betreffenden Dienstleistungen in den deutschen Gesetzen nicht erkennbar sei und überdies eine Berechnung der mit der Erbringung solcher Dienstleistungen verbundenen Kosten zur Beurteilung der Verhältnismäßigkeit einer möglichen Ausgleichsmaßnahme fehle[7].

Die wesentlichen Einwände gegen die dargestellten Argumente seien noch einmal zusammengestellt[8]. Dabei soll nicht bestritten werden, dass die staatlichen Haftungen insbesondere für Landesbanken mit – isoliert betrachtet – Vorteilen verbunden sind. Diesen stehen jedoch mit der Notwendigkeit, in erster Linie über den mühsamen Weg der Gewinnthesaurierung zusätzliches Eigenkapital bilden zu können, rechtsformbedingte Einschränkungen gegenüber, die insgesamt Refinanzierungsvorteile aus der staatlichen Haftung zumindest neutralisieren. Hinzu kommt, dass auch die privaten Banken faktische staatliche Einstandspflichten genießen. Dieses allgemein mit dem Terminus „too big to fail" umschriebene Phänomen wird den großen deutschen privaten Bankhäusern von den Rating-Agenturen in ihren jeweiligen Ratings zugute gehalten.

---

[7] Vgl. Beschluss der Europäischen Kommission v. 8. Mai 2001, S. 5, 7–10.
[8] Siehe Fn. 5

Ein weiterer zentraler Einwand gegen den Beihilfevorwurf der Kommission ergibt sich aus Folgendem: Der EG-Vertrag lässt es unbestritten zu, dass sich der Staat unternehmerisch betätigt. Daraus folgt zwangsläufig, dass etwaige Wettbewerbsvorteile, die sich allein daraus ergeben, dass der Staat mit seiner Bonität unternehmerisch handelt, vom EG-Vertrag akzeptiert sind. Danach kann es bei der Prüfung des Beihilfetatbestandes nicht auf die Bonität des Haftenden, insbesondere die Endlichkeit oder Unendlichkeit seiner Ressourcen ankommen.[9] Wenn nun aber ein Bankbetrieb als rechtlich unselbstständiger Bestandteil der Verwaltung im Sinne eines Regiebetriebes mit der zwangsläufigen Folge der Haftung der betreibenden Gebietskörperschaft geführt werden könnte, so kann für die rein rechtsformale Ausgliederung dieses Geschäfts in eine mit Anstaltslast und Gewährträgerhaftung verbundene öffentlich-rechtliche Anstalt nichts Anderes gelten[10]. Eine gegenteilige Auffassung würde zu dem Ergebnis führen, dass der Staat nie unmittelbar – etwa durch einen Regiebetrieb – wirtschaftlich tätig werden dürfte, weil er in diesem Fall selbst Vertragspartner ist und seine Kreditwürdigkeit sich zwangsläufig im Wettbewerb auswirkt.

Anstaltslast und Gewährträgerhaftung sind demnach keine Begünstigung eines selbstständigen Dritten, sondern die Eigenhaftung des staatlichen Unternehmers für seine unternehmerische Tätigkeit. Sie unterscheiden sich insoweit nicht von der Eigenhaftung des privaten Unternehmers, der als Einzelkaufmann oder im Rahmen einer offenen Handelsgesellschaft, Kommanditgesellschaft oder Kommanditgesellschaft auf Aktien persönlich für sein unternehmerisches Handeln haftet.

3. Motive für die Verständigung aus Sicht der Sparkassen-Finanzgruppe

Wenn sich also die öffentliche Kreditwirtschaft auf einer fundierten rechtlichen Basis befand, warum hat sie dann gleichwohl aktiv auf eine Verständigungslösung hingewirkt und nicht etwa den Streit einer Entscheidung des EuGH zugeführt? Die Antwort liegt in dem Wunsch nach baldiger Rechtssicherheit. Die Finanzmärkte reagieren sehr sensibel auf Meinungen und Stimmungen. Allein der Beihilfevorwurf hatte hier bereits gewisse Wirkun-

---

[9] *Schneider/Busch*, EuZW 1995, 602 (608).
[10] 1931 wurden die Sparkassen und Girozentralen als rechtliche selbständige Anstalten des öffentlichen Rechts aus dem Gemeinde- und Staatsverband organisatorisch ausgegliedert. Durch die 3. Verordnung des Reichspräsidenten zur „Sicherung von Wirtschaft und Finanzen und zur Bekämpfung politischer Ausschreitungen" vom 6. Oktober 1931 wurden hinsichtlich der Sparkassen die bestehenden Haftungen der Kommunen unverändert auf die jetzt ausgegliederten Sparkassen übertragen.

gen erzeugt und nach Einschätzung einiger Landesbanken eine Verschlechterung der Konditionen bewirkt. Es war nicht absehbar, wie die Märkte auf eine Eröffnung des Hauptprüfungsverfahrens durch die Europäische Kommission reagiert hätten. Ein späteres Obsiegen nach einem jahrelangen Rechtsstreit vor dem EuGH hätte die abrupt eintretenden Schäden für die Institute schwerlich wieder gutmachen können.

4. Mögliche Alternativen im Vorgehen

Dennoch soll der Argumentation nachgegangen werden, ob nicht ein alternatives Vorgehen unter Betonung des besonderen Charakters der öffentlich-rechtlichen Kreditinstitute möglich gewesen wäre. Dieser Ansatz wird vor allem im Hinblick auf die Sparkassen vertreten. Es soll dargelegt werden, dass die europarechtlichen Vorgaben und insbesondere deren Interpretation durch die Europäische Kommission diesen Weg von vornherein ausgeschlossen haben. Mit Blick auf die Beihilferegelungen kommen zwei Anknüpfungspunkte für ein solches Vorgehen in Betracht:

a) Ausschluss der Tatbestandsmäßigkeit des Art. 87 Abs. 1 EG-Vertrag

Ausgangspunkt dieser Argumentation ist ursprünglich der bereits erwähnte Kommissionsbericht vom 17. Juni 1998 an den Rat. Darin gelangt die Kommission zu der Auffassung, dass Gewährträgerhaftung und Anstaltslast eine unzulässige Beihilfe zugunsten der Landesbanken und Sparkassen darstellen könnten. Jedoch fielen die lokal tätigen Sparkassen oder ähnliche Kreditinstitute mit lokal begrenztem Wirkungskreis, die von den Vorteilen der Gewährträgerhaftung und Anstaltslast profitieren, „im Prinzip" nicht in den Anwendungsbereich von Art. 87 Abs. 1 EG-Vertrag[11].

Die Kommission geht damit offenbar davon aus, dass auch Sparkassen in den Genuss staatlicher Beihilfen kommen. Die Frage, ob eine staatliche Beihilfe den Handelsverkehr zwischen den Mitgliedstaaten berührt („lokaler Wirkungskreis"), also wettbewerbsrelevant ist, setzt tatbestandsmäßig das Vorliegen einer staatlichen Beihilfe voraus. Fehlt es an einer solchen, so scheidet eine Wettbewerbsverfälschung von vornherein aus. Art. 87 Abs. 1 EG-Vertrag wird lediglich mit Verweis auf eine fehlende Beeinträchtigung des Handelsverkehrs angesichts des lokal begrenzten Wirkungskreises ausgeschlossen. Selbst diesen Ansatz hat die Europäische Kommission allerdings im Laufe der Wettbewerbsauseinandersetzung aufgegeben.

Bereits die Europäische Bankenvereinigung hatte in ihrer Beschwerde mit der Stadtsparkasse Köln ein Sparkasseninstitut exemplarisch herausgegriffen.

---

[11] Vgl. S. 4 des Kommissionsberichts.

Nach Einleitung des Vorverfahrens am 26. Januar 2001 forderte die Europäische Kommission in einem Fragenkatalog sowohl mit Blick auf Landesbanken, aber auch auf Sparkassen mit gleichem Wortlaut sehr detaillierte Informationen ein und behandelte Sparkassen und Landesbanken damit wiederholt gleich. Sowohl bei Einleitung des Vorverfahrens als auch im Rahmen des Beschlusses über die zweckdienlichen Maßnahmen vom 8. Mai 2001 wurde die uneingeschränkte Reichweite des Beihilfevorwurfs deutlich. Die Europäische Kommission lehnte es dort ausdrücklich ab, dem Beihilfevorwurf für einzelne Institute jeweils gesondert nachzugehen. Vielmehr stellte sie das deutsche System der Anstaltslast und Gewährträgerhaftung im Bereich der gesamten öffentlichen Kreditwirtschaft gewissermaßen als übergreifendes Beihilfeprogramm auf den Prüfstand. Wörtlich heißt es:

„Die Maßnahmen, die notwendig sind, um die Regelung [Anstaltslast und Gewährträgerhaftung] in Einklang mit den Beihilfebestimmungen der Gemeinschaft zu bringen, müssen im Hinblick auf die Regelung *insgesamt* festgelegt werden und nicht hinsichtlich einzelner Unternehmen"[12].

Damit waren automatisch sämtliche öffentlich-rechtlichen Kreditinstitute in die Untersuchung mit einbezogen[13].

Gleichzeitig machte die Europäische Kommission deutlich, dass auch die Größe der regionalen Sparkassen – gemessen am Bilanzvolumen – und der sich daraus ggf. ableitende geringere Grad einer Begünstigung nicht die Tatbestandsmäßigkeit des Art. 87 Abs. 1 EG-Vertrag auszuschließen vermögen. Die Europäische Kommission hat mit Blick auf die Sparkassen mehrfach ausdrücklich darauf hingewiesen, dass nach gefestigter Rechtsprechung des EuGH weder der „verhältnismäßig geringe Umfang einer Beihilfe noch die verhältnismäßig geringe Größe des begünstigten Unternehmens von vornherein die Möglichkeit einer Beeinträchtigung des Handels zwischen Mitgliedstaaten ausschließt"[14].

Abgesehen davon haben die Verhandlungen mit dem Kommissionsbeamten verdeutlicht, dass dieser Ansatz zwangsläufig nicht nur zu einer Differenzierung zwischen Sparkassen und Landesbanken, sondern auch innerhalb der Sparkassen zu einer unterschiedlichen Betrachtung geführt hätte. Wie groß darf eine Sparkasse sein, damit nicht doch eine nicht nur lokale Begünstigung besteht? Wie wirkt sich eine Geschäftstätigkeit im grenznahen

---

[12] Vgl. Beschluss der Europäischen Kommission v. 8. Mai 2001, S. 3; Hervorhebung durch den Verfasser.
[13] So auch *Schwarting*, ZögU 24 (2001), 286 (294).
[14] Vgl. EuGH C 278/92 bis 280/92, Slg. 1994, I- 4103/4159, Tz. 42; EuGH C 142/87, Slg. 1990, I- 959 Tz. 43.

Bereich aus[15], wie die Exportfinanzierung, die auch durch Sparkassen wahrgenommen wird und mit einem Heraustreten aus dem lokalen Bereich verbunden ist[16]? All dies hätte zu dauernden Diskussionen und möglichen weiteren Beihilfeverfahren geführt.

Die Bewertung, dass eine Legitimierung von Anstaltslast und Gewährträgerhaftung durch eine Spezifizierung des öffentlichen Auftrags nicht möglich gewesen ist, hat sich auch durch das Urteil des EuGH in der Rechtssache Ferring SA ./. ACOSS vom 22. November 2001 nicht geändert[17].

In dieser Entscheidung ging es um eine Abgabe, die Arzneimittelhersteller in Frankreich entrichten müssen. Diese Abgabe kommt Pharma-Großhändlern zugute, denen gesetzlich die Verpflichtung zur Bereithaltung eines kompletten Arzneimittelsortiments auferlegt wird. Durch die Abgabe soll nach Vorstellung des französischen Gesetzgebers der öffentliche Auftrag der Pharma-Großhändler kompensiert und damit die Wettbewerbsverzerrung zugunsten der Arzneimittelhersteller, denen ein solcher Auftrag nicht auferlegt wird, aufgehoben werden. Die 6. Kammer des Gerichtshofs führt aus, sofern finanzielle Vorteile, die an Unternehmen, welche gemeinwirtschaftliche Verpflichtungen erfüllten, gewährt würden und diese die zusätzlichen Kosten, die mit der Erfüllung dieser Aufgaben verbunden seien, nicht übersteigen, könne bereits tatbestandsmäßig nicht von einer „Begünstigung" i. S. des Art. 87 Abs. 1 EG-Vertrag ausgegangen werden. Eine Notifizierungspflicht gemäß Art. 88 Abs. 3 EG-Vertrag entfalle daher[18].

Das Urteil erfasst damit eine Konstellation, in der in einem konkreten Einzelfall staatliche Vergünstigungen als konkrete Kompensation bestimmter Belastungen aus der Wahrnehmung von Aufgaben „im allgemeinen wirtschaftlichen Interesse" im Sinne des Art. 86 Abs. 2 EG-Vertrag wahrgenommen werden. Dies ist – wie die Europäische Kommission immer wieder deutlich gemacht hat[19] – bei Sparkassen und Landesbanken nur in wenigen Teilbereichen überhaupt der Fall. Wie dargelegt, betrachtet die Europäische Kommission Anstaltslast und Gewährträgerhaftung darüber hinaus als betraglich und zeitlich unbegrenztes, gewissermaßen übergreifendes Beihil-

---

[15] Im Bereich von Kreditinstituten hat die Europäische Kommission eine Beeinträchtigung des zwischenstaatlichen Handels insbesondere im grenznahen Bereich in der Mitteilung bezüglich einer Beihilfe zu Gunsten des Crédit Agricole ausdrücklich festgestellt, ABl. EG 1989 Nr. C 144 S. 6 (8 f.); zu dieser Frage auch *Immenga/Rudo*, Die Beurteilung von Gewährträgerhaftung und Anstaltslast der Sparkassen nach dem EG- Beihilferecht, 1997, S. 121; *Oppermann*, Europarecht, 2. Aufl. 1999, Rn. 1115.

[16] Dazu *v. Wallenberg*, in: Grabitz/Hilf (Hrsg.), EGV, Art. 92 Rn. 29.

[17] EuGH C 53/00, abgedruckt in: NVwZ 2002, 193; anderer Auffassung *Henneke*, NdsVBl. 2002, 113 (115).

[18] EuGH C 53/00, abgedruckt in: NVwZ 2002, 193 Tz. 26 bis 29.

[19] Vgl. Beschluss der Europäischen Kommission v. 8. Mai 2001, S. 7 bis 9.

feprogramm, das für eine unbestimmte Zahl an lediglich allgemein und abstrakt definierten Unternehmen gilt. Darüber hinaus bedeutete eine Übertragung der Grundsätze dieses Urteils mit Blick auf knapp 540 Sparkassen und 12 Landesbanken eine nicht praktikable zahlenmäßige Konkretisierung des öffentlichen Auftrags. Im Ergebnis würde dies angesichts der bei Art. 87 EG-Vertrag der Europäischen Kommission obliegenden Beweislast eine beihilferechtliche Dauerobservation unter Anwendung der Vorschriften der Transparenzrichtlinie bedeuten.

b) Rechtfertigung durch Art. 86 Abs. 2 EG-Vertrag

Auch ist der zweite Ansatz über eine Rechtfertigung der Tätigkeit der öffentlich-rechtlichen Kreditinstitute als Dienstleistung von allgemeinem wirtschaftlichem Interesse nach Art. 86 Abs. 2 EG-Vertrag nicht in Betracht gekommen. Die Europäische Kommission legt bei der Bewertung dessen, was sie als Dienstleistung von allgemeinem wirtschaftlichem Interesse ansieht, eine andere Betrachtung zugrunde als die mit der Wahrnehmung des öffentlichen Auftrags von Sparkassen und Landesbanken verbundenen Inhalte. Sie verbindet diesen Auftrag nicht automatisch mit öffentlicher Leistungserbringung, sondern unterstellt sie im Ergebnis vollständig den wettbewerbs- und binnenmarktrechtlichen Regelungen:

„Die Neutralität in Bezug auf die Form der Unternehmensorganisation – öffentlich-rechtlich oder privatrechtlich – wird durch Art. 295 EG-Vertrag gewährleistet. Die Kommission macht also keine Vorgaben dahingehend, dass Leistungen der Daseinsvorsorge von öffentlichen oder privaten Unternehmen zu erbringen sind und verlangt auch nicht die Privatisierung öffentlicher Unternehmen. Gleichzeitig gelten aber die Vorschriften des Vertrags und insbesondere die wettbewerbs- und die binnenmarktrechtlichen Bestimmungen ungeachtet des (öffentlich- oder privatrechtlichen) Status eines Unternehmens"[20].

Auch die Stellungnahmen und Schreiben der Europäischen Kommission im Wettbewerbsverfahren um die öffentlich-rechtlichen Kreditinstitute machen deutlich, dass es diese in der Praxis – entgegen politisch motivierten Verlautbarungen – gerade nicht den Mitgliedstaaten überlässt, Dienstleistungen im gemeinwirtschaftlichen Interesse zu bestimmen.

Die Europäische Kommission versteht unter Dienstleistungen von allgemeinem wirtschaftlichem Interesse *nicht wirtschaftliche* Tätigkeiten und Förderaufgaben, die im Ergebnis ohne Aussicht auf Gewinnerzielung wahrgenommen werden. Es handelt sich – wie die Europäische Kommission in

---

[20] Mitteilung der Kommission v. 20. September 2000 zu Leistungen der Daseinsvorsorge in Europa, KOM (2000) 580 endg., Ziff. 21.

dem Schreiben zu den zweckdienlichen Maßnahmen ausdrücklich feststellt – um Tätigkeiten, die Private nicht wirtschaftlich durchführen würden[21]. So scheint die Kommission etwa im Bereich der Mittelstandsfinanzierung vornehmlich die Umsetzung von bei der EU notifizierten Förderprogrammen als gemeinwirtschaftliche Aufgabe anzuerkennen, sodass das breite Engagement der Sparkassen und Landesbanken insgesamt bei der Mittelstandsfinanzierung kaum Anerkennung gefunden hätte.

Wie sich dieser Grundansatz im Bankensektor konkret niederschlägt, lässt sich bereits dem Kommissionsbericht vom Juni 1998 entnehmen[22]. Im dritten Berichtsteil werden dort die Ergebnisse der Befragung der Mitgliedstaaten ausgewertet, wobei die Europäische Kommission insbesondere feststellt, dass lediglich in Deutschland und Österreich eine Sparkassenorganisation bestehe, die mit der flächendeckenden Bereitstellung einer grundlegenden Finanzinfrastruktur als Dienstleistung von allgemeinem wirtschaftlichem Interesse betraut ist. Die beihilferechtliche Relevanz dieser Strukturen müsse fallweise im Lichte von Art. 86 Abs. 2 EG-Vertrag geprüft werden. Im Übrigen empfiehlt die Europäische Kommission, diese Dienstleistungen einem Anbieterwettbewerb zu überlassen und sie nach den Regelungen über die Vergabe öffentlicher Aufträge an verschiedene Dienstleister fallweise zu vergeben. Auf diese Weise könne jede mögliche wettbewerbswidrige Beihilfe ausgeschlossen werden. Sichergestellt werden müsse in jedem Fall, dass es zu keiner „Quersubventionierung" komme, indem staatliche Unterstützungen lediglich kommerziellen Tätigkeiten des gleichen Unternehmens zugute kämen. Um dies zu gewährleisten, sollten mindestens getrennte Rechnungssysteme in den betreffenden Unternehmen geführt werden, besser sei indes eine vollständige Beschränkung der Unternehmen auf die Erbringung der Dienstleistungen von allgemeinem wirtschaftlichem Interesse bei gleichzeitigem Ausschluss jedweder kommerzieller Tätigkeit.

Diese einem bestimmten ordnungspolitischen Leitbild folgende Betrachtungsweise der Dienstleistungen von allgemeinem wirtschaftlichem Interesse lässt sich nicht zur Deckung bringen mit dem öffentlichen Auftrag von Sparkassen und Landesbanken, die die flächendeckende Versorgung der Bevölkerung von Finanzdienstleistungen im Wettbewerb wahrnehmen und zur Erfüllung dieses öffentlichen Auftrags auf die Erzielung von Gewinnen angewiesen sind.

Der Ansatz der Europäischen Kommission hätte unmittelbar in den Anwendungsbereich der Transparenzrichtlinie geführt und damit eine ständige Überwachung der Institute und fortlaufenden Streit über die Verhältnismä-

---

[21] Vgl. Beschluss der Europäischen Kommission v. 8. Mai 2001, S. 5, 7, 8.
[22] Siehe Fn. 4.

ßigkeit staatlicher Vorteile gegenüber den mit der Erbringung der gemeinwirtschaftlichen Leistung unbedingt erforderlichen Kosten provoziert.

Legt man die Lösung zugrunde, die am 1. März 2002 für die selbstständigen staatlichen Förderinstitute vereinbart wurde, wäre eine nicht praktikable Aufspaltung in einen jeweils rechtlich selbstständigen Förderteil und einen Wettbewerbsteil die Folge gewesen. Für die Sparkassen und Landesbanken kam ein solcher Weg angesichts der von den Förderinstituten abweichenden geschäftspolitischen Ausrichtung nicht in Betracht.

Auch an dieser Stelle sei erneut darauf verwiesen, dass ein Weg über eine Rechtfertigung nach Art. 86 Abs. 2 EG-Vertrag zu einem Auseinanderbrechen des Finanzverbundes der Sparkassen-Finanzgruppe aus Sparkassen, Landesbanken und Verbundunternehmen geführt hätte. Es ist undenkbar, dass Sparkassen ihre Beteiligungen an Landesbanken in der bestehenden Form hätten aufrecht erhalten dürfen, genauso wenig wie eine gegenseitige Haftung von Sparkassen für Landesbanken und damit mittelbar ein „Weiterreichen" der durch Anstaltslast und Gewährträgerhaftung vermeintlich bestehenden Begünstigungen an die Landesbanken aus Sicht der Europäischen Kommission zulässig gewesen wäre.

II. Materielle und prozedurale Erfahrungen am Beispiel der gesetzlichen Regelung zur Anstaltslast

Nachfolgend soll am Beispiel der Regelung zur gesetzlichen Ausgestaltung der Anstaltslast erläutert werden, wie der Prozess der Umsetzung der Verständigung unter permanenter Einflussnahme der Europäischen Kommission konkret ausgesehen hat.

Die „Verständigung über Anstaltslast und Gewährträgerhaftung" zwischen der Europäischen Kommission und der deutschen Seite sieht im Wesentlichen die Abschaffung der Gewährträgerhaftung sowie die Ersetzung der Anstaltslast nach einer Übergangszeit vor.

1. Bestehende Rechtslage

Die seit langem gewohnheitsrechtlich anerkannte Anstaltslast ist nach bisheriger Rechtslage nicht in allen Sparkassen- und Landesbankgesetzen ausdrücklich geregelt. Dort, wo dies geschehen ist, wird sie wie folgt definiert:

„Der Gewährträger stellt sicher, dass die Sparkasse/Landesbank ihre Aufgaben erfüllen kann (Anstaltslast)."

2. Ziffer 2.2 der Verständigung vom 17. Juli 2001

Die in dieser Weise normativ ausgestaltete Anstaltslast, die die Wettbewerbsenquete des Bundestages im Jahre 1965 definiert hat als die Verpflichtung der Errichtungskörperschaft, die „wirtschaftliche Basis der Anstalt zu sichern, die Anstalt für die Dauer ihres Bestehens funktionsfähig zu halten und etwaige finanzielle Lücken (Unterbilanz) durch Zuschüsse oder auf andere geeignete Weise auszugleichen"[23], soll nach der Verständigung ersetzt werden durch eine normale wirtschaftliche Eigentümerbeziehung gemäß marktwirtschaftlichen Grundsätzen. Entscheidend ist, dass jegliche Verpflichtung zur Zurverfügungstellung von Mitteln ausgeschlossen ist.

„Anstaltslast, so wie sie derzeit besteht, wird ersetzt gemäß den folgenden Grundsätzen:

a) Die finanzielle Beziehung zwischen dem öffentlichen Eigner und dem öffentlichen Kreditinstitut darf sich nicht von einer normalen wirtschaftlichen Eigentümerbeziehung gemäß marktwirtschaftlichen Grundsätzen unterscheiden, so wie der zwischen einem privaten Anteilseigner und einem Unternehmen in einer Gesellschaftsform mit beschränkter Haftung ..."

3. Vorschlag der Bundesregierung gegenüber der Europäischen Kommission zur Umsetzung der Verständigung

Die deutsche Seite hat der Europäischen Kommission zur Umsetzung dieser Grundsätze nach Billigung in der Arbeitsgruppe unter Leitung des Bundesfinanz-Staatsekretär *Koch-Weser* und des Baden-Württembergischen Finanzministers *Stratthaus* folgende Formulierung vorgeschlagen:

„Der Träger unterstützt die Sparkasse/Landesbank bei der Erfüllung ihrer Aufgaben. Er stellt der Sparkasse/Landesbank die notwendigen Mittel nach kaufmännischen Grundsätzen zur Verfügung."

4. Ergebnis der Besprechung mit Kommissionsbeamten im November 2001

„Der Träger unterstützt die Sparkasse/Landesbank bei der Erfüllung ihrer Aufgaben. Soweit er der Sparkasse/Landesbank Mittel zur Verfügung stellt, erfolgt dies (nur) nach kaufmännischen Grundsätzen."

---

[23] BT-Drs. V/3500, 47.

Im November 2001 forderte die Europäische Kommission zunächst die Streichung des Satzes 1 und insbesondere des Begriffs „unterstützt" als Beschreibung des alten Rechtszustandes. Die Beamten befürchteten, dass mit der Formulierung eine Möglichkeit geschaffen werde, dem Institut zur Wahrnehmung von Aufgaben Mittel zuzuführen, die nicht nach marktwirtschaftlichen Kategorien wahrgenommen würden.

Die deutsche Seite hat diesbezüglich klargestellt, dass die Zuführung von Mitteln ausschließlich in Satz 2 der Bestimmung geregelt sei (Spezialregelung). Die allgemeine Unterstützung in Satz 1 umschreibt die Verbundenheit des Trägers mit dem jeweiligen Institut und normiert das Bekenntnis, die Aufgabenerfüllung des Instituts zu unterstützen. Auch Gesellschafter einer privatrechtlichen Unternehmensform müssen ihr Verhalten am Unternehmenszweck orientieren.

Letztlich erklärten sich die Kommissionsbeamten mit Satz 1 einverstanden.

Trotz gewisser Differenzen wurde auch der Begriff der „kaufmännischen Grundsätze" als in der deutschen Rechtssprache übliche Begrifflichkeit akzeptiert. Auf die Argumentation der deutschen Seite, dass der von der Europäischen Kommission geforderte Begriff der „marktwirtschaftlichen Grundsätze" erheblichen Bedenken unterliege, hatte die Europäische Kommission zunächst nicht reagiert.

5. Vorschlag der Europäischen Kommission vom Januar 2002

Nachdem damit eine Lösung gefunden zu sein schien, legte die Kommission mit Schreiben vom Januar 2002 überraschend nachfolgende Formulierung vor:

„Der Träger unterstützt die Sparkasse/Landesbank bei der Erfüllung ihrer Aufgaben nach Maßgabe der folgenden Grundsätze. Eine Verpflichtung des Trägers zur oder ein Anspruch der Sparkasse/Landesbank gegen den Träger auf Zurverfügungstellung von Mitteln besteht nicht. Soweit der Träger der Sparkasse/Landesbank Mittel zur Verfügung stellt, erfolgt dies nur wie bei einer normalen wirtschaftlichen Eigentümerbeziehung unter Beihilfeaufsicht."

Bei einer derartigen Regelung würde jede Mittelzuführung an die Institute unter direkte Aufsicht der Wettbewerbsdirektion gestellt. Eine solche Regelung beinhaltet eine Schlechterstellung gegenüber privatrechtlichen Rechtsformen, in deren Rechtsgrundlagen eine vergleichbare Bestimmung nicht vorhanden ist. Mit der Verständigung vom 17. 07. 2001 ist dagegen klargestellt, dass öffentlich-rechtliche Kreditinstitute gegenüber privaten Banken weder bevorzugt noch benachteiligt werden dürfen. Eine solche Regelung ist zudem rechtlich unzulässig, weil dem nationalen Gesetzgeber die Kompetenz fehlt, über das „höherrangige" EU-Recht zu disponieren. Der (Anwendungs-)Vorrang des Gemeinschaftsrechts besteht unabhängig von derartigen ausdrücklichen Festlegungen.

Materiell ging dieser Vorschlag über das in der Verständigung vereinbarte Ziel sowie den erhobenen Beihilfevorwurf hinaus. Der Beihilfevorwurf der Europäischen Kommission mit Blick auf die Anstaltslast bestand darin, dass ein Automatismus zur Zurverfügungstellung von Mitteln bestehe. Ein solcher Automatismus ist durch den Satz 2, der eine Verpflichtung des Trägers zur Zurverfügungstellung von Mitteln ausschließt, verhindert.

6. Schlussfolgerungen vom 28. Februar 2002

Die Anstaltslast wird ersetzt durch die folgenden Bestimmungen:

„Der Träger unterstützt die Sparkasse/Landesbank bei der Erfüllung ihrer Aufgaben nach Maßgabe der folgenden Grundsätze/Bestimmungen. Eine Verpflichtung des Trägers zur oder ein Anspruch der Sparkasse/Landesbank gegen den Träger auf Zurverfügungstellung von Mitteln besteht nicht."

7. Vorschlag des DSGV zur Umsetzung der Schlussfolgerungen

„Der Träger unterstützt die Sparkasse/Landesbank bei der Erfüllung ihrer Aufgaben mit der Maßgabe, dass ein Anspruch der Sparkasse/Landesbank gegen den Träger oder eine sonstige Verpflichtung des Trägers, der Sparkasse/Landesbank Mittel zur Verfügung zu stellen, nicht besteht."

8. Weitere Beispiele

Neben der aufgezeigten Diskussion um die Formulierung zur Anstaltslast ließen sich weitere Beispiele auch bei der Ausgestaltung der Gewährträgerhaftung oder der Insolvenzfähigkeit der Institute nennen. So ist in der Verständigung vereinbart worden, dass die bestehende Gewährträgerhaftung aufgehoben wird. Die deutsche Seite hatte vorgeschlagen, dass diese Abschaffung der Gewährträgerhaftung nicht lediglich durch Aufhebung der entsprechenden Vorschriften vorgenommen wird, sondern als weiterbestehende Haftungsmasse das Vermögen des jeweiligen Instituts benannt wird. Die Formulierung lautete:

„Die Sparkasse/Landesbank haftet für ihre Verbindlichkeiten mit ihrem gesamten Vermögen."

Auch hier intervenierte die Europäische Kommission und forderte eine ausdrückliche Klarstellung, dass eine weitergehende Haftung des Trägers aus seiner Stellung als Träger des Instituts heraus nicht besteht.

Vergleichbares gilt für die Regelung der Verständigung, derzufolge bei Landesbanken und Sparkassen in Zukunft die Insolvenzfähigkeit gegeben sein soll. Soweit in einigen Bundesländern derzeit auf Grundlage der entsprechenden bundesgesetzlichen Grundlage in § 12 Abs. 1 InsO die Insolvenzfähigkeit von Sparkassen und Landesbanken ausgeschlossen ist, wurde der Europäischen Kommission zugesagt, diese Vorschriften aufzuheben. Nichtsdestotrotz forderte die Europäische Kommission lange auch eine Änderung der Ermächtigungsnorm in § 12 Abs. 1 InsO selbst, um für die Zukunft eine Anwendung der Ermächtigungsklausel auf Landesebene auszuschließen.

III. Schlussfolgerungen

Die Liste der aufgezeigten Beispiele, die sich beliebig erweitern ließe, verdeutlicht Folgendes:

Entgegen allgemeinen politischen Verlautbarungen überlässt die Europäische Kommission den Mitgliedstaaten nicht die konkrete Ausgestaltung nationaler gesetzlicher Regelungen. Hinter dem Anspruch einer effektiven Beihilfekontrolle verschafft sie sich durch extensive Auslegung einen Regelungs- und Prüfungsanspruch bis hinein in einzelne gesetzliche Formulierungen von Sparkassen- und Landesbankgesetzen.

Ohne dass die Notwendigkeit einer wirksamen europäischen Wettbewerbs- und Beihilfenkontrolle in Frage gestellt werden soll, zeigen die dargestellten Beispiele eine unverkennbare Tendenz zur Schaffung von Präjudizien, die genutzt werden, um weitergehende Forderungen zu erheben. Dies wird empfunden als Verwirklichung eigener ordnungspolitischer Vorstellungen.

Hinzu kommt im Bereich der Finanzdienstleistungen, dass es sich um einen Sektor handelt, der aufgrund der erheblichen materiellen Auswirkungen äußerst sensibel auf Veränderungen der normativen Grundlagen reagiert. Insofern bestand hier – möglicherweise im Gegensatz zu sonstigen Bereichen der Daseinsvorsorge allgemein – eine besondere Situation in der erhöhten „Erpressbarkeit" aufgrund der gegebenen ökonomischen Umstände.

Dritter Abschnitt

Europarechtliche Leitbilder für Regelungskompetenz und Aufgabendurchführung

Roberto Hayder

Philosophie der Governance*

I. Einleitung und Vorgeschichte

Der Rücktritt der vorherigen Kommission unter Präsident *Jacques Santer* war eine Zäsur in der nunmehr fast fünfzigjährigen Geschichte dieser Institution. Sein Nachfolger *Romano Prodi* wurde von den Staats- und Regierungschefs der 15 Mitgliedstaaten Mitte 1999 ernannt. Als er nach Brüssel kam, fand er einen Verwaltungskörper mit rund 16.000 Mitarbeitern vor, dessen Moral darniederlag. Von daher war es folgerichtig, nicht nur die interne Funktionsweise der Kommission umfassend auf den Prüfstand zu stellen[1], sondern auch ihr Wirken in der Europäischen Union als „Hüterin der Verträge" und „Motor der europäischen Integration" einer kritischen Analyse zu unterziehen.

In einer Grundsatzrede vor dem Europäischen Parlament in Strasbourg führte Kommissionspräsident *Prodi* erstmals am 15. Februar 2000 aus, welche strategische Ziele sich sein Kollegium für die Amtszeit der Jahre 2000 bis 2005 vom Parlament gesetzt hat. Einer der Hauptpunkte war die Erarbeitung eines Weißbuchs „Governance" (zu Deutsch: „Europäisches Regieren – Ein Weißbuch"), das die Kommission am 25. Juli 2001, nach über einjähriger Vorarbeit, beschlossen hat[2].

II. Governance – Grundsätze guten Regierens

Die Kommission definiert den Begriff „Governance" als *Regeln, Verfahren und Verhaltensweisen, welche die Art und Weise, wie auf europäischer Ebene Befugnisse ausgeübt werden*, kennzeichnen. Diese „Regierungskunst", oder auch Handwerk des guten Regierens, beruht nach Ansicht der

---

* Der vorliegende Beitrag enthält die persönlichen Auffassungen des Autors und ist keine offizielle Stellungnahme der EU-Kommission.
[1] Für diese Aufgabe – Vereinfachung der internen Verfahrensabläufe, Verbesserung der Haushaltsmittelverwaltung und -kontrolle sowie ein neues Personalstatut mit einem neuen Laufbahnsystem – ist der Vizepräsident *Neil Kinnock* verantwortlich.
[2] KOM (2001) 428 endg., ABl. EG C 287 v. 12. 10. 2001, S. 1.

Kommission auf fünf Grundsätzen, an denen sich die Arbeitsweise aller Organe der Europäischen Union (Europäisches Parlament, Ministerrat, Kommission, Europäischer Gerichtshof und Rechnungshof) ausrichten sollte. Diese fünf Grundsätze sind: *Offenheit, Partizipation, Verantwortlichkeit, Effektivität und Kohärenz.*

Mit dem Weißbuch geht es der Kommission nicht in erster Linie darum, eine „Blaupause" für die künftige Vertragsarchitektur zu entwerfen (siehe dazu unten V.), sondern zunächst einmal darum, Verbesserungen der Funktionstüchtigkeit im Rahmen der bestehenden Vertragskompetenzen auszuloten. Beide Ansätze sind dabei nicht als Gegensätze zu betrachten. So notwendig und richtig es ist, insbesondere mit Blick auf die Erweiterung ein neues vertragliches Fundament zu schaffen, das über stabile Institutionen in einer Union mit 25 Mitgliedstaaten und mehr verfügt, so notwendig ist es auch zu überprüfen, wie die Arbeitsweise und Darstellung der Union bereits heute verbessert werden kann. Angesichts einer oft beklagten „Europamüdigkeit" der Bürger ist dies ein fast überfälliges Unternehmen.

Exkurs: Herkunft und Bedeutungswandel des Begriffes „Governance"

Ursprünglich stammt der Begriff aus der amerikanischen Wirtschaftswissenschaft: Bereits 1937 legte *Ronald Coase* in seinem Aufsatz „The Firm" dar, unter welchen Bedingungen Unternehmen entstehen und in welcher Wechselwirkung ihre internen Koordinierungsmodalitäten zu den Transaktionskosten des Marktes stehen. Diese Theorie ist in den 70er-Jahren (des vorigen Jahrhunderts) vertieft worden und in den einschlägig erscheinenden Arbeiten wurde Governance betriebswirtschaftlich definiert als die „Instrumente, die eine Firma einsetzt, um interne und externe Koordinierungsaufgaben effizient zu erfüllen".

Ende der 80er-Jahre wird dieser Begriff auch in der englischen Wirtschafts- und Verwaltungswissenschaft verwendet: Im Zuge der von der Regierung *Thatcher* vorgenommenen Reformen wurde die Macht lokaler Gebietskörperschaften eingeschränkt. Forscher, die sich mit diesen Reformen befassten, benutzten den Begriff „urban governance" als Abgrenzung zum Begriff „local government", der mit der vorherigen, durch Dezentralisierung geprägten Kommunalverwaltung assoziiert wurde.

In der Folge wird der Begriff „Governance" dann zunehmend auch in den internationalen Beziehungen verwendet: Unter „Good Governance" werden von internationalen Finanzinstitutionen (IWF, Weltbank) die Maßstäbe festgelegt, die eine gesunde öffentliche Verwaltung erfüllen muss, um an Strukturwandelprogrammen teilzunehmen. Hier werden unter dem Begriff „Good Governance" die für den Erfolg der wirtschaftlichen Programme als notwendig angesehenen Reformen verstanden.

Generell wird Governance heute als Rahmenbegriff für die Entwicklung von Regierungs- und Verwaltungsprozessen verwendet. Dabei werden grob *zwei Richtlinien* unterschieden: Bei ersterer wird Governance nur unter dem Gesichtspunkt der verschiedenen *Zusammenarbeitsformen* gesehen, die zu einer besseren Effizienz der öffentlichen Hand führen. Der zweite Ansatz dagegen ist breiter angelegt und fragt auch nach den sich wandelnden *Machtverhältnissen*, die hinter einem als notwendig angesehenen Wandel stehen.

Für den deutschen Sprachgebrauch war es nicht einfach, eine adäquate und gleichwohl treffende Übersetzung zu finden. Es wurde schließlich auf „*Europäisches Regieren*" zurückgegriffen. Am nächsten kommt dem Begriff „Governance" aber wohl die Wortschöpfung „Gutes Regieren" oder „Gutes Regierungshandeln".

III. Die Vorschläge der Kommission

Den eigentlichen Kern des Weißbuchs bildet der Abschnitt mit den „Vorschlägen für einen Wandel". Darin widmet sich die Kommission vier ausgewählten Themenbereichen, auf die die oben beschriebenen, abstrakten Grundsätze konkret Anwendung finden sollen („Bessere Einbindung aller Akteure und größere Offenheit", „Eine bessere Politik, bessere Regeln und bessere Ergebnisse", „Global Governance"[3] und „Neuausrichtung der Institutionen"). Bei alledem versäumt es die Kommission nicht, auch die Bedeutung der Grundsätze der Subsidiarität und Verhältnismäßigkeit zu betonen. Gerade die Kommission hat diesbezüglich seit Mitte der 80er-Jahre einen bemerkenswerten Lernprozess durchgemacht, und diese vor allem für die Mitgliedstaaten mit einem föderalen Aufbau wie der Bundesrepublik Deutschland ganz wesentliche „Selbstbeschränkung" der Union zu einem ihrer Leitgedanken gemacht. Das „Drängen" der Mitgliedstaaten koinzidiert dabei mit dem Eigeninteresse der Kommission; sie hat erkannt, dass sie mittel- und langfristig ihr politisches Gewicht durch eine Konzentration der Aufgaben besser einbringen kann.

1. Verbesserte Konsultationen

Ein wichtiges Anliegen der Kommission unter dem Gesichtspunkt der Grundsätze der Offenheit und Partizipation ist, die Transparenz ihrer Arbeit

---

[3] Auf eine gesonderte Erörterung des Themas „Global Governance", betreffend eine bessere Vertretung der Union auf internationaler Ebene, wird hier verzichtet.

zu erhöhen. Die Kommission möchte hierzu die Öffentlichkeitsarbeit, aber auch den Zugang der Öffentlichkeit zu Informationen verbessern.

a) Internetnutzung

Die Kommission will die gemeinsame Website EUROPA[4] der EU-Organe zu einer interaktiven Plattform für „Information, Feedback und Debatten" entwickeln. Somit werden EU-Bürger durch einen einheitlichen Internet-Zugriff Zugang zu einem EU-weiten Meinungsaustausch haben. Das EUR-LEX-Portal, das bereits Zugriff auf verabschiedete Rechtsvorschriften bietet, soll im Jahr 2002 zu einem in allen Gemeinschaftssprachen zugänglichen Online-Portal werden, in dem Rechtsetzungsvorschläge in ihrer Entwicklung während des gesamten Entscheidungsprozesses verfolgt werden können. Auch die verschiedenen Phasen des Mitentscheidungsverfahrens einschließlich der abschließenden Vermittlungsphase sollen darin einbezogen werden. Für ein Feedback zum Weißbuch „Governance" und der Arbeit des „Verfassungskonvents" sind Internet-Portale auf der Webseite EUROPA eingerichtet bzw. im Aufbau, um jedermann zu ermöglichen, seine Diskussionsbeiträge unmittelbar der Kommission zukommen zu lassen.

b)   Stärkere Einbeziehung der Regionen und Gemeinden

Die Kommission würdigt in ihrem Weißbuch die gewachsene Rolle der Regionen (in Deutschland der Länder, die in den Stadtstaaten eine Doppelfunktion haben), Städte und Gemeinden für die Durchsetzung der EU-Politiken. In dem Mehrstufen-Modell der verschiedenen „Regierungs-Ebenen" nehmen sie die unteren Stufen ein.

Dort aber werden EU-Politiken im Alltag wirksam: Das Spektrum reicht von der Landwirtschafts-, über die Struktur- bis hin zur Umweltpolitik. Die Kommission zeigt sich auch sensibel für die aus den Regionen häufig geäußerte Kritik der Praxisferne, die sich darin ausdrückt, dass Regelungen als entweder zu detailliert oder zu wenig auf die konkreten Gegebenheiten vor Ort zugeschnitten seien.

Die Kommission schlägt vor, in dreierlei Hinsicht durch partnerschaftliche Beziehungen zwischen den verschiedenen „Regierungs-Ebenen" unter Einschluss der (Zentral-)Regierungen der Mitgliedstaaten Abhilfe zu schaffen:

- Die Kommission will einen systematischen Dialog mit den europäischen und nationalen Verbänden der Regional- und Kommunalbehörden führen; sie regt auch einen intensiveren vertikalen und horizontalen Personalaustausch an.

---

[4] *www.europa.eu.int.* Dort finden sich auch Links zu „Europäisches Regieren", dem „Konvent" und dem „Forum".

- Die Kommission beabsichtigt, darauf zu achten, dass bei der Umsetzung von Rechtsvorschriften und Programmen mit starken „territorialen Auswirkungen", d. h. wenn es auf die spezifische Anwendung der Vorschriften „vor Ort" ankommt, den Rechtsanwendern mehr „Bewegungsfreiheit" eingeräumt wird, wobei dies allerdings nicht auf Kosten der Rechtseinheit gehen dürfe; neu ist in diesem Zusammenhang der Vorschlag, *dreiseitige Verwaltungsvereinbarungen* zwischen der Kommission, dem Mitgliedstaat und seinen Gebietskörperschaften zu testen.
- Die Gesamtkohärenz der Politiken, die für die Regionen und Städte von unmittelbarer Bedeutung sind, soll bei der Formulierung von sektorspezifischen Vorschlägen erhöht werden. Dies bedeutet, dass etwa Aspekte der Raumordnung und des Umweltschutzes zu beachten sind, wenn Maßnahmen im Bereich der Verkehrspolitik geplant werden. Die Kommission lädt in diesem Zusammenhang den Ausschuss der Regionen ein, eine aktive Rolle in den Bereichen seiner Zuständigkeiten zu spielen, etwa durch vorbereitende Berichte.

In den letzten Jahren ist der politische Druck auf die Kommission gestiegen, die Durchführung von gemeinschaftlichen Politiken weiter zu dezentralisieren. Hier stellt sich die Frage, inwieweit Regionen und Städten mehr Verantwortung für die Anwendung des Gemeinschaftsrechts übertragen werden und dabei gleichzeitig die Einheitlichkeit der Anwendung gewahrt werden kann. Dabei sollte sich die Beteiligung der Regionen und Gemeinden nicht auf die Durchführung von beschlossenen Rechtsakten beschränken: Schon im Vorfeld, bei der Formulierung der entsprechenden Rechtsetzungsvorschläge, empfiehlt sich eine stärkere Einbindung, um divergierende Interessen besser in Einklang bringen zu können.

c) Die „Offene Methode der Koordinierung"

Die so genannte „Offene Methode der Koordinierung" von Aktionen auf Gemeinschaftsebene geht auf den Europäischen Rat von Lissabon am 23./24. März 2000 zurück[5] und findet Anwendung auf Handlungsfeldern, die nicht – oder noch nicht – der Gemeinschaftsmethode (siehe hierzu unten V.) unterliegen. Sofern Zuständigkeiten für gesetzgeberische Initiativen bei den Mitgliedstaaten liegen und die Europäische Union entweder nur eine koordinierende Funktion übertragen bekommen hat (z. B. im Bereich der Beschäftigungsförderung gemäß Artikel 125 ff. EG-Vertrag[6]) bzw. die Zu-

---

[5] Wobei die eigentlichen Anfänge dieser Methode auf den außerordentlichen Europäischen Rat von Luxemburg im November 1997 (den so genannten „Beschäftigungsgipfel") zurückgehen.
[6] Siehe etwa die Mitteilung der Kommission „Die Beschäftigung vor Ort fördern – Eine lokale Dimension für die europäische Beschäftigungsstrategie", KOM (2000) 196 endg. v. 04. 07. 2000.

sammenarbeit intergouvernemental in der so genannten „dritten Säule" organisiert ist (bis zum Vertrag von Amsterdam noch die Asyl- und Einwanderungspolitik, nunmehr aber im Titel IV des EG-Vertrages geregelt[7]).

Der Ansatz der „Offenen Methode der Koordinierung" ist dabei nicht der Versuch, der EU auf diesem Wege neue Zuständigkeiten zu erschließen. Im Gegenteil: Unter Wahrung der bestehenden Zuständigkeiten und ganz im Sinne der Anwendung des Subsidiaritätsprinzips soll ein Prozess der *Konvergenz der nationalen Politiken und Aktionen* ermöglicht werden. Der Zweck dieser Methode ist, gemeinschaftlich und im Konsens definierte Politikziele durch Aktivitäten auf der jeweils zuständigen Handlungsebene bestmöglich zu erreichen.

Die „Offene Methode der Koordinierung" stützt sich dabei auf folgende *Elemente*:

- Die Mitgliedstaaten definieren kurz-, mittel- und langfristige Orientierungsleitlinien, die mit entsprechenden „Realisierungszeitplänen" versehen werden.
- Es werden quantitative und qualitative Erfolgsindikatoren festgelegt, die den jeweiligen nationalen bzw. regionalen sowie sektorspezifischen Bedürfnissen angepasst sind (es werden also nicht alle „über einen Kamm geschoren"), um beste Praktiken abgleichen zu können.
- Die gemeinschaftlichen (juristisch nicht verbindlichen) Orientierungsleitlinien werden auf der nationalen und regionalen Ebene entsprechend „heruntergekliniert", wie z. B. bei den „Nationalen Aktionsplänen" (NAP) für die Beschäftigungsförderung.
- Eine Rückkopplung erfolgt durch (freiwillig vereinbarte) Berichtspflichten, die zusammen mit einer entsprechenden Evaluierung den Mitgliedstaaten die Möglichkeit eröffnen soll, voneinander „zu lernen".

Die Rolle der Kommission beschränkt sich in diesem Prozess auf die Zurverfügungstellung von Expertisen in Form von Vorschlägen für die Orientierungsleitlinien und Erfolgsindikatoren sowie der Zusammenführung und Evaluierung der Ergebnisse. Die Kommission dirigiert oder delegiert hier nicht, sondern sie *unterstützt* und *dient* lediglich, und zwar den von den Mitgliedstaaten definierten Zielvorgaben.

d) Einbeziehung der „Zivilgesellschaft"

Mit dem heute oft verwendeten Modewort „Zivilgesellschaft" ist nichts anderes gemeint als die Organisationen und Einrichtungen des öffentlichen und gesellschaftlichen Lebens. Die Kommission nennt die wichtigsten im Weißbuch beim Namen: Kirchen und Religionsgemeinschaften, Nichtregie-

---

[7] Siehe die Mitteilung der Kommission über eine „Offene Methode der Koordinierung der europäischen Einwanderungspolitik", KOM (2001) 387 endg. v. 11. 07. 2001.

rungsorganisationen (vom Roten Kreuz über Verbraucherverbände bis hin zu nichtstaatlichen Entwicklungshilfe-Organisationen), Gewerkschaften und Arbeitgeberverbände etc.[8]

Die Zahl der in Brüssel ansässigen Interessenvertreter ist beständig gewachsen und kaum noch überschaubar. Allein Licht in dieses Dickicht zu bringen, ist eine lohnenswerte Aufgabe, welche die Kommission mithilfe einer *Online-Datenbank* lösen will.

Auch im Hinblick auf die Vielzahl der an Rechtsetzungs- und Programmvorschlägen interessierten „Lobbyisten" aller Schattierungen[9] will sich die Kommission um eine verstärkte Konsultations- und Dialogkultur bemühen. Damit es auch insoweit keine Missverständnisse gibt: Die vertraglichen Entscheidungskompetenzen und ihre Verteilung bleiben hiervon unberührt. Es geht vielmehr darum, Prozesse, die auch heute schon auf die Entscheidungsfindung (das so genannte „decision-shaping" und „decision-making") einwirken, aber häufig verdeckt oder auch nur ungeordnet ablaufen, zu kanalisieren und transparent zu machen, um allen Interessierten eine faire Chance zu geben, ihr „Lobbying zu betreiben". Beispiele hierfür gibt es genug, insbesondere die skandinavischen Mitgliedstaaten verfügen diesbezüglich über hohe Standards, von denen die Union nur „lernen" kann.

Konkret will die Kommission verstärkt von *öffentlichen Anhörungen* Gebrauch machen. Weiterhin will sie ein *Verzeichnis* aller bestehenden sektorspezifischen Ad-hoc-Konsultationsgremien (immerhin rund 700 informelle Beratergruppen) aufstellen. Von großer Bedeutung für die praktische Arbeit der Interessenvertreter wird auch ein geplanter *Verhaltenskodex* für die Dienststellen der Kommission sein, indem Mindeststandards für Konsultationen, die in Programm- oder Rechtsetzungsvorschläge münden, aufgestellt werden. In ausgewählten Bereichen will die Kommission dann über solche Mindeststandards hinausgehende *Konsultations-Partnerschaften* bilden, wenn eine intensive Beteiligung von gesellschaftlichen Einrichtungen wünschenswert ist (z. B. Wohlfahrtsverbände im Bereich der Nothilfe).

Schließlich will die Kommission die horizontale „Vernetzung" der europäischen Öffentlichkeit untereinander fördern. Ein gutes Beispiel hierfür ist der „autofreie Tag" am 22. September, zu dem rund 800 Städte in 22 Ländern auf freiwilliger Basis aufgerufen haben.

---

[8] Die Kommission verweist auf eine detaillierte Definition der organisierten Zivilgesellschaft in der Stellungnahme des Wirtschafts- und Sozialausschusses zum Thema „Die Rolle und der Beitrag der organisierten Zivilgesellschaft zum europäischen Einigungswerk", ABl. EG C 329 v. 17. 11. 1999, S. 30.

[9] Der Begriff „Lobbyist" ist hier wertneutral und nicht abschätzig verwendet und steht für Interessenvertretung allgemein, ganz gleich, welche Anliegen im Einzelfall vertreten oder verfolgt werden, keinesfalls also nur Wirtschaftsinteressen, wie manchmal unterstellt.

2. Bessere Gesetzgebung

Ein weiterer Kernbereich, in dem die Kommission einerseits zunächst einmal „vor der eigenen Haustür" kehren will, aber wiederum auch das für den Erfolg der Union unerlässliche Zusammenwirken aller beteiligten Ebenen anmahnt, ist die Qualität der Gesetzgebung[10]. Die Kommission hat hier erheblichen Handlungsbedarf ausgemacht. Zum einen gibt es bereits Initiativen auf diesem Gebiet, z. B. im Rahmen der OECD, denen sich auch eine Reihe von Mitgliedstaaten verschrieben haben. Zum anderen ist die Kritik an der „Detailversessenheit" von EU-Richtlinien und die zum Teil schlicht unverständliche „Technokraten-Sprache" in den Rechtstexten notorisch. Ein weiterer Umstand, der die Handlungsnotwendigkeit begründet, ist aber auch der sich immer schneller entwickelnde Technologie- und Wirtschaftskreislauf: Eine Union, die sich zum Ziel gesetzt hat, bis zum Jahre 2010 zu einem der dynamischsten Wirtschaftsräume zu werden und im weltweiten Wettbewerb bestehen will, braucht einen dazu passenden, d. h. zügigen und effizienten Gesetzgebungsmechanismus.

Aber auch hier setzt die Kommission für die nähere Zukunft und damit im Sinne einer schnellen Realisierbarkeit überwiegend auf Methoden, die sich im bestehenden Gefüge der Rechtsetzungszuständigkeiten bewegen.

a) Gesetzgebungstechniken

Die Kommission schlägt einen „Sieben-Punkte-Plan" vor, der die Rechtsetzungsmaschine leichter handhabbar und wendiger machen soll:

- Eine noch sorgfältigere Prüfung, ganz im Sinne des Subsidiaritätsprinzips, soll zunächst die Frage klären, ob überhaupt ein *Regelungsbedarf* besteht.
- Im Sinne des Verhältnismäßigkeitsprinzips ist dann der Frage nachzugehen, ob es förmlicher Regelungen bedarf oder ob das angestrebte Ergebnis nicht durch *„mildere Mittel"*, z. B. durch Empfehlungen oder Selbstverpflichtungen (etwa von betroffenen Wirtschaftsverbänden) erreicht werden kann.
- Soll es zu förmlichen Rechtsnormen kommen, ist dann die Frage des geeigneten *Rechtsetzungsinstrumentes* und seiner Ausgestaltung zu prüfen. In der Praxis geht es hier um die Wahl zwischen der unmittelbar anwendbaren Verordnung bzw. der umsetzungsbedürftigen Richtlinie sowie darum, inwieweit *Rahmenregelungen* genügen, die im Wege von Durchführungsbestimmungen (in der Regel im so genannten Komitologieverfahren) ausgefüllt werden.

---

[10] Auch unter den englischen Begriffen des „better law-making" oder better-regulation" bekannt.

- Ein neuartiges Rechtsetzungsmodell avisiert die Kommission mit dem Konzept der so genannten Koregulierung, bei dem bindende Rechtsnormen des Gemeinschaftsgesetzgebers den Rahmen abstecken sollen und je nach Sektor mit selbstbindenden Handlungsverpflichtungen der privatwirtschaftlichen Wirtschaftsteilnehmer kombiniert werden.
- Die Herausbildung einer „Evaluierungs- und Feedback-Kultur" ist ein weiterer Punkt des Sieben-Punkte-Programms[11]. Ab dem Beginn der Überlegungen für neue *Rechtsetzungsvorschläge* und Programme soll die *Rechtsfolgenabschätzung* begleitend erfolgen und korrigierend eingreifen, um den gewünschten Erfolg einer Maßnahme zu sichern. Diese Evaluierungsinformationen und -dokumente sollen frei zugänglich sein. Am Ende der Kette von Rechtsetzung in „Brüssel" und Rechtsanwendung in den Mitgliedstaaten bedarf es aber auch der Überprüfung und Rückmeldung über den Anwendungserfolg, gerade in einer erweiterten Union. Auch hierfür will die Kommission Sorge tragen.
- Eine *Reduzierung und Beschleunigung der Rechtsetzungstätigkeit* will die Kommission durch eine striktere Prüfung ihrer Vorschläge anhand des Subsidiaritätsprinzips erreichen, indem sie ggf. solche zurückzieht. Das Europäische Parlament und den Rat fordert sie auf, das Rechtsetzungsverfahren so oft wie möglich zu verkürzen, indem z. B. auf eine zweite Lesung im Verfahren der Mitentscheidung verzichtet wird.
- Eingang in das gängige Repertoire der Handlungsalternativen findet nun auch die so genannte offene Koordinierungsmethode. Sie ist nach Ansicht der Kommission insbesondere in den Bereichen der Beschäftigungs-, Sozial- und Einwanderungspolitik anzuwenden (siehe oben III.1.c).

Die Kommission hat ihre Vorschläge auch in einem separaten Arbeitsdokument dem Europäischen Rat von Laeken im Dezember 2001 vorgelegt und einen konkreten *Aktionsplan für eine bessere Rechtsetzung* für Mitte 2002 in Aussicht gestellt. Neben den vorstehend genannten Punkten wird dabei auch eine substanzielle Vereinfachung des Gemeinschaftsrechts eine wesentliche Rolle spielen. Dazu gehören eine Reduzierung der Zahl der Rechtsakte, die Streichung überholter und überflüssiger Rechtsnormen und die Verweisung nicht wesentlicher Bestimmungen in Durchführungsmaßnahmen.

b) Flankierende Maßnahmen

Zwei wichtige flankierende Maßnahmen sind zum einen die Gründung von *Regulierungsagenturen*, die – der Kommission unterstellt – für die verwal-

---

[11] Siehe hierzu ausführlich: *Lange*, Gesetzesfolgenabschätzung auf der Ebene der Europäischen Union, ZG 2001, S. 268.

tungsmäßige Abwicklung von Programmen bzw. fachliche Vorbereitung von EU-Rechtsnormen zuständig sein sollen[12]. Zum Teil sollen diese auch die Befugnis für Einzelfallentscheidungen erhalten können[13].

Zum anderen will die Kommission einen aktiven Dialog mit den Mitgliedstaaten über die Probleme bei der Anwendung und Durchsetzung des Gemeinschaftsrechts führen. Ihrerseits will die Kommission bei der Verfolgung von möglichen Verletzungen des Gemeinschaftsrechts Prioritäten setzen und die entsprechenden Kriterien zugänglich machen sowie die gegenwärtigen Verwaltungsvorschriften für die Behandlung von Beschwerden kodifizieren.

IV. Deutsche Positionen zum Weißbuch Governance

Die Bundesrepublik Deutschland hat sich mit einer zwischen Bund und Ländern abgestimmten Stellungnahme vom 12. Dezember 2001 zum Weißbuch geäußert. Diese Stellungnahme ist deshalb als Positionsbestimmung der Bundesrepublik Deutschland anzusehen. Sie kann als *insgesamt konstruktiv-kritisch* bezeichnet werden.

Die Bundesrepublik begrüßt das Weißbuch grundsätzlich und auch seinen Ansatz, die Arbeitsweise der Kommission nach Möglichkeit im Rahmen der bestehenden Verträge zu verbessern, ohne dem „Post-Nizza-Prozess" vorzugreifen. Deutschland unterstützt daher auch das „Bestreben, sowohl mehr Transparenz und Bürgernähe als auch höhere Effektivität und Kohärenz bei der Umsetzung von Vorhaben der Union" zu erreichen.

Bund und Länder sind aber auch der Auffassung, dass eine bessere Verwaltungszusammenarbeit zwischen der EU und den Mitgliedstaaten allein nicht ausreicht, um das Vertrauen in die europäischen Institutionen „wieder zu stärken". Hierfür wird insbesondere eine *bessere Abgrenzung der Zuständigkeiten* als notwendig angesehen. Ein Anliegen, das insbesondere die deutschen Länder auf die europäische Tagesordnung gebracht haben.

Auch werden verbesserte Konsultationen, insbesondere mit einheitlichen Verfahrensnormen, sowie eine bessere Information der Bürger und der Öffentlichkeit zwar grundsätzlich begrüßt. Gleichzeitig wird aber auch gemahnt, dass die vielen Interessenvertreter der so genannten „Zivilgesell-

---

[12] Zurzeit liegen dem Europäischen Parlament und dem Rat Vorschläge für eine Europäische Lebensmittelbehörde, eine Agentur für die Sicherheit im Seeverkehr und eine Agentur für die Sicherheit im Luftverkehr vor.
[13] Zum Beispiel, um über die Zulassung von neuen pharmazeutischen Produkten für den Binnenmarkt in Anwendung der einschlägigen EG-Richtlinien zu entscheiden.

schaft", gleich aus welcher Richtung sie kommen, keine „eigenständige oder ergänzende demokratische Legitimation begründen" können. Allein das Europäische Parlament, der Rat und die Europäische Kommission seien direkt oder indirekt demokratisch legitimiert[14].

Mit Blick auf die heutige Tagung ist auch festzuhalten, dass in der Stellungnahme der Bundesrepublik auch auf die deutliche Unterscheidung im Weißbuch zwischen der „Zivilgesellschaft" einerseits und den Regionen und Kommunen andererseits hingewiesen wird. Die Regionen und Kommunen seien dem Gemeinwohl verpflichtet, ihre Vertreter verfügten über ein politisches Mandat und seien demokratisch legitimiert (soweit ist dies doch aus deutscher Perspektive abgeleitet). Es sei bedauerlich, dass die Regionen mit Gesetzgebungsbefugnis in Europa (konkret gesprochen also vor allem die deutschen Länder) im Weißbuch nicht gesondert erwähnt würden und für sie nicht ein besonderer Konsultationsprozess im Hinblick auf ihre Sachzuständigkeiten vorgesehen sei. Gefordert wird auch, den Ausschuss der Regionen stärker als bisher als „politischen Partner" wahrzunehmen[15].

Als Konzession an den Bund in der Stellungnahme muss allerdings die ablehnende Haltung gegenüber dreiseitigen Verwaltungsvereinbarungen angesehen werden, da diese „einen unzulässigen Eingriff in die Vollzugskompetenz der Mitgliedstaaten darstellen" würden[16].

Schließlich werden Bedenken gegen die Einrichtung weiterer europäischer Agenturen mit Entscheidungsbefugnissen unter dem Gesichtspunkt der „demokratischen Kontrolle und Transparenz" geltend gemacht. Die EU-Ebene dürfe grundsätzlich keine Verwaltungsaufgaben wahrnehmen, weder durch die Kommission noch durch Agenturen. Eine „Auslagerung" in Agenturen dürfe nur dort erfolgen, wo es um rein technische Entscheidungen ohne politische Dimension[17], wissenschaftliche Unterstützung[18] oder rechtlich sehr detailliert geregelte, fachlich besonders gelagerte Sachbereiche[19] gehe.

---

[14] In diesem Sinne auch die Stellungnahme der kommunalen Spitzenverbände Baden-Württembergs, Bayerns und Sachsens, ohne Datum.
[15] Der Deutsche Städte- und Gemeindebund spricht sich in seiner Stellungnahme vom November 2001 überdies für eine Klagebefugnis des Ausschusses der Regionen beim Europäischen Gerichtshof aus.
[16] Der Deutsche Städte- und Gemeindebund zeigt sich gegenüber diesem Vorschlag aufgeschlossener.
[17] Wie bei der Durchführung von Förderprogrammen.
[18] Genannt wird hier die Europäische Umweltagentur in Kopenhagen.
[19] Siehe die Arzneimittelagentur in London.

V. Das Weißbuch Governance und der Verfassungskonvent

Das Weißbuch „Governance" ist eines der zentralen Projekte von Kommissionspräsident *Prodi*. Ausgehend von dem eingangs erwähnten „Neubeginn", steht es für den Willen der Kommission, ihre integrationspolitische Rolle als Impulsgeberin wieder verstärkt wahrnehmen zu wollen. Dabei wäre es aber ein zu enger Blickwinkel, diese Initiative nur für sich allein zu betrachten. Sie muss vielmehr im Kontext der allgemeinen institutionellen Entwicklung der Europäischen Union gesehen werden. Hier sind die Vertragsrevisionen, die sich mit den Städtenamen Maastricht, Amsterdam und – zuletzt – Nizza verbinden, Marksteine und Wegweiser zugleich.

Die Regierungskonferenz von Nizza war eigentlich als „Bereinigungstreffen" für die so genannten „left-overs" (Überbleibsel), der unerledigten institutionellen Regeln, im Nachgang zu dem Vertrag von Amsterdam (1998), geplant. Die Neuverteilung der Stimmen im Ministerrat, der Sitze im Europäischen Parlament, die Besetzung der Kommission sowie eine Erweiterung der Mehrheitsabstimmungen im Ministerrat in einer größer werdenden Union waren die „harten" Themen, um die es in Nizza ging.

Die Ergebnisse des dort ausgehandelten Vertrages sollten die Machtbalance, vor allem innerhalb der Organe neu justieren (auch im Hinblick auf die Aufnahme neuer Mitgliedstaaten), ohne das institutionelle Gefüge insgesamt zu verändern.

Doch haben die Staats- und Regierungschefs der Mitgliedstaaten nicht versäumt, in Nizza über den Tag hinaus zu denken. Sie mögen bei ihren Überlegungen im Vorfeld des Gipfels wohl auch durch die Weißbuch-Initiative inspiriert worden sein: In der von der Regierungskonferenz angenommenen Erklärung Nr. 23 „zur Zukunft der Union" wurde, ganz im Sinne von Kommissionspräsident *Prodi*, die „Aufnahme einer eingehenderen und breiter angelegten Diskussion über die Zukunft der Europäischen Union" festgeschrieben.

In der Erklärung des Europäischen Rates von Laeken vom 14. Dezember 2001 ist ein breiter Fragenkreis angesprochen (es werden rund 60 einzelne Fragestellungen gezählt), ohne bereits Antworten vorwegzunehmen.

Mit dieser Erklärung ist gleichfalls ein *Konvent* ins Leben gerufen worden, entsprechend dem Vorbild, der unter dem Vorsitz von Alt-Bundespräsident *Roman Herzog* die europäische Grundrechtscharta ausgearbeitet hat[20].

---

[20] Man darf als historisches Vorbild hier sicher auch den Verfassungskonvent von Herrenchiemsee, ebenfalls besetzt mit ausgewählten Persönlichkeiten, bemühen. Der eigentliche Verfassungstext wurde dann vom Parlamentarischen Rat, der sich aus Vertretern der Länder zusammensetzte, verhandelt und beschlossen.

Bereits jetzt steht die Zusammensetzung des „Verfassungskonvents" mit dem ehemaligen französischen Staatspräsidenten *Valéry Giscard d'Estaing* an der Spitze sowie den früheren Regierungschefs *Jean Luc Dehaene* (Belgien) und *Giulio Amato* (Italien) als seinen Stellvertretern im Vorsitz fest. Dies gilt ebenso für seine Arbeitsweise (einschließlich der Geschäftsordnung) und den voraussichtlichen Zeitplan. Die konstituierende Sitzung des Konvents war am 28. Februar 2002 (im Parlamentsgebäude) in Brüssel; die erste Arbeitssitzung fand am 21./22. März 2002 statt.

Die Kernfragen, mit denen sich der Konvent beschäftigen wird, betreffen

– eine genauere Abgrenzung der Zuständigkeiten zwischen der Union und den Mitgliedstaaten einschließlich ihrer Außenvertretung und Finanzierung,
– den (rechtlichen) Status der Grundrechtscharta,
– eine Vereinfachung des Vertragsgefüges mit dem Ziel, es klarer und verständlicher zu machen sowie
– die Rolle der Institutionen, ihre Struktur und Arbeitsweise sowie die Rolle der nationalen Parlamente in der europäischen Architektur.

Im Grunde ist damit ein ganz neues Fundament für „das europäische Haus" zu legen. Ein ohne Übertreibung historisch zu nennender Vorgang. Inwieweit der Konvent in der Lage sein wird, den Staats- und Regierungschefs gegen Mitte 2003 einen fertigen Entwurf für einen „europäischen Grundvertrag" vorzulegen, wird vom Grad des Konsenses zwischen den Mitgliedern des Konvents abhängen. Die Kommission ist durch die Kommissare *M. Barnier* und *A. Vitorino*[21] in diesem Gremium vertreten. Das letzte Wort haben dann die Staats- und Regierungschefs in der für 2004 angesetzten Regierungskonferenz und – last but not least – die nationalen Parlamente im Rahmen der sich anschließenden Ratifizierungsverfahren.

Die Kommission hat bereits im Vorfeld des Gipfels von Laeken mit ihrer Mitteilung „Erneuerung der Gemeinschaftsmethode" ein sehr klares Plädoyer für die Fortsetzung des in den vergangenen 50 Jahren beschrittenen Weges der europäischen Integration formuliert[22]. Es basiert auf starken Gemeinschaftsinstitutionen, weil nur diese einen Zusammenhalt der Union garantieren. Niemand in Europa will einen „Superstaat"; auch will die Kom-

---

[21] Ihre Stellvertreter sind: *David O'Sullivan*, der Generalsekretär der Kommission, für Herrn *Barnier* und *Paolo Ponzano*, der Direktor der Task Force „Zukunft der Union und institutionelle Fragen" im Generalsekretariat der Kommission, für Herrn *Vitorino*.
[22] Mitteilung der Kommission über die Zukunft der Europäischen Union – Europäisches Regieren – Erneuerung der Gemeinschaftsmethode, Brüssel, 05. 12. 2001 KOM (2001) 727 endg.

mission nicht als „europäische Regierung" betrachtet werden. Sie ist und bleibt eine *Institution sui generis*. Ihre Stärke schöpft sie aus der Ausübung ihres *Initiativrechts* im Interesse der Gesamtheit der Union. Dessen Beibehaltung erscheint auch unerlässlich für die Statik des institutionellen Gleichgewichts im Verhältnis zum Europäischen Parlament und dem Ministerrat, die als gleichberechtigte Gesetzgeber die demokratische Legitimität der Union stärken sollten.

Frank Günter Wetzel

Probleme und Lösungsansätze der Kompetenzordnung
in der Europäischen Union aus Ländersicht

I. Der Prozess der Positionsbildung der Länder für Änderungen der primärrechtlichen Grundlagen der EU

Die Konferenz der Ministerpräsidenten (MPK) befasst sich regelmäßig mit den Grundfragen der Europapolitik. Wesentliche Positionen des Bundesrates zu den Verhandlungen in der Regierungskonferenz werden zunächst in diesem Kreis beraten. Dabei besteht Übereinstimmung, dass die Länder untereinander eine gemeinsame Haltung aushandeln. Die Fachausschüsse des Bundesrates und erst recht die Plenumsberatungen eignen sich für solche Verhandlungen nicht. Daher werden zunächst Fachministerkonferenzen – federführend die Europaministerkonferenz der Länder – mit Vorbereitungsarbeiten beauftragt. In der MPK machen die Ministerpräsidenten hierauf aufbauend von ihrer Richtlinienkompetenz Gebrauch. Die Bundesregierung kann in ihren Verhandlungen auf europäischer Ebene allerdings nicht durch Beschlüsse der MPK gebunden werden. Um den Beschlüssen eine von der verfassungsrechtlichen Stellung der Länder abgeleitete Wirkung zu verleihen, ist es Brauch, die im Rahmen der Strukturen des kooperativen Föderalismus entwickelten politischen Forderungen zu den Fragen der europäischen Verträge einstimmig im Bundesrat zu beschließen. Art. 23 GG regelt zwar nicht eine Mitwirkung bei den Verhandlungen der Mitgliedstaaten der EU über Änderungsverträge. Aus einer einvernehmlichen Haltung aller Länder folgt aber eine beachtliche politische Signalwirkung. Zudem bindet sich der Bundesrat in gewisser Weise selber: seiner konstitutionellen Zustimmung bedarf es schließlich für die Ratifikation eines die primärrechtlichen Grundlagen ändernden Vertrages der Mitgliedstaaten der EU. Dabei wird sich der Bundesrat auch an seinen eigenen Erwartungen und Forderungen orientieren. Eine Bindungswirkung eigener und verfassungsrechtlich nicht ausgeformter Art entsteht zudem gegenüber Verhandlungsteilnehmern, die der Bundesrat benennt. Zwar sieht der EU-Vertrag bisher nur Verhandlungen der Mitgliedstaaten vor. Vertreter des Bundesrates sind auch nach der Reform der Mitwirkungsrechte durch Art. 23 GG in seiner geltenden Fassung nicht berechtigt, an den Verhandlungen unmittelbar mitzuwirken. Bei den vorangegangenen Regierungskonferenzen wurden jedoch zwei Länder durch den Bundesrat benannt, deren politische Repräsentanten im Rahmen der deutschen Verhandlungsdelegation eingebunden waren. Diese Praxis ist Ausdruck eines engen Zusammenwirkens von Bund und Ländern in den wesentlichen Gestaltungsfragen der EU. Mit der Entscheidung des Europäischen Rates, zunächst zur Ausarbeitung einer Charta der Grundrechte und nunmehr zur Vorbereitung einer weiteren – grundlegenden – Regierungskonferenz ein Gremium bzw. einen Konvent unter Beteiligung der nationalen Parlamente einzusetzen, änderte sich für den Bundesrat die Situation. Mit Blick auf zwei Gesetzgebungskammern in einigen Mitgliedstaaten gelang es durchzusetzen, dass in beiden Konventen je Mitgliedstaat zwei Parlamentarier als Vollmitglieder vertreten sind. Die Gleichbehandlung von Bundestag und Bundesrat stand dabei insoweit zu keinem Zeitpunkt in Frage. Beide Bundesorgane entsenden zudem ein stellvertretendes Mitglied. Mit einem eigenen Mitglied in dem Konvent kann der Bundesrat nunmehr nicht nur vermittelt durch die Bundesregierung, sondern ganz unmittelbar Positionen in europäische Beratungen auf höchster Ebene einbringen. Somit entfalten die Bundesratsbeschlüsse auch eine zusätzliche Wirkung.

Im Sinne dieses Verfahrens hat die 32. Europaministerkonferenz der Länder am 5. Juni 2002 eine Stellungnahme zur Zukunft der EU beschlossen und der MPK für deren Beratungen am 13. Juni 2002 vorgelegt. Ihr wurde damit ein Gesamtvorschlag vorgelegt, der auch einen ersten Bundesratsbeschluss von 20. 12. 2001 mit berücksichtigt. Vorgeschlagen wird ein Verfassungsvertrag, der auf eine einheitliche Gemeinschaft, die EU, mit einer einheitlichen Rechtspersönlichkeit zielt. Bild der Beschlussfassung ist das Modell einer Staatengemeinschaft mit zwar streng nach dem Subsidiaritätsgrundsatz limitierten Zuständigkeiten, aber effizienter und demokratischer Entscheidungsfindung. Dazu gehört der Ausbau der Mitentscheidungsrechte des EP, das Öffentlichkeitsprinzip für Ratsverhandlungen, der Abschied vom Einstimmigkeitsprinzip im Rat sowie der Ausbau bisher rudimentärer Initiativrechte von Rat und EP ebenso, wie eine Reduzierung der Handlungsformen und -instrumente der EU, eine Konzentration bestehender Zuständigkeiten der EU und ihre Präzisierung, um z. B. ihre Ausdehnung über so genannte Querschnittsklauseln zu unterbinden. Gleichlautend hat hierauf aufbauend der Bundesrat am 12. Juli 2002 einen entsprechenden Beschluss gefasst[1]. Mit dieser Beschlussfassung ist gewissermaßen ein Fundament der Länderhaltung gegossen. Die Länder beabsichtigen, den Fortgang der Kon-

---

[1] Entschließung des Bundesrates zu den Themen des Konvents zur Zukunft der Europäischen Union, Beschluss vom 12. 07. 2002, BR-Drs. 586/02.

ventsberatungen zu begleiten und konkrete Vorschläge des Konvents zu wägen. In jedem Fall werden die Länder die Ergebnisse des Konvents bewerten und ihre Position für die Verhandlungen der Regierungskonferenz auf dieser Grundlage weiterentwickeln.

II. Länderinteressen und Gesamtverantwortung

1. Ausgangspunkt für die Länder

Die politischen Forderungen der deutschen Länder zur Zukunft der EU sind vor dem Hintergrund ihrer Erfahrungen mit dem bisherigen Vertragswerk zu sehen. Die Länder führen gemäß der innerstaatlichen Ordnung einen beachtlichen Teil der EU-Rechtsetzung wie eigene Angelegenheiten aus. Das Gesetzgebungsrecht der Länder gemäß Art. 70 Abs. 1 GG wandelt sich bei der Umsetzung von Richtlinien der EU in eine Gesetzgebungspflicht. Dabei fällt die gesetzgeberische Umsetzungspflicht allerdings nur im Ausnahmefall in die ausschließliche Zuständigkeit der Länder. Häufig erfassen die Regelungsmaterien den Bereich der konkurrierenden Gesetzgebungszuständigkeit gem. Art. 72 GG. Verbindliche Vorgaben der EU geben dabei in der Regel Anlass, von einem Gesetzgebungsrecht des Bundes gem. Art. 72 Abs. 2 GG auszugehen. Gleichzeitig sind jedoch die Länder gehalten, über den Bundesrat bei der Umsetzung von EU-Recht auch des Bundesgesetzgebers mitzuwirken. Nicht selten treten sodann noch Ausführungsverordnungen auf Landesebene hinzu. Insbesondere führt jedoch Art. 83 GG zu einer umfassenden Ausführungspflicht der Länder hinsichtlich der Vorgaben der EU. Die Entscheidungen der EU-Organe selbst folgen einer eigenen, grundsätzlich anderen Struktur als dies für die Zuständigkeitsordnung des Grundgesetzes gilt. Das hat vor allem zu einer Verwaltungsmehrbelastung der Länder geführt und ihren politischen Entscheidungsspielraum weiter eingeschränkt. Häufiger als die Bundesregierung moniert der Bundesrat in der Folge Verletzungen des in Art. 5 Abs. 2 EG-Vertrag verankerten Subsidiaritätsprinzips durch Organe der EU[2]. Die Sensibilität der Länder hierfür ist aus der Natur der Sache heraus höher als die des Bundes. Ein Kernanliegen der Länder war es daher bereits während der Verhandlungen zum Vertrag von Nizza, Korrekturen der Kompetenzordnung der EU zu erreichen[3]. Es wäre aber keine zulässige Schlussfolgerung,

---

[2] Siehe beispielhaft die Darstellung im Bericht über die Anwendung des Subsidiaritätsprinzips im Jahr 2000 (Unterrichtung durch die Bundesregierung), BR-Drs. 776/01, 6 ff.

[3] Entschließung des Bundesrates zur Eröffnung der Regierungskonferenz zu institutionellen Fragen, Beschluss vom 04. 02. 2000, BR-Drs. 61/00.

den Ländern eine einseitige Fixierung auf den Erhalt ihrer eigenen Handlungsspielräume zu unterstellen.

2. Perspektive für die Beteiligung der Länder an der Weiterentwicklung der EU

Die Vorschläge und Forderungen der Länder können nur dann in den Beratungen von Konvent und Regierungskonferenz Gewicht haben, wenn sie nicht auf eine regionale Perspektive beschränkt bleiben. In den Beratungen der Länder findet daher immer die europäische Perspektive Berücksichtigung. Die Ausgangsfrage für die Positionsbestimmung der Landesregierungen kann im Allgemeinen so beschrieben werden: Wie kann die EU in Zukunft effektiv, demokratisch und bürgernah Aufgaben erfüllen und welche Aufgaben können unter diesen Voraussetzungen bei Beachtung des allgemeinen Subsidiaritätsgedankens künftig nicht mehr alleine durch die Mitgliedstaaten und ihre Regionen erfüllt werden? In diesem Sinne entspricht die Erklärung zur Zukunft der EU, die die Regierungskonferenz von Nizza fasste, durchaus der Kernintention der deutschen Länder. Gleichzeitig wird der Bedarf dafür gesehen, in einem so vielfältigen Gemeinwesen wie der EU eine ausgewogene Balance der verschiedenen Handlungsebenen im Sinne einer vertikalen Gewaltenteilung zu gewährleisten[4]. Eine befriedigende Lösung dieser Fragen dient der Identifikation des Wählers mit den Entscheidungen der jeweiligen Ebene und erlaubt ausreichende Klarheit über die politische Verantwortung. Insoweit wollen die Länder auch einen Beitrag für die langfristige innere Stabilität des mehrstufigen Gemeinwesens in der EU leisten[5].

Hinzu tritt die landespolitische Perspektive. Ausgangspunkt ist dabei die Eigenstaatlichkeit der Länder. Die praktische Ausgestaltung dieses grundlegenden und unverbrüchlichen Verfassungsrechtes der Länder nach dem Grundgesetz steht zunehmend unter dem Einfluss der Rechtsetzung der EU und ihrem Handeln im Übrigen. Aus Sicht der Länder ist diese Entwicklung teilweise geeignet, die Unitarisierungstendenz des Bundesstaates zu verstärken. Nach der eindeutigen Regelung des Art. 23 Abs. 1 S. 1 und S. 3 i. V. m. Art. 20 Abs. 1 und Art. 79 Abs. 3 GG stößt die Mitwirkung

---

[4] Grundsätzlich hierzu: *von Bogdandy/Bast*, Die vertikale Kompetenzordnung der Europäischen Union, Rechtsdogmatischer Bestand und verfassungspolitische Reformperspektiven, EuGRZ 2001, 441 ff.
[5] Ziffer A. I. der Anlage zu der Entschließung des Bundesrates zur Kompetenzabgrenzung im Rahmen der Reformdiskussion zur Zukunft der Europäischen Union, Beschluss vom 20. 12. 2001, BR-Drs. 1081/01; hier abgedruckt als Anhang III.

Deutschlands bei der Entwicklung der Europäischen Union an verfassungsrechtliche Grenzen, wenn die Eigenstaatlichkeit der Länder gefährdet wäre.

Die Länder wirken nach der ihnen durch das Grundgesetz zugewiesenen Rolle in Angelegenheiten der Europäischen Union über den Bundesrat mit. Durch diese Regelung, die mit ihrer Erschaffung eine bereits vorhandene Verfassungswirklichkeit aufnahm, übernehmen die Landesregierungen schließlich auch eine gesamtstaatliche Perspektive bei der Fortentwicklung des EU-Vertragswerks. Sie stehen in einer bundesstaatlichen Verantwortung, die ihren höchsten Ausdruck in dem Grundsatz findet, dass eine das Grundgesetz ändernde vertragliche Gestaltung der EU der Ratifikation auch des Bundesrates mit einer 2/3-Mehrheit bedarf. Mit in Betracht zu ziehen ist daher auch die weltpolitische Verantwortung der EU. Auch die Länder entziehen sich nicht der Notwendigkeit, die Gemeinschaft hierin zu stärken. Davon werden auch Länderzuständigkeiten berührt, wie z. B. im Bereich der Bekämpfung der organisierten Kriminalität, des Grenzschutzes, der Asylpolitik. Daneben sind auch die Länder davon überzeugt, dass die Handlungsfähigkeit der EU in den Bereichen der Außen- und Sicherheitspolitik gestärkt werden muss[6]. Darauf kann und soll an dieser Stelle nicht ausführlich eingegangen werden. Es ist jedoch notwendig, darauf hinzuweisen, dass die Schlussfolgerung durch die Länder gezogen worden ist, dass der Konvent und die folgende Regierungskonferenz hierauf aufbauend von vorneherein dafür offen sein muss, erforderlichenfalls die Aufgaben der EU so zu modifizieren, dass sowohl die Übertragung neuer als auch die Einschränkung bestehender Hoheitsaufgaben in Betracht kommen.

Das Recht von Land, Bund und Gemeinschaft greift ineinander. Vielen nationalen Gesetzen ist nicht mehr mit letzter Sicherheit anzusehen, inwieweit sie auf europäische Vorgaben zurückzuführen sind. Beschränken gesetzliche Vorgaben den Handlungsspielraum von Bürgern oder Unternehmen, so sind es nicht selten die ausführenden Verwaltungen vor Ort, die dafür als Erste verantwortlich gemacht werden. Damit sind gerade auch die Länder ein wichtiger Vermittler zwischen der Europäischen Union und den Bürgern. Der Vorwurf einer „defensiven Perspektive" der deutschen Länder kann daher letztlich nicht verfangen. Die besondere verfassungsrechtliche Stellung und die Einbindung in die Prinzipien der Bundestreue und der Treue zur EU führen zu einer nicht nur eindimensionalen Perspektive.

---

[6] Siehe u. a. Ziffer A. I. des Beschlusses vom 20. 12. 2001 (Fn. 5).

III. Überprüfung von Zuständigkeiten der EU

1. Grundforderung nach einer klaren Zuständigkeitsordnung

Nicht zuletzt auf Drängen der Länder gegenüber der Bundesregierung[7] ist die Debatte über die Verfassungsstrukturen der EU grundsätzlich aufgenommen worden. Dabei werden sehr unterschiedliche Ziele verfolgt, die jedoch im Zusammenhang zu sehen sind. Da die europäische Verfassungsordnung immer noch in einer Entwicklungsphase ist, stehen nicht nur einzelne Bestimmungen auf dem Prüfstand, sondern das Gefüge selbst. Die Länder haben bereits zu einem frühen Zeitpunkt eine klare Zuordnung der hoheitlichen Zuständigkeiten im Sinne einer verständlichen und in ihren Wirkungen vorhersehbaren Kompetenzordnung gefordert[8]. Zwar gilt das so genannte Prinzip der Einzelermächtigung (Art. 5 Abs. 1 EG-Vertrag). Es legt eine klare Kompetenzzuordnung nahe.

Scharfe Grenzen für das Handeln weisen die Vertragsformulierungen dagegen in der Regel nicht auf, da sie häufig zielorientiert, allgemein gefasst und querschnittsbezogen sind. Was Gegenstand der Errichtung und des Funktionierens des Binnenmarktes ist, wird in der Regel eher politischer Beurteilung unterliegen als einer abschließenden verfassungsrechtlichen Bewertung. So ist beispielsweise für den Bereich der Gesundheit von einem hohen Schutzniveau auszugehen. Was dies für die zulässige Regelungstiefe bedeutet, erschließt sich nicht leicht. Klargestellt ist lediglich, dass jedenfalls der Anlass der Regelung noch das Funktionieren des Binnenmarktes in einem Teilbereich sein muss. Die Zuständigkeitsordnung der EU muss daher aus Sicht der Länder systematischer und transparenter werden[9].

In der Diskussion über eine zukünftige Verfassungsstruktur ist häufig die Besorgnis zu hören, der gemeinschaftsrechtliche Besitzstand könnte in Frage gestellt werden[10]. Einem umfassenden Prüfungsansatz der Länder wird mit dieser Besorgnis bewusst entgegengetreten. Erstaunlicherweise wird diese Betrachtung nicht als defensiv gewertet. Öffentliches Handeln bedarf eines ausgewogenen Verhältnisses von Kontinuität und Verlässlichkeit ei-

---

[7] Siehe Fn. 3; seitdem sind Bund und Länder in einen intensiven Konsultationsprozess getreten, bei dem die Ländervertreter auf allen Ebenen immer wieder das Gewicht ihrer Anliegen betont haben.
[8] Siehe bereits Ziffer A. I. der Entschließung des Bundesrates „Forderungen der Länder zur Regierungskonferenz 1996", Beschluss vom 15. 12. 1995, BR-Drs. 67/95: „Die Durchsetzung des Subsidiaritätsprinzips als Regel für die Verteilung und für die Ausübung von Kompetenzen muss verbessert und eine klare Kompetenzabgrenzung gefunden werden."
[9] Ziffer A III. 3. der Anlage zum Beschluss vom 20. 12. 2001, BR-Drs. 1081/01
[10] Der EU-Vertrag stellt auch von sich aus auf die Wahrung des Besitzstandes ab und folgt insoweit nicht nur einem dynamischen, sondern im Angesicht eines fortgeschrittenen Integrationsstandes auch einem statischen Ansatz; Art. 2 Abs. 1 letzter Anstrich EU-Vertrag.

nerseits und Anpassungsfähigkeit und Überprüfbarkeit andererseits. Es ist unbestreitbar, dass viele Vertragsbestimmungen des EU-Vertragswerks in schwierigen Verhandlungen als Kompromiss im Sinne eines Interessenausgleichs geschaffen wurden. Eine auf über 20 Mitgliedstaaten erweiterte Union wird jedoch vor neue Herausforderungen für eine effiziente Politik gestellt. Dabei kann eine Veränderung des Vertragswerks nur einmütig erfolgen, gleich ob Zuständigkeiten der EU neu geschaffen oder ob sie im Einzelfall restriktiver beschrieben werden. Die Besorgnis vor einer umfassenden Überprüfung der Zuständigkeiten im Sinne einer Bestandsaufnahme ist daher überzogen. Hieraus ergibt sich die Antwort auf die Frage, ob die Verteilung der Aufgaben und Kompetenzen der Europäischen Union in Frage zu stellen ist oder ob es nur um verbesserte Formulierungen ohne materiellen Änderungsgehalt gehen soll. Der Bundesrat hat letztendlich keine Bedenken gehabt, auch Empfehlungen für eine Neuordnung der EU-Kompetenzen in den Fachpolitiken vorzulegen[11]. Er ist vielmehr von vornherein davon ausgegangen, dass die Überprüfung von Aufgabenzuweisungen sowohl zu einer Verlagerung von derzeitigen EU-Zuständigkeiten auf die Mitgliedstaaten als auch zu einer Übertragung von weiteren Zuständigkeiten auf die EU führen kann[12].

2. Einwand der Gefährdung des „Erreichten"

Nicht zutreffend ist der Vorwurf, die Überprüfung der Kompetenzordnung diene der „Renationalisierung" und somit der Schwächung des Integrationsprozesses. So nahe liegend das Verfahren nationaler Regierungen über lange Zeit war, sich über das Vertragswerk eine gemeinsame Handlungsbasis zu schaffen und gleichzeitig maßgebliche Mitwirkungsvorbehalte zu erwirken: Dieser Weg schafft zugleich Intransparenz und Schwächen bei der demokratischen Kontrolle des Handelns. Die Mitwirkung des Europäischen Parlaments konnte dieses Defizit in der Vergangenheit nur bedingt auffangen. Bestrebungen zur Stärkung der parlamentarischen Mitwirkung können nicht darüber hinwegtäuschen, dass diese auf absehbare Zeit nicht der Intensität der Kontrolle und Mitwirkung in den Mitgliedstaaten entsprechen wird. Eine klare Kompetenzabgrenzung dient daher auch einem ausgewogenen Verhältnis von Regierungen und Parlamenten und somit mittelbar auch der horizontalen Gewaltenteilung. Gleichzeitig wird für den Wähler Klarheit geschaffen und somit auch auf diesem Wege das demokratische Verantwortungsprinzip gestärkt. Eine klare Kompetenzaufteilung dient somit in erster Linie der Machtkontrolle und der Transparenz. Sie ist damit Ausfluss des Demokratieprinzips.

---

[11] Siehe Ziffern A IV. 1. und B des Beschlusses vom 12. 07. 2002 (Fn. 1).
[12] Ziffer A II. S. 3 des Beschlusses vom 20. 12. 2001 (Fn. 5).

3. Einwand des singulären Betrachtungswinkels „deutscher Föderalismus"

Ein weiterer Einwand, mit dem die Länder konfrontiert werden, ist der Verweis auf die Betrachtung aus der deutschen Verfassungserfahrung, die nicht in gleicher Weise von anderen Mitgliedstaaten mit anderen Verfassungstraditionen geteilt wird. Deutlicher als in der Kompetenzaufteilung des Grundgesetzes ist etwa in Großbritannien die Kompetenzfrage parlamentarisch geprägt. Die Übertragung von Zuständigkeiten auf Schottland wurde in einem detaillierten Akt durch das Unterhaus vorgenommen. Zentralistisch organisierte Staaten kennen keine Formen von staatlicher Kompetenzaufteilung. Die föderale Ordnung der Bundesrepublik ist daher tatsächlich ein bedeutender Erfahrungshintergrund für eine Kompetenzdebatte. Daraus kann aber kein Argument *gegen* die Debatte gewonnen werden. Je intensiver die EU ihre Politikbereiche ausbaut und anreichert, desto dringlicher stellt sich die Frage nach der Machtverteilung für alle beteiligten Staaten. Hiervon sind keineswegs nur föderal organisierte Staaten betroffen. Sie nehmen die Debatte möglicherweise vor ihrem Erfahrungshintergrund frühzeitiger auf. Es erweist sich tatsächlich, dass eine von den deutschen Ländern angestoßene Debatte allmählich als gemeinsame Herausforderung in der EU verstanden wird.

4. Erweiterung der EU und Infragestellung des Bisherigen: Ein Widerspruch?

Schließlich wird den Ländern entgegengehalten, die Gemeinschaft verhalte sich im historischen Prozess der großen Erweiterung nach Mittel- und Osteuropa widersprüchlich, wenn sie den Beitrittsländern zur Vorbereitung einer reibungslosen Einbindung die frühzeitige Übernahme der Rechtsstandards der Gemeinschaft abverlange und im zeitlichen Zusammenhang mit dem Abschluss der für diese Länder schwierigen Aufgabe gleichzeitig Teile ihres Besitzstandes in Frage stelle.

Dem ist aber entgegenzuhalten, dass es um die künftigen Aufgaben der Europäischen Union geht. An der Diskussion hierüber sind auch die Bewerberländer beteiligt, für die Ratifikation bedarf es ihrer Zustimmung. Der Prozess der Erweiterung ist insgesamt nicht nur als Chance für eine Modernisierung der Gemeinschaft zu sehen. Der Erfolg beider Prozesse ist darüber hinaus eng miteinander verbunden und bedingt sich geradezu gegenseitig. Eine Erstarrung auch des Zuständigkeitsgefüges der EU zur Voraussetzung der Erweiterung zu machen, würde daher die tatsächliche Leistungsfähigkeit der künftigen EU voraussetzen, ohne die Chance einer

Überprüfung zu nutzen[13]. Konsequenzen einer möglicherweise künftig modifizierten Kompetenzordnung, die mit der Weitergeltung früher geschaffenen und insgesamt zurzeit geltenden Sekundärrechts zusammenhängen – gerade auch insoweit im Rahmen der Beitrittsverhandlungen jüngst in das nationale Recht der Bewerberländer umgesetzt –, sind dabei Gegenstand von Übergangsregelungen und sollten nicht am Anfang der Debatte stehen. Es gibt grundsätzlich auf der Ebene einfachen Gesetzesrechts keine Materie, die nicht einer Revision zugänglich ist, und sei es auch der vollständigen Aufhebung z. B. einer Richtlinie im Interesse einer Rechtsbereinigung. Notwendig ist es daher, grundsätzliche Erfahrungen mit dem Besitzstand auszuwerten und in dem Konvent zur Sprache zu bringen.

Die dem Konvent zur Verfügung stehende knappe Zeit lässt allerdings Zweifel aufkommen, ob er sich dieser Aufgabe mit hinreichender Gründlichkeit stellen kann. Unzweifelhaft nicht möglich sind Beratungen über eine Konsolidierung des Sekundärrechts im Einzelnen. Dies ist nicht Gegenstand der Verfassungsdebatte und wird vielmehr eine Daueraufgabe vor allem der Kommission sein. Daher kann dem Konvent eine Evaluation des Sekundärrechts nur insoweit gelingen, als er besondere Fragen hinsichtlich der Reichweite der Gemeinschaftszuständigkeiten und ihres Verhältnisses zu den mitgliedstaatlichen Aufgaben aufgeworfen hat. Hierfür sollte eine Befragung der Mitgliedstaaten erfolgen. Insbesondere die Vertreter der nationalen Parlamente in dem Konvent – einschließlich des Bundesrates – könnten hier einen wichtigen Beitrag vor einem konkreten Erfahrungshintergrund mit der Umsetzung von Gemeinschaftsrecht für die Debatte leisten.

5. Plädoyer für eine umfassende Prüfung der Aufgaben der EU

Für den umfassenden Ansatz einer Überprüfung der Kompetenzordnung in materieller Hinsicht spricht die Gestalt der Europäischen Union der Zukunft mit ihrer weiter zunehmenden Vielfalt an Sprachen und Kulturen, Regelwerken, demokratischen Traditionen usw. Die innere Stabilität langfristig zu sichern kann nur gelingen, wenn Klarheit darüber besteht, welche Aufgaben angesichts schwer überschaubarer komplexer Strukturen noch gemeinsam erfüllbar sind. Dabei ist die Balance zu finden zwischen der Herstellung innerer Bindekräfte und der dezentralen Vielfalt. Die Erkenntnis, dass die Aufgabenverteilung sich bewährt hat, kann dem nicht zwingend

---

[13] Ziffer A I., 2. Anstrich des Beschlusses vom 20. 12. 2001 (Fn. 5), hebt daher konsequent als Ziel der Verfassungsdebatte die Stärkung der Handlungsfähigkeit und Effizienz einer EU mit mehr als 20 Mitgliedstaaten hervor.

entgegengehalten werden. Der Übergang zum Prinzip der Mehrheitsentscheidung und zum Regelfall des Mitentscheidungsverfahrens wird künftig insbesondere im Angesicht eines Rats aus bis zu 27 Mitgliedern den Einfluss nationaler Regierungen zwangsläufig reduzieren.

Damit entfällt absehbar zunehmend ein bisheriges Substitut für die Übertragung von Hoheitsrechten auf die Gemeinschaft. Korrekturen bei der Kompetenzaufteilung zwischen Mitgliedstaaten und der Gemeinschaft bzw. in Zukunft der Union, die einher gehen mit der Stärkung des Gemeinschaftsverfahrens, können in diesem Sinne letztlich den Weg zu einer stärkeren Union ebnen.

Die Erkenntnis dafür scheint auch in den EU-Organen zu reifen. Überlegungen, die unter dem Titel „Governance"[14] in der Kommission angestellt werden und die u. a. auf eine intensivere Beachtung regionaler Belange gerichtet sind oder die die Schranke des Verhältnismäßigkeitsgrundsatzes für das Handeln der EU stärker betonen, zeigen eine veränderte Betrachtung an. Dabei ist von einer neuen Phase des Integrationsprozesses auszugehen. In der nahezu ein halbes Jahrhundert währenden Geschichte des europäischen Vertragswerks haben sich allmählich beachtliche Durchsetzungsmechanismen gegenüber den Mitgliedstaaten herauskristallisiert. Der Integrationsprozess steht nicht mehr in einer gefährdeten Anfangsphase. Die Entwicklung der Rechtsprechung des Europäischen Gerichtshofes mag diese Veränderung anzeigen. Über einen langen Zeitraum hat er es sich zur Aufgabe gemacht, die Gemeinschaftsinstitutionen gegenüber den Widerständen in den Mitgliedstaaten zu stärken. In jüngster Zeit klärt er zunehmend aber auch die Grenzen der Gemeinschaftstätigkeit und entwickelt sich insoweit zu einem Verfassungsgericht, das einen Beitrag zu dem ausbalancierten Verhältnis der Ebenen zueinander leistet. Dementsprechend kann sich die Verfassungsdiskussion in der EU auch den Bedürfnissen der vertikalen Gewaltenteilung besser öffnen.

Der Aspekt der Gewaltenteilung wird im Länderkreis mit unterschiedlichen Akzenten behandelt. Teilweise wird die unzureichende horizontale Gewaltenteilung der EU-Organe beklagt. Horizontale und vertikale Gewaltenteilung sind aber miteinander eng verzahnt. Je nachdem, ob die Gemeinschaft Maßnahmen im Bereich der Gesundheitspolitik auf die Rechtsgrundlage des Art. 95 EG-Vertrag im Rahmen der Binnenmarkt-Zuständigkeiten stützt oder auf die gesundheitspolitische Zuständigkeit des Art. 152 EG-Vertrag, kann sie nationale Bestimmungen harmonisieren oder nur die Politik der Mitgliedstaaten ergänzen. Das Verhältnis unterschiedlicher Rechtsgrundlagen im Vertrag zueinander berührt somit zugleich die innergemeinschaftli-

---

[14] Weißbuch Europäisches Regieren, KOM (2001) 428 endg.; dazu *Hayder* in diesem Band.

chen Verfahren und Organrechte und – in vertikaler Hinsicht – die Reichweite der Gemeinschaftszuständigkeiten, also die Eindringtiefe in die nationale Sphäre. Das Ziel, eine neue Balance im Bereich der Gewaltenteilung und der Organbeziehungen in der Gemeinschaft zu erreichen, kann daher eine umfassende Beleuchtung des Verhältnisses der Mitgliedstaaten zur Europäischen Union nicht ausblenden. Die umfassende Prüfung der Kompetenzzuordnung ist notwendiger Bestandteil der Reformdebatte.

IV. Die Grundsatzfrage der verfassungsrechtlichen Beziehung von Mitgliedstaaten und Europäischer Union im Rahmen der Kompetenzdebatte

Die Länder haben sich zunächst mit den Prämissen einer verbesserten Kompetenzordnung intensiv befasst. Ausgangspunkt dafür waren die verfassungsrechtlichen Voraussetzungen in Deutschland für den Integrationsprozess, wie sie u. a. auch in dem Urteil des BVerfG zu dem Vertrag von Maastricht[15] zum Ausdruck gekommen sind.

Die Debatte wird nicht zu Unrecht als Verfassungsdebatte der EU bezeichnet, weil sie die wesentlichen Fragen der Verfasstheit betrifft, also die vertikale und die horizontale Macht- und somit Gewaltenteilung, die Grundprinzipien des Verhältnisses der hoheitlich handelnden Ebenen zueinander und der Rechtssetzungsorgane untereinander. Somit ist die Frage aufgeworfen, ob das künftige Vertragswerk den Titel einer Verfassung verdient und wie das Verhältnis der Staaten zur EU insbesondere unter einer föderalen Betrachtung ausgestaltet sein soll. Die Länder sind dabei grundsätzlich der Auffassung, dass an dem Verbund von Staaten festzuhalten ist (Staatenverbund) und die Staaten folglich auch künftig als die „Herren der Verträge" gelten. Das Konventverfahren hat keine rechtliche Veränderung herbeigeführt und soll es nach den Vorstellungen der Länder auch künftig nicht. Soweit Kompetenzfragen berührt sind, bedarf es nach ihrer Vorstellung auch künftig der Ratifikation von Änderungen durch alle Mitgliedstaaten. Es entspricht insoweit einer Stärkung dieser Prinzipien, dass künftig in einem Vorwegverfahren vor Änderungen des Vertrags die nationalen Parlamente einzubinden sein sollen[16]. Daraus folgt allerdings auch, dass der Begriff der Kompetenz- oder Aufgabenverteilung für das EU-Vertragswerk irreführend ist. Da aus dem Vertragswerk nicht die Legitimation für die mitgliedstaatlichen Aufgaben folgt – dies bleibt der nationalen Verfassungsau-

---

[15] BVerfGE 89, 155 ff.
[16] Ziffer A. I. 5 des Beschlusses vom 12. 07. 2002 (Fn. 1).

tonomie auch künftig vorbehalten –, kann der EU-Vertrag nicht die Aufgabenverteilung abschließend beschreiben, sondern nur die Zuständigkeiten der EU selbst im Sinne des geltenden Prinzips der Einzelermächtigung. Eine Abweichung hiervon wäre möglicherweise eine Annäherung an bundesstaatliche Strukturen, die zurzeit keine Unterstützung finden. Nur mittelbar ergibt sich daher aus den Festlegungen der Zuständigkeiten im EU-Vertrag eine Aufgabenverteilung unter Berücksichtigung des Grundsatzes der prinzipiellen Allzuständigkeit der Mitgliedstaaten bei gleichzeitiger Achtung des Vorrangs des Gemeinschaftsrechts.

Immer wieder ist die Diskussion aufgeworfen worden, ob es eines Kompetenzkataloges[17] oder sogar eines dualen Kompetenzkataloges bedarf, in dem den Zuständigkeiten der Gemeinschaft die rein mitgliedstaatlichen Aufgaben entgegengesetzt werden. Das Bestreben nach Klarheit gerät dabei in Widerspruch zu den oben dargestellten verfassungsrechtlichen Grundprinzipien. Die Erfahrungen mit abstrahierenden und generalisierenden Kompetenzkatalogen in der Verfassungspraxis der Bundesrepublik legen die Gefahr unitarischer Tendenzen nahe. Es besteht im Länderkreis Einigkeit darin, dass die generelle Eröffnung einer Zuständigkeit für ein vollständiges Politikfeld nach dem Vorbild der Art. 72 ff. GG für die Europäische Union ungeeignet ist. Für ihr Handeln müssen weitere Voraussetzungen erfüllt sein, die dem Subsidiaritätsprinzip entspringen. Die Handlungstiefe der EU ist zugleich auch immer ihre Eindringtiefe in die nationale Zuständigkeitssphäre. Das Ziel einer klaren Kompetenzabgrenzung macht daher präzise Regelungen erforderlich, die im Einzelfall nicht nur das betroffene Politikfeld benennen, sondern auch die Reichweite der Zuständigkeit und die Methoden und Instrumente der Rechtsetzung. So ist zu klären, ob die EU befugt ist, abschließende Regelungen zu treffen oder z. B. nur einen Rahmen für die nationalen Regelungen vorzugeben. Im Rahmen einer präzisen Beschreibung der einzelnen Zuständigkeit der EU kann zur Klarstellung im Einzelfall eine Schranke zugunsten nationaler Zuständigkeiten – etwa bei lokalen, sozialen und kulturellen Belangen sowie besonderen Fragen der öffentlichen Sicherheit – eingezogen werden (Residualkompetenzen). Hieraus lässt sich kein allgemeiner Grundsatz zur Auslegung nationaler Zuständigkeiten herleiten, sondern nur eine präzise Beschreibung der Reichweite der jeweiligen EU-Zuständigkeit. Damit unterscheidet sich dieser Ansatz grundsätzlich von den Vorschlägen dualer Kompetenzkataloge.

Ein weiterer Vorschlag versucht, einen Mittelweg zwischen dem dualen Kompetenzkatalog und der Kompetenzschranke in der jeweiligen Einzelermächtigung zu beschreiten. Danach würden bestimmte Aufgabenbereiche

---

[17] Ziffer A III. 3., 2. Anstrich des Beschlusses vom 20. 12. 2001 (Fn. 5) enthält insoweit noch einen vorsichtigen Prüfauftrag.

typischer lokaler oder regionaler Art – „vor die Klammer" gezogen – als allgemeine Beschränkung von EU-Zuständigkeiten gelten. Hierin läge eine Präzisierung der nationalen Identität, die die EU gemäß Art. 6 Abs. 3 EU-Vertrag zu achten hat. Dementsprechend wären hier insbesondere kulturelle und soziale Belange sowie möglicherweise planerische Aufgaben zu benennen. Diesen Vorschlägen wurde zu einem frühen Zeitpunkt der Diskussion die Besorgnis einer gefährlichen Reduktion regionaler Aufgaben auf reine Reservatszuständigkeiten entgegengehalten, die deutlich hinter dem Anspruch etwa der Regionen mit Gesetzgebungsbefugnissen zurückbleiben würden. Im Übrigen wäre ein solcher Querschnittsansatz nur schwer mit den unterschiedlichen nationalen Verfassungstraditionen der Mitgliedstaaten in Übereinstimmung zu bringen. Daher wurden Vorschläge dieser Art im Kreise der Länder auch wieder verworfen. Einigkeit wurde lediglich insoweit hergestellt, dass im Einzelfall auch künftig Bezug auf Aufgaben der Mitgliedstaaten genommen werden kann, um konkrete Zuständigkeiten der EU zu begrenzen (Residualzuständigkeiten, wie z. B. ausdrückliche Harmonisierungsverbote).

V. Die Kompetenzproblematik geht über die Gesetzgebungszuständigkeit hinaus

Bei der Prüfung der Zuständigkeitsverteilung im EU-Vertragswerk muss das Verhältnis der Europäischen Union zu den Mitgliedstaaten umfassend betrachtet werden. Es ist nahe liegend, dass der Schwerpunkt zunächst bei der Rechtsetzung von Rat und Europäischem Parlament gesetzt wird. Jedoch erweist sich, dass die Zahl neu erlassener Rechtsakte dieser Art in den vergangenen Jahren deutlich zurückgegangen ist. Auch scheint sich nur geringe Kritik in kompetenzieller Hinsicht an ihnen zu entzünden. So hat die Bundesregierung in ihrem Subsidiaritätsbericht für das Jahr 1999 nur noch einen Richtlinienentwurf als Verstoß gegen das Subsidiaritätsprinzip identifiziert[18]. Gleichzeitig haben die Durchführungsbefugnisse der Kommission gem. Art. 202, 3. Anstrich EG-Vertrag ihre Bedeutung keineswegs verloren. Die Mitgliedstaaten sind an den Verfahren durch beratende, verwaltende oder regelnde Ausschüsse beteiligt (so genanntes Komitologieverfahren). Die Zahl der auf diesem Weg erlassenen Vorschriften übersteigt die übrigen Rechtsakte um ein Vielfaches. Sie haben unmittelbare Bedeutung für die ausführende Verwaltung, in Deutschland regelmäßig in den Ländern. Die

---

[18] Subsidiaritätsbericht der Bundesregierung für das Jahr 1999 vom 18. 08. 2000, BT-Drs. 14/4017.

Kommission hat zwar grundsätzlich keine eigenen ausführenden Befugnisse. Ausnahmen gelten hier allerdings in einigen Bereichen, u. a. im Wettbewerbsrecht. Verfahren gegen die Westdeutsche Landesbank und die Stadtsparkasse Köln wegen unzulässiger Beihilfen in Form der Anstaltslast und Gewährträgerhaftung haben zu einer umfassenden Diskussion über das Verhältnis der Aufsichtsbefugnis der Kommission im Beihilfenrecht zu den lokalen und regionalen Aufgaben der Daseinsvorsorge geführt. Umfassende Befugnisse stehen der Kommission auch in der Verwaltung der Strukturfondsmittel zu. Die Präzisierung und Durchsetzung der Förderkriterien, die Genehmigung der Programme und die Ausreichung von Mitteln dienen dabei der Kommission auch zu einer mittelbaren Durchsetzung von Politiken. Dies hat u. a. auch dazu geführt, dass Fragen der Beschäftigungspolitik, des Städtebaus und der Beseitigung von Strukturproblemen in Ballungsgebieten – typischerweise gerade keine Zuständigkeiten der EU – Gegenstand der Genehmigungsverfahren wurden. Eine eigenständige Dynamik entwickeln auch politische Kompromisse des Europäischen Rates (regelmäßig in den Schlussfolgerungen des Vorsitzes niedergelegt). Sie orientieren sich nicht an einer strikten Kompetenzabgrenzung, sondern an dem politischen Willen der Staats- und Regierungschefs. Im Rahmen der so genannten „offenen Koordinierung" werden Kommission und nationalen Verwaltungen eine Reihe von Aufträgen erteilt, die keiner spezifischen Grundlage im Vertragswerk bedürfen. Hieraus folgen auch Berichtspflichten für die Landesverwaltungen in erheblichem Umfang. Die Aufgabenverteilung muss all diese Aspekte berücksichtigen und nicht nur die Rechtsetzung im engeren Sinne.

Die Bestandsaufnahme zeigt ein filigranes Geflecht der Ausübung von Hoheitsrechten und der Verantwortung für Entscheidungen. Der Vertrag bedient sich bei der Beschreibung der hieraus folgenden Formen, in denen die EU handelt, einer unsystematischen Vielfalt an Begriffen, die häufig unklar lassen, worin ihr spezifischer Charakter liegt. So kann der Rat nach Art. 13 EG-Vertrag mit weitreichenden Wirkungen für nationale Rechtsordnungen zum Zwecke der Bekämpfung von Diskriminierungen unterschiedlichster Art „geeignete Vorkehrungen" treffen.

Die Länder fordern daher die Schaffung eines klaren Rasters von Handlungsformen, wie Harmonisierung, gegenseitige Anerkennung, finanzielle Förderung oder Koordinierung von Politiken, deren Gehalt, Verfahren und Reichweite klar zu beschreiben sind[19].

---

[19] Ziffer A III. 1 des Beschlusses vom 20. 12. 2001 (Fn. 5).

VI. Ein erster Ansatz für eine Lösung: Systematische Zusammenstellung der Einzelermächtigungen

Das Vertragswerk kennt eine Reihe von Mechanismen, mit denen einer extensiven Auslegung der EU-Zuständigkeiten Grenzen gesetzt werden sollen. Die Länder beklagen zwar immer wieder den finalen Charakter vieler Zuständigkeiten. In seiner Entscheidung zum Verbot der Tabakwerbung hat der EuGH jedoch deutlich gemacht, dass einer Zielformulierung (Errichtung und Funktionieren des Binnenmarktes) durchaus auch eine begrenzende Funktion zukommen kann. Eine Formulierung, wie sie z. B. in Art. 74 Abs. 1 Nr. 11 GG gewählt wird (Recht der Wirtschaft), führt demgegenüber zu einer weitaus breiteren Eröffnung von Zuständigkeiten. Weiterhin hat auch die Zuordnung einer bestimmten Handlungsform – Förderung, Harmonisierung, Koordinierung, Ergänzung – präzisierende Wirkung; dies gilt auch für die Handlungsinstrumente (Verordnung, Richtlinie, Entscheidung). Das Verfahren hinsichtlich der Beteiligung des Parlaments und der notwendigen Mehrheit im Rat kann zudem auch dem Schutz nationaler Zuständigkeiten und Interessen dienen. Auf diese differenzierte Ausgestaltung von Einzelermächtigungen sollte keineswegs verzichtet werden. Sie erlaubt eine präzise Anpassung an die notwendige Kompetenzabgrenzung in einzelnen Politikbereichen. Erforderlich ist jedoch eine systematischere Struktur. Danach würden in dem Kompetenzkapitel des künftigen Vertragswerks der jeweilige Gegenstand beschrieben, ggf. die Zielrichtung des Gemeinschaftshandelns determiniert, wenn notwendig zur Klarstellung des Anwendungsbereichs die Schranken im Sinne von Residualkompetenzen zugunsten der Mitgliedstaaten formuliert und dann die anwendbaren Handlungsformen und -instrumente sowie die Verfahren dargestellt werden. Eine konsequente Orientierung an diesem Muster könnte in Zukunft auch die Verwendung so genannter Querschnittsklauseln überflüssig machen. Zumindest sollten die Lebenssachverhalte besser voneinander abgeschichtet werden. Greifen sie ineinander, wie etwa in den Bereichen Verbraucherschutz, Umwelt und Binnenmarkt, so ist an eine Kollisionsklausel zu denken, die das Verhältnis verschiedener Vertragsbestimmungen zueinander klärt.

Zur Ordnung solchermaßen gleich strukturierter, aber differenziert ausgestalteter Einzelzuständigkeiten sind Kategorien vorgeschlagen worden. Neben die ausschließlichen Zuständigkeiten der EU könnte der Regelfall der konkurrierenden Zuständigkeiten (oder auch Grundsatzkompetenz) treten. Als weitere – schwächere – Kategorie wird noch eine reine Ergänzungszuständigkeit vorgeschlagen, bei der die EU Maßnahmen der Mitgliedstaaten unter Ausschluss jeglicher Harmonisierung lediglich unterstützt. Abschließende Vorschläge der den unterschiedlichen Kategorien zu Grunde liegenden Prinzipien und Rechtsfolgen sind jedoch noch nicht unterbreitet worden. Angesichts der im gegenwärtigen Vertragswerk dezentral ausdifferenzierten Zuständigkeiten besteht bei Pauschalisierungen die Gefahr, die Reichweite der Folgen für das Verhältnis von Mitgliedstaaten und EU nicht vollständig zu überschauen. Vereinfachungen dieser Art ziehen aller Voraussicht nach zumindest in Nuancen Veränderungen der Zuständigkeitsordnung nach sich, die möglicherweise nicht in erster Linie einer Überprüfung des Einzelfalls entspringen.

Nicht abschließend zu lösen sind Fragen der Zuständigkeitsverteilung auch mit allgemein gültigen Prinzipien, wie dem Grundsatz der Achtung der nationalen Identität, dem Verhältnismäßigkeits- und dem Subsidiaritätsprinzip[20]. Bei der Entscheidung des „Ob" und der Reichweite des Handelns haben die Organe der EU zwar diese Prinzipien in ihre Abwägung einzustellen. Ihnen kommt auch rechtlicher Gehalt bei. Die wichtigste Wirkung entfaltet dabei der Proportionalitätsgrundsatz. Dennoch beinhalten sie einen großen politischen Ermessensspielraum, der den Organen der EU nur in sehr geringem Umfang Grenzen setzt. Insbesondere der Rat erweist sich dabei nur unzureichend als Hüter des Subsidiaritätsprinzips. Im Einzelfall wird ein Verstoß gegen das Subsidiaritätsprinzip hingenommen, wenn hinsichtlich des politischen Ergebnisses so besser den eigenen Interessen gedient ist. In den Beratungen z. B. des AStV oder auch des Europäischen Parlaments gewinnt daher das Subsidiaritätsprinzip keine durchschlagende Bedeutung. Es dürfte klar sein, dass daher weniger die juristische Kontrolle den Prinzipien eine schlagende Bedeutung verleiht, als eine verfahrensrechtliche Absicherung bereits beim Zustandekommen von Akten der EU. Die Länder haben auch hierzu einige Vorschläge unterbreitet, wie z. B. ein förmliches Anhörungs- und ein unabhängiges Normprüfungsverfahren, Initiativrechte auch von Rat und EP in Einzelfällen, Klagerechte auch der Regionen und die Prüfung einer Schiedsinstanz[21]. Das Vertrauen auf selbstregulierende Mechanismen im Sinne von checks and balances ist dem deutschen Verfassungsdenken jedoch offensichtlich weniger vertraut als etwa dem britischen und begegnet im Kreise der Länder Skepsis. Vorbehalte bestehen vor allem dagegen, neue Institutionen zu schaffen. Jedoch ist der Einfluss der Regionen mit Gesetzgebungsbefugnissen und der nationalen Parlamente in den bestehenden Institutionen sehr beschränkt. Ihre Bedenken verstärkt in den Entscheidungsprozess über vertragliche Anpassungen einzubringen, hat sich in der Tat im Laufe der bisherigen Beratungen geradezu als eine unlösbare Aufgabe erwiesen. In dem Versuch, die einzelnen Politikfelder der EU auf Reformbedarf zu überprüfen, hat sich daher

---

[20] Ihre Bedeutung auch für die Zukunft ist vollkommen unbestritten, s. auch Ziffer A. II. des Beschlusses vom 20. 12. 2001 (Fn. 5).
[21] Ebenda A. III. 5.

auch der Bundesrat bisher schwer damit getan, verfassungsrechtlich konkretisierte Formulierungen vorzuschlagen. Vielmehr wurden in den aus Ländersicht empfindlichen Bereichen der Agrarpolitik, Wettbewerbspolitik, Steuerpolitik, Asylpolitik oder Inneren Sicherheit im Kompromisswege unter den Ländern weiche Tendenzvorschläge unterbreitet, die gleichzeitig Teilaspekte ansprechen, deren Regelung nicht auf verfassungsrechtlicher Ebene erfolgen sollte[22]. Hier standen die konkreten Erfahrungen mit der misslungenen Durchsetzung von Länderpositionen in den Verhandlungen zu einzelnen Rechtsakten der EU Pate.

VII. Zusammenfassung

Es sollte gezeigt werden, dass die Länder der Bundesrepublik die Diskussion aus gesamtstaatlicher Verantwortung heraus führen. Die Bewahrung der gesetzgeberischen und politischen Handlungsfähigkeit der Länder ist ein Auftrag des Grundgesetzes bei der Mitwirkung Deutschlands an der Entwicklung der Europäischen Union. Eine präzise, nachvollziehbare und in ihren Auswirkungen vorhersehbare Kompetenzordnung der Europäischen Union dient der horizontalen und vertikalen Gewaltenteilung und somit zugleich dem demokratischen Prinzip. Der erreichte Entwicklungsstand, die Erweiterung und die zukünftigen Herausforderungen der EU rechtfertigen eine umfassende Überprüfung ihres vertragsrechtlich verankerten Aufgabenbestandes. Dabei ist weder eine Ausweitung noch eine Begrenzung bisheriger Zuständigkeiten ausgeschlossen. Unter Berücksichtigung des Subsidiaritätsgedankens, des allgemeinen Anspruchs auf Klarheit und bei Rücksichtnahme auf den erreichten Integrationsstand sollten die Zuständigkeiten der EU in den einzelnen Politikbereichen kategorisiert, strukturiert und hinsichtlich Handlungsformen, -instrumenten und Verfahrensfragen differenziert in einem zusammengefassten Titel beschrieben werden. Dabei kann im Einzelfall der Anwendungsbereich durch Zielvorgaben des Handelns und durch Schrankenformulierungen in Form von Residualkompetenzen präzisiert werden. Auf General- und Querschnittsklauseln sollte zu Gunsten allgemeiner Grundsätze verzichtet werden. Das Verhältnis der Zuständigkeiten zueinander kann durch eine Kollisionsklausel geregelt werden. Die prinzipielle Verfassungsautonomie der Mitgliedstaaten bleibt auch künftig von einem konsolidierten Verfassungsvertrag der EU unberührt. Die mehrstufige Ordnung in der EU folgt dem Modell des Staatenverbundes.

---

[22] Ziffer B. des Beschlusses vom 12. 07. 2002 (Fn. 1).

Peter J. Tettinger

Absicherung kommunaler Selbstverwaltung*

Für eine Absicherung kommunaler Regelungskompetenz und Aufgabendurchführung steht hierzulande ein gewohntes, durchaus opulentes verfassungsrechtliches Arsenal auf Bundes- wie auf Landesebene zur Verfügung. Als Stichworte genügen einerseits Art. 28 Abs. 2 GG und Art. 93 Abs. 1 Nr. 4b GG, daneben in NRW Art. 78 LV, Art. 79 LV und Art. 75 Nr. 4 LV i.V.m. §§ 12 Nr. 8, 52 VerfGHG. Dass die verfassungsgerichtliche Judikatur selbst auf dieser komfortablen Grundlage im einen oder anderen Fall die kommunale Seite nicht vollends zu Begeisterungsstürmen hinreißt, wird selbstverständlich registriert[1]; aber dem Grunde nach sind die materielle Rechtsposition der Kommunen und die einschlägigen Rechtsschutzformen unstrittig. Das Europäische Primärrecht bietet demgegenüber geradezu ein Kontrastprogramm.

Vor diesem Hintergrund möchte ich im Folgenden nur kurz auf die derzeitigen Bemühungen um eine vertragliche Kompetenzabschichtung und ihre Relevanz für die Kommunen eingehen, ehe ich im Wege des „Brainstorming" nochmals einen gestaffelten Versuch unternehme, denkbare kommunale Argumentationsansätze zur Positionsabsicherung auf der Ebene des Europäischen Primärrechts abzuklopfen.

I. Bemühungen um vertragliche Kompetenzabschichtung und ihre Relevanz für die Kommunen

Die europäische Integration hat – dies bedarf keines Beleges mehr – zunehmende Auswirkungen auf die Position der Träger von Rechtsetzungsbefugnissen innerhalb der Rechtsordnungen der Mitgliedstaaten. Besonders betroffen von diesem Prozess sind vor allem die Kommunen, denen ja keine ausdrückliche rechtliche Absicherung in den Gemeinschaftsverträgen im Hinblick auf eine festgeschriebene Garantie kommunaler Selbstverwaltung

---

* Mein Dank gilt Frau Jasmin *Merati-Kashani* für ihre wertvolle Unterstützung bei der Abfassung des Beitrages.
[1] Siehe zuletzt etwa *Wieland*, Die Gemeindefinanzierung in der Rechtsprechung des Verfassungsgerichtshofs, in: Verfassungsgerichtsbarkeit in Nordrhein-Westfalen, 2002, S. 415 ff.

zuteil wurde. Dieser Zustand wurde Anfang der 90er Jahre bereits trefflich mit dem Testat der „Kommunalblindheit" der Europäischen Verträge versehen[2]. Der Ruf nach einer rechtlichen Absicherung kommunaler Rechtsetzungs- und Verwaltungsbefugnisse wird zunehmend verständlicher angesichts der Tatsache, dass immer häufiger gerade auch die Kommunen in ihrem Gestaltungsraum von der „Europäisierung"[3], genauer: von der gegenüber dem nationalen Recht vorrangigen EU-Normsetzung beeinträchtigt werden. Nur wenige Stichworte zu Themenbereichen des Primärrechts und von Richtlinien mögen dies belegen: kommunale Wirtschaftsförderung als lokale Beihilfe, öffentliches Vergabewesen, lokaler Umweltschutz, kommunale Bauleitplanung, Aktivitäten in Elektrizitätswirtschaft, Personennahverkehr, Telekommunikation und das kommunale Sparkassenwesen[4]. Kurz: Nachhaltig betroffen ist der gesamte Bereich der sog. Daseinsvorsorge. Infolgedessen wird gerade von den kommunalen Spitzenverbänden mit verständlicher Besorgnis auf die zunehmende Bedrohung der kommunalen Selbstverwaltung durch Europa hingewiesen[5]. So werden heute schon etwa 80 % aller Entscheidungen, besonders im wirtschaftlichen und sozialen Bereich, in Brüssel gefällt; diese Tendenz verstärkt sich mit wachsender Integration.

Knemeyer[6] hat die Stellung der Kommunen im Institutionengeflecht Europas pointiert wie folgt glossiert: „Die EU behandelt die Kommunen wie wehrlose Verwalter".

Zwar besteht theoretisch für die kommunalen Gebietskörperschaften die Möglichkeit, ihre national abgeschirmten Selbstverwaltungsrechte für die Ausgestaltung des Sekundärrechts über den Ausschuss der Regionen zu reklamieren, doch verstummt die anfängliche Euphorie, die kommunale Selbstverwaltung habe seit Maastricht im Gemeinschaftsrecht ein Fundament durch Initiierung des Ausschusses der Regionen erlangt, angesichts der faktischen Gegebenheiten. Die deutschen Kommunen sind in dem Ausschuss völlig unterrepräsentiert. Gemäß § 14 Abs. 2 des Gesetzes über die Zusammenarbeit des Bundes und der Länder in Angelegenheiten der Europäischen Union vom 12. 03. 1993 (BGBl. I S. 313) werden von den 24 deutschen Vertretern 21 von den Ländern beansprucht. Lediglich drei Sitze kommen den Kommunen über ihre Spitzenverbände zugute.

---

[2] *Faber*, DVBl. 1991, 1126 (1132); *Blanke*, DVBl. 1993, 819 (824).
[3] Dazu im Überblick statt vieler *Schmidt-Aßmann*, Kommunalrecht, in: ders. (Hrsg.), Besonderes Verwaltungsrecht, 11. Aufl. 1999, Rn. 7-7b.
[4] Aufzählung bei *Stern*, Europäische Union und kommunale Selbstverwaltung in: Festschrift für Karl Heinrich Friauf, 1996, S. 79f.
[5] *Knemeyer*, BayVBl. 2000, 449 m. w. N.
[6] *Knemeyer*, a.a.O., 452.

Die mangelnde Berücksichtigung kommunaler Interessen zeigt sich auch in der Zusammensetzung des durch Laeken eingesetzten Verfassungskonventes zur Zukunft der Europäischen Union. Haben die deutschen kommunalen Vertreter im Ausschuss der Regionen wenigstens drei Sitze, um ihren Interessen Gehör zu verschaffen, so fehlt eine Repräsentation der kommunalen Gebietskörperschaften im neu eingesetzten Verfassungskonvent augenscheinlich zur Gänze.

Angesichts dieser Problematik gibt es von verschiedener Seite Bemühungen, der Kompetenzebene kommunaler Selbstverwaltung auch auf europäischer Ebene wenigstens im Grundsätzlichen gewisse Sicherungen zu vermitteln.

Verwiesen sei in diesem Zusammenhang auf den Beschluss des Bundesrates zur Kompetenzabgrenzung im Rahmen der Reformdiskussion zur Zukunft der Europäischen Union vom 20. 12. 2001[7]. Dort wird von Seiten des Bundesrates gefordert, in der neu entfachten europäischen Verfassungsdebatte, die durch Nizza angestoßen wurde und durch den Beschluss von Laeken, einen Konvent zur Zukunft der EU einzusetzen, fortgeführt wird, neben den Zielen Transparenz und Legitimationserhöhung der EU die Grundsätze der Subsidiarität, Bürgernähe und die Rücksichtnahme auf nationale und regionale Besonderheiten zu verwirklichen. Immer wieder werden als Prämisse für eine neue Kompetenzordnung der Rang des Subsidiaritätsprinzips und die Verpflichtung zur Achtung der nationalen und regionalen Identität der Mitgliedstaaten betont.

Zu weiteren Themen nehmen die Länder in einem Papier der Europaministerkonferenz der Länder vom 28. Februar 2002 Stellung. Dort wird in den Eckpunkten der deutschen Länder in der Debatte zur Zukunft der Union im Rahmen der Forderung nach einer klaren und transparenten Kompetenzordnung auch die zukünftige Stellung der Regionen diskutiert.

Im Hinblick auf das Referat von Herrn *Wetzel* verzichte ich diesbezüglich auf nähere Ausführungen und beschränke mich auf die Anmerkung, dass sowohl die vorgeschlagene Selbstbeschränkung auf „Rahmenrichtlinien" bei der Richtliniensetzung als auch die schärfere Differenzierung zwischen Legislativ- und Durchführungsmaßnahmen auf der mitgliedstaatlichen Ebene sehr wohl als positiver Reflex auch auf die Kommunalkompetenzen durchschlägt.

Im Besonderen soll nach der Vorstellung der Länder innerhalb der Wettbewerbsregeln des Art. 81 ff. EGV der Freiraum der Mitgliedstaaten und Regionen für eine eigenständige nationale Regionalpolitik gewährleistet blei-

---

[7] BR-Drs. 1081/01; abgedruckt als Anhang III.

ben. Im Hinblick auf die Art. 158 ff. EGV (wirtschaftlicher und sozialer Zusammenhalt) soll zudem keine europäische Zuständigkeit für die Bereiche Stadtentwicklung und Raumentwicklung begründet werden.

Besondere Hervorhebung verdient auch die Forderung der Länder, das Subsidiaritätsprinzip und Art. 6 Abs. 3 EUV an die Interessen der Regionen und Kommunen anzupassen. Vorgeschlagen wird etwa, einen speziellen Hinweis in Art. 5 Abs. 2 EGV, der Ankernorm des Subsidiaritätsprinzips, aufzunehmen, wonach vor Erlass von EG-Regelungen die Möglichkeiten der Mitgliedstaaten einschließlich ihrer Regionen und Kommunen berücksichtigt werden müssen.

Was Art. 6 Abs. 3 EUV angeht, so soll die dort verankerte Achtung der nationalen Identität der Mitgliedstaaten insbesondere auch den innerstaatlichen Aufbau und hier vor allen Dingen die kommunale Selbstverwaltung umfassen. Bemerkenswert ist hier namentlich der Vorschlag des Ministerpräsidenten von Nordrhein-Westfalen, *Wolfgang Clement*, wonach in diesem Text ergänzend zum Postulat der Achtung der Identität der Mitgliedstaaten ausdrücklich der Zusatz beigefügt werden soll: „und ihrer Regionen"[8].

Ob solche Vorschläge zur Vertragsanpassung freilich überhaupt in dem Konvent Gehör finden, geschweige denn Früchte tragen werden, bleibt abzuwarten.

Jedoch werden nicht nur durch Impulse von nationaler Seite her Bemühungen um eine Stärkung der Stellung der Kommunen in der EU sichtbar.

In der sog. Erklärung von Laeken[9] findet sich auch der Abschnitt „Eine bessere Verteilung und Abgrenzung der Zuständigkeiten in der Europäischen Union". Auch hier wird eine deutlichere Unterscheidung zwischen drei Arten von Zuständigkeiten ventiliert, den ausschließlichen Zuständigkeiten der Union, den Zuständigkeiten der Mitgliedstaaten und den von der Union und den Mitgliedstaaten geteilten Zuständigkeiten. Zu fragen sei namentlich, auf welcher Ebene die Zuständigkeiten am effizientesten wahrgenommen werden könnten und wie dabei das Subsidiaritätsprinzip zur Anwendung kommen solle. Hier finden sich bemerkenswerterweise auch Stichworte, die für die lokalen Selbstverwaltungsträger von hohem Interesse sind:

---

[8] Europa gestalten – nicht verwalten, Rede an der Humboldt-Universität zu Berlin am 12. Februar 2001, Vortragstext, hrsg. vom Presse- und Informationsamt der Landesregierung NRW, S. 21.
[9] Die Zukunft der Europäischen Union, 15. Dezember 2001 (SN 273/01); abgedruckt als Anhang I.

„Soll ... die tägliche Verwaltung und die Ausführung der Unionspolitik nicht nachdrücklicher den Mitgliedstaaten bzw. – wo deren Verfassung es vorsieht – den Regionen überlassen werden? Sollen ihnen nicht Garantien dafür gegeben werden, dass an ihren Zuständigkeiten nicht gerührt werden wird? Schließlich stellt sich die Frage, wie gewährleistet werden kann, dass die neu bestimmte Verteilung der Zuständigkeiten nicht zu einer schleichenden Ausuferung der Zuständigkeiten der Union oder zu einem Vordringen in die Bereiche der ausschließlichen Zuständigkeit der Mitgliedstaaten und – wo eine solche besteht – der Regionen führt."

Die Kommission ihrerseits verabschiedete am 25. 07. 2001 ein „Weißbuch"[10], das sich mit der Art und Weise befasst, wie die Union die ihr von den Bürgern übertragenen Befugnisse ausüben kann. Dieses Weißbuch fungiert als Teil des sog. „New-Governance-Konzeptes", wonach die verschiedenen Ebenen der EU stärker miteinander verknüpft werden sollen, um die Anforderungen einer Bürgergesellschaft an europäisches Regieren, insbesondere mehr Transparenz, Bürgernähe und Effektivität, zu erfüllen. In jenem Weißbuch werden Vorschläge für einen Wandel, untergliedert in vier Kapitel, präsentiert. Als ein wesentlicher Punkt erscheint hier die effektivere Einbindung der Akteure. Es gehe darum, eine bessere partnerschaftliche Beziehung zwischen den verschiedenen Ebenen zu schaffen. Um dies zu ermöglichen, sollen explizit die Bürger über die demokratischen Strukturen auf regionaler und kommunaler Ebene in die Politikgestaltung einbezogen werden. Den Schwerpunkt bildet dabei der Dialog zwischen den unterschiedlichen Institutionen und Ebenen. Weiterhin soll die Durchführung des Gemeinschaftsrechts so flexibel gestaltet werden, dass den regionalen und lokalen Verhältnissen Rechnung getragen werden kann. Ebenfalls hervorgehoben werden in diesem Zusammenhang die Grundsätze der Verhältnismäßigkeit und der Subsidiarität. Die Wahl der Ebene, auf der gehandelt wird, und die Wahl der jeweils geeigneten Instrumente müssen im richtigen Verhältnis zu den verfolgten Zielen stehen. Auch hier wird also explizit das Subsidiaritätsprinzip herangezogen, um einer allzu zentralistisch wirkenden europäischen Zuständigkeitsverteilung vorzubeugen.

Allerdings wird die Zukunft zeigen, wie die tatsächliche Einbindung kommunaler und regionaler Ebenen in die EU-Politik aussehen wird. Nicht zu vergessen – und das stellt auch das Weißbuch noch einmal klar heraus – ist, dass die Hauptverantwortung für die Einbeziehung der regionalen und kommunalen Ebene in die EU-Politik nach wie vor bei den Mitgliedstaaten liegt. Eine wirkliche Garantie für die kommunale Selbstverwaltung auf europäischer Ebene scheint das Weißbuch demzufolge nicht leisten zu können und auch nicht zu wollen. Das „New-Governance-Konzept" ist folglich kein

---

[10] KOM (2001), 428, Europäisches Regieren, Ein Weißbuch.

materielles Konzept der Subsidiarität, des Föderalismus oder gar der kommunalen Selbstverwaltung, sondern primär ein der Regierungseffizienz allein auf Gemeinschaftsebene verpflichtetes Konzept der Dekonzentration[11].

Mangels hinreichend konkreter und in naher Zukunft realisierbarer Absicherungspläne kommunaler Kompetenzen auf EU-Ebene beschränke ich mich im Folgenden darauf zu untersuchen, welche Argumentationsansätze zur Positionssicherung in den Vertragstexten angelegt sein und mit gewisser, wenn auch nur bescheidener Erfolgsaussicht verfolgt werden könnten.

II. Denkbare kommunale Argumentationsansätze zur Positionsabsicherung auf der Ebene des Europäischen Gemeinschaftsrechts

Wie schon erwähnt, fehlt es im europäischen Primärrecht an einer ausdrücklichen Garantie kommunaler Selbstverwaltung. Eine Absicherung zugunsten der Gemeinden könnte sich auf europäischer Ebene somit allenfalls aus Grundsätzen ungeschriebenen Gemeinschaftsrechts ergeben. Zu untersuchen ist also die Frage, ob das europäische Vertragsrecht selbst Ansätze nutzbarer Schutzmechanismen für die kommunale Selbstverwaltung bereithält. Diskussionspotenzial bieten dafür namentlich die im Folgenden näher zu erläuternden Argumentationstopoi.

1. Kommunale Selbstverwaltungsgarantie als „europafeste" Gewährleistung?

Für eine Verankerung der kommunalen Selbstverwaltungsgarantie auf europäischer Ebene könnte zunächst Art. 6 Abs. 2 EUV herangezogen werden. Jedoch handelt es sich nach allgemeiner Meinung bei Art. 28 Abs. 2 GG schon gar nicht um grundrechtliche Gewährleistungen. Demzufolge kommt Art. 6 Abs. 2 EUV direkt nicht zum Zuge.

Nichtsdestotrotz ist angesichts des hier einschlägigen, anderen Europäern schwer vermittelbaren Spezialextraktes aus einer überaus feinziselierten deutschen Grundrechtsdogmatik mit flankierenden Institutsgarantien (wie beim Eigentum) einerseits in Abschichtung gegenüber Hoheitspositionen sichernden institutionellen Gewährleistungen im engeren Sinne andererseits

---

[11] *Burgi*, in: Henneke (Hrsg.), Verantwortungsteilung zwischen Kommunen, Ländern, Bund und EU, Professorengespräch 2001, S. 104.

wie der kommunalen Selbstverwaltungsgarantie kurz innezuhalten. Ist diese ihrerseits nicht funktional durchaus vergleichbar der akademischen Selbstverwaltung und der kirchlichen Selbstverwaltung, deren Zuordnung auch zu Grundrechtsgehalten außer Streit steht? So heißt es in Art. 13 Satz 2 der Europäischen Grundrechte-Charta lapidar: „Die akademische Freiheit wird geachtet." Wie auch immer, interessant ist es jedenfalls zu untersuchen, inwieweit das Rechtsinstitut der kommunalen Selbstverwaltung sich auf Gemeinschaftsebene etabliert hat, sodass überhaupt erst von einem gemeinschaftsrechtlich allgemein anerkannten Rechtsgrundsatz gesprochen werden kann, der über den Rechtsgedanken des Art. 6 Abs. 2 EUV zur Entfaltung gebracht werden oder in einem Raum des Rechts über Prinzipien des Art. 6 Abs. 1 EUV Beachtung erlangen könnte. Aufschluss darüber würde sodann eine vergleichende Betrachtung der Rechtsordnungen der Mitgliedstaaten unter Einbeziehung einschlägiger völkerrechtlicher Vereinbarungen erbringen. Schließlich bezieht sich etwa das in Art. 6 Nr. 1 EMRK gewährleistete Recht des Bürgers auf ein faires Verfahren, das textlich an „zivilrechtliche Ansprüche und Verpflichtungen" anknüpft, bei der dort aus Rechtsschutzgründen nahe liegende Extensionsnotwendigkeit anerkanntermaßen auch auf individualschutzbezogene öffentlich-rechtlicher Gewährleistungen. Vor allem aber ist zu bedenken, dass die Garantie der kommunalen Selbstverwaltung – worüber die deutsche Verfassungsgeschichte Aufschluss gibt – selbst grundrechtliche Wurzeln besitzt.

a) Rechtsvergleichung speziell mit Blick auf Frankreich

In der fachwissenschaftlichen Literatur stößt man auf eine – allerdings kaum Gefolgschaft findende – Rechtsauffassung, wonach in allen Mitgliedstaaten der Gemeinschaft das Prinzip der kommunalen Selbstverwaltung bekannt und in den jeweiligen Verfassungen abgesichert sei[12]. Darin wird ein Indiz für die Existenz eines allgemeinen Rechtsgrundsatzes der kommunalen Selbstverwaltung gesehen, der bisher „von der Gemeinschaft unentdeckt in den Tiefen der europäischen Rechtsordnung" schlummern soll[13].

Dem muss jedoch entgegengesetzt werden, dass die Unterschiede in der jeweiligen Umsetzung in den europäischen Staaten zu groß sind, als dass man daraus eine gemeinsame Verfassungstradition ableiten könnte[14]. Zwar sind Gewährleistungen der kommunalen Selbstverwaltung – allerdings in höchst unterschiedlicher Dichte und Stärke – heute in den Verfassungen einer

---

[12] *Martini/Müller*, BayVBl. 1993, 161 (166).
[13] *Dies.*, a.a.O., S. 168; in dieser Richtung jetzt auch *Schaffarzik*, Handbuch der Europäischen Charta der Kommunalen Selbstverwaltung, 2002, S. 619 ff.
[14] *Faber*, DVBl. 1991, 1126 (1129).

Großzahl der EG-Mitgliedstaaten nachweisbar[15]; versteht man aber die kommunale Selbstverwaltung als das Recht zur eigenverantwortlichen Regelung der Angelegenheiten der örtlichen Gemeinschaft, findet man in den nationalen Rechtsordnungen von Frankreich, Großbritannien, Irland, Dänemark und den Niederlanden kaum eine dem Konzept des Art. 28 Abs. 2 GG auch nur annähernd vergleichbare Ausgestaltung. Vielmehr haben die Gemeinden dort eher den Status von subzentralen Verwaltungseinheiten, von nachgeordneten Instanzen mit nur punktuellen Eigenkompetenzen inne.

Diese rechtlichen Unterschiede sollen am Beispiel Frankreichs konkret beleuchtet werden. Dort wurde jüngst dem Korsika-Gesetz der Regierung *Jospin* vom obersten Verfassungsgericht ein Verstoß gegen die französische Verfassung attestiert. Dieses Korsika-Gesetz sah vor, dem Regionalparlament der Mittelmeerinsel Korsika gesetzgeberische Kompetenzen zu übertragen. Aufgrund der politischen Brisanz in dieser Frage sollte das Gesetzeswerk die dauerhafte Befriedung der Mittelmeerinsel sichern und Maßstäbe für die Dezentralisierung setzen. Mit dem Artikel 1 sollte dem Regionalparlament die Möglichkeit eröffnet werden, von der Nationalversammlung beschlossene Gesetze den „Inselverhältnissen" insbesondere in den Bereichen Kultur, Wirtschaft und Soziales anzupassen. Gerade dieser Teil des Gesetzes wurde von den Verfassungsrichtern als mit der französischen Verfassung unvereinbar bezeichnet. Der französischen Verfassung zufolge könnten gesetzgeberische Kompetenzen nur dem Parlament (sprich der Nationalversammlung und dem Senat) verliehen werden. Regelungen von Angelegenheiten der örtlichen Gemeinschaft Korsikas können den Verfassungsrichtern zufolge nur in Rücksprache mit dem französischen Premierminister erfolgen. Als Begründung für diese Auslegung dienten die Verfassungsgrundsätze der Gleichheit vor dem Gesetz und der Unteilbarkeit der Republik.

An diesem Beispiel, welches den zentralistisch strukturierten Staatsaufbau Frankreichs plastisch widerspiegelt[16], wird deutlich, dass gerade im Hinblick auf einen Vergleich mit den grundgesetzlichen Verankerungen in Deutschland schwerlich von gemeinsamen Verfassungstraditionen bzgl. lokaler Selbstverwaltung gesprochen werden kann. Die Heterogenität der rechtlichen und politischen Strukturen auf der untersten Ebene der Mitgliedstaaten ist zu tiefgreifend, um daraus einen allgemeinen Rechtsgrundsatz abzuleiten.

---

[15] Vgl. Art. 15 und 115 ff. Österr. BV-G; Art. 41, 162 ff. Belg.Verf.; §§ 82, 86 Dän.Verf.; § 51 Finn.Verf.; Art. 102 Griech.Verf.; Art. 5, 114 ff., 128 ff. Ital.Verf.; Art. 2, 107 f. Lux.Verf.; Art. 123 ff. Ndl.Verf.; Art. 237 ff. Port.Verf.; Kap. I § 7, VIII § 5, XI §§ 6, 7 Schwed.Verf.; Art. 137, 140 ff. Span.Verf. (dazu *Pielow*, Autonomía Local in Spanien und Kommunale Selbstverwaltung in Deutschland, 1993).

[16] Siehe dazu näher jüngst m. w. N. *Franzke*, Die Unteilbarkeit der Republik und des französischen Volkes, EuGRZ 2002, 6 ff.

b) Die Europäische Charta der kommunalen Selbstverwaltung[17]

Als Beleg für die Existenz eines gemeinsamen Rechtsgrundsatzes als Ausdruck einer gemeinsamen europäischen Rechtsüberzeugung wird des Weiteren noch auf die Europäische Charta der kommunalen Selbstverwaltung rekurriert[18]. Jene Charta (im folgenden EKC) basiert auf einem multilateralen völkerrechtlichen Vertrag, der 1985 auf der Ebene des Europarates verabschiedet wurde und 1987 in Kraft getreten ist.

Im Sinne dieser Charta werden die kommunalen Gebietskörperschaften als eine der wesentlichen Grundlagen eines demokratischen und dezentralisierten Staatsaufbaus verstanden. Diese Grundhaltung wird in Art. 3 Abs. 1 EKC ausgedrückt, wonach kommunale Selbstverwaltung bedeutet, im Rahmen der Gesetze einen wesentlichen Teil der öffentlichen Angelegenheiten in eigener Verantwortung zum Wohl ihrer Einwohner zu regeln und zu gestalten. Dazu gehört eine Allzuständigkeitsvermutung im Rahmen der Gesetze (Art. 4 Abs. 2 EKC), eine ausreichende finanzielle Ausstattung (Art. 9 EKC) und die verfahrensrechtliche Absicherung durch Gewährung einer Klagemöglichkeit der kommunalen Gebietskörperschaften bei Verletzung der Selbstverwaltungsgarantie (Art. 11 EKC)[19]. Bei der Absicherung des Prinzips der kommunalen Selbstverwaltung ist inhaltlich deutlich das Vorbild des deutschen Art. 28 Abs. 2 GG zu spüren[20].

Problematisch ist jedoch die Bindungswirkung der Charta. Erstens wurde die EKC noch nicht von allen EG-Mitgliedstaaten ratifiziert[21]. Zweitens wird die Wirksamkeit der Charta durch unterschiedliche Verpflichtungsniveaus geschwächt. Dies folgt aus dem in Art. 12 EKC statuierten „á-la-carte-System" – von *Schaffarzik* in einer jüngsten Publikation vornehm mit „Flexibilitätsklausel" umschrieben[22] –, nach dem sich die unterzeichnenden Staaten nur an mindestens 20 von 30 Absätzen der Charta zu halten haben. Demgemäß sind die Unterzeichnerstaaten nicht an alle Bestimmungen der Charta gebunden, was einen effektiven Schutz kommunaler Selbstverwal-

---

[17] Abgedruckt in: *Tettinger*, Besonderes Verwaltungsrecht, 6. Aufl. 2001; NVwZ 1988, 1111.
[18] *Martini/Müller*, BayVBl. 1993, 161 (167), weitere Nachweise bei *v. Zimmermann-Wienhues*, Kommunale Selbstverwaltung in einer Europäischen Union, 1997, Fn. 566/568.
[19] Siehe auch *v. Zimmermann-Wienhues*, a.a.O., S. 255 f.
[20] *Stern*, Europäische Union und kommunale Selbstverwaltung in: Festschrift für Karl Heinrich Friauf, 1996, S. 90.
[21] Sie ist von 36 der 43 Staaten ratifiziert; Irland, Frankreich und Belgien jedoch gehören hierzu noch nicht (aktueller Stand siehe http://conventions.coe.int/treaty/EN/cadreprincipal.htm).
[22] Handbuch der Europäischen Charta der kommunalen Selbstverwaltung, 2002, S. 110 ff.

tung durch unterschiedliche Standards erschwert[23]. Die Existenz des Art. 12 EKC zeigt also schon, dass eine Alternative zu nicht durchsetzbaren Maximalforderungen geschaffen werden musste, wodurch ein mangelnder Konsens im Hinblick auf das Schutzniveau kommunaler Garantien erkennbar wird. Zurückgeführt auf den kleinsten gemeinsamen Nenner ist letztendlich jedoch kein effektiver Schutz der Gemeinden und Gemeindeverbände gewonnen.

Zu bedenken ist fernerhin, dass, selbst wenn alle Mitgliedstaaten die Charta ratifiziert hätten und bei der Inkorporation der Charta das gleiche Verpflichtungsniveau eingehen würden, sich daraus keine unmittelbare Bindungswirkung der EG ableiten ließe[24], denn Rechtsverbindlichkeit besteht bei einem völkerrechtlichen Vertrag nur zwischen den Vertragsparteien. Die EG selbst jedoch habe diese Charta ebenso wenig wie die EMRK unterzeichnet; dies erscheint nach Art. 15 EKC zur Zeit auch nicht möglich, da ein Beitritt nur den Mitgliedstaaten des Europarates, nicht jedoch für die EG offen steht[25]. Auch kann das Gemeinschaftsrecht als autonome Rechtsordnung in ihrer Unabhängigkeit nicht mit Verpflichtungen belastet angesehen werden, die sich aus völkerrechtlichen Vertragsverpflichtungen der Mitgliedstaaten ergeben[26].

Zwar stimmt es, dass alle Mitgliedstaaten an der Entstehung mitgewirkt und so ihre Vorstellungen eingebracht haben[27]; aus der unterschiedlichen Haltung bei der Ratifizierung und Umsetzung der Charta lassen sich jedoch fundamentale Unterschiede im Kreise der Mitgliedstaaten in ihrer Einstellung zur kommunalen Selbstverwaltung ausmachen. Die divergierenden Sichtweisen sind zu groß, die nationalen Verfassungen in diesem Punkt zu inhomogen, als dass sich daraus ein allgemeiner Rechtsgrundsatz der kommunalen Selbstverwaltung ableiten ließe[28].

Ein solcher kann daher weder auf eine Gesamtschau der mitgliedstaatlichen Rechtsordnungen noch auf die Ratifizierungs- und Anwendungspraxis der

---

[23] Zutreffend insoweit *Löwer*, in: v. Münch/Kunig (Hrsg.), GG, Bd. 2, Art. 28 Rn. 99; vgl. auch *Stern*, Europäische Union und kommunale Selbstverwaltung in: Festschrift für Karl Heinrich Friauf, 1996, S. 91.
[24] So zutreffend *Faber*, DVBl. 1991, 1126 (1128); *Blanke*, DVBl. 1993, 819 (830).
[25] *Faber*, a.a.O., S. 1128; *Hoffschulte*, in: Knemeyer (Hrsg.), Subsidiarität – Föderalismus – Regionalismus, S. 155; *Stern*, a.a.O., S. 91.
[26] *Faber*, a.a.O., S.1128.
[27] So *Martini/Müller*, BayVBl. 1993, 161 (168/169), wo ein allg. Rechtsgrundsatz bejaht und die kommunale Selbstverwaltungsgarantie als „europafest" betrachtet wird.
[28] Ebenso *Faber*, DVBl. 1991, 1126 (1129); *Stern*, Europäische Union und kommunale Selbstverwaltung in: Festschrift für Karl Heinrich Friauf, 1996, S. 91; *Blanke*, DVBl. 1993, 819 (825); *Löwer*, in: v. Münch/Kunig, GG, Art. 28 Rn. 98; *v. Zimmermann-Wienhues*, a.a.O., S. 258.

EKC abgestützt werden. Ein Schutz der kommunalen Selbstverwaltungsgarantie ist auf europäischer Ebene nach derzeitigem Stand der Lehre jedenfalls nicht über einen allgemeinen Rechtsgrundsatz begründbar.

2. Kommunale Selbstverwaltungsgarantie als gewichtiges Element des Demokratieprinzips?

Art. 6 Abs. 1 EUV verankert den Grundsatz der Demokratie als verpflichtende Grundlage der Union. Vereinzelt[29] wird daher vertreten, kommunale Selbstverwaltung – verwurzelt im demokratischen Gedanken und deren originäre Ausprägung vor Ort – sei auch von der europäischen Rechtsordnung geschützt. Dieser Auffassung liegt der Gedanke zugrunde, kommunale Selbstverwaltung sei ein notwendiges Element des Demokratieprinzips.

Dem sind jedoch mehrere Einwände entgegenzuhalten.

Für die Einbeziehung der kommunalen Selbstverwaltung in das Demokratieprinzip spricht zwar seine demokratisch-politische Funktion; diese demokratische Teilhabe auf Gemeindeebene stellt aber nur eine mögliche Ausgestaltung des Demokratieprinzips dar[30]. Bezeichnenderweise verfügen nämlich mehrere Mitgliedstaaten[31], meist als Einheitsstaaten konzipiert, deren demokratische Verfassungsstruktur aber nicht in Abrede gestellt werden kann, gerade nicht über ein Organisationsprinzip von kommunaler Selbstverwaltung nach deutschem Vorbild. Versteht man den Verfassungsgrundsatz der Demokratie als spezifischen Bestandteil des EG-Rechts, so garantiert dieser jedenfalls nicht im Umkehrschluss die Bestandteile der Selbstverwaltung, wie sie nach deutschem Verständnis durch Chiffren wie Organisations-, Personal-, Finanz- und Planungshoheit sowie Satzungsautonomie aufgefasst werden. Die kommunale Selbstverwaltung stellt allenfalls ein optimierendes, aber kein essentielles Element des Demokratieprinzips, welches demzufolge auch ohne kommunale Selbstverwaltung denkbar ist, dar[32]. Dächte man jenen Ansatz weiter, so wären auch andere in den Mitgliedstaaten erkennbaren Institute, im Demokratieprinzip wurzelnd – wie etwa plebiszitäre Elemente –, über die Brücke des Demokratieprinzips automatisch vom Gemeinschaftsrecht selbst geschützt. Dies dürfte jedoch als fern liegend zu bezeichnen sein.

---

[29] *Zuleeg*, in: Festschrift für Georg-Christoph Unruh, 1983, S. 91 (93).
[30] *Hellermann*, Örtliche Daseinsvorsorge und gemeindliche Selbstverwaltung, 2000, S. 77.
[31] Hier wären zu nennen Großbritannien, deren local authorities als „other parts of the machinery of government" bezeichnet werden, Frankreich etc.
[32] *Blanke*, DVBl. 1993, 819 (824); *Stern*, Europäische Union und kommunale Selbstverwaltung in: Festschrift für Karl Heinrich Friauf, 1996, S. 82 f.

Zweitens unterstellt die obige These der Auslegung des Demokratiebegriffes eine Interpretation, wie sie der deutschen Verfassung immanent ist. Die kommunale Selbstverwaltung stelle danach *das* Instrument zur Umsetzung demokratischer Elemente auf der örtlichen Verwaltungsebene dar. Allerdings darf für die Auslegung nicht der deutsche, sondern muss schon im Hinblick auf die Funktion des Primärrechts innerhalb dieses Staatenverbundes ein eigenständiger „europäischer Demokratiebegriff" herangezogen werden[33]. Aus heutiger Sicht gibt es jedoch keinen europaweiten Konsens über dessen Inhalt, geschweige denn eine hinreichende Konkretisierung. Das insbesondere etwa von *Zuleeg* verfolgte Ziel, die kommunale Selbstverwaltungsgarantie im Demokratieprinzip abgesichert zu sehen, kann sich jedenfalls nicht auf den gemeinschaftsrechtlichen Begriff der Demokratie stützen.

Somit lässt sich über das Demokratieprinzip keine hinreichende Positionsabsicherung für das kommunale Selbstverwaltungsrecht herleiten.

3. Kommunale Selbstverwaltungsgarantie als Element des Subsidiaritätsprinzips?

Mit dem Maastrichter Vertrag vom 07. 02. 1992 wurde das Subsidiaritätsprinzip im Primärrecht der Gemeinschaft verankert. Heute findet es sich in Art. 2 Abs. 2 EUV und Art. 5 Abs. 2 EGV wieder. Als Strukturprinzip des Gemeinschaftsrechts anerkannt[34], statuiert es einen Vorrang der selbstverantwortlichen Aufgabenwahrnehmung zugunsten der kleineren bzw. niedrigeren Organisationsstufe. Erst wenn jener kleineren Organisationseinheit die Erfüllung einer Aufgabe nicht möglich ist, wird diese von der nächsthöheren Einheit übernommen. Dadurch soll der Aufbau der Europäischen Gemeinschaften von unten nach oben garantiert werden.

Zuweilen wird dieses Prinzip als Schutzmöglichkeit für die gemeindliche Selbstverwaltung diskutiert. Begründet wird diese Ansicht damit, dass mit dem Begriff der „Ebene der Mitgliedstaaten" der gesamte Bereich innerhalb der Mitgliedstaaten, und so auch die kommunale Ebene erfasst sei. Damit einher gehe eine direkte Wirkung des Subsidiaritätsprinzips zwischen der Gemeinschaft und innerstaatlichen, sprich kommunalen Gliederungen.

Dieser Ansicht steht freilich der eindeutige Wortlaut der Vorschrift – der nur das Verhältnis der Gemeinschaft zu den Mitgliedstaaten betrifft – ent-

---

[33] *Martini/Müller*, BayVBl. 1993, 161 (165).
[34] Siehe *Pieper*, DVBl. 1993, 705 (710).

gegen[35]. Aus Sicht der Gemeinschaftsrechtsordnung kann eine Adressierung an subnationale Untergliederungen, sofern nicht ausdrücklich verankert, nicht begründet werden. Demgemäß wird schon seit längerem von Teilen der Literatur – wie ich meine, konsequent – eine Ergänzung des Art. 5 Abs. 2 EGV unter ausdrücklicher Einbeziehung lokaler und regionaler Gebietskörperschaften gefordert[36].

Auch sonst ist der abstrakte Begriff der Subsidiarität – ungeachtet seiner grundsätzlich unbeschränkten Rechtskontrolle durch den Europäischen Gerichtshof – zu „schillernd und wenig justitiabel"[37], um einen wirksamen Schutzschild zugunsten kommunaler Selbstverwaltung auf europäischer Ebene darzustellen. Zuerst einmal muss der gemeinschaftsrechtliche Begriff der Subsidiarität in der Rechtspraxis der Gemeinschaft seine konkrete Gestalt finden. Allerdings ist in diesem Zusammenhang zu bedenken, dass schon ein einheitliches europarechtliches Verständnis des Subsidiaritätsprinzips nicht festzustellen ist; konsensfähig ist lediglich, dass jenes Prinzip der Abgrenzung der Kompetenzen zwischen den Mitgliedstaaten und der Gemeinschaft dient, wohingegen ein weiterreichender Schutz unter Einbeziehung auch innerstaatlicher Strukturen der Mitgliedstaaten derzeit jedenfalls keinen gemeinsamen Nenner findet. Eine derartige Feststellung findet seine Untermauerung im Protokoll über die Anwendung der Grundsätze der Subsidiarität und der Verhältnismäßigkeit vom 02. 10. 1997[38], bei dem nicht zu verkennen ist, dass dieser Aspekt seiner Ausprägung auf der Ebene der kommunalen Selbstverwaltungsträger[39] bei den Diskussionen zur Ausgestaltung des Gemeinschaftsrechts praktisch keine Rolle gespielt und so auch nicht zu entsprechenden Konkretisierungen in den genannten Texten geführt hat[40].

Das Subsidiaritätsprinzip kann demzufolge derzeit ebenfalls nicht zur Begründung der Verankerung der Garantie kommunaler Selbstverwaltung herangezogen werden.

---

[35] Siehe auch *v. Zimmermann-Wienhues*, Kommunale Selbstverwaltung in einer Europäischen Union, 1997, S. 247 f.
[36] Formulierungsvorschlag von *Hoffschulte*, in: Knemeyer, Subsidiarität – Föderalismus – Regionalismus, S. 157: (Art. 5 Abs. 2 EGV) ... „dies gilt auch im Verhältnis zwischen der Gemeinschaft einerseits und den lokalen und regionalen Gebietskörperschaften andererseits".
[37] *Martini/Müller*, BayVBl. 1993, 161 (165 f.).
[38] Protokoll über die Anwendung der Grundsätze der Subsidiarität und der Verhältnismäßigkeit v. 02. 10. 1997, ABl. EG C 340 v. 10. 11. 1997, S. 105, in Kraft getreten am 1. Mai 1999, BGBl. 1998 II, 386, BGBl. 1999 II, 296.
[39] Dazu insbesondere *Uhlenküken*, NWVBl. 1995, 421 ff.; distanziert *Löwer*, in: v. Münch/Kunig, GG, II, Art. 28 Rn. 97 m. w. N.
[40] *Tettinger*, in: v. Mangoldt/Klein/Starck, GG, Art. 28 Rn. 151.

4. Kommunale Selbstverwaltungsgarantie als Impuls für Bürgernähe?

Die Entscheidungen innerhalb der EU sollen – verankert als Postulat in Art. 1 Abs. 2 EUV – möglichst bürgernah getroffen werden. Dieses Bekenntnis zur bürgernahen Entscheidung nimmt, besonders in Würdigung auch des Weißbuches der Kommission[41], eine herausragende Stellung im Rechtssetzungsprozess der EG ein. Dies findet seine Bestätigung in der Präambel der Europäischen Grundrechte-Charta. Dort wird einleitend im ersten Absatz der Präambel die Entschlossenheit der Völker Europas bekräftigt, auf der Grundlage gemeinsamer Werte eine friedliche Zukunft zu teilen, indem sie eine immer engere Union anstreben. In Abs. 2 wird die Gründung der Union auf unteilbare und universelle Werte betont und in Abs. 3 programmatisch herausgestellt, dass die Union zur Erhaltung und Entwicklung dieser gemeinsamen Werte unter Achtung der Vielfalt der Kulturen und Traditionen der Völker Europas sowie der nationalen Identität der Mitgliedstaaten „und der Organisation ihrer staatlichen Gewalt auf nationaler, regionaler und lokaler Ebene" (sic!) beiträgt. Jenes Prinzip wird dabei häufig gerade von den Kommunen ins Feld geführt; verstehen sie sich schließlich keineswegs zu Unrecht als die Ebene mit der größten Kompetenz zur Sicherung von Bürgernähe.

Fraglich erscheint jedoch, ob sich daraus rechtliche Konsequenzen ableiten lassen, oder ob es sich eher um ein politisches Bekenntnis im Sinne des angestrebten Europas der Bürger handelt. Ein rechtliches Prinzip könnte dann angenommen werden, wenn das Gemeinschaftsrecht bestimmen würde, welches die bürgernächste Entscheidungsinstanz ist, sodass sich Art. 1 Abs. 2 EUV als Aufgabenzuweisungsnorm erweisen könnte[42]. Die Verträge freilich kennen keine anderen Adressaten als die Mitgliedstaaten und somit auch keine andere bürgernähere Instanz. Vielmehr ist die allgemein gehaltene Formulierung bewusst gewählt worden[43] – ein rechtlich justiziabler Grundsatz sollte mithin nicht aufgestellt werden.

Das Prinzip der bürgernahen Entscheidung kann folglich nur als eine politische Handlungsmaxime aufgefasst werden. Rechtliche Konsequenzen können daraus, insbesondere für die Kommunen, de lege lata nicht abgeleitet werden.

---

[41] Siehe dazu unter I.
[42] Siehe *v. Zimmermann-Wienhues*, Kommunale Selbstverwaltung in einer Europäischen Union, 1997, S. 245.
[43] *Tettinger*, in: v. Mangoldt/Klein/Starck, GG, Art. 28 Rn. 149.

5. Kommunale Selbstverwaltungsgarantie als identitätsstiftendes Element des deutschen Verfassungsrechts?

Nach Art. 6 Abs. 3 EUV achtet die Union schließlich die nationale Identität ihrer Mitgliedstaaten. Daraus könnte sich ein Ansatz für die Sicherung kommunaler Selbstverwaltung ergeben, falls sich dieses Merkmal als ein identitätsstiftendes Element des konkreten Mitgliedstaates, hier der Bundesrepublik Deutschland, darstellt.

Die kommunale Selbstverwaltung ist als Garantie im Grundgesetz (Art. 28 Abs. 2 GG) verankert. Darüber hinaus ist sie in allen Landesverfassungen erwähnt[44]. Dennoch erscheint fraglich, ob daraus schon auf ein identitätsbestimmendes Strukturprinzip des deutschen Verfassungsstaats geschlossen werden kann.

Das BVerfG hat in seiner Solange-II-Entscheidung[45] erstmals auf den Begriff der nationalen Identität Bezug genommen und jenen Begriff inhaltlich dargestellt als die Elemente, die „als unverzichtbare, zum Grundgefüge der geltenden Verfassung gehördenden Essentialia" angesehen werden können. Zur Bestimmung der Essentialia der Verfassung wird auf Art. 79 Abs. 3 GG zurückgegriffen[46]. Dies erscheint sachgerecht, da Art. 23 Abs. 1 Satz 3 GG explizit darauf Bezug nimmt und nach dessen Einfügung in das GG das BVerfG im Maastricht-Urteil[47] allein auf Art. 79 Abs. 3 GG abstellte[48]. Auf sonstige Grundgesetznormen, die vielleicht auch eine überragende Bedeutung für das deutsche Verfassungsgefüge haben, kann folglich wohl nicht zurückgegriffen werden.

Anhaltspunkte für identitätsstiftende Elemente der deutschen Verfassung kann somit lediglich Art. 79 Abs. 3 GG liefern, dessen Inhalt anerkanntermaßen zu den unabänderlichen Identitätsstrukturmerkmalen des GG gehört.

Allerdings verweist Art 79 Abs. 3 GG nicht auf die in Art. 28 Abs. 2 GG geschützte kommunale Selbstverwaltungsgarantie. Die in Art. 1 und 20 GG niedergelegten Grundsätze umfassen nicht die kommunale Selbstverwaltungsgarantie des Art. 28 Abs. 2 GG, ebenso strahlen jene fundamentalen

---

[44] Bis auf die drei Stadtstaaten: Art. 71 LV BW; Art. 11 BayLV; Art. 97 BbgLV; Art. 137 HessLV; Art. 72 LV M-V; Art. 57 NdsLV; Art. 78 LV NW; Art. 49 LV RP; Art. 117 SaarlLV; Art. 84 SächsLV; Art. 87 SächsLV; Art. 46 LV LSA; Art. 91 ThürLV.
[45] BVerfGE 73, 339 (375 f.).
[46] *Hellermann*, Örtliche Daseinsvorsorge und gemeindliche Selbstverwaltung, 2000, S. 71, 77 m. w. N.
[47] BVerfGE 89, 155 (181).
[48] *Löwer*, in: v. Münch/Kunig, GG, Art. 28 Rn. 95.

Verfassungsprinzipien der Art. 1 und 20 nicht so auf Art. 28 Abs. 2 GG aus, dass dieser als unabdingbarer wesensnotwendiger Bestandteil mitgeschützt wäre[49].

Zu bedenken ist fernerhin, dass Art. 79 Abs. 3 GG eng ausgelegt werden muss, immerhin stellt er eine Ausnahmevorschrift zum Prinzip der Volkssouveränität dar[50]. Eine derart weite Interpretation dieser Vorschrift, wonach die Garantie der kommunalen Selbstverwaltung als Strukturmerkmal der deutschen Verfassung von Art. 79 Abs. 3 GG erfasst wäre, ist demzufolge nicht haltbar.

Letztendlich kann die Garantie der kommunalen Selbstverwaltung daher nicht zum Gewährleistungsgehalt des Art. 79 Abs. 3 GG gezählt werden[51].

Allerdings muss hierbei auch kritisch angemerkt werden, dass, folgt man der eben dargelegten Ansicht, alle Elemente des Art. 79 Abs. 3 GG in irgendeiner Form schon Eingang in das Gemeinschaftsrecht gefunden haben. Indem alle identitätsstiftenden Merkmale hier bereits verankert sind, stellte sich Art. 6 Abs. 3 EUV für Deutschland nur als leere Hülse dar, sodass zu fragen ist, ob nicht über die unantastbaren Garantien des Art. 79 Abs. 3 GG hinaus Strukturmerkmale eines Mitgliedstaates in der EU zu berücksichtigen sind. Dies möchte ich für die anschließende Diskussion als Anhaltspunkt in den Raum stellen. Hingewiesen sei auch hier wieder auf Frankreich, wo derzeit darüber debattiert wird, inwieweit eine ausdrückliche Verankerung der „service public"-Philosophie in der französischen Verfassung angezeigt ist.

Dennoch kann hierzulande angesichts der Rechtsprechung des BVerfG, des eindeutigen Wortlauts des Art. 23 GG und der oben genannte Argumente keine andere Schlussfolgerung gezogen werden.

Demnach stellt sich die Garantie der kommunalen Selbstverwaltung nicht als identitätsstiftendes Verfassungselement dar[52], sodass eine Berücksichtigung im Wege des Art. 6 Abs. 3 EUV auf europäischer Ebene nach derzeitigem Erkenntnisstand nicht möglich erscheint[53].

---

[49] *Martini/Müller*, BayVBl. 1993, 161 (161).
[50] *Faber*, DVBl. 1991, 1126 (1132) m. w. N.
[51] Ebenso die h. M., Nachweise bei *Löwer*, in: v. Münch/Kunig, GG, Art. 28 Rn. 95.
[52] a. A. *Martini/Müller*, BayVBl. 1993, 161 (162), der auf die elementare Bedeutung der kommunalen Selbstverwaltung im Verfassungsgefüge des GG abstellt.
[53] Ebenso *Hellermann*, Örtliche Daseinsvorsorge und gemeindliche Selbstverwaltung, 2000, S. 129.

III. Europapolitische Folgerungen

Angesichts oben dargelegter Argumentationsansätze kann meines Erachtens derzeit kaum davon ausgegangen werden, die Gewährleistungen des Art. 28 Abs. 2 GG seien „europafest"[54]. Realistischerweise ist einzugestehen, dass die kommunale Selbstverwaltung der Gemeinschaftsgewalt bislang schutzlos gegenüber steht.

Zu wünschen ist daher eine explizite Absicherung der kommunalen Selbstverwaltung im Gemeinschaftsrecht. Die Chance einer möglichen Verankerung in einer europäischen Verfassung könnte der durch Laeken eingerichtete Verfassungskonvent nutzen. Bereits mangels Interessenrepräsentation der kommunalen Gliederungen stellt sich diese Möglichkeit jedoch leider nur als schwache Hoffnung dar. Vielmehr bleibt zu hoffen, dass kommunale Interessen von anderer Seite dort ausreichend vertreten werden. Angestrebtes Ziel der Kommunen, Länder und des Bundes muss es daher sein, auf europäischer Ebene die vorhandenen gemeinsamen Bestrebungen zur Bürgernähe zu bündeln und nicht miteinander in Konkurrenz zu treten, damit nicht ferne zentrale Bürokratien die Zukunft einer politischen Union kennzeichnen.

Die Handlungsmaxime, der eine verstärkte Aufmerksamkeit gewidmet sein sollte, ist die Entwicklung einer „Subsidiaritätskultur" in der Europäischen Union[55]. Jener Subsidiaritätsgedanke sollte jedoch nicht nur auf die kommunalen Belange in der Europäischen Union beschränkt bleiben, sondern auch den universitären Bereich sowie das Verhältnis zwischen Staat und Kirche einbeziehen, um so dem Ziel einer bürgernahen, transparenten und kulturell inspirierten Gemeinwohlumsetzung näher zu kommen.

Wie das Weißbuch der Kommission zeigt, wird der Wert bürgernaher Politik immer mehr anerkannt, um so der Gefahr, den ein „Brüsseler Sog der Zentralisierung" in sich birgt, entgegenzuwirken. Diese Tendenz gilt es für Repräsentanten kommunaler Belange aufzugreifen, durch die Beteiligung auf europäischer Ebene, sei es durch die Länder, den Bund oder durch den Ausschuss der Regionen, Fuß zu fassen und kommunale Eigenverantwort-

---

[54] So zutr. *Stern*, Europäische Union und kommunale Selbstverwaltung in: Festschrift für Karl Heinrich Friauf, 1996, S. 75 ff., 83 unter Bezugnahme auf *Rengeling*, DVBl. 1990, 893 (897 f.); *Schmidt-Aßmann*, Besonderes Verwaltungsrecht, 11. Aufl. 1999, Rn. 26 a. – siehe auch allg. *Knemeyer*, Europa der Regionen – Europa der Kommunen, 1994; *Magiera*, Kommunale Selbstverwaltung in der Europäischen Union, in: Festschrift für Willi Blümel, 1995, S. 13 ff.; *Nierhaus* (Hrsg.), Kommunale Selbstverwaltung. Europäische und nationale Aspekte, 1996.

[55] So *Stern*, Europäische Union und kommunale Selbstverwaltung in: Festschrift für Karl Heinrich Friauf, 1996, S. 92 f.

lichkeit gegenüber Unionseinflüssen zu sichern. Um das Subsidiaritätsprinzip mit Leben zu füllen, muss vor allen Dingen eine präzise und übersichtliche Kompetenzverteilung zwischen der Union und den Mitgliedstaaten, einschließlich der Untergliederungen geschaffen werden.

Bürgernahe Strukturen sind auch in Europa wegen ihrer freiheitlich-demokratischen und gewaltenteilenden Funktion unerlässlich: „Garant dafür ist ein nach dem Subsidiaritätsprinzip aufgebautes Gemeinwesen, in dem die kommunale Selbstverwaltung ihren Platz behält"[56].

Eine Ergänzung des Art. 6 Abs. 3 EUV, wie sie vom Ministerpräsidenten des Landes NRW in die Diskussion gebracht wurde, wäre als vertraglich fundiertes Leitbild, das auch eine Absicherung kommunaler Regelungskompetenzen und Aufgabendurchführung impliziert, gewiss sehr hilfreich. Indirekt könnte sich aber auch eine Wiederaufnahme von Überlegungen hierzulande zur Identität des deutschen Staates mit Neuorientierung an der Selbstverwaltungsidee als nützlich erweisen.

---

[56] *Stern*, a.a.O., S. 93.

Vierter Abschnitt
Diskussion und Ergebnisse

Hans-Günter Henneke
Zusammenfassung der Diskussion

Eingangs der Diskussion wies *Schoch* darauf hin, dass erneut und diesmal ganz zentral ein europarechtliches Thema auf der Tagesordnung stehe. Dies zeige von der Sache her die Vernetztheit, aber auch die große Komplexität der einzelnen zu besprechenden Bereiche. Dabei sei längst bekannt, dass auch die kommunale Ebene von dem europäischen Gemeinschaftsrecht erfasst werde. Bereits in den Jahren 1999 bis 2001 hätten europabezogene Themen den zentralen Gegenstand der DLT-Professorengespräche gebildet. Wenn man vor diesem Hintergrund politisch und vor allem rechtspolitisch nach vorne blicke, dann stehe man in einem Post-Nizza-Prozess. Die Erklärung von Laeken beschäftige sich mit der Zukunft der EU. Die Kommissionsmitteilung zum europäischen Regieren sei überdies intensiv zu diskutieren und inhaltlich zu verdichten. Überdies sei der Konvent mit drei deutschen Vertretern eingesetzt worden. Es werde interessant sein zu beobachten, wie sich diese drei deutschen Vertreter im Konvent um die Berücksichtigung kommunaler Belange bemühten. Die im Rahmen des Professorengesprächs zu erörternden Fragen seien Gegenstand bei den Beratungen des Konvents.

Schoch steckte damit die Eckpunkte der Diskussion ab: Laeken, Governance-Weißbuch und Konvent markierten die Herausforderungen und die Perspektiven. Hinsichtlich der vergangenen Diskussion in Deutschland kritisierte *Schoch*, dass weitgehend Defensiv-Positionen eingenommen worden seien. Er forderte die Diskutanten auf, die Fragestellungen offensiver als bisher anzugehen, um zu sehen, was an Entwicklungspotential vom Gemeinschaftsrecht präsentiert werde. Dabei müsse man berücksichtigen, dass die Grundsatzfragen vorentschieden seien. Jetzt gehe es um die nicht minder wichtigen Fragen in der Detailarbeit. Das Kompetenzthema erachtete *Schoch* als eines von mehreren Themen, aber nicht notwendigerweise als das Zentralthema. Für die Kommunen müsse es darum gehen, ihre Interessen selbst zu formulieren und ihre Positionen deutlich zu markieren, statt sich zu sehr auf das zu verlassen, was Bund und Länder gleichsam als Treuhänder einzubringen in der Lage seien.

Die einzelnen Diskussionsbeiträge knüpften sodann an die Gliederung der Referate an und befassten sich im ersten Teil schwerpunktmäßig mit Fragen der öffentlichen Daseinsvorsorgeaufgaben zwischen Liberalisierung und Stabilisierung (I.), um sich sodann den Erfahrungen aus der Auseinandersetzung um die öffentlich-rechtlichen Kreditinstitute (II.) zuzuwenden. Im Schlussteil der Diskussion wurden die Fragen des europäischen Regierens (III.) und die Erwartungen an den Konvent (IV.) vertiefend diskutiert.

I. Öffentliche Daseinsvorsorgeaufgaben zwischen Liberalisierung und Stabilisierung

Die Ausführungen der Referenten *Ruffert*, *Pielow* und *Kluth* stießen weitgehend auf Zuspruch.

Hinsichtlich Art. 295 EGV vertrat *Maurer* die Einschätzung, *Ruffert* habe Art. 295 EGV zu einer Kompetenzschranke aufgewertet, wodurch die Frage, was unter der Eigentumsordnung zu verstehen sei, von erheblicher Bedeutung sei. In der deutschen Rechtsordnung werde das Eigentum sehr variabel und unterschiedlich umschrieben. Das BVerfG habe den Eigentumsbegriff sehr weit ausgedehnt, aber gerade dort eine Grenze gezogen, wo staatliches und kommunales Eigentum zur Debatte stehe. Dies werde aus gutem Grund aus der Eigentumsgarantie ausgeklammert, da das Eigentum in der Hand des Staates eine andere Funktion als das Privateigentum habe. Es müsse zur Erfüllung staatlicher Aufgaben eingesetzt werden. Diese Unterscheidung sei richtig, weil staatliches und privates Eigentum völlig unterschiedliche Funktionen hätten. Sinn des Art. 295 EGV sei es keinesfalls, Staat und Kommunen das Ausweichen auf öffentliches Eigentum zu ermöglichen, um quasi in den „Tabu-Bereich" des Art. 295 EGV vorzudringen.

Burgi deutete das Referat von *Ruffert* dahingehend, dass man Art. 295 EGV für die Stabilisierung öffentlicher Daseinsvorsorge möglicherweise viel mehr entnehmen könne, als man bisher gedacht habe, da *Ruffert* Art. 295 EGV nicht als bloße Regelung der Eigentumszuordnung gesehen habe, sondern die Bestimmung zu einem Gestaltungselement mit Funktionsnotwendigkeit erweitert habe. Das erinnere an die überkommene Abgrenzung zwischen Enteignung einerseits und Inhalts- und Schrankenbestimmung andererseits. Nach Art. 295 EGV gehe es die EG nichts an, wie man Eigentumsgüter verschiebe. Anders sei dies, sofern man der Auffassung von *Ruffert* folge, möglicherweise für die Inhalts- und Schrankenbestimmung. *Burgi* überlegte, ob bei der Umsetzung von EG-Konzepten, jede öffentliche Leistung ausschreibungspflichtig zu machen, das bisherige Eigentum der öffentlichen Hand etwa an Bussen für die Erbringung von ÖPNV-Leistungen zur nutzlosen Hülle werden könne. *Burgi* warf die Frage auf, ob es sich in einer solchen Konstellation um ein Gestaltungselement mit Funktionsnotwendigkeit handele und fragte pointiert, ob man etwa aus Art. 295

EGV ableiten könne, dass ein solcher Verordnungsvorschlag, der zur Ausschreibungspflicht führe und eigene Betriebe zur Teilnahme an einer Ausschreibung zwinge, an Art. 295 EGV scheitern könne.
Oebbecke hielt dem entgegen, dass es sich dabei nicht um Eigentumspositionen handele. Wenn die Rahmenbedingungen der Anschaffung entwertet würden, seien wirtschaftliche Chancen dahin. Das sei Pech, gehöre aber nicht in den Schutzbereich des Art. 14 GG. *Ruffert* entgegnete, dass Art. 295 EGV keinesfalls eine Individualgarantie darstelle. Unter Berücksichtigung der Vorläufernormen von Art. 295 EGV, bei denen die Rede vom Eigentumsgegenstand sei, ergebe sich, dass dieser Artikel das Globale der Eigentumsordnung meine. Die Frage, was alles zum Eigentum gehöre, werde daher entschärft, weil die Gesamtzuordnung gemeint sei. Art. 295 EGV schütze funktionsnotwendige Gestaltungselemente nicht individuell, sondern in der globalen Zuordnung. Allerdings könnten einzelne Beihilfeentscheidungen in Bezug auf konkrete Unternehmen staatliche Zuordnungsentscheidungen für den gesamten Staat zerstören. Mit Blick auf das von *Burgi* gebildete ÖPNV-Beispiel wies *Ruffert* darauf hin, dass man sich fragen müsse, ob das nationale Recht in der Gemeindeordnung bzw. im Personenbeförderungsgesetz Entscheidungen getroffen habe, den ÖPNV in staatlicher, privater oder kommunaler Hand zu führen. Wenn eine Entscheidung für die öffentliche Hand getroffen worden sei, sei weiter zu fragen, ob eine EG-Verordnung diese Zuordnungsentscheidung zerstören würde, weil sie funktionsnotwendige Gestaltungselemente nimmt. Resümierend kam Ruffert zu dem Schluss, dass Art. 295 EGV mehr beinhalte, als gegenwärtig vermutet. Andererseits stecke nicht so viel darin, wie im Dunstkreis der Sparkassenschlacht politisch in diese Bestimmung hineingelegt worden sei. Dennoch lasse sich die Prognose wagen, dass Art. 295 EGV seine Zukunft noch vor sich habe.

Breiten Raum in der Diskussion nahm die Frage nach der Absicherung und Konkretisierung der Daseinsvorsorge im EGV und im nationalen Recht ein. *Tettinger* zitierte insoweit *Bodo Börner*, der auf die Frage „Was ist Daseinsvorsorge?", gesagt habe: „Das ist ein Irrwisch! Er macht irre und wischt durchs Recht." An dieser plastischen Formulierung sei manches dran. *Tettinger* sprach sich dafür aus, sich europarechtlich an die Formulierungen des Art. 86 Abs. 2 EGV zu halten. Diese Formulierungen seien bewusst so gewählt worden, um vom Service Public der Franzosen etwas abzuweichen und etwas Neues zu finden. Aber auch in den deutschen Vorschriften der Gemeindeordnungen über öffentliche Einrichtungen werde sauber differenziert zwischen sozialer, kultureller und wirtschaftlicher Betreuung. Nur um den letzten Punkt könne es wegen der dort bestehenden Konkurrenz zu Privaten gehen. *Tettinger* wies darauf hin, dass die Europäische Kommission den Begriff der Daseinsvorsorge immer nur in der deutschen Übersetzung benutze, um insoweit der deutschen Seite gegenüber Wohlwollen zu dokumentieren. Den Franzosen sei es gelungen, in die Diskussion um die Grundrechtscharta Art. 36 hineinzubringen. *Tettinger* vertrat die Ansicht, dass aus Sicht der Bürger die soziale und kulturelle Komponente mindestens so wichtig gewesen wäre wie die wirtschaftliche. Aber darüber sei kein Wort gefallen. Stattdessen sei Art. 36 in die Grundrechtscharta hineingekommen. Dies sei aus französischer Sicht ein geschicktes strategisches Vorgehen, vor dessen Hintergrund *Tettinger* die Warnung aussprach, nicht so zu tun, als ob mit der Erklärung von Laeken nichts passieren könne, was in die gleiche Richtung gehe.

Ehlers wies darauf hin, dass sich *Burgi* im Professorengespräch 2001[1] nachdrücklich gegen eine unionspolitische Aufladung der Daseinsvorsorge ausgesprochen habe. Dies sei weiterhin zu unterstreichen. Bei möglichen Gewichtsverlagerungen müsse man aufpassen. Letztlich komme nach wie vor alles auf die Auslegung von Art. 86 Abs. 2 EGV an. Die Auslegung dieser Vorschrift sei beim EuGH in guten Händen. Früher sei die Auslegung sehr restriktiv gewesen, jetzt sei sie etwas moderater. *Ehlers* forderte dazu auf, die deutschen Anstrengungen darauf zu konzentrieren, dass diese Zentralnorm weiter richtig ausgelegt werde.

Wais illustrierte an zahlreichen Beispielen die auf kommunaler Ebene bestehende Rechtsunsicherheit hinsichtlich der Geltung und Anwendung EG-rechtlicher Bestimmungen. So habe sich der Kreistag bei der Vorbereitung von Vergaben im EU-Vergaberecht heillos verheddert. Gravierende zeitliche Verzögerungen in der Durchführung notwendiger Daseinsvorsorgemaßnahmen seien die Folge. *Pielow* entgegnete hinsichtlich des Vergabebeispiels, dass zu konzedieren sei, dass die EU in vielen Sektoren Deregulierung predige, aber zum Teil Reregulierung betreibe.

Wohltmann plädierte dafür, künftig zu mehr Rechts- und Planungssicherheit zu kommen. Dieses Erfordernis richte sich an zwei Ebenen, nämlich die europäische und die nationale Ebene. Mit Blick auf die europäische Ebene forderte *Wohltmann* zu einer Konkretisierung hinsichtlich der wirtschaftlichen Tätigkeit auf. Der Ansatz der Europäischen Kommission, lediglich Beispiele zu nennen, sei kritisch zu sehen. Er plädierte dafür, konkrete, fassbare Kriterien zu entwickeln und nicht nur Beispiele zu nennen. Einzelne Elemente des Art. 86 Abs. 2 EGV seien konkretisierungsbedürftig. *Wohltmann* verwies insoweit insbesondere auf die Merkmale des „Tangierens des innergemeinschaftlichen Handelns" sowie auf das Erfordernis der „Beeinträchtigung". In der so genannten Dorsten-Entscheidung sei auf Entfernungskilometer abgestellt worden. Dies hielt *Wohltmann* nicht für trag-

---

[1] *Burgi*, in: Henneke (Hrsg.), Verantwortungsteilung zwischen Kommunen, Ländern, Bund und EU, 2001, S. 90 (115 f.).

fähig. Die Differenzierung zwischen Grenznähe und Landesinnerem könne keinen Bestand haben. Es müssten insoweit andere Kriterien entwickelt werden.

Günstige Entwicklungsperspektiven entnahm *Wohltmann* der Ferring-Entscheidung des EuGH[2], wonach der Mehrausgleich für Lasten des öffentlichen Auftrags keine Beihilfe darstelle und folglich auch keine Notifizierungspflicht auslöse[3]. Korrespondierend verlangte *Wohltmann* auf nationaler Ebene eine Konkretisierung des öffentlichen Auftrags, da die Gemeindeordnungen insoweit sehr allgemeine Spielräume einräumten. Die Ausfüllung müsse durch die Kommunen entweder durch Satzung oder durch Gesellschaftsvertrag erfolgen.

Wetzel kritisierte, dass man in Deutschland den Begriff der öffentlichen Daseinsvorsorge in einem sehr umfassenden Sinne benutze. Damit täte man sich keinen Gefallen, sondern erzeuge Effekte wie im Europäischen Rat von Barcelona mit der Folge, dass ein Begriff der öffentlichen Daseinsvorsorge in einer Kommissionsmitteilung für ganz Europa ausgefüllt werde. Dazu gebe es überhaupt keine EG-vertragliche Grundlage. *Wetzel* formulierte pointiert, dass der EGV aus deutscher Sicht Probleme nur in spezifischer Hinsicht aufweise und man deshalb dabei sei, das Kind mit dem Bade auszuschütten. Auch plädierte er dafür, sich streng an Art. 86 EGV zu halten. *Wetzel* wies darauf hin, dass die deutschen Länder gemeinsam mit der Bundesregierung vorgeschlagen hätten, in einem Rechtsetzungsakt Art. 86 Abs. 2 EGV zu ergänzen und klarzustellen. Das sei auch Ausdruck mathematischer Logik. Dies gelte insbesondere in der Frage, wann eine Beihilfe vorliege.

Wendt setzte insoweit ein Fragezeichen hinter die These, dass die Beihilfeaufsicht jetzt nicht weiter ausgegriffen habe als in der Vergangenheit und sich nur neue Tätigkeitsfelder und Schwerpunkte erschlossen habe. Er nannte insoweit das Stichwort: Zuschüsse für den Nahverkehr als Beihilfe. Bei der Vergabe von Linienverkehrsgenehmigungen im ÖPNV könne man den Beihilfecharakter ebenso bejahen wie beim Defizitausgleich der Kommunen gegenüber Verkehrsunternehmen. *Wendt* verwies sodann aber darauf, dass viel weitergehend diskutiert und gefragt werde, ob der Anspruch der Gebietskörperschaften auf Kompensation der Lasten, die sich aus Aufgabenübertragungen ergeben, auch dem Beihilferegime unterliege. Bejahe man dies, würden Quasi-Finanzausgleichsleistungen im genuin-staatlichen Bereich tendenziell zu unzulässigen Beihilfen qualifiziert. Dies sei höchst problematisch. *Wendt* vertrat die Auffassung, dass es insoweit um den ge-

---

[2] EuGH (6. Kammer), Urt. v. 22. 11. 2001 (Az: C –53/00), ABl. EG C 17 v. 19. 01. 2002, S. 5 f. = NVwZ 2002, 193.
[3] Dazu ausführlich: *Henneke*, NdsVBl. 2002, 113 (115).

Zusammenfassung der Diskussion

nuin-staatlichen Bereich selbst und nicht um Trabanten gehe. Dort habe die Wettbewerbs- und Beihilfenkontrolle nichts zu suchen. Dieser Position schloss sich *Kluth* ausdrücklich an. *Wetzel* unterstützte diese Position und wies darauf hin, dass von deutscher Seite die Auffassung vertreten werde, dass der bloße Mehrlastenausgleich keine Beihilfe sei. Der Auftrag sei erteilt und erzeuge Kosten. Wenn die Kosten befriedigt würden, werde damit nicht der Wettbewerb verzerrt. Vielmehr werde ein Marktnachteil ausgeglichen, was nicht zur Notifikation führe. Hier bestehe ein Klarstellungsbedürfnis.

Pielow konzedierte, dass in Einzelfällen Rechtsunsicherheit bestehe, die einen Bedarf an der Schaffung verlässlicher Korridore bei der Anwendung von Art. 81 ff. EGV insbesondere bei Art. 86 Abs. 2 EGV auslöse. In der Rechtsprechung sei in Nuancen vieles ungeklärt. Unsicherheiten bestünden insbesondere bei der Frage der Anrechenbarkeit des Mehrlastenausgleichs. Die Frage, ob dies eine Beihilfe sei oder nicht, sei offen. Die Bundesregierung habe die Frage vor Laeken als aufklärungsbedürftig bezeichnet. Wenn auch auf die Rechtsprechung im Einzelfall kein Verlass sei, bestehe doch Klarheit hinsichtlich der Systematik der Prüfung. Dies sei nicht zu unterschätzen. *Wetzel* kritisierte, dass die Transparenzrichtlinie, die deutliche Klarstellungen gebracht habe, in Deutschland sehr kritisch aufgenommen worden sei. Zu fragen sei indes, wie man Rechtssicherheit erzeugen könne, wenn man über keine Berechnungsgrundlagen verfüge. Der in den Referaten verwandte Begriff der „legitimen Sekundäraufgaben kommunaler Unternehmen" wurde von *Wetzel* massiv kritisiert. Es sei völlig unklar, was darunter zu verstehen sei. Wenn man von einem solchen Begriff ausgehe, sei zu fragen, wie man dann jemals Rechtsklarheit für kommunale Unternehmen herstellen wolle.

Breiten Raum nahm in der Diskussion die Frage ein, wie man hinsichtlich der Erfüllung von Daseinsvorsorgeaufgaben zu mehr Rechtssicherheit kommen könne. Dabei hob *Schlebusch* hervor, dass die Daseinsvorsorge Wandlungen unterworfen sei. So sei die Lebensmittelversorgung der Bevölkerung nach dem Krieg kommunale Aufgabe gewesen. Das sei sie jetzt nicht mehr. Auch sei die Energieversorgung bisher eine öffentliche Aufgabe gewesen. Auch insoweit habe sich möglicherweise ein Wandel vollzogen. Verneine man den Charakter als Daseinsvorsorgeaufgabe, dann wäre trotz gegebener Verwerfungen keine EG-Betroffenheit mehr vorhanden. Den ÖPNV qualifizierte *Schlebusch* als den Kommunen obliegende öffentliche Aufgabe. Die Kommunen hätten den straßengebundenen ÖPNV zu organisieren. Dann müsse es möglich sein, die Aufgabe entweder selbst wahrzunehmen oder durch Dritte zu erfüllen.

Bei den Sparkassen habe die Diskussion eine bedenkliche Entwicklung genommen, da die wirtschaftliche Betrachtung in der aktuellen Diskussion allein maßgeblich gewesen sei und Fragen der Flächenversorgung und der sozialen Komponente erstmals keine Rolle gespielt hätten. Der öffentliche Auftrag der Sparkassen sei in der aktuellen Diskussion allenfalls hilfsweise herangezogen worden. Wegen des nunmehr erzielten Kompromisses könne man von deutscher Seite insoweit keine Hilfe durch die EU mehr erfahren. *Schlebusch* bedauerte diese Entwicklung, da man insoweit dringend eine Klarstellung durch einen gesetzgeberischen Akt oder eine Festlegung der EU gebraucht habe, um so den öffentlichen Auftrag zu sichern.

Hinsichtlich der Abfallentsorgung vertrat *Schlebusch* die Auffassung, dass es sich um eine pflichtige Entsorgungsaufgabe der öffentlichen Hand handele. Zugleich wies er darauf hin, dass nach anderer Auffassung Abfall eine Ware am Markt sei, die man hin- und herschieben könne und bei der der Staat nur Kontrollrechte habe. Das Thema der Wasserversorgung werde derzeit intensiv diskutiert und sei im Ergebnis seines Erachtens anders als im Energiesektor zu behandeln. *Schlebusch* fragte, ob man den Diskussionsprozess Aufgabe für Aufgabe so führen solle, dass man jeweils beim EuGH lande und zu Auslegungen komme. *Schlebusch* sprach sich für eine saubere juristische Auslegung und gegen politische Entscheidungen aus. Daher sei de lege ferenda ein juristisch auslegungsfähiger Abgrenzungskatalog mit Ausnahmebestimmungen wünschbar.

Kluth und *Schoch* brachten die Lösungswege zur Erzielung von mehr Rechtssicherheit wie folgt auf den Punkt: Man könne die Position vertreten, dass sich Rechtssicherheit durch den EuGH im Zuge einer sich entwickelnden Rechtsprechung langsam herausbilde. Das Gegenmodell gehe dahin, im Rahmen des Art. 86 Abs. 3 EGV Richtlinien zu schaffen. Dann komme man zu einer unionsweiten Rechtsetzung. In dieser Frage liege eine ganz wichtige politische Weichenstellung. Dabei zeigte sich *Kluth* höchst erstaunt darüber, dass sich ausgerechnet der Ausschuss der Regionen so vehement für eine europäische Rechtsetzung ausgesprochen habe. *Kluth* wies demgegenüber darauf hin, dass Rechtssicherheit auch dadurch vermittelt werde, wenn man auf eine gefestigte Praxis der Kommission und des EuGH zurückgreifen könne. Die Frage sei, was die Mitgliedstaaten wollten. Entweder könne man der Auffassung sein, jetzt eine gewisse Rechtsunsicherheit hinzunehmen und die Grenzen bei der Anwendung des Wettbewerbs- und Beihilferechts auszutesten oder jetzt bereits einen Rechtsetzungsakt einzufordern. Aus der deutschen Tradition der kommunalen Selbstverwaltung spreche vieles dafür, den Verzicht auf Rechtsetzungsakte als den vorzugswürdigen Weg zu bezeichnen. Man könne diesen Weg auch wagen, weil die bisherige Rechtsprechung des EuGH eher günstiger als frühere Kommissionsentscheidungen sei. *Kluth* wies nachdrücklich darauf hin, dass der Weg über Art. 86 Abs. 3 EGV nicht zu einer positiven Daseinsvorsorgepolitik der EU führen dürfe. Vielmehr könne nur gesagt werden, wo Ausnahmetatbestände

Zusammenfassung der Diskussion

anerkannt würden. Diese Abwägung müsse man sich ganz deutlich vor Augen führen.

Von kommunaler Seite müsse man die Vertreter des Ausschusses der Regionen kritisch fragen, was sie sich eigentlich angesichts ihres Eintretens für die europäische Rechtsetzung im Ergebnis vorstellten. *Kluth* sprach sich resümierend dafür aus, hinsichtlich des Klarstellungsbedürfnisses bei der Beihilfe durch die Praxis Grenzen auszuloten und Einzelfallentscheidungen einschließlich des damit verbundenen Freiraums hinzunehmen, statt eine europäische Rechtsetzung einzufordern, die europaweite Determinierungen mit sich bringt. Insbesondere sei die Daseinsvorsorge kein europarechtlicher Begriff. Wenn man zuviel in diesen Begriff hineinpacke, führe dies zwangsläufig zu Verwischungen. Deshalb solle man an den präziseren Begriffen des Europarechts festhalten und für die Aufgabenbestimmung nach wie vor nationale Ansatzpunkte wählen. Die von *Schoch* und *Kluth* aufgezeigten Lösungswege, Rechtssicherheit zu schaffen, stießen auf allgemeine Akzeptanz.

Oebbecke gab die Einschätzung ab, dass in den letzten 15 bis 20 Jahren von kommunaler Seite der Weg, mit Geduld die Gerichte zu bemühen, dann aber eine stabile Situation zu haben, als immer unattraktiver empfunden worden sei. Der Grund dafür möge auch darin liegen, dass man auf die Gerichte politisch keinen Einfluss nehmen könne und nicht wisse, was dabei herauskomme. Deshalb gehe man immer mehr an die Politik. Daraus hätte sich eine ganze Reihe von Änderungen gerade im Bereich des kommunalen Wirtschaftsrechts ergeben. Skepsis äußerte *Oebbecke* hinsichtlich der Berufung auf eine „gute Selbstverwaltungstradition". Zwar sei die Forderung nach Regelungen nach der Theorie der Selbstverwaltung kontraproduktiv, weil die Selbstverwaltung grundsätzlich selbst entscheiden wolle. Wichtig sei aber auch, dass gerade die kommunale Selbstverwaltung immer ein gewisses Misstrauen habe, wie man angesichts der Gefahr wechselnder Mehrheiten in concreto entscheiden werde. Daher sei die Mentalität, nach dem Motto: „Sicher ist sicher" vorzugehen, sehr verbreitet. *Oebbecke* wies im Übrigen auf den Entlastungseffekt fremddeterminierter Entscheidungen hin. Dieser Gesichtspunkt werde bei der Diskussion um die Normenflut häufig übersehen. Eigene Entscheidungen seien häufig sehr aufwändig. Von daher könne man nicht einfach sagen, dass es eine ungebrochene Tradition gebe, selbst zu entscheiden. Allenfalls könne man sagen, dass es diese Tradition *auch* gebe. Der in Deutschland breit geführten Debatte um die Erzielung von mehr Rechtssicherheit hielt *Oebbecke* pointiert entgegen, dass es darum in Wirklichkeit gar nicht gehe. Alle Beteiligten wüssten, wie man ohne Zweifel auf der „sicheren Seite" stehe. Dies werde aber gar nicht gewollt. Man wolle nicht mehr Rechtssicherheit, sondern die Aufrechterhaltung bestimmter Aufgabenwahrnehmungen, an die man sich in Deutschland gewöhnt habe. Diese Aufgabenwahrnehmungen wolle man schlicht behalten. Wenn man demgegenüber wirklich mehr Rechtssicherheit haben wolle, könne man diese sofort bekommen.

Auch *Pielow* sprach sich dagegen aus, den trägermäßig vorbelasteten Begriff der Daseinsvorsorge auf die europäische Ebene zu transformieren. Besser solle man von „allgemein interessierenden Diensten" sprechen. Bei der von *Oebbecke* angesprochenen Einforderung von Regelungen auf der europäischen Ebene gehe es einerseits um Kompetenzabgrenzung und andererseits um die Abgrenzung zwischen dem, was Wirtschaft und Wettbewerb einerseits seien und dem, was Staat sei. *Pielow* sah insoweit einen Nachholbedarf, da dazu das europäische Recht bisher wenig sage. Hinsichtlich des Begriffs der Daseinsvorsorge verwies *Pielow* schließlich darauf, dass für das deutsche Recht das Spezifikum darin bestehe, dass es die Universalität des kommunalen Wirkungskreises gebe. Im Unterschied zu Spezialitätsregimen im romanisch-sprachigen Raum (Frankreich, Spanien) brauche man insoweit keine spezielle Aufgabenzuweisung. Dies sei eine besondere Stärke der kommunalen Selbstverwaltung in Deutschland.

Diskussionsbedarf löste auch die Formulierung von *Kluth* aus, man benötige ein Leitbild des kommunalen Unternehmertums, bei dem sowohl die EU als auch die Mitgliedstaaten tätig werden sollten. *Burgi* fragte pointiert, ob dies die Geburtsstunde einer neuen Regel vom Vorbehalt des Gesetzes gewesen sei, da schließlich jemand das Leitbild fixieren müsse. Er bezweifelte, dass das für die kommunale Selbstverwaltung ein erstrebenswertes Ziel sei und sprach sich dafür aus, für die Zweckbestimmung eine kommunale Satzung genügen zu lassen. *Kluth* stellte daraufhin klar, dass das Leitbild nicht als normatives Leitbild zu verstehen sei, sondern eher als Destillat aus den bereits existierenden Vorschriften bzw. Regelungen. Er habe deutlich machen wollen, dass im Normalfall das öffentliche Unternehmen europarechtlich nicht belästigt werde, wenn es organisationsrechtlich eigenständig sei. In diesem Falle frage das Europarecht nicht, was das Unternehmen mache. Der deutsche Ansatz bestehe demgegenüber darin, zunächst einmal von Staatsaufgaben her eine Begrenzung für die öffentlichen Unternehmen vorzunehmen. Dieser Ansatz werde im Europarecht so nicht verfolgt. Das Europarecht habe damit ein anderes Leitbild des öffentlichen Unternehmens. Wenn Finanztransfers und andere Begünstigungen erfolgten, verlange das EG-Recht den Betrauungsakt. Die Präzisierung des Belastungszwecks könne durch Satzung bzw. durch Gründungsakt geschehen. Sie müsse nicht durch Gesetz erfolgen.

Kluth machte das Problem in der Praxis darin aus, dass sich die *Gründungs-zweckbestimmungen* im Laufe der Zeit meistens ganz anders entwickelten. Die Frage des Leitbilds für die Zukunft sei insbesondere die Frage an die

Zusammenfassung der Diskussion

Gesetzgeber in den Ländern, welche Vorstellungen von Unternehmen sie dem kommunalen Wirtschaftsrecht eigentlich zugrunde legen wollten. *Kluth* machte insoweit viele Widersprüche aus, was man sich von einem kommunalen Unternehmen erwarte. Dies führe dazu, dass die Steuerungsmechanismen in den einzelnen Ländern ganz unterschiedlich seien und unterschiedlich praktiziert würden. Die Tendenz der Zulassung einer überörtlichen Betätigung und einer stärkeren Orientierung an der Wirtschaftlichkeit, wie sie in einigen Ländern erfolge, gehe ein Stück weit mit dem Leitbild des Europarechts konform.

Mit dieser Positionierung setzte sich *Meyer* ausführlich auseinander und stimmte für die Umsetzung des Art. 86 Abs. 2 EGV *Kluth* hinsichtlich der Punkte „präzise Zweckbestimmung" und „Betrauungsakt" ausdrücklich zu. Andere Punkte akzentuierte *Meyer* dagegen deutlich anders und fragte, wer das europäische Leitbild definiere, das man für das nationale Recht übernehmen solle. Man habe zwar durch die Verträge das Primärrecht festgelegt, die Entwicklung des europäischen Rechts sei aber ein fortschreitender Prozess, der auf sehr leisen Sohlen daherkomme. Es fange zunächst ganz harmlos mit der Auflistung von Beispielen an. Dann würden Materialsammlungen angelegt. Es erfolge sodann eine Verdichtung in Weißbüchern, aus denen Richtlinien mit der Folge würden, dass auf diese Weise irgendwann ein justiziables Recht gewonnen werde. Das Markante daran sei, dass sich diese Rechtsbildung einem politischen Erörterungsprozess entziehe. Während die von *Oebbecke* angesprochene Entwicklung des Landesrechts mit ständigen Änderungen des kommunalen Wirtschaftsrechts auch wieder änderbar sei, sei auf der europäischen Ebene ein eingeleiteter Prozess irreversibel. Jedenfalls entziehe er sich einem demokratisch legitimierten, offenen Diskussionsprozess. Daher sei es per se nicht unproblematisch, aus dem europäischen Recht Leitbilder für die Ausgestaltung des nationalen Rechts zu entwickeln. Wenn *Kluth* den Vorwurf erhoben habe, dass sich die Länder bei der Ausgestaltung des kommunalen Wirtschaftsrechts inkonsistent verhielten und er den Länderregierungskonzepten Erfolgschancen eingeräumt habe, die ein liberales kommunales Wirtschaftsrecht ermöglichten und z. B. Mindestgrößen für die wirtschaftliche Betätigung vorsehen, sei zu fragen, wer Größenvorgaben von außen legitimiere. So werde im Sparkassensektor gegenwärtig aus betriebswirtschaftlichen Gründen untersucht, wie man Optimierungspotentiale erschließen könne. Erfolgreiche Einzelbeispiele auf bestimmten Feldern würden in Zukunft auf weitere Bereiche ausgedehnt und führten zu Einflussverlusten auf der Trägerseite.

Meyer prognostizierte, dass sich die Distanz der Sparkassen zum Träger auf diese Weise in Zukunft vergrößern werde und äußerte die Sorge, ob man auch unter europarechtlichen Aspekten einer Entörtlichung der Aufgabenerfüllung das Wort rede. *Meyer* erinnerte an die Rechtsprechung des Sächs-

VerfGH, dass Sparkassen *noch* eine kommunale Aufgabe seien. So könne das Dilemma entstehen, dass man eine Aufgabenerfüllung künftig europafreundlich organisiere, aber als kommunaler Träger mangels fortbestehender Örtlichkeit die Aufgabe loswerde. Dieser Aspekt bedürfe der vertiefenden Durchdringung.

Kluth entgegnete, dass er lediglich versucht habe, Wechselwirkungen zwischen beiden Ebenen deutlich zu machen und aufzuzeigen, welche Impulse vom Europarecht ausgingen. Diese Impulse müssten von den Landesgesetzgebern an die Kommunen richtig weitergegeben werden. So seien im Bereich des Art. 86 Abs. 2 EGV klare Vorgaben für deutliche Zweckbestimmungen zu machen, die es dann zu kontrollieren gelte. Eine andere Frage sei die der Ebenenbestimmung. Dies gelte auch für die Frage der Bestimmung der richtigen Selbstverwaltungsebene. Sie sei letztlich verwaltungswissenschaftlich zu lösen.

Auch die Benchmarking-Aktivitäten der Europäischen Kommission zur Daseinsvorsorge führten zu einer intensiven Diskussion. *Ehlers* wies darauf hin, dass das Laeken-Papier die Punkte „Benchmarking" und „Feedback" enthalte. Mit Blick auf Art. 16 EGV bezweifelte er, dass es dafür eine rechtliche Grundlage gebe. *Ehlers* vertrat die Ansicht, dass eine Kompetenz der Kommission, einen Vergleich darüber anzustellen, wie die Daseinsvorsorge in den Mitgliedstaaten durchgeführt werde, nicht bestehe. Jedenfalls könne man dies aus Art. 16 EGV nicht herleiten. Es gebe nur einzelne Kompetenzen, etwa im Verkehrsbereich, aber keine generelle EG-Kompetenz zur Kontrolle. *Ehlers* wies nachdrücklich auf die Gefahr hin, dass bei einer Zusammenstellung der Erhebung der Befund leicht zum Leitbild bzw. zum Maßstab werde, den man dann allgemein zugrunde lege.

Kluth konzedierte, dass es keine gemeinschaftsrechtliche Kompetenz gebe, ein Benchmarking als verbindliches Instrument einzuführen. Allenfalls im Rahmen der Vorbereitung von Rechtsetzungsakten handele es sich dabei um eine Methode, die die Kommission für sich zur Orientierung anwende. Sonst gebe es dafür keine Grundsätze. Mit *Ehlers* dürfe man keine unionspolitische Aufladung der Bestimmungen des EGV vornehmen. Andererseits müsse man anerkennen, dass dort, wo eine Unionskompetenz bestehe, ihre Ausübung Politik sei.

Auch *Wetzel* warnte nachdrücklich davor, den Begriff der öffentlichen Daseinsvorsorge auf die europäische Ebene hochzuzonen. Man dürfe nicht so tun, als ob es Fälle gebe, in denen öffentliche Daseinsvorsorgeleistungen gefährdet gewesen seien. Anders als etwa im Bereich der Elektrizitätsversorgung in den USA gebe es keinen einzigen Fall, wo die Versorgung der Bevölkerung konkret gefährdet gewesen wäre. *Wetzel* wies nachdrücklich darauf hin, dass man mit Blick auf Art. 16 EGV die deutschen Interessen

Zusammenfassung der Diskussion

von den französischen Anliegen ganz klar abgrenzen müsse. Das von *Ehlers* und *Kluth* angesprochene Evaluationsvorgehen widerspreche ganz eindeutig den Aufgaben der Europäischen Union. Obwohl die EU keine eigenen Daseinsvorsorgeaufgaben habe, habe der Rat dies dennoch aufgegriffen. Wenn jetzt der territoriale und soziale Zusammenhalt in die Daseinsvorsorge einziehen sollte, wie es nach den Äußerungen des Europäischen Rates unter Berufung auf Art. 16 EGV den Anschein habe, begehe man einen ganz falschen Weg. Dann bekomme man ein Marktkorrektiv im Binnenmarkt. Das sei keinesfalls der Ausgangspunkt der Diskussion von Seiten der deutschen Länder gewesen. Schließlich seien die Aufgaben der Daseinsvorsorge spezifische lokale, regionale und damit typisch subsidiäre Aufgaben.

Dieser Einschätzung schloss sich *Pielow* an. Die Unterschiede zwischen Deutschland und Frankreich würden insbesondere im Kriterium des territorialen und sozialen Zusammenhalts deutlich. *Pielow* warnte nachdrücklich davor, dass man sich aus deutscher kommunaler Sicht spontan die Hände reibe und sage, das sei ja genau das, was man auf der lokalen Ebene wolle. Die Franzosen verstünden das Kriterium des territorialen und sozialen Zusammenhalts aus einer völlig anderen Perspektive. Der territoriale und soziale Zusammenhalt beziehe sich in Frankreich auf das gesamte Staatsgebiet, so dass die Konzeption extrem konträr zu dem verlaufe, was man in Deutschland unter kommunalen Interessen verstehe. Es sei also vor zu schnellen Parallelen dringend zu warnen. Wenn man dieses Kriterium auf europäischer Ebene anwende, bestehe die Gefahr, dass man es irgendwann mit einer europäischen Regelung des territorialen und sozialen Zusammenhalts zu tun bekomme. Dann gebe es erst recht keine Chance mehr zur Durchsetzung kommunaler Interessen.

Pielow brach anschließend noch einmal eine Lanze für die Grundkonzeption des Art. 86 Abs. 2 EGV. Diese Konzeption sei hochintelligent. Ausgegangen werde von der Gestaltungsfreiheit der Mitgliedstaaten bei nur akzidentiellem Zugriff der Gemeinschaftsorgane. Für diesen Fall sei die Kommission darlegungs- und beweislastpflichtig, wenn es darum gehe, Modelle zu entwickeln, die den Mitgliedstaaten als Systeme der Daseinsvorsorge entgegengesetzt werden können. Wenn die Kommission der Auffassung sei, dass mitgliedstaatliche Praktiken den Wettbewerbsvorschriften zuwider gingen, sei sie beweispflichtig und müsse Konzepte entwickeln, die wettbewerbsfreundlicher umgesetzt werden könnten. Gerade darin liege die besondere Intelligenz des Systems. Auf anderem Wege werde man nicht zu Lösungen kommen können. Wenn man etwa daran gehe, Sekundärrechtsmaßnahmen zu entwickeln, komme man hinsichtlich der Daseinsvorsorge wegen der strukturellen Inkongruenzen der Mitgliedstaaten niemals zu einer Einigung. Dies gelte auch auf der Ebene des Primärrechts, wie sich insbesondere an dem Verhältnis von Frankreich und Deutschland zeige. Die

Franzosen versuchten deshalb vehement, auf europäischer Ebene Politik in ihrem Sinne zu betreiben, weil sie erkannt hätten, dass man in einem normalen Rechtsetzungsverfahren angesichts der sich immer gravierender auseinander entwickelten Verhältnisse niemals zu einem Konsens komme. Wenn man tatsächlich so weit gehen sollte, Rahmenrichtlinien zum Thema Daseinsvorsorge zu entwickeln oder sogar über den auf den einzelnen Sektor bezogenen bzw. Normen bezogenen Regelungsbereich hinaus, dann stelle sich die Frage, ob die Kompetenzgrundlage der Kommission zur Rechtsetzungsinitiative noch ausreiche. Art. 86 Abs. 3 EGV beziehe sich selbstverständlich nur auf den Tatbestand des Art. 86 EGV. Darüber hinaus habe die Kommission keinerlei Kompetenz zu allgemeineren Weichenstellungen auf dem Gebiet der Daseinsvorsorge.

II. Erfahrungen aus der Auseinandersetzung um die öffentlich-rechtlichen Kreditinstitute

Die Diskussion um die materiellen und prozeduralen Erfahrungen aus der Auseinandersetzung um die öffentlich-rechtlichen Kreditinstitute leitete *Schoch* mit einem Hinweis auf die jüngste Entwicklung in Großbritannien ein. In der Frankfurter Allgemeinen Zeitung vom 16. 03. 2002 heißt es dazu u. a.:

„Die britische Regierung greift mit scharfen Preisvorschriften in den Bankenmarkt ein. Da ihrer Ansicht nach kleine und mittlere Unternehmen als Kunden zu schlecht bedient werden, will sie den vier größten Banken künftig vorschreiben, auf Girokonten einen Mindestsatz von Guthabenzinsen von 2,5 Prozentpunkten unter dem Leitzins zu zahlen oder alternativ dazu keine Kontoführungsgebühren zu verlangen. Den Eingriff begründet Finanzminister Gordon Brown damit, dass zu wenig Wettbewerb zwischen den großen Anbietern stattfinden würde. Damit schließt er sich den Erkenntnissen der Competition Commission an, die zwei Jahre lang den britischen Bankenmarkt untersucht hat."

Daran anschließend betonte *Schlebusch*, dass die Kommunen gerade aus den Gründen für die Aufrechterhaltung des öffentlich-rechtlichen Sparkassenwesens einträten, wie das von *Schoch* zitierte Gegenbeispiel in England zeige. Dort müsse man nun eingreifen. Eine solche Entwicklung habe man in Deutschland verhindern wollen. Gerade deshalb sei es zu Auseinandersetzungen mit der Europäischen Kommission gekommen.

In der Rückschau bestand Einigkeit darüber, dass der Beginn der Auseinandersetzungen um die öffentlich-rechtlichen Kreditinstitute am Beispiel der

Zusammenfassung der Diskussion

WestLB insbesondere für den Sparkassensektor höchst unglücklich gewesen sei *(Henneke, Held, Duppré)*. Die Verhärtung im Sparkassenstreit zwischen der deutschen und der europäischen Seite könne man nicht nur argumentativ erklären. Das WestLB-Verfahren habe zu einer konfrontativen Aufladung im Vorfeld geführt, was als Einstieg sehr unglücklich gewesen sei. Damals sei von deutscher Seite insbesondere der frühere Wettbewerbskommissar van Miert ins Visier genommen worden. Der WestLB-Streit sei aus Sparkassensicht wie aus Sicht der kommunalen Träger ein Streit am ungeeignetesten Objekt gewesen. Auf diese Weise sei man zu einer sehr verkeilten Ausgangssituation gekommen, die eine Streitlösung nachhaltig erschwert habe *(Henneke, Held)*. Der Streit habe so eine stark psychologische Seite bekommen. Von „Verlustängsten" und „gruppendynamischen Prozessen" wurde gesprochen *(Oebbecke)* und auf die Beschlüsse der Ministerpräsidentenkonferenz, mit einem Stoppen der EU-Osterweiterung zu drohen, hingewiesen *(Oebbecke)*. In der Rückschau müsse man erkennen, dass insbesondere im WestLB-Verfahren von deutscher Seite eine Haltung nach dem Motto „Die können uns nichts" eingenommen worden sei. Man habe diese Frage nicht als sparkassenrechtliche, sondern als machtpolitische Fragestellung behandelt *(Duppré)* und die Wirkungen der von Bundeskanzler Kohl durchgesetzten Notiz zum Amsterdamer Vertrag überschätzt. Ein klares Konzept für das rechtliche Vorgehen habe gefehlt.

Von *Wais* wurde bemängelt, dass man nicht bereits bei der Formulierung der Römischen Verträge von deutscher Seite einen Vorbehalt zugunsten der Sparkassen gemacht habe. Seinerzeit wäre man mit einer solchen Regelung sicherlich nicht auf Vorbehalte gestoßen. Überdies sei zu kritisieren, dass von deutscher Seite die Streitigkeit überhaupt nach Brüssel getragen worden sei. Vorzugswürdig wäre es gewesen, auf deutscher Seite zwischen den Privatbanken und dem VÖB zu Aushandlungsergebnissen im Sinne eines Gentleman's Agreement ohne Behelligung der Kommission zu kommen *(Wais)*.

Breiten Raum nahm in der Rückschau die Frage nach der von deutscher Seite verfolgten rechtlichen Strategie ein. *Henneke* wies darauf hin, dass es um die Grundfrage der Kompatibilität zwischen deutschem öffentlichen Wirtschaftsrecht und EG-Recht gehe. Hinsichtlich dieses Zieles hätte man trotz der hohen Komplexität der zu behandelnden Fragen und der zu beachtenden Interessensdivergenzen die einzelnen Lösungswege auf deutscher Seite zu Ende denken und sich verbindlich und mit aller Konsequenz auf das Beschreiten eines gemeinsamen Weges verständigen müssen. Dies sei in Deutschland am 08. 03. 2001 mit dem erweiterten DSGV-Hauptausschussbeschluss, dem so genannten Plattformmodell, erfolgt. Länder, Sparkassen und Kommunen hätten sich seinerzeit auf einen gemeinsamen Weg begeben. Davor habe man dagegen über Jahre mit unterschiedlichen Schlachtengemälden gearbeitet. Noch beim DLT-Professorengespräch 2000 in Kitzingen habe man mit einer viel kontroverseren Grundphilosophie diskutiert. Seinerzeit habe die Kontroverse zwischen der deutschen Seite einerseits und der Europäischen Kommission andererseits, aber auch zwischen der Sparkassenseite einerseits und den Trägern auf der anderen Seite bestanden. *Schmidt-Aßmann* und *Oebbecke* hätten damals[4] hervorgehoben, dass der Beitrag von *Hubert Meyer*[5] deutlich gemacht habe, wo die unterschiedlichen Interessen zwischen kommunalen Trägern bei der Erfüllung öffentlicher Aufträge einerseits sowie Sparkassen und Landesbanken andererseits lägen und wo sich dabei die Position der Sparkassenorganisation verorten lasse.

Henneke bemängelte, dass die deutsche Seite zu lange mit der Frage beschäftigt gewesen sei, wo man im Ziel eigentlich hinwolle. Die Träger hätten einen Weg präferiert, Anstaltslast und Gewährträgerhaftung über einen spezifizierten öffentlichen Auftrag zu legitimieren. Ob dieser Weg am Ende in den Verhandlungen erfolgreicher gewesen wäre, sei dahingestellt. Für die Träger sei jedenfalls die Aufrechterhaltung des öffentlichen Auftrags der Dreh- und Angelpunkt in der Debatte gewesen, wobei stets erkennbar gewesen sei, dass die Argumentation zwar für die Sparkassen, nicht aber durchweg für die Landesbanken zu bestehen gewesen wäre. Die Sparkassen und Landesbanken hätten demgegenüber eher für das Beschreiten eines gemeinsamen Weges auch auf die Gefahr hin plädiert, Anstaltslast und Gewährträgerhaftung notfalls preiszugeben.

Henneke schlussfolgerte daraus, dass man es sich von deutscher Seite als Fehler zurechnen lasse müsse, dass die Grunddiskussion, zu welchem Zweck man eigentlich Sparkassen und Landesbanken aufrechterhalten wollte, in keinem Gremium wirklich ausgetragen worden sei, so dass man nur eine Verständigung auf den kleinsten gemeinsamen Nenner gefunden habe. In dieser Positionierung, dem so genannten Plattformmodell, hätten sich einerseits alle Beteiligten wiederfinden können, jeder habe aber dabei ganz unterschiedliche Grundvorstellungen verfolgt. Dabei sei es den kommunalen Trägern sehr schwer gefallen, von der Grundidee der Differenzierung zwischen Sparkassen und Landesbanken Abstand zu nehmen und damit Anstaltslast und Gewährträgerhaftung auch für die Sparkassen potentiell zur Disposition zu stellen. Die kommunalen Träger hätten aber sehr deutlich gemacht, dass die funktionsorientierte Betrachtungsweise, also die Aufrechterhaltung des öffentlichen Auftrags, für die Kommunen das Primärziel war. Nur auf dieser Grundlage hätten die kommunalen Vertreter dem Plattformmodell zugestimmt.

---

[4] Siehe dazu *Henneke,* in: ders. (Hrsg.), Kommunale Aufgabenerfüllung und Anstaltsform, 2000, 169 (195).

[5] *Meyer*, ebd., S. 145 ff.

Schlebusch unterstrich diese Positionsbeschreibung aus kommunaler Sicht. Für die Kommunen sei das Ergebnis unbefriedigend, weil man auch im Sparkassenbereich von den überkommenen Handhabungen hinsichtlich der Anstaltslast und Gewährträgerhaftung nun Abstand nehmen müsse. Den kommunalen Trägern sei die Aufrechterhaltung dieser Haftungsinstitute stets außerordentlich wichtig gewesen. Jetzt müsse man versuchen, die Festigung der kommunalen Bindung durch eine Neufassung des öffentlichen Auftrags hinzubekommen.

Schlebusch verwies bei Bestätigung durch *Kreuschitz* darauf, dass von Kommissionsseite im Verfahren stets Signale dahingehend ausgesandt worden seien, dass die normalen Sparkassen im Ergebnis vom Beihilfevorwurf nicht tangiert gewesen seien. Die Beihilfeelemente seien durch die Wahrnehmung des öffentlichen Auftrags und die Einhaltung des Regionalprinzips kompensiert worden. Außerdem stehe die Gewinnerzielungsabsicht bei den Sparkassen nicht im Vordergrund. Hier hätte die Kommission eine Evidenzbetrachtung angelegt. *Kreuschitz* unterstützte diesen Ansatz dem Grunde nach. Öffentlich-rechtliche Sparkassen seien in ihrem Bestand in keiner Weise gefährdet. Daher bestehe kein Anlass für Panikstimmung. Die Kommission sei bereit gewesen, auf die Frage einzugehen, ob das, was Sparkassen machen, Daseinsvorsorge sei. Sie hätten dies im Grundsatz akzeptiert, nicht allerdings etwa im Zusammenhang mit der Kölner Stadtsparkasse, die als international tätige Bank agiere. Im Übrigen stimmte *Kreuschitz* der von *Henneke* und *Schlebusch* vorgetragenen Argumentation völlig zu und wies überdies darauf hin, dass öffentlich-rechtliche Anstalten, deren Gebührenfinanzierung so gelöst sei wie in Deutschland, mit der Beihilfe kein Problem hätten. Sie könnten sich auf die Preussen-Elektra-Entscheidung des EuGH berufen.

Oebbecke hob hervor, dass man von deutscher Seite immer argumentiert habe, dass man mangels präzisen öffentlichen Auftrags die dafür entstehenden Kosten nicht ausrechnen könne. Selbst die von *Henneke*[6] vorgeschlagene Formulierung bedürfe vor Ort der Konkretisierung, da mit ihr allenfalls qualitative Aussagen getroffen würden. Die Konkretisierungsarbeit werde de facto von den Sparkassenvorständen vor Ort geleistet. *Oebbecke* vertrat die These, dass man betriebswirtschaftlich ausrechnen könne, was z. B. Filialen kosten oder ob sich Mittelstandskredite rechnen. Das müsse man dann aber institutsscharf tun. Eine entsprechende Argumentation hätte man auch gegenüber der Kommission vortragen können. Diese wäre dadurch in keine leichte Position gekommen. Ein solches Vorgehen habe man von Sparkassenseite aber nicht gewollt, weil man nach Einschätzung *Oebbeckes* auch dem eigenen Träger nicht eröffnen wolle, was bestimmte Wahrnehmungen

---

[6] *Henneke*, in: F. Kirchhof/Henneke, Entwicklungsperspektiven kommunaler Sparkassen, 2000, S. 81 (129 ff.).

von Aufgaben kosten. Er vertrat die These, dass es der Sparkassenseite in dem Verfahren – auch gegenüber ihren Trägern – um die Wahrung ihrer originären Interessen gegangen sei. Langfristig werde eine solche Argumentation nicht tragen. Es könne auf Dauer nicht gut gehen, sich gegen Fragen des Mittelaufwandes abzuschotten. Diese Frage werde gegenwärtig in der öffentlichen Verwaltung überall, bei jeder Liegenschaft, bei jeder Schule etc., erörtert. Einen solchen betriebswirtschaftlichen Zugang werde man künftig auch bei den Sparkassen wählen müssen, ohne unter Berufung auf einen „deutschen Verwaltungsstil" auch künftig sagen zu können, dass man nicht wisse, was eine Aufgabenerfüllung kosten dürfe.

Ruge entgegnete, dass man stets nur Korridore berechnen könne. Dies sei überdies kein statischer, sondern ein fließender Prozess. Den Weg des institutsscharfen Vorgehens habe man nicht beschreiten wollen. Die Kommission habe gesehen, dass man dann zu einer gruppenbezogenen Systematisierung hätte kommen müssen. Deshalb sei die pauschale Auseinandersetzung gewählt worden.

Duppré vertrat die Einschätzung, dass die deutsche Seite in dem Beihilfeverfahren kein schlüssiges Gesamtkonzept gehabt habe. Ein wichtiges Ergebnis des DLT-Professorengesprächs in Kitzingen 2000 sei es gewesen, dass der Deutsche Landkreistag als Trägervertreter über die Zukunft der Sparkassen nachgedacht habe. Es sei seinerzeit sehr schwierig gewesen, eine gemeinsame Position zwischen Kommunen und DSGV aufzubauen. Die Kommission sei demgegenüber mit einer klaren rechtlichen Wertung und einer klaren Zielsetzung in die Verhandlungen hineingegangen. Sie habe Anstaltslast und Gewährträgerhaftung als Beihilfe qualifiziert und das Ziel der endgültigen Abschaffung – und zwar nicht nur auf Druck der Privatbanken – verfolgt.

Als positiven Effekt bezeichnete es *Duppré*, dass die Beihilfestreitigkeit dazu beigetragen habe, die innerstaatliche Diskussion über das Verhältnis von Träger und Institut intensiv zu führen und dieses Verhältnis künftig inhaltlich auszufüllen.

Hinsichtlich der konkret vorgetragenen Argumentation von deutscher Seite wurde der Vergleich mit den Regiebetrieben von *Oebbecke* und *Kirchhof* nachhaltig kritisiert. Wenn man den Vergleich mit den Regiebetrieben ziehe, müsse man konsequent bleiben. Dann könne man jederzeit das viele Geld, das man für die freiwillige Aufgabe Sparkasse ausgebe, als Träger auch woanders einsetzen. Diese Konsequenz wollten die Sparkassen allerdings überhaupt nicht ziehen *(Oebbecke)*. Im Übrigen überzeuge das Argument auch rechtlich nicht. Das Beihilferecht stelle allein auf die Aufgabe und nicht auf die Organisation ab *(Kirchhof)*.

Hinsichtlich der Positionierung der Europäischen Kommission wurde die apodiktische Qualifizierung von Anstaltslast und Gewährträgerhaftung als

Zusammenfassung der Diskussion

Beihilfe von *Kirchhof* und *Kluth* nachdrücklich kritisiert. Dies laufe auf ein Verbot hinaus, eine Garantie übernehmen zu dürfen. Mit der Beihilfenkontrolle sollten demgegenüber nur Vorteile vermieden werden. Dies könne auch dadurch erreicht werden, dass Sparkassen für die Aufrechterhaltung der Garantie eine Provision zahlen. *Kirchhof* kritisierte, dass dieser Weg nicht zugelassen worden sei. *Kluth* vertrat die Auffassung, dass die Kommission das Problem der Qualifizierung der Anstaltslast zu pauschal betrachtet habe. Nicht die Anstaltslast an sich, sondern nur deren Ausnutzung könne als Beihilfe qualifiziert werden. Die Anstaltslast als solche könne dagegen in der gesetzlichen Formulierung aufrechterhalten werden. Ein differenzierteres Vorgehen sei geboten gewesen. Vor dem Hintergrund der normativen Vorgaben sei der Privatinvestortest lediglich ein mögliches, aber kein zwingendes Kriterium.

Heftige Reaktionen löste die Aussage von *Ruge* aus, ein gewichtiges Argument für das Einlenken von deutscher Seite sei das Erzielen von Rechtssicherheit. Zum einen wurde bezweifelt, ob mit den Verständigungen vom 17. 07. 2001 sowie vom 28. 02. 2002 wirklich Rechtssicherheit erzielt worden sei *(Held, Duppré)*. Letztlich sei nur ein pragmatisches Ergebnis erreicht worden, dessen Präjudizwirkung sehr viel geringer sei als bei einem gerichtlichen Austragen der Frage vor dem EuGH *(Held)*. Wirtschaftlich sei zwar ein Modus Vivendi gefunden worden; juristisch seien die Fragen aber nicht abschließend behandelt worden, zumal es Anstaltslast und Gewährträgerhaftung nicht nur für Sparkassen, sondern auch für kommunale Einrichtungen und Unternehmen in anderen Bereichen gebe *(Held)*.

Ehlers kritisierte, dass durch die Verständigungen die Auslegungsprobleme längst nicht beseitigt wären. Es seien viele Fragen zu stellen; insbesondere sei unklar, wie künftig das Leitbild des Privatinvestors zu handhaben sei. Da niemand wisse, wie ein Privatinvestor sich verhalten würde, sei zu fragen, was eigentlich notifiziert werden solle, da man nicht „auf Verdacht" anmelden könne. In der Handhabung der Umsetzung stehe man erst am Anfang der Diskussion. Die eigentliche Aufbereitung stehe noch bevor.

Während *Wais* die Position unterstützte, dass sich das Rating der Landesbanken verschlechtert hätte, falls man den Streit von deutscher Seite ausgefochten hätte, und sich dadurch die Refinanzierung verteuert und auch die Ertragslage der Sparkassen deutlich verschlechtert hätte, wurde überwiegend eine andere Einschätzung eingenommen. Überdies überzeuge die Argumentation, man habe das Verfahren vor dem EuGH aus wirtschaftlichen Gründen nicht durchgefochten, weil man die Rechtsunsicherheit nicht ertragen habe, keineswegs *(Kluth, Wetzel)*. Es sei um so gewichtige Fragen gegangen, dass man sie nicht offen im Raum habe stehen lassen können, wenn man an die Durchsetzungsfähigkeit der Position selbst geglaubt habe. Eine Preisgabe derartiger Positionen könne man, wenn man an ihren Bestand glaube, gegenüber den Bürgern in Deutschland nicht verantworten *(Wetzel)*. *Kreuschitz* unterstützte diese Argumentation und vertrat die Auffassung, dass die rechtliche Lösung in Wahrheit von deutscher Seite nicht gesucht worden sei, weil auch dort letztlich kein Zweifel daran bestanden habe, dass Anstaltslast und Gewährträgerhaftung materielle Beihilfen seien. Bei Abstellen der Argumentation auf Art. 295 EGV wären die Institute jedenfalls in der öffentlichen Hand verblieben. Die beschriebene Gefahr des Ratingverlustes stehe dazu in offenem Widerspruch.

Heftige Reaktionen löste die Einschätzung von *Kreuschitz* aus, bei dem Vorgehen der Kommission habe es sich lediglich um den Vollzug materiellrechtlicher Vorschriften des EGV gehandelt. *Dupré* merkte dazu an, dass grundsätzliche Fragen nicht nur von Experten in Zirkeln diskutiert werden dürften, sondern auch politisch strittig entschieden werden müssten. Daher müsse man es auch aushalten, wenn einmal heftigere Formen des Umgangs gewählt würden. *Wieland* unterstützte diese Position nachdrücklich. Die Frage, um die es gehe, sei die nach dem Ineinandergreifen öffentlicher und privater Wirtschaft. Das Gemeinschaftsrecht stehe dabei vielfältigen Interpretationen offen. Daher sei es zu schlicht zu argumentieren, dass die Kommission lediglich Rechtsauslegungen auf der Basis des Gemeinschaftsrechts vornehme. Die Fragen, wie man etwa die Begriffe des Wettbewerbs und der Beihilfe auslege und wie man die Bedeutung von Art. 16 EGV interpretiere, hätten etwas eminent Politisches. Man könne daher nicht sagen, dass die Lösung allein in eine Expertenkommission und in ein Verwaltungsverfahren gehöre, wobei die Kommission nur Schiedsrichter sei. Es könne nicht angehen, dass das eigentlich Politische an der Frage verdrängt werde, um dann an anderer Stelle wieder hochzukommen und zu einer schlechten Verhandlungsatmosphäre zu führen. *Wieland* machte deutlich, dass es dabei um Fragen gehe, mit denen man sich auf anderen Feldern auch in Zukunft wieder zu befassen habe. Er nannte dabei die Stichwörter Sozialversicherung, Krankenhauswesen, Wasserversorgung etc. Für alle diese Bereiche müssten Lösungen gefunden werden. Dabei gehe es auch darum, wie man politische Anliegen durchsetze. *Wieland* hielt es daher für eine Illusion, von einem Selbstverständnis der Kommission auszugehen, keine eigene Position einzunehmen, sondern als neutraler Schiedsrichter aufzutreten. *Wieland* vertrat demgegenüber die Auffassung, dass auch die Kommission insoweit eigene Zielsetzungen verfolge. Dies gelte selbstverständlich auch für den EuGH, der immer Ziele wie die Integrationsförderung verfolgt und nicht einfach behauptet habe, bestimmte Ergebnisse juristisch aus dem EGV abzuleiten.

Wenn es aber um die Verfolgung politischer Ziele gehe, sei es im politischen Raum ganz natürlich, politische Dinge auch zu beeinflussen. Recht sei dabei nichts anderes als in Form gegossene Politik. Wenn man mit einer

Rechtsposition nicht weiter komme, versuche man politisch eben, Protokollnotizen u. Ä. zu erreichen. *Wieland* vertrat die Auffassung, dass es nicht gut sei, wenn dies von Kommissionsseite verdrängt und behauptet werde, es gehe nur um schlichte Rechtsanwendung. Das Politische habe seinen berechtigten Platz, zumal wegen der demokratischen Legitimation der handelnden Akteure.

Wetzel schloss sich dieser Einschätzung an. Zwar sei das Beihilfeverfahren von privaten Konkurrenten in Deutschland veranlasst worden. Es stünden dabei allerdings auch ganz elementare Gestaltungsfragen der Landtage und der Volksgesetzgebung (etwa in Sachsen) mit auf dem Spiel. Es gehe also auch um die Wahrung des politischen Gestaltungsspielraums für die Mitgliedstaaten. Die damit zusammenhängenden Fragen seien von eminent politischer Bedeutung und bildeten nicht nur ein juristisches Problem, das von Fachbeamten der Kommission zu lösen sei.

Kreuschitz widersprach dieser Position heftig. Der von *Wieland* und *Wetzel* eingenommene Standpunkt sei typisch für die Interessenvertretung gerade großer Mitgliedstaaten in der Europäischen Union. Eine solche Haltung stelle die Rechtsstaatlichkeit infrage. Politik habe dort ihren Platz, wo man über die Schaffung rechtlicher Formeln diskutiere. Habe man aber Regeln beschlossen, dann sei die Kommission aufgerufen, die Regelungen zu vollziehen.

Ferdinand Kirchhof griff den Grundkonflikt zwischen dem wettbewerbsrechtlich ausgerichteten EG-Recht und der Erfüllung öffentlicher Aufgaben in den Mitgliedstaaten auf und fragte, ob die Generallinie der Kommission zu Art. 87 EGV richtig sei. Das Vorgehen verlaufe nach folgendem Grundmuster: Werde eine Verwaltungsaufgabe im Wettbewerb durchgeführt, sei der Wettbewerb nur die reine Regelungstechnik. Von staatlicher Seite werde argumentiert, weil es sich um eine Verwaltungsaufgabe handele, müsse sie staatlicherseits erfüllt und finanziert werden. Von Seiten der EG-Kommission werde auf die Qualifizierung der Aufgabe dagegen nicht abgestellt und argumentiert, weil Wettbewerb bestehe, dürften Konkurrenten nicht außer Acht gelassen werden. Beide Seiten könne man bei isolierter Betrachtung verstehen. *Kirchhof* sprach sich dafür aus, umso eher vom Wettbewerbsgedanken und vom Beihilfeproblem auch von EG-Seite her abzusehen, je wichtiger eine Verwaltungsaufgabe sei. Er nannte insoweit das Beispiel der staatlichen Polizei bei Vorhandensein privater Sicherheitsdienste. Bei zu strikter Handhabung bestehe die Problematik, über das Instrument der Beihilfe in nahezu alle Aufgabenbereiche einzudringen und bei Überdehnung des Wettbewerbgedankens einen Grundkonflikt zu überzeichnen. Die entscheidende Frage sei, was ein Staat legitimerweise ohne Rücksicht darauf finanzieren dürfe, wie die Aufgabe durchgeführt werde. Dieser Komplex müsse neu überdacht werden.

Einen etwas anderen Ansatz vertrat *Wetzel*. Man müsse in Deutschland selbst entscheiden, ob man als öffentliche Hand unternehmerisch tätig werde. Dann könne man allerdings die sich daraus ergebenden Konsequenzen nicht vermeiden wollen. In Deutschland bestünden zahlreiche Grauzonen, wo die öffentliche Hand unternehmerisch tätig werde. Daseinsvorsorgeaufgaben ließen sich häufig nicht ganz klar abgrenzen. Dies gelte für die Sparkassen, aber auch für den öffentlichen Rundfunk. Dort habe man einerseits die Grundversorgung, andererseits eine Programmplanung wie bei den Privaten mit Werbefinanzierung etc. Die Vermengung von Daseinsvorsorgeaufgaben einerseits mit unternehmerischen Tätigkeiten andererseits bilde eine Grauzone. Für diese Grauzone könne man nicht glauben, einen allgemeinen Dispens vom Beihilferecht zu bekommen. Insoweit seien in Deutschland noch wirkliche Hausaufgaben zu machen.

Kluth ergänzte, dass die Rechtsprobleme überdies nicht nur in der Kollision zwischen EG-Recht und nationalem Recht lägen. Die Wettbewerbsenquete 1968 habe bereits genau das gesagt, was man jetzt diskutiere und genau die Änderungen verlangt, die man jetzt durchführe. Vom zeitlichen Horizont sei es daher nicht richtig zu sagen, dass es sich um ein genuin von Europa an Deutschland herangetragenes Problem handele. 1968 sei das bereits genauso diskutiert worden. Nur habe der Gesetzgeber seinerzeit entschieden, alles beim Alten zu belassen. In der Tat arbeiteten öffentliche Unternehmen in Deutschland gern mit Grauzonen. Dies sei ein deutsches Phänomen, bei dem die unangenehmen Fragen der EU-Kommission ungelegen kämen. Zu entscheiden sei, ob man sich lieber in Grauzonen tummle und alles zu Paketen zusammenschnüre oder man sich auch in Deutschland einem Rationalitätserfordernis stellen wolle.

Henneke hob abschließend hervor, dass auf dieser Grundlage das Zu-Ende-Denken von Lösungswegen das Hauptziel der gegenwärtigen Diskussion sein müsse. Die Frage sei, wohin man die öffentliche Wirtschaft in Deutschland mit welcher Funktion steuern wolle und wie man nationalrechtlich spezifische Funktionen zum Ausdruck bringen wolle (öffentlicher Auftrag, öffentlicher Zweck, Gebietsbegrenzung ja oder nein?). Außerdem müsse man die Frage beantworten, wie sich die öffentliche Aufgabenerfüllung zur Wettbewerbsfunktion verhalte, ob man die Bereiche trennen könne und wie man etwa im Sparkassensektor die Mittelstandsversorgungsfunktion überhaupt zuordne.

Hinsichtlich des konkreten Prozedere wies *Henneke* auf die Parallelität zwischen den Verhandlungen zwischen der Europäischen Kommission und der deutschen Seite einerseits und den in den Ländern laufenden Gesetzgebungsverfahren andererseits hin. Die Verständigung zwischen den Ländern zur Umsetzung der Ergebnisse vom 17. 07. 2001 habe am 06. 09. 2001 stattgefunden, wobei sich die Länder als Vollzugsorgane einer weitgehend fremdbestimmten Verständigung gefühlt hätten. Zwischen Europäischer Kommission und deutscher Seite seien Fristen in Lauf gesetzt worden. Die die kommunale Trägerseite besonders berührenden Fragen der Spezifizierung des öffentlichen Auftrags etc. hätten in der EG-Rechtsauseinandersetzung bei der gefundenen Lösung der Abschaffung von Anstaltslast und Gewährträgerhaftung überhaupt keine Rolle gespielt. Das Problem bestehe nun darin, wie man diese für die kommunale Seite entscheidenden Fragen zeitnah in den gebotenen landesgesetzgeberischen Verfahren mit umsetzen könne, da für die Kommunen die Festigung der kommunalen Verankerung ein Junktim hinsichtlich der Umsetzung gewesen sei. Da sich die Verhandlungen mit der Europäischen Kommission über die Auslegung der Verständigung bis Februar 2002 hingezogen hätten, sei eine Situation entstanden, dass parallel zur Fortsetzung der Verhandlungen Landeskabinettsentscheidungen über Sparkassenänderungsgesetzentwürfe geboten gewesen seien. Einige Länder hätten entsprechende Entscheidungen getroffen. Andere Länder hätten sich entschlossen, nicht in ein parlamentarisches Verfahren hineinzugehen, bevor die Auseinandersetzung mit der Europäischen Kommission nicht abgeschlossen war. Daher sei zum Teil der Weg der bloßen Unterrichtung der Parlamente gewählt worden, was nunmehr den Fristendruck enorm erhöht habe[7].

Henneke vertrat die Auffassung, dass die Verzahnung der Verfahren bedeutsam sei. Einerseits müsse jetzt ein EG-rechtlich notwendiges Konzept zügig umgesetzt und auch noch hinsichtlich der Anstaltslast aufgrund der Verständigung vom 28. 02. 2002 angepasst werden. Aus kommunaler Sicht reiche eine entsprechende landesrechtliche Regelung allerdings nicht aus, da es zugleich darum gehe, einerseits ein EG-Recht-kompatibles Konzept umzusetzen und andererseits dieses Konzept in die überkommenen deutschen Strukturen einzupassen. Dies bedeute, dass die Aufrechterhaltung einer öffentlich-rechtlichen Rechtsform nicht allein und isoliert erfolgen könne. Man benötige dazu einen spezifizierten öffentlichen Auftrag, um die öffentlich-rechtliche Organisationsform zukunftsfähig zu machen. Hier habe man nun in aller Kürze komplexe Fragestellungen nachzuarbeiten, die mit den Ergebnissen der Vereinbarung zwischen der Europäischen Kommission und der deutschen Seite zum Teil unmittelbar nichts zu tun hätten. Unter erheblichem Zeitdruck müsse jetzt die Begehung neuer Fehler vermieden werden, um hinsichtlich der Vereinbarkeit deutschen kommunalen Wirtschaftsrechts und Sparkassenrechts mit EG-Recht nicht in neue Streitkonstellationen hineinzulaufen.

---

[7] Dazu ausführlich *Henneke*, NdsVBl. 2002, 113 (119f.).

III. Europäisches Regieren

Das von der Europäischen Kommission am 12. 10. 2001 vorgelegte Weißbuch „Europäisches Regieren" löste eine sehr heftige Diskussion aus, bei der zunächst die Hintergründe für die Debatte nochmals entfaltet wurden. *Hayder* machte deutlich, dass die Governance-Debatte die Reaktion auf Fehlentwicklungen der 90er-Jahre gewesen sei. So sei es zu Unregelmäßigkeiten in der Mittelverwendung und Begünstigungen gekommen, was schließlich im März 1999 zum Rücktritt der Kommission Santer geführt habe. Die Kommission sei in der Vergangenheit von einem sehr elitären Selbstverständnis ausgegangen und habe das Europäische Parlament nicht wirklich ernst genommen. Überdies beherrsche das französische Kabinettsystem nach wie vor die Organisation der Kommission. Auch nach 50 Jahren sei die Europäische Kommission in etwa so organisiert wie das Preußische Staatsministerium im 19. Jahrhundert.

Die neue Kommission unter Präsident Prodi habe sowohl das Ziel verfolgt, die innere Reform unter Verantwortung von Vizepräsident Kinnock voranzutreiben, was nachdrücklich gelungen sei, als auch ein Gesamtpapier im Rahmen der bestehenden Verträge und Kompetenzen zum besseren Regieren vorgelegt. Bei der Vorstellung der Governance-Idee sei der Nizza-Prozess noch nicht absehbar gewesen. Nach *Hayders* Einschätzung habe der Konvent nunmehr an Eigendynamik gewonnen, so dass sich das Governance-Thema nur noch in der zweiten Ebene befinde. Dieser Einschätzung widersprach *Wetzel*. In der Tat habe die Kommission ein doppeltes Ziel verfolgen müssen, nämlich sich intern zu reformieren und überdies verloren gegangenes Vertrauen in Europa wiederherzustellen. Für das Erste habe Kinnock sehr effektive Vorschläge unterbreitet. Das Governance-Projekt hielt *Wetzel* demgegenüber für gescheitert, wobei er bestritt, dass der Konvent die Governance-Debatte überholt habe. Er berief sich darauf, dass man von Seiten der deutschen Länder immer in Verhandlungen mit der Kommission gestanden und dabei erörtert habe, ob es einen Konnex zwischen der Governance-Debatte und der Vertragsreform gebe. Dabei habe sich eindeutig herauskristallisiert, dass das Governance-Projekt ein eigenes sei, was mit der Vertragsreform nichts zu tun habe. Die Kommission habe die Themen jetzt lediglich leicht miteinander verwoben.

Auf die Einschätzung von *Wetzel*, dass das von Kinnock verantwortete Projekt der inneren Reformen das wesentliche Reformprojekt sei, erwiderte *Schoch*, dass aus Demokratiegesichtspunkten eigentlich das Parlament gestärkt werden müsse. Durch die inneren Reformen von Kinnock werde demgegenüber ein Exekutivorgan weiter gestärkt. Das sei im Ergebnis unbefriedigend.

Schoch anerkannte, dass Kinnock sich als der große Reformer hinsichtlich der Differenzierung zwischen ministeriellen und administrativen Aufgaben darstellen könne. Hinsichtlich des Governance-Papiers müsse man dagegen kritisch fragen, was die Kommission eigentlich wolle. Er sei aus dem Weißbuch nicht schlau geworden. Wenn man versuche, etwas festzumachen, greife man „in Watte". Es bleibe alles unspezifisch und wenig zielorientiert. Nach Auffassung *Schochs* würden nur hehre Grundziele beschworen. Dafür nannte er einige Beispiele. Ganz am Anfang stehe der Satz, dass Institutionen angepasst werden müssten. Er fragte kritisch, ob es dabei um hartes Recht der Vertragsanpassung gehe oder nicht. Bei der Neuausrichtung der Politikfelder der EU heiße es, dass die Union ihre langfristigen Ziele klarer fassen müsse. Wenn man aber weiterlese, finde man diese Klarheit nicht. Es gebe nur Eckpunkte, für die man in der Umsetzung nichts finde. Daher sei zu fragen, wie man sich die Umsetzung vorstellen müsse. *Schoch* bezweifelte, ob das Governance-Weißbuch rechtlich überhaupt einzuordnen sei; eher gehe es um reinen Pragmatismus. Wenn man Begriffe wie Offenheit, Partizipation lese, müsse man kritisch fragen: „Offenheit in Bezug worauf?, Partizipation – wozu?, Verantwortlichkeit – von wem und wofür?". Das Weißbuch befinde sich auf einer Abstraktionsebene, wo die Aussagen beliebig seien.

Hayder versuchte, die vorgeworfene „Wolkigkeit abstrakter Begriffe" zu erläutern und wies u. a. darauf hin, dass das Papier von der französischen Mentalität der Verfasser geprägt sei. Es mache zugleich deutlich, dass es in der Kommission nicht *den einen* europäischen Ansatz gebe, sondern man je nach Herkunft stark von Mentalitäten geprägt sei. Gerade deshalb sei im Übrigen die Vorfeldarbeit in Brüssel ganz wichtig, um die konkrete Denkrichtung mitzuprägen. *Hayder* bezeichnete das Zustandekommen des Weißbuchs zum „Europäischen Regieren" als exemplarisch für die Arbeitsweise der Kommission. Die Kommission arbeite nach einem recht intransparenten System, bei dem selbst von innen die Strukturen nur schwer zu durchschauen seien. Beim Weißbuch Governance sei zunächst in zwölf Arbeitsgruppen gearbeitet worden. Die entstandenen Papiere hätten sich nicht zu einem Gesamtprogramm zusammenfügen lassen. Es sei nicht von der Hand zu weisen, dass von der Kommissionsspitze keine klare Marschroute verfolgt und keine genaue Vorgabe gemacht worden sei. Mit dem Governance-Papier sei ein umfassender Ansatz erstrebt worden, was aus der beschriebenen „Null-Punkt"-Ausgangslage des Jahres 1999 heraus auch richtig gewesen sei. Kommissionspräsident Prodi habe, ohne dass man dabei selbst eine abschließende Idee hinsichtlich des zu verfolgenden Ziels gehabt habe, formuliert, dass man keine Denktabus, sondern einen umfassenden Ansatz haben wolle.

Kluth brach demgegenüber eine Lanze für das Vorgehen der Europäischen Kommission. Man dürfe im Governance-Papier allerdings kein anwendungsfähiges Konzept sehen. Die Funktion des Weißbuchs liege darin, einzelne zukunftsträchtige Aspekte hervorzuheben wie etwa den der Dezentralisation. Diese Grundgedanken müssten nun aufgegriffen und in handlungsfähige Konzepte umgesetzt werden. Außerdem müsse die Rolle der Selbstverwaltung ausgeleuchtet werden. *Kluth* verstand das Papier daher als erste Anregung für normative und strukturelle Regelungen, aufgrund dessen es Folgearbeit zu leisten gelte. Zu fragen sei, wie man einen Prozess stufenweise vorantreiben könne. Man dürfe nicht gleich ein umsetzungsfähiges Konzept fordern. Dazu sei die Ausgangsbasis in den einzelnen Mitgliedstaaten viel zu unterschiedlich. Man habe keine einheitlichen Strukturen in den Mitgliedstaaten, was zur Folge habe, dass die Strukturen in den Mitgliedstaaten sich zur Umsetzung des Governance-Konzepts ebenfalls entwickeln müssten. Die Kernbotschaft des Weißbuchs zum „Europäischen Regieren" laute, dass der dezentrale Aufbau anerkannt und weiterentwickelt werden müsse.

Der Argumentation von *Kluth* wurde einerseits von *Schoch* und andererseits von *Burgi* und *F. Kirchhof* widersprochen. *Schoch* vertrat die Auffassung, dass es nicht auf die unterschiedlichen Binnenstrukturen der Mitgliedstaaten ankommen dürfe. Die von Seiten der Kommission ins Zentrum gerückten Begriffe müssten unabhängig von der mitgliedstaatlichen Struktur anschlussfähig sein.

Burgi qualifizierte das Governance-Weißbuch als ein halbamtliches Dokument, das am Anfang einer Entwicklung stehe, bei der davon auszugehen sei, dass sich die Kernerwägungen früher oder später in Einzelheiten in Richtlinien wiederfänden. So habe auch die Liberalisierung in einem Weißbuch ihren Anfang genommen und schließlich zu einer Umstürzung von Marktverhältnissen geführt. Man dürfe das Weißbuch zum „Europäischen Regieren" also nicht zu tief hängen.

Burgi bezeichnete das Governance-Papier anschließend als einen „Klangteppich". Nehme man diesen näher unter die Lupe, gebe es neben vielen weiteren Fäden einen roten Faden: Damit versuche die Kommission, einen unmittelbaren Zugriff auf Verwaltungsstellen in den Mitgliedstaaten zu bekommen. Dafür nannte *Burgi* drei Beispiele. Er verwies zunächst auf sogenannte dreiseitige Verhandlungsvereinbarungen zwischen Mitgliedstaaten, Regionen bzw. Kommunen und der Kommission. Zwar klinge dies sympathisch, danach heiße es aber: „Diese Vereinbarungen sollen auch Bestimmungen für die spätere Kontrolle beinhalten." *Burgi* folgerte daraus, dass es einen Vertrag zwischen der Kommission und den Kommunen bzw. Regionen geben werde, so dass bei Fehlverhalten Kontrollmechanismen Platz griffen.

Als zweites Beispiel verwies *Burgi* auf die sogenannte Zivilgesellschaft, die ebenfalls unter Kuratel gestellt werde, wenn formuliert werde: „Größere

Einbindung bedeutet auch größere Verantwortung. Die Zivilgesellschaft muss selbst die Grundsätze guten Regierens beachten." Der eigentlich für den Staat gedachte Grundsatz guten Regierens werde also in die Zivilgesellschaft implementiert.

Schließlich verwies *Burgi* auf die sog. Regulierungsagenturen. Dies sei nichts anderes als die Schaffung eines Verwaltungsunterbaus der Kommission. Einen solchen habe es bisher nur höchst rudimentär und bestenfalls mit beratender Funktion gegeben. Jetzt sollten Regulierungsagenturen ganz konkrete Verwaltungskompetenzen unter dem Dach der Kommission erhalten, was im Ergebnis bedeute, dass der Arm der Kommission länger werde. Diesen an drei Beispielen herausgearbeiteten und bloß gelegten roten Faden gelte es aus dem Klangteppich „Governance" herauszufiltern.

Ferdinand Kirchhof schloss sich dieser Einschätzung an. Das von *Hayder* vermittelte Bild, dass die Kommission kein klares Ziel vor Augen gehabt habe, hielt er inhaltlich nicht für richtig. Das Governance-Weißbuch könne man mit der ihm eigenen Offenheit der Formulierungen nicht auf unterschiedliche Mentalitäten, die dann in unterschiedliche Sprache durchschlagen, zurückführen. In den letzten drei Jahren habe die Kommission klug, ja geradezu schlau und energisch gehandelt. Die Kommission sei der Motor der europäischen Entwicklung. Der Rat habe demgegenüber meistens nur nationale Differenzen produziert. Die Kommission wisse, dass die Zeit für das, was sie jetzt vorgelegt habe, noch nicht reif sei. Daher gehe sie so vor wie immer. Sie gebe jetzt ein Papier heraus, stelle damit ein Problem dar, werfe den Stein ins Wasser und bediene sich der Meinung Dritter. Man fische sich kompetente Meinungen Dritter etwa auch im Internet sowie im Konvent heraus und instrumentalisiere sie dann. Sollte man sich das Bild von einer schwachen und blassen Kommission machen, sei dies grundfalsch. Ein solches Bild würde das vorhandene Kräfteparallelogramm völlig verzerrt darstellen.

Kirchhof wies darauf hin, dass die Kommission nicht nur nach Verwaltungskompetenzen fische, sondern auch dabei sei, nach der Abgabengewalt als heute wirklichem Ausdruck der Staatsgewalt zu schielen. Die Beispiele Umweltschutz und Beihilfen bewiesen überdies das geschickte kompetenzausgreifende Vorgehen der Kommission.

Kreuschitz trat der von *Kirchhof* eingenommenen Position entgegen. Die Schilderung, wie die Kommission angeblich versuche, Macht auf allen Ebenen zu ergreifen, beinhalte eine falsche Darstellung. Dies habe in der Kommission niemand vor. Im Steuerrecht sei eine Harmonisierung in der Sache nötig, weil das gegenwärtige Steuersystem wettbewerbshemmend sei. Im Umweltrecht sei nicht die Kommission tätig geworden. Vielmehr habe der Rat alle relevanten Vorschriften erlassen. Bei der Beihilfe sei es ebenfalls nicht die Kommission gewesen, die tätig geworden sei. Vielmehr seien es die Konkurrenten, die es nicht mehr hingenommen hätten, dass marode Unternehmen Staatszuschüsse bekämen.

Kirchhof stellte daraufhin klar, dass er sich nur gegen einen Befund habe wehren wollen, wonach die Kommission mutlos erscheine und in den letzten Jahren schwerpunktmäßig darüber nachgedacht habe, was sie alles falsch gemacht habe. Vielmehr habe sie in der jüngeren Zeit sehr klug gehandelt. Zum Beispiel der Besteuerungskompetenzen ergänzte *Kirchhof*, dass die Kommission seit 20 Jahren Vorstöße zu einer eigenen Besteuerungskompetenz Europas etwa im Bereich der Ökosteuer mache. Auch die Umweltzertifikatslösungen seien auf Ideen der Kommission zurückzuführen. Nach Einschätzung *Kirchhofs* gehe die Kommission in solche Diskussionen mit der bulligen Kraft eines Panzers hinein, was man je nach Standpunkt bewundern oder kritisieren könne. Anerkennen müsse man jedenfalls, dass die Kommission die entscheidenden Fragestellungen bewege.

Meyer kritisierte das konkrete Vorgehen der Kommission insbesondere hinsichtlich der Einbeziehung der Zivilgesellschaft und fragte, auf welche Wege die Kommission bei ihren Entscheidungen setze und warum sie jetzt so stark auf die Zivilgesellschaft abstelle. *Meyer* fragte, ob darin ein Misstrauen gegen die vorhandenen Institutionen, wie sie im bundesstaatlichen Aufbau zu finden sind, zum Ausdruck komme. Die Länder verschafften sich seit einiger Zeit durchaus Gehör. Aus kommunaler Sicht müsse man demgegenüber fragen, welche Rolle die Kommunen aus Wahrnehmungssicht der Kommission spielten und spielen sollten. *Meyer* vertrat die Auffassung, dass man die Existenz der kommunalen Ebene in zahlreichen Mitgliedstaaten positiv zur Kenntnis nehmen müsse, weil man gerade sie zur Umsetzung europäischer Ideen und Vorgaben vor Ort brauche. Er befürchtete demgegenüber, dass der Kommission eher „ein Pfad der Beliebigkeit" vorschwebe, sodass die Kommission nur dann auf die Kommunen setze, wenn ihr dies nützlich erscheine. Erscheine es dagegen weniger opportun, werde die Meinung der Zivilgesellschaft ins Internet eingestellt. *Meyer* hob demgegenüber den Wert einer institutionalisierten Meinungsbildung in den Mitgliedstaaten als Erkenntniswert für die Kommission zur Durchsetzung der eigenen Politik hervor.

Auch *Wetzel* kritisierte die konkret vorgesehene Einbindung der Zivilgesellschaft. Wenn *Hayder* formuliert habe, dass jeder seine Meinung ins Internet einstellen könne, diese dann in alle Unionssprachen übersetzt werde und jeder von der Kommission eine Antwort bekomme, müsse man erwidern, dass es eine bessere Methode, eine effektive Reform zu verhindern, nicht gebe. Die von der Kommission durchgeführte Anhörung der Zivilgesellschaft habe im Ergebnis lediglich zu einem riesigen Durcheinander geführt. *Wetzel* kritisierte, dass man ein Projekt so nicht bewältigen könne. *Wetzel* vertrat die Einschätzung, dass das Governance-Projekt auch in der Kommission in die Defensive geraten sei und keine vorrangige Bedeutung mehr habe. Die unklaren Formulierungen im Weißbuch zeigten, dass es erheblichen Widerstand auch innerhalb der Kommission gegen das Projekt gegeben habe.

Hayder verteidigte demgegenüber wichtige Grundanliegen des Governance-Papiers. So benötige man eine exekutive Clearing-Stelle, die koordiniere. Dies sei unverzichtbar. Auch benötige man eine schlankere Kommission. Des Weiteren sei das Konsultationsstatut angesichts der Vielzahl der Lobbyisten positiv zu sehen. Es sei begrüßenswert zu klären, nach welchen Regeln eine Konsultation erfolgen solle.

IV. Erwartungen an den Konvent

1. Sicherung der kommunalen Selbstverwaltung

Die Einschätzungen von *Tettinger* zur Ist-Situation wurden weitgehend geteilt. So stimmte *Kirchhof* der Einschätzung zu, dass Rechtspositionen, die die kommunale Selbstverwaltung auf europäischer Ebene schon gegenwärtig schützen, nicht vorhanden seien. Die Frage, ob die Selbstverwaltung als Ausdruck der nationalen Identität abgesichert werden solle, wurde von *Kirchhof* und *Dupré* eindeutig verneint. *Oebbecke* und *Kirchhof* vertraten die Position, dass die Europäische Union hinsichtlich des Schutzes der kommunalen Selbstverwaltung sehr zurückhaltend sein müsse. Dies gelte auch für die Regionsbildung. So hätten die Mitgliedstaaten zunächst die Regionen gefordert, sie nachher aber nicht mehr durchweg haben wollen, da Mitgliedstaaten wie Belgien und Großbritannien Separatismus befürchteten. *Kirchhof* hob hervor, dass die Europäische Union das Thema der zweiten und dritten Ebene in einem Staat zu Recht nicht sehe. Der Kompetenzkonflikt müsse zwischen Europa und den Mitgliedstaaten gelöst werden. Alles andere seien Binnenregelungen, bei denen man in Deutschland sehen müsse, ob und wie man mit Art. 28 Abs. 2 GG zurechtkomme.

Wetzel widersprach der Einschätzung, die EU sei länderblind. Die Länder verhandelten ständig mit der Kommission. Das Weißbuch Governance gehe ausdrücklich auf die Länder ein. Der Lamfallussy-Bericht nehme ausdrücklich zu Regionen mit Gesetzgebungskompetenzen Stellung. Außerdem sei auf das Partnerschaftsprinzip bei den Strukturfonds zu verweisen.

Oebbecke vertrat die Auffassung, dass es nicht schlimm sei, dass das EG-Recht kommunal- bzw. landesblind sei. Dann könne es diesen Ebenen auch nichts tun. Die bisherigen EG-rechtlichen Entwicklungen seien aus kommunaler Sicht nicht als tragisch zu bezeichnen. Im Ergebnis sei der eine durch den anderen Regulierer ersetzt worden, wobei teilweise andere Regelungskonzepte verfolgt würden. Daraus resultierten im Wesentlichen allerdings nur Umstellungs- und Gewöhnungsprobleme.

Schoch schloss sich dieser Einschätzung grundsätzlich an und fragte pointiert aus der Perspektive der Selbstverwaltung, ob es für die Kommunen darauf ankomme, von welcher Ebene sie reglementiert oder stranguliert würden. Er vertrat die Auffassung, dass sich insoweit aus kommunaler Sicht nur wenige Unterschiede festmachen ließen. Gefordert seien die Länder aus kommunaler Sicht dahingehend, klare Aufgabenzuweisungen und klare Zweckbestimmungen vorzunehmen. Gerade dies täten sie nicht. Sie versuchten demgegenüber, die klare Festlegung öffentlicher Zwecke zu vermeiden. Gerade durch dieses Vorgehen brächten die Länder die Kommunen aus dem Zugriff des Gemeinschaftsrechts nicht heraus. Dies habe man insbesondere im Sparkassenstreit gesehen, wo man den Schulterschluss zwischen den Sparkassen und Landesbanken eigentlich hätte aufgeben müssen. Die Länder hätten nicht eindeutig Farbe bekannt, weil einerseits die Landesbanken Global Player hätten sein wollen, während die Sparkassen einen Versorgungsauftrag hätten. Die Länder wären den Kommunen zu einer Stütze geworden, wenn sie klar definiert und zugeordnet hätten, was der öffentliche Auftrag der Sparkassen ist, da dann der Beihilfebegriff schon nicht erfüllt gewesen wäre. Dieser Aufgabe hätten sich die Länder nicht gestellt.

Schoch folgerte daraus, dass aus kommunaler Sicht ein klares Plädoyer geboten sei. Maßgeblich müssten die Sachaufgabenerledigung und die klare Zuordnung der Sachaufgaben zu den Kommunen bei klarer Verantwortlichkeit und einer deutlichen Grenzziehung vom rein wirtschaftlichen Bereich sein. Dann werde ein ganz großer Teil der gegenwärtigen kommunalen Probleme gelöst. *Schoch* vertrat die These, dass die Autonomie der Kommunen nicht durch Kompetenzkataloge und Kompetenzausübungsschranken gestiftet werde, sondern nur auf der Ebene der Rechtsausübung gesichert werden könne.

Dieser Position schloss sich *Dupré* grundsätzlich an. Da man bei den Ländern eine immer stärkere Beschneidung der Gesetzgebungskompetenz bei Stärkung der Durchführungskompetenz feststellen müsse, bekämen die Kommunen große Probleme gerade von Seiten der Länder. Diese setzten immer neue Durchführungsvorgaben für die Kommunen, welche die kommunale Autonomie strangulierten, statt einen massiven Standardabbau zu betreiben.

Tettinger und *Meyer* widersprachen demgegenüber der These von *Schoch*, es sei quasi egal, wer die Kommunen stranguliere. *Tettinger* ergänzte, dass die kumulative Strangulation mit verteilten Rollen keinesfalls gut sei. Aus

Sicht der Kommunen sei es geboten zu wissen, welche Ebene nach welchen verfassungsrechtlichen Grundsätzen die kommunale Autonomie einschränke und wer dies überwache. Auch *Meyer* blieb in dem von *Schoch* gewählten Bild der Strangulation und entgegnete, dass es nicht darum gehen könne, einen potentiellen „Würger" durch einen anderen zu ersetzen. Vielmehr sei die Frage entscheidend, ob man es mit zwei oder drei Partnern zu tun habe, die den Kommunen an den Kragen wollten. Insoweit müsse man – bezogen auf das europäische Recht und nationale Umsetzungsregelungen – kritisch fragen, wer dies in den Kommunen eigentlich anwenden solle. Man müsse bedenken, dass im kommunalen Bereich die unterschiedlichen rechtlichen Regelungen zu vollziehen seien. Die Mitarbeiter der Kommunalverwaltungen müssten daher versuchen, sich im Dschungel des Kompetenzwirrwarrs zurechtzufinden. Hier seien die Probleme nicht zu unterschätzen. So gebe es erhebliche Schwierigkeiten, Ausschreibungen EG-rechtskonform durchzuführen.

Mit Blick auf den Konvent warf *Meyer* die Frage auf, wer dort als Anwalt für die kommunale Ebene auftreten solle. Bisher hätten sich weder die Landesregierungen noch die Bundesregierung als Anwalt der kommunalen Seite hervorgetan. Viel eher könne man auf ausländische Ministerpräsidenten verweisen. Dennoch sei die Frage zu stellen, wie man in den nächsten Monaten anstelle von Schuldzuweisungen eine gemeinsame kommunale Position zwischen Kommunen und Ländern erzielen könne, um möglichst Kommunen und Länder gemeinsam im Vertragstext zu verankern. Dieses Anliegen müsse ein zentraler gemeinsamer Punkt sein. Angesichts dessen, dass die Länder in Europa wegen der föderalen Struktur in Deutschland eine isolierte Position haben, wies *Meyer* besonders darauf hin, dass die Kommunen insoweit innerhalb der Europäischen Union über eine viel bessere Breitenwirkung verfügten. In der Mehrzahl der Mitgliedstaaten gebe es Kommunen mit einer recht starken Stellung, sodass man die Diskussion nicht vorrangig z. B. auf Frankreich oder Irland fixieren dürfe. Die Benelux-Staaten sowie die skandinavischen Mitgliedsländer seien insoweit natürliche Bündnispartner. Die Europäische Union müsse sich gerade im Zuge der bevorstehenden Osterweiterung damit auseinandersetzen, dass es dann mit der relativen Homogenität im Wohlstand vorbei sei. Gerade dann müsse man Strategien entwickeln, wie man die gemeinsamen Rechtsvorschriften in Süd- und Osteuropa umsetzen solle. Insoweit sprach sich *Meyer* mit *Tettinger* dafür aus zu prüfen, wie man Bürgernähe im Verwaltungsvollzug besser praktizieren könne. Dies sei ein konstruktiver Ansatz. Dazu benötige man Institutionen unterhalb des Nationalstaates. *Meyer* plädierte dafür, diese Institutionen deshalb in die Primärtexte aufzunehmen. Man müsse jetzt die deutschen Bemühungen auf die Frage konzentrieren, wie man ein solches Vorgehen sinnvoll organisieren könne. Jedenfalls gehe es aus kommunaler Sicht nicht in erster Linie um die Abschichtung von Gesetzgebungskompetenzen. Viel sei allerdings bereits gewonnen, wenn sich die Europäische Union auf Rechtssetzungsfragen beschränke und die Verwaltung den Behörden vor Ort überlasse, ohne dass kommunale Ausführungsspielräume ständig eingeschränkt würden.

2. Subsidiarität

Hinsichtlich einer Präzisierung des Subsidiaritätsprinzips herrschte allgemeine Skepsis vor. So führte *Ferdinand Kirchhof* aus, dass das Subsidiaritätsprinzip zwar viel beschrieben worden sei, es habe allerdings noch nie wirklich funktioniert, da es über keine harte Rechtskontur verfüge. Auch *Duppré* vertrat die Auffassung, dass der Versuch, das Subsidiaritätsprinzip zu verdeutlichen und stärker zu konturieren, in den letzten Jahrzehnten ohne nachhaltigen Erfolg geblieben sei. Daher könne man nur davor warnen, nach der Osterweiterung zu starke Hoffnungen auf eine stärkere Wirksamkeit des Subsidiaritätsprinzips zu setzen.

Ruffert warnte davor, hinter den Begriffen von Subsidiarität und Bürgernähe eine Lobbyposition zu verstecken. Dies sei etwa beim Handwerksrecht geschehen. Ein solches Vorgehen sei keinesfalls zukunftsweisend.

Hayder und *Wetzel* sahen die Wirkungen des Subsidiaritätsprinzips demgegenüber deutlich positiver. Den Ländern sei es seit den 80er-Jahren gelungen, die Funktion des Subsidiaritätsprinzips in Brüssel zu verdeutlichen. Demgegenüber habe der Bund immer auf seine eigene Stärke und Entscheidungen im Rat gesetzt, weil er sich seines großen Gewichts im Kreise der Mitgliedstaaten immer bewusst gewesen sei. Auch *Wetzel* warnte davor, die Wirkungen des Subsidiaritätsprinzips zu gering zu erachten, wenngleich es als Rechtsprinzip schwer handhabbar sei. Gerade den Beitrittsländern sei sehr daran gelegen, die nationale Identität zu wahren.

3. Prozedurale Sicherungen

Schulze-Fielitz plädierte angesichts der Schwierigkeit materieller Kompetenzabgrenzungen dafür, stärker über prozedurale Absicherungen wie z. B. einen Subsidiaritätsausschuss unter Einschluss der Kommunen nachzudenken. Damit könne man möglicherweise mehr erreichen als mit einer Kompetenzdiskussion. Mit dieser Einschätzung stand er indes nahezu allein. *Tettinger*, der bezweifelte, ob der Ausschuss der Regionen der ideale Sachwalter kommunaler Interessen im Konvent sei, sprach sich dafür aus, die Bürgernähe auch durch eine prozedurale Komponente zu effektuieren.

Wetzel und *Janssen* widersprachen prozeduralen Absicherungen dagegen vehement. *Janssen* wies darauf hin, dass über Verfahrensgarantien intensiv nachgedacht worden sei. Im Ergebnis könne man sich daraus keine große Hilfe versprechen. Letztlich komme es nicht darauf an, ob in einem Staat Bund und Länder vorhanden seien oder ob dort gar keine föderalen Strukturen gegeben seien. Maßgeblich sei allein, ob und wie der Mitgliedstaat seine Belange formuliere. *Wetzel* sprach sich nachdrücklich gegen einen Subsidiaritätsausschuss als „neuen Debattierclub" aus. Demgegenüber sei der Europäische Kompetenzgerichtshof das entscheidende Schlichtungsinstrument.

4. Kompetenzabgrenzung

Die von *Wetzel* unterbreiteten Vorschläge zur Kompetenzabgrenzung stießen in der Diskussion auf große Skepsis. *Schoch* hielt *Wetzel* entgegen, dass er nicht Länderpositionen, sondern die Position von Landesregierungen vertreten habe. Dies sei überdies auch nicht Ausdruck des Demokratieprinzips, da es einen dramatischen Funktionsverlust von Landtagen und einen Weg in den Exekutivstaat gebe. Nach Auffassung *Schochs* stelle die Diskussion um die Zuordnung von Gesetzgebungskompetenzen eine erhebliche Überschätzung der Bedeutung der vorhandenen Kompetenzlage dar. Überdies seien die Forderungen der deutschen Länder nicht realistisch. Eine solche Position werde außerhalb Deutschlands nur in Österreich verstanden. Die Probleme würden dann nur auf andere Abgrenzungsbereiche verschoben, sodass es sich nicht um eine Problemlösung, sondern um eine bloße Problemverlagerung handele. Anstelle der Debatte um Kompetenzkataloge, Kompetenzgrenzen und Nichtausübungsbefugnisse seien intelligentere Lösungen auf der Ebene der Gesetzes- und Rechtsausführung, nicht aber auf der Ebene der Rechtsetzung angefragt.

In Abgrenzung zu den Positionen der deutschen Länder verwies *Schoch* insbesondere auf den pragmatischen britischen Weg, dort beteiligt zu sein, wo Entscheidungen getroffen würden. *Schoch* zitierte zur Kompetenzdebatte den Direktor des Center For European Reform, London, aus dem 16. Sinclair-Haus-Gespräch[8]: *„Ein letztes Ziel haben wir selbstverständlich nicht. Zumindest Tony Blair hat kein solches Ziel... Er betreibt diese Reformen eine nach der anderen, weil die politischen Umstände es erfordern. Aber niemand hat die geringste Ahnung davon, wohin das am Ende führen wird...*

---

[8] *Grant*, in: Europas Verfassung – eine Ordnung für die Zukunft der Union, 16. Sinclair-Haus-Gespräch, Bad Homburg v. d. Höhe, 2001, S. 38.

So ist es in der englischen Geschichte jahrhundertelang gewesen, ohne dass irgendjemand einen wirklichen Plan gehabt hätte. ... Aber für mich bedeutet all dies vor allem, dass die verbreitete Annahme, Deutschland versuche dem übrigen Europa sein Verfassungssystem aufzudrängen, ganz falsch ist. Die Sache verhält sich gerade umgekehrt. Die Briten sind es, die dem übrigen Europa – wenn auch unabsichtlich – ihr System überstülpen. Die EU erlebt diese auf eine Veränderung ihrer Rechtsordnung zielenden Reformschübe alle paar Jahre, und niemand hat die geringste Ahnung, wohin das am Ende führen wird. Niemand kennt das endgültige Ziel. Die EU entwickelt sich sehr britisch pragmatisch, ganz überlegt. ...

Abschließend möchte ich die Frage stellen, wie wir das Prinzip der Subsidiarität verwirklichen können. Welches ist der geeignete Mechanismus? Ich komme hier auf ein Problem zurück, das ebenfalls in das Kapitel der Verfassungsfragen gehört, nämlich den Versuch, die nationalen Parlamente stärker in den EU-Prozess einzubinden. Es scheint mir wichtig, die nationalen politischen Systeme und das politische System Europas enger miteinander zu verknüpfen, denn heute scheinen diese Systeme in getrennten Sphären ohne ausreichende Kommunikation zu existieren."

Schoch vertrat die These, dass durch die Länderforderungen der europäische Integrationsprozess mit der bevorstehenden Erweiterung partiell gefährdet werde. In einer globalisierten Welt könne man nicht zum Partikularismus zurückkehren. Stattdessen müsse man in zahlreichen Bereichen über eine Hochzonung der Rechtsetzung nachdenken. *Schoch* nannte insoweit die Bereiche Ausländerrecht, Asylrecht und innere Sicherheit. Hier müsse man in der Rechtsetzung über einheitliche europäische Standards verfügen. Dem letztgenannten Aspekt stimmte *Wetzel* aus Ländersicht ausdrücklich zu. Die Länder hätten sich etwa in den Bereichen Zivilrecht, Patentrecht, innere Sicherheit und Arbeitsrecht für verstärkte Gemeinschaftskompetenzen ausgesprochen. Es sei keineswegs so, dass die Länder alles an Kompetenzen zurückhaben wollten. Was die Länder reklamierten, seien eigene Zuständigkeiten insbesondere in den Bereichen Kultur und Bildung. Dies liege auf der Hand. Entgegen der Einschätzung von *Schoch* stelle die Globalisierung kein Gegenargument zu einer klareren Kompetenzverteilung dar.

Wieland hielt den von den Ländern verfolgten Weg der Kompetenzabgrenzung ebenfalls für einen Irrweg. Man habe sich nun einmal für den Binnenmarkt entschieden. Die damit gerufenen Kräfte werde man nicht wieder los. In zahlreichen Bereichen des Zivilrechts und des Familienrechts gebe es Bestrebungen zur Vereinheitlichung unter Berufung auf die Freizügigkeit. Auch beim Steuerrecht gebe es einen Aufbruch zu einer europäischen Lösung. Der Druck komme von der Basis, nämlich von den betroffenen Bürgern und von der Wirtschaft. Diesem wachsenden Druck werde man mit einem Kompetenzkatalog keinesfalls standhalten. Viel einleuchtender sei der

Zusammenfassung der Diskussion

britische Weg, dort mitzumischen, wo das Recht gesetzt werde. Dort müsse man versuchen, sich mit genügend Freiraum einzubringen. Dies sei auch der richtige Weg für die Länder, um ihre Interessen einzubringen. Nach Einschätzung *Wielands* werde bei einer Kompetenzüberprüfung für die Länder im Ergebnis nichts Wesentliches herauskommen.

Ruffert stützte diese Position im Wesentlichen, wies aber darauf hin, dass die Binnenmarktkompetenzen zwar sehr weit gingen, aber nicht grenzenlos seien. Sie stünden mit den Grundfreiheiten in einem Komplementaritätsverhältnis und hätten ihre Grenze in der Herstellung des Binnenmarktes. Dies habe insbesondere das Urteil zur Tabakwerbung gezeigt. Wenn man die Binnenmarktkompetenzen durch etwas Neues ersetzen wolle, gelange man zwingend zu Lösungen wie in Art. 74 Nr. 11 GG (Recht der Wirtschaft) und man zerschlage das System. Nach Auffassung *Rufferts* könne man den Acquis Binnenmarkt nicht zugunsten der Länderposition aufgeben.

Auch *Burgi* hielt die Kompetenzabgrenzungsdebatte nicht für einen Erfolg versprechenden Weg. Er hielt es für einen Fehler, sich nur auf Kompetenzkataloge und Kompetenzabgrenzungstechniken zu konzentrieren. Das eigentliche Problem seien die Maßstabsnormen, also das materielle Recht im EG-Vertrag. Als Beispiel nannte er die Thematik: Frauen in der Bundeswehr. Dies sei keine Frage des Kompetenzkatalogs, sondern eine Frage eines Grundrechts, nämlich dem der Geschlechtergleichbehandlung. Die Diskussion im Rahmen des Professorengesprächs habe im Übrigen weitgehend Fragen der Auslegung der Grundfreiheiten, des Unternehmensbegriffs und der Beihilfe gemäß Art. 81 ff. EGV behandelt. Dies zeige eindeutig, dass die meisten Probleme der Durchdringung nationalen Rechts durch die EG nicht aus Kompetenzkatalogen folgten und umgekehrt mit deren Änderung auch nicht beseitigt werden könnten. Die Probleme ergäben sich zumeist aus der Auslegung materieller Normen.

Wenn man mit dem insbesondere von Großbritannien verfolgten Anliegen einer „Extensivierung einer Flächenbewirtschaftung" durch die EG ernst machen wolle, müsse man an Tatbestandsmerkmale wie „grenzüberschreitend", an den Beihilfebegriff oder an den Unternehmensbegriff in Art. 81 ff. EGV herangehen. Das britische Anliegen sei jetzt offiziell im Laeken-Dokument formuliert. *Burgi* schlussfolgerte daraus, dass man zur beabsichtigten Stärkung der mitgliedstaatlichen Kompetenzen einen Teil des Instrumentariums verschenke, wenn man nicht auch an die materielle Ebene der Grundrechte, der Grundfreiheiten und der Wettbewerbsvorschriften herangehe.

Wetzel verdeutlichte, dass in der Grundrechtscharta die Kompetenzfrage klar geregelt sei. Sie gelte nur, wenn ein Handeln der EU betroffen sei. Grundrechtsfragen seien u. U. allerdings Kompetenzfragen. Über die

Grundrechterechtsprechung des BVerfG seien sehr weitgehende Rechtsentwicklungen erfolgt. Insoweit müsse man künftig gespannt auf die Rechtsprechung des EuGH blicken. *Tettinger* konzedierte, dass viele Fragestellungen sich auf materielles Recht bezögen. Das sei aber regelmäßig mit kompetenziellen Fragen verbunden. Die Frage sei z. B., ob man den Rundfunk nur als Wirtschaftsinstitution oder auch als kulturelle Aufgabe ansehe. Je nach dem gelange man zu ganz unterschiedlichen Fragestellungen. Hinsichtlich der Tabakrichtlinie sei zu fragen, ob es sich um Gesundheitsschutz oder um die Strangulation freier Werbung handele. Auf diese Weise gelange man zu einer Grundrechtsabwägung in Verbindung mit Kompetenzaspekten, was zu der Frage führe, welche Gerichtsbarkeit zuständig sei. Insofern unterscheide sich gerade im Bereich der Grundrechte die Rechtsprechung des EuGH nachhaltig von der des Bundesverfassungsgerichts.

Auch *Janssen* setzte sich kritisch mit der von *Wetzel* vertretenen Position auseinander. Zuspitzend formulierte er, die Landesregierungen nähmen für sich in Anspruch, für die Länder zu handeln. Dabei nähmen sie zum Teil gar nicht wahr, was auf der Ebene der Landtage inzwischen alles geschehe. Die von den Ministerpräsidenten und der Europaministerkonferenz erarbeiteten Papiere stellten ein Gemisch von verfassungstheoretischem Anspruch einerseits und Allgemeinplätzen andererseits dar. Nirgends werde konkret der EG-Vertrag durchgegangen und Norm für Norm gefragt, wo Landesinteressen berührt seien und wo was ggf. geändert werden müsse. Daher hätten die Landtagspräsidenten modellhaft einen Katalog erstellt, was typischerweise Länderkompetenzen sein müssten[9]. Die unbenannten Kompetenzen seien das wirkliche Problem. Die Frage müsse lauten, was nach Europa gehe und was auf die einzelnen Staaten komme. Hinsichtlich der von *Kirchhof* thematisierten Frage der Binnenorganisation verwies *Janssen* auf die Anlage 3 zum Landtagspräsidentenpapier[10]. Diese habe den Sinn, den Bund in den Verhandlungen mit Europa zu sensibilisieren.

Hinsichtlich der von *Tettinger* angesprochenen „Rahmenrichtlinien" machte *Janssen* deutlich, dass damit keine neue Kategorie gemeint sein könne. Vielmehr müsse eine Richtlinie per se stets den Charakter der Rahmensetzung behalten – eine Einschätzung, der *Tettinger* ausdrücklich zustimmte. Es gehe nicht darum, neue Kategorien von Richtlinien zu kreieren, sondern den Richtliniencharakter ernst zu nehmen und den Korridor für die Ausfüllung zu vergrößern, so dass mehr Gestaltungsspielräume für die Mitgliedstaaten entstünden.

Auch *Hayder* vertrat die Auffassung, dass die Fleißarbeit von Ministerpräsident Teufel für einen ausführlichen Kompetenzkatalog nicht den Königs-

---

[9] ZG-Sonderheft 2000: Stärkung des Föderalismus, 35 ff.; dazu *Janssen*, ebd., 41 (49).
[10] ZG-Sonderheft 2000: Stärkung des Föderalismus, 35 ff.; dazu *Janssen*, ebd., 41 (49).

weg bilde. Die dagegen gerichteten Zweifel von Ministerpräsident Clement und anderen seien zu teilen. Zudem spiegele der Ansatz von Teufel auch die Realitäten nicht wirklich wider. *Hayder* schlug demgegenüber vor, Zielaufgaben der Europäischen Union zu beschreiben. Insoweit verfolge insbesondere Ministerpräsident Clement einen vernünftigen Grundansatz. Man müsse sich fragen, was man mit der EU – etwa im Binnenmarkt – erreichen wolle. Hier gehe es konkret um die Regelung des Warenaustausches zwischen den Mitgliedstaaten. Darüber hinausgehend seien Begrenzungen der europäischen Kompetenz nötig. So müsse sie sich nicht auf die Gewerbeaufsicht erstrecken. Wenn Kompetenzen der Mitgliedstaaten bestünden, müsse dies umgekehrt nicht heißen, dass die Kommission in diesen Bereichen gar nichts tun könne. So könne es etwa Methoden der Koordinierung, des Erfahrungsaustausches und des Leistungsabgleichs geben. *Hayder* vertrat die Einschätzung, dass mit der Kompetenzfrage eine trennscharfe Abgrenzung nicht erfolgen könne und hielt der deutschen Positionierung vor, dass es keine eindeutige politische Ziel- und Prioritätenabstimmung gebe. Dies liege einerseits am Föderalismus, aber auch daran, dass man in Deutschland über keine einheitlich zuständige Stelle verfüge, die europäische Positionen formuliere.

Oebbecke schloss sich dieser Einschätzung im Wesentlichen an und kritisierte den Ansatz einer strikten Kompetenzabgrenzung. Mit gutem Grund könne man sagen, dass Verfassungen kurz und dunkel sein müssten. Man könne Verfassungsnormen nicht ständig ändern, um auf Entwicklungen und veränderte Zeitläufte zu reagieren. Ein System, das Änderungsnotwendigkeiten aufgrund konkreter Entwicklungen nicht auf der Verfassungsebene löse, wo auf europäischer Ebene sogar Verträge geändert werden müssten, sei auf Dauer besser dran. Unterstützend verwies *Oebbecke* darauf, dass man in Deutschland zwischen Gemeinden und Kreisen bisher sehr unscharfe Kompetenzabgrenzungen habe. Dies funktioniere von Petitessen abgesehen im Ergebnis ganz ausgezeichnet. Im Bundesstaat klappe es zwischen Bund und Ländern nur deshalb nicht, weil die Länder über Jahrzehnte ihre Kompetenzen „für ein Linsengericht" gegen Zustimmungsbefugnisse im Bundesrat „verkauft" und Bundesregelungen zugestimmt hätten. Aus dem Kompetenztitel: „Recht der Wirtschaft" hätte der Bund nichts machen können, wenn die Länder nicht immer wieder zugestimmt hätten.

Oebbecke und *Kirchhof* sprachen sich dafür aus, das britische Beispiel auf die europäische Ebene zu übertragen, umso zu Regelungen zu kommen, mit denen man Fehler, die man einmal gemacht habe, unaufwändig wieder korrigieren könne. *Kirchhof* illustrierte dies wie folgt: Im Verhältnis von EG und Mitgliedstaaten tauche immer wieder die Frage: „Staatenverbund oder Bundesstaat?" auf, wobei man von Seiten der Mitgliedstaaten Angst habe, endgültig Kompetenzen zu verlieren. Daher sei die Überlegung in die Diskussion einzubringen, wie in Großbritannien mit Schottland und Wales vorzugehen, nämlich von der Möglichkeit der zeitlich begrenzten Kompetenzverteilung Gebrauch zu machen und Rückholrechte vorzusehen. Plastisch sprach *Kirchhof* von einer „EG auf Bewährung", in der man mit zeitlichen Schrittfolgen starte und nach Ablauf bestimmter Fristen getroffene Regelungen überprüfe und neu verhandele. So sei man ursprünglich auch den Weg in die Europäischen Gemeinschaften gegangen. In Großbritannien sei die Selbständigkeit von Schottland und Wales einfachgesetzlich zustande gekommen und deshalb auch wieder rückholbar.

Im Übrigen sprach sich *Kirchhof* vor dem Hintergrund des beispiellos gegliederten Kompetenzrechts in Deutschland zwischen EU und Mitgliedstaaten für eine Kompetenzverteilung nach Sachmaterien aus. In Deutschland sei das „Recht der Wirtschaft" quasi ein „Unfall". Äußerst kritisch seien die Zielsetzungen und die Querschnittsaufgaben in Europa zu sehen. Das seien Generaltitel, mit denen man alles machen könne. Eine strenge Verteilung von Sachkompetenzen – egal auf welcher Ebene – schaffe demgegenüber Klarheit. Fatal sei es demgegenüber, Sachkompetenzen konkurrierend zuzuteilen. Vielmehr müsse man weg von den beweglichen Systemen, da diese sich in der Realität als Abfolge von Unfällen darstellten. Zur Unterfütterung dieser These verwies *Kirchhof* darauf, dass man 1994 Art. 72 Abs. 2 GG geändert und überdies noch ein besonderes Klageverfahren eingeführt habe. Faktisch habe sich hier nichts geändert. Außerdem verwies er auf Art. 28 Abs. 2 GG und den Gesetzesvorbehalt. Die Universalität des kommunalen Wirkungskreises stehe also unter dem Vorbehalt abweichender gesetzlicher Regelungen, was zu einem beweglichen System führe. Bei der Rahmengesetzgebung und Grundsatzgesetzgebung sei es genau dasselbe. Außerdem verwies *Kirchhof* auf Art. 87 Abs. 3 GG für den Bereich der Verwaltung. Dies sei die Einbruchstelle für den Bund, die er immer ungenierter benutze. Aus diesen kritischen Beispielen lässt sich nach *Kirchhof* ableiten, zu einer starren, aber klaren Zuordnung von Sachmaterien zu kommen.

Helmuth Schulze-Fielitz

Die Europäisierung des Rechts als Durchdringung des Alltags von Wissenschaft und Praxis
– Schlussfolgerungen durch Selbstbeobachtung –

Es gehört zu den schönen Traditionen dieses Professorengesprächs, dass zum Abschluss einer der Diskussionsleiter Schlussfolgerungen oder Perspektiven entwickelt. Das veranlasst mich, von den acht Überlegungen, die ich Ihnen vortragen will, die erste der *Funktion eines solchen Schlusswortes* zu widmen. Was kann es leisten und was nicht? Es kann nicht sein, dass ich sozusagen eine „authentische Interpretation" des Tagungsergebnisses liefere – eine solche Zusammenfassung leistet Herr *Henneke* mit seinen Berichten viel besser; und jeder von uns ist dann individuell aufgerufen das herauszuholen, was ihm wichtig erscheint. Es kann auch nicht sein, dass ich eine Art privilegierten „Oberdiskussionsbeitrag" liefere im Sinne von ambitionierter Besserwisserei: Das war richtig – jenes war falsch. Das Bemerkenswerte an dieser Institution der Schlusswürdigung scheint mir vielmehr darin zu liegen: Es ist eine institutionalisierte Form der Selbstreflexion über die Art, wie wir hier Wissenschaft betreiben. Es wird so eine zusätzliche Ebene der Selbstbeobachtung neben den Sachgegenständen eingeführt. Um das an einem kleinen Beispiel deutlich zu machen: Sie alle sind entweder Eltern, Lehrer oder Prüfer. Wir lernen das alles durch Sozialisation von klein auf und sind dann als Eltern, Lehrer oder Prüfer tätig. Aber man kann das Niveau bewusst erhöhen (weil wir permanent Fehler machen), indem man Zeitschriften über Erziehung liest, indem man sich für die Vorlesung hochschuldidaktische Werke aneignet oder indem man ein Prüferseminar besucht, wie das z. B. für Vorsitzende Prüfer im Assessorexamen in Nordrhein-Westfalen Bedingung ist. Und so kann man auch über die Art, wie wir Wissenschaft betreiben, nachdenken. Das wird im Wissenschaftsbetrieb eigentlich zu selten gemacht. Dieses Gespräch ist ein solcher Anlass, und deswegen nehme ich den mir zugespielten Ball gern auf.

Meine zweite Anmerkung steht unter dem Titel *„Europäisierung"*. Das ist ja nun nicht so ganz besonders originell. Aber es ist das vierte Mal in Folge, dass das Professorengespräch des Landkreistages über das, was den Kommunen und Landkreisen aktuell auf den Nägeln brennt, einem europabezogenen Thema gilt. Nun kann man diskutieren: Ist es nicht eine Überinterpretation, durch die die Europäisierung zu wichtig genommen wird? Neulich hat Herr *Götz* sinngemäß geschrieben, bei der Europäisierung des Verwaltungsprozessrechts würden einzelne Punkte zu stark in den Vordergrund geschoben und verallgemeinert[1]. Ich meine, eine Einigkeit in der bisherigen Diskussion gestern und heute war, dass so etwas wie Europäisierung des nationalen Rechts ubiquitär ist, also in allen Schattierungen auf uns zukommt. Vielleicht ist ein Vergleich klärend: Sie alle kennen das Wort vom „Verwaltungsrecht als konkretisiertem Verfassungsrecht", 1959 als eine neuartige Erfahrung von *Fritz Werner* auf den Begriff gebracht (*Otto Mayer* hatte es 40 Jahre früher noch ganz anders gesehen), dass also eigentlich Verfassungs- und Verwaltungsrecht eng miteinander verwoben sind und man sie nicht isolieren kann, wie wir das – jetzt im Blick auf das Europarecht gesprochen – jahrzehntelang hatten, indem wir die Europarechtswissenschaftler einerseits und die sonstigen Öffentlich-Rechtler andererseits auf vielen Ebenen getrennt haben. Wenn man die Diskussionen dieser beiden Tage Revue passieren lässt, dann ist in der Wissenschaft deutlich eine Tendenz erkennbar, die Ebenen von vornherein zusammen zu sehen, nicht speziell in dem Sinne: „Jetzt machen wir auch einmal Europarecht", sondern, angestoßen von den Sacherfordernissen auf kommunaler Ebene, gleichsam das öffentliche Recht als Einheit aller Erscheinungsformen und Ebenen des Rechts einschließlich des Europarechts zu betrachten. Europarecht wird also zur integrierten Selbstverständlichkeit.

Allerdings gibt es noch eine Lücke zwischen der wissenschaftlichen Diskussion und der kommunalen Praxis. Wenn ich Herrn *Wais* zitieren darf: Er hatte seine Überlegungen in den Kontext gestellt: Wer „schützt" uns vor der „Missbrauchsaufsicht" der EU, was mag da wohl auf die Kommunen zukommen? Das heißt: Die wissenschaftliche Erfahrung der Selbstverständlichkeit der europäischen Imprägnierung allen Rechts und die praktische Erfahrung, dass da plötzlich ganz neue Herausforderungen im Alltag entstehen – da gibt es noch zwei unterschiedliche Qualitäten der Wahrnehmung in Wissenschaft und Praxis. Ich vermute, dass die Schwierigkeiten, wie wir sie jetzt in der kommunalen Alltagspraxis haben, eher eine Übergangserscheinung der neuartigen Herausforderungen etwa mit den Ausschreibungspflichten ist, die wir in einigen Jahren klein gearbeitet haben werden. So wie wir bei allen neuen Gesetzen, die mäßig oder nicht so gut gelungen sind, das Problem der Abarbeitung durch die Routine der Alltagspraxis haben, so auch hier. Immerhin: Das Problembewusstsein für die Europäisierung des nationalen Rechts ist eindeutig gestiegen; das hat auch dieses Professorengespräch gezeigt.

Mein drittes Stichwort gilt einer damit verbundenen Frage: *Welchen Einfluss haben juristische Diskussionen auf Europa*, auf die europäischen Insti-

---

[1] Vgl. *V. Götz*, DVBl. 2002, 1 ff.

tutionen? Wir haben gestern luzide Auslegungen von Art. 295 EGV oder auch Art. 16 EGV gehört. Doch wer nimmt sie eigentlich wahr? Es fehlt so etwas wie eine europäische Europarechtswissenschaft, in der sich länderübergreifend eine herrschende Meinung bildet. Ich bin jetzt angeregt durch Äußerungen des Kollegen *von Bogdandy*[2], der die Folgerung nahe legt, dass bislang der Einfluss wissenschaftlicher Diskussionen auf die europäischen Institutionen auch davon abhängt, wie nahe der jeweilige Autor diesen Institutionen steht. Also: Die Wissenschaftler in der Kommission im juristischen Dienst haben einen ganz anderen Einfluss als ein Professor fern in Metzingen. Die Frage stellt sich: (Wie) kann man das ändern? Ich meine, es wäre eine nicht nur strategische Aufgabe der kommunalen Spitzenverbände, sondern auch der Wissenschaft, sich als Europarechtswissenschaft stärker darüber Gedanken zu machen, wie man so etwas wie einen europaweiten europarechtlichen Diskurs institutionalisieren kann, ohne den der wunderschöne Kern der einzelnen wissenschaftlichen Interpretationen des EG-Vertrages irgendwie unterzugehen droht. Es geht also nicht um den Zugang zum Machthaber, sondern zum Entscheider im Rahmen einer europaweiten Fachöffentlichkeit.

Damit verbunden ist ein zweites Defizit: Wenn wir sonst in der Wissenschaft juristisch argumentieren, dann legen wir aus und suchen nach richtigen, dogmatisch korrekten, vielleicht gerechten Lösungen, indem wir ein Gesetz anwenden. Im Europarecht dominiert aber noch immer ein eher strategisches Denken. Strategisch heißt: Wie kann ich die deutsche Rechtsposition oder die deutsche Position der Kommunen maximal durchsetzen? Das ist eine letztlich andere Argumentationsweise. Die hat nicht nur bei Herrn *Tettinger* eine Rolle gespielt, der fragte, wie wir unsere deutschen Kommunen angemessen zum Zuge bringen, sondern auch allgemein in der Art, wie wir über die Rechtssituation anderer Staaten nachdenken. Wir haben zwar immer den Vergleich Frankreich oder mit englischen Denkweisen – Frankreich, weil die Franzosen vielleicht politisch geschickter agieren. Aber „wie selbstverständlich" reden wir über die Ausweitung des Mehrheitsprinzips, ohne zu sehen, dass die Kleinstaaten überwältigt werden könnten durch den Koloss Deutschland in der Mitte Europas bzw. der EU. Was uns noch fehlt, ist die Selbstverständlichkeit einer genuin europarechtlichen Perspektive: Die europarechtlichen Diskussionen werden häufig nicht aus der Perspektive Europas, sondern aus der Perspektive des Mitgliedstaates gegen Europa entwickelt. Wenn Herr *Schoch* zu Anfang von der „defensiven Position" der Kommunen sprach und Herr *Kreuschitz* von dem „Feind schlechthin", dann sind das nur psychologische Reflexe dieser Kontroverse bzw. dieses strategischen Rechtsdenkens.

---

[2] Vgl. *A. v. Bogdandy*, Der Staat 40 (2001), 3 ff.

Meine vierte Bemerkung nimmt ein häufig erwähntes Stichwort zum Ausgangspunkt: Was heißt eigentlich *„Stabilisierung"* der kommunalen Aufgabenerfüllung, von der Herr *Ruffert* sprach? Herr *Pielow* sprach in der Diskussion von „Stabilisierungsoptionen". Wenn wir den nächsten Schritt nehmen, dann war „Rechtssicherheit" ein gleichermaßen zentrales, eng verwandtes Stichwort. Herr *Wetzel* hat sie eingefordert, Herr *Duppré* suchte nach Rechtsetzung, die Rechtssicherheit schafft, nach quantifizierenden Maßstäben u. Ä., Herr *Kluth* nach „Dauerhaftigkeit" der Rechtslage für die öffentlichen Unternehmen. Ich schließe daraus: *Europarecht hat eine verunsichernde Funktion.* Sie gründet in der Neuartigkeit europarechtlicher Herausforderungen. Wir haben freilich auch sonst neue Gesetze, die wir abarbeiten müssen. Aber im Gegensatz zu den Mitgliedstaaten mit ihren gesicherten Traditionen, eingefahrenen Praktiken, herrschenden Rechtsauffassungen oder einer gefestigten Rechtsprechung gibt es offenbar Defizite auf europäischer Ebene, wo solche institutionellen Stabilisierungselemente für diese Abarbeitungsprozesse fehlen. Heute wurde öfter gesagt: Wir müssen zum EuGH gehen. Der EuGH ist aber doch ein relativ kleines Gericht im Hinblick auf die Aufgaben, die er zu erfüllen hat. In Deutschland gibt es demgegenüber eine Vielzahl von Verwaltungsgerichten, auch Verfassungsgerichten. Schon die Unterentwickeltheit einer europäischen Justiz zwingt dazu, dass man nicht alles von der Dritten Gewalt auf europäischer Ebene entscheiden lassen kann. Es gibt aber auch wenig andere hilfreiche Institutionen, etwa gesicherte Traditionen i. S. einer gefestigten Kommissionspraxis. Die Kommission nimmt in bestimmter Weise Stellung – ist das dann schon eine Tradition? Sie ist jedenfalls weit weniger ausgebildet und institutionalisiert als auf nationaler Ebene. Es gibt auch wenig „herrschende Meinungen": Herrschende Meinung ist das, von dem die europäischen Institutionen sagen, dass es herrschende Meinung sei. Es fehlt aber ein institutionalisierter Unterbau für die praktische Gewährleistung von gefestigten Traditionen oder herrschenden Rechtsansichten mit der Folge, dass sich die Praxis in Form von funktionalen Äquivalenten Sicherheitsersatzelemente schafft. Eben das sind z. B. die Auslegungsvereinbarungen (wie sie uns hier vor allem im Blick auf öffentliche Banken und Sparkassen begegnet sind): Die schaffen zwar nicht ewige Sicherheit, aber immerhin relative Sicherheit auf Zeit. Sie sind in gewisser Weise unvermeidlich. Das ist kein Defizit, sondern eine strukturelle Notwendigkeit. Wir kennen eine Parallele auf nationaler Ebene im Staatsorganisationsrecht. Dort wird auch nicht jeder Streit zwischen den Fraktionen oder den politischen Parteien im Bundestag vor das Bundesverfassungsgericht getragen. Sondern es gibt den Ausschuss für Immunität und Geschäftsordnungsfragen, der über einen Beschluss in einer Auslegungsstreitfrage diskutiert. Da gibt es „Berge" von Beschlüssen, die nichts anderes als konsensual konkretisierte Geschäftsordnungs- und Verfassungsauslegungen sind. Sie erfüllen eine Art verfassungsgerichtlicher

Funktion, um im politischen Prozess Rechtssicherheit zu schaffen bei der Auslegung der Geschäftsordnung des Bundestages bzw. Fragen des materiellen Verfassungsrechts. Und so etwas – vergleichsweise – muss die nicht gerichtliche europarechtliche Praxis leisten, solange jene fehlenden institutionellen Substrukturen nicht ausreichend vorhanden sind.

Meine fünfte Anmerkung gilt der *Frage der Kompetenzabgrenzung* zwischen Europa und den Mitgliedstaaten. Mir scheint, wir denken sehr deutsch, wenn wir in Kompetenzkatalogen nach dem Vorbild des Grundgesetzes denken. Zugleich war es hier ein oft gehörter Einwand: Das geht nicht, das eignet sich nicht, wir müssen auf die Ausführungsebene achten usw. Hier herrschte mehrheitlich im Bereich der Wissenschaft Skepsis vor, ob das Verhalten der Länder Sinn macht. Dazu zwei Überlegungen. Selbst wenn man eine Kompetenzabgrenzung hätte – die m. E. entscheidende Frage liegt in der Konkretisierung. Herr *Wieland* hat gesagt, das sind „politische" Fragen. Es geht dabei nicht um die „große" Politik, sondern um die Ausführungspolitik. Ich nenne einmal als Beispiel das Subsidiaritätsprinzip. Es hat sich, so hörten wir von Herrn *Hayder*, „durchgesetzt". Die Frage aber ist: Wann greift es ein und wann nicht? Das ist doch eine Auslegungsfrage. Immer dann, wenn es im Einzelfall problematisch wird, dann gibt das Subsidiaritätsprinzip letztlich keine eindeutige Antwort, weil es ein Prinzip ist, das konkretisiert werden muss. Da muss letztlich politisch innerhalb eines Spielraums „politisch" entschieden werden. Und das gilt nicht nur für das Subsidiaritätsprinzip als Prinzip, sondern das gilt auch für viele andere Kompetenzbestimmungen, die nach materiellen Maßstäben abgrenzen.

Ein Zweites, das hier eine Rolle spielt, haben wir gestern nicht diskutiert, die Frage nämlich: *Warum* ist es denn so schwierig, die Kompetenzen abzugrenzen? Ich vermute, die Schwierigkeiten liegen in der Logik der Europäischen Union. Die Binnenmarktharmonisierung denkt immer in Kategorien von Wettbewerb und Verzerrung des Wettbewerbs. Und wenn man sich auf diese funktionale Sicht einlässt, dann landet immer wieder alles bei der Frage: Was behindert den Wettbewerb (nicht)? Da können Sie alle Probleme, auch kulturelle, z. B. Examensabschlüsse im juristischen Staatsexamen, die in 15 Jahren wohl Bachelor oder Masters heißen werden – Sie können jedes Problem als Teilelement von Wettbewerbsverzerrungen interpretieren. In der wirtschaftlichen Denkungsart der Kommission oder der Verträge liegt sozusagen eine Logik, Kompetenzen überschießend zu behandeln und alles zu vereinnahmen. Worüber wir diskutieren müssten ist, welche Art von Wettbewerbsverzerrung lassen wir zu und welche nicht? Das ist eine ökonomische Frage, die jenseits von juristischen Begriffen innerhalb der Kompetenzen sich entfaltet. Ein anderes Beispiel: Gestern wurde über „Benchmarking" diskutiert. Ein Vergleich der Dienste nach Art. 16 EGV, so sagte Herr *Ehlers*, begründe dafür keine Kompetenz. Über Benchmarking steht im

Vertragstext auch nirgendwo etwas. Aber aus dem „Funktionieren" der Dienste kann man eben ein großes interpretatorisches Potenzial ableiten. Greifen wir dabei zurück etwa auf die abstrakten Ziele des Art. 4 EGV oder worauf auch immer – dann sind wir sehr bald auf einer „schiefen" Ebene, die durch Interpretation immer umfassendere Kompetenzanreicherungen erlaubt. Insoweit müssen wir uns sehr viel stärker auf die verschiedenen Teilbereiche detailliert in der Sache einlassen. Ich würde sagen, besonders die Binnenmarktkompetenzen wirken wie der König Midas: Alles, was die ergreifen, wird zum wirtschaftsbezogenen Kompetenztitel für die EU.

Damit eng verbunden ist mein sechster Gesichtspunkt – die *Frage nach dem Staatsverständnis und seinem Wandel*. Wir haben mehrfach davon gehört: Von einem „Fundamentaldissens" hat Herr *Pielow* gesprochen. Herr *Kirchhof* hat von „immer demselben Grundmuster" gesprochen, gerade am Beispiel der öffentlichen Unternehmen mit Gemeinwohlaufgaben. Und das Grundmuster ist immer das, dass wir als Deutsche von unseren traditionellen Staatsaufgaben, von den öffentlichen Aufgaben, z. B. von den Sparkassen mit ihren besonderen Leistungen „mit 100-jähriger Tradition" her denken. Und die Logik der EG stellt immer den Wettbewerb in den Vordergrund: Wie organisiert man einen Markt, der dazu führt, dass der Beste, Kostengünstigste als Optimum am Markt sich durchsetzt? Das sind zwei schlechterdings nicht zu leugnende grundsätzlich unterschiedliche Zugänge. Ich möchte nur darauf hinweisen: Das ist ein solch fundamentaler Mainstream, gegen den sich zu wehren wahrscheinlich nicht möglich ist. Was wir miterleben, ist ein fundamentaler Wandel des kontinentaleuropäischen oder des deutschen Staatsverständnisses hin zu Liberalisierung, Privatisierung, zu einem Denken in ökonomischen Kategorien auch innerhalb des Staates. Es ist ein angelsächsisch geprägtes Denken; das kann man für falsch halten, oder für teilweise richtig, wie ich persönlich. Aber das sind untergründige Entwicklungen, die wir hier nicht richtig diskutiert haben, die aber in der Tiefendimension oft vernachlässigt werden, wenn wir uns mit einigen Teilgebieten beschäftigen. Die Detailfrage der öffentlichen Banken ist da nur ein kleiner Problemausschnitt. Herr *Schlebusch* hat diese Perspektiven z. B. im Blick auf die öffentliche Abfallwirtschaft angesprochen: Wir haben einerseits die öffentliche Aufgabe der Abfallentsorgung und andererseits den Rahmen des grenzüberschreitenden Warenverkehrs mit Abfall als Ware. Diese Ambivalenz spiegelt einen grundlegenden Wandel, der in der Europäisierung angelegt ist, von ihr auch gefördert wird und den zu verarbeiten sehr feine Differenzierungsarbeit notwendig macht, wenn wir nicht zentrale Errungenschaften dessen, was wir am deutschen Staatsdenken haben, aufgeben wollen.

Meine siebte Bemerkung soll ein damit eng verbundenes Stichwort aufgreifen: *„Deutsche Rechtskultur"*. Es wurde ein paar Male angesprochen: Denken wir hier nicht oft „sehr deutsch"? Herr *Tettinger* hat gesprochen vom „typisch juridischen" Problemzugang der Deutschen. Und übertragen wir nicht nur bei der Frage der Kompetenzen unsere Art zu denken auf Europa? Es wurde auch von der „Mentalität" der Juristen gesprochen, die durch das Herkunftsland geprägt wird. Es geht ja um mehr als nur um die Frage der Sprache. Es gibt außer Rechtstexten und Rechtsnormen eine Art des Stils im Umgang mit Recht, der oft unbewusst uns ansozialisiert wird, ohne dass wir groß darüber nachdenken. So gibt es auch eine angelsächsische oder französische Kultur des Juristen. Diese stoßen aufeinander. Die Frage ist: Müssen „wir" nachgeben?

Eine zentrale Unterscheidung scheint zu sein, dass wir primär in materiellen Rechtskategorien denken. Wir wollen abgrenzen, wir wollen eindeutige Begriffe haben. Herr *Schoch* hat am Anfang einmal gesagt: Europa ist ein Prozess ohne Ziel. Und die Engländer würden sagen: Wir müssen ein Verfahren abarbeiten. Ich glaube, dass wir den Wert des Abarbeitens im Recht des Auslegungsprozesses als Verhandlungsprozess stärker in den Mittelpunkt rücken müssen. Das ist deutlich geworden bei Herrn *Kreuschitz*, wie der Inhalt von Rechtsnormen – hier die des EG-Vertrages – im Verhandlungswege, pro und contra, hin und her festgelegt wird. Fünf Minuten später hat er gesagt: Was wir machen, ist „nur Rechtsanwendung". Wir stellen uns zwar Rechtsanwendung nicht so kommunikativ vor, aber es ist so: Recht ist und wird erst in der Auslegung („law in action"). Und dieses Denken, dass wir bei den hochabstrakten Regeln des EG-Vertrages unsere Präzisierungsarbeit in der Art und Weise der Auslegungs- und Verhandlungsprozeduren, dass wir also stärker ein prozedurales, ein pragmatisches Denken langfristig verfolgen müssen, bis in die Lehren der Formen vom erfolgreichen Verhandeln hinein – das scheint mir unausweichlich zu sein. (Wir kennen Ähnliches auch schon etwa im Grundrechtsbereich: „Organisation und Verfahren" als Grundrechtsvoraussetzung!) Aber das Problem ist: Dieser Verhandlungsprozess ist dauerhafter Natur. Er gibt immer wieder neue Chancen und Risiken, auch für kommunale Spitzenverbände wie für sonstige Interessen, die betroffen sind. Und wenn Herr *Schoch* das fehlende materielle „Konzept" der Governance-Philosophie kritisiert hat – vielleicht liegt es gerade in deren Logik, nach allen Seiten hin offen zu sein; sie ist sozusagen nur ein lockerer Rahmen, innerhalb dessen man im Verfahren Recht findet. Ich glaube jedenfalls, dass es einen Wandel auch in der deutschen Rechtskultur gibt oder geben wird oder geben muss, der das prozedurale Moment – gerade auf europäischer Ebene – noch stärker betont, als dies bisher der Fall ist.

Zuletzt möchte ich nach der *Aufgabe der Rechtswissenschaft* dabei fragen. Wir haben von Herrn *Hayder* gehört: Es kann auch innerhalb der Kommission ziemlich irrationale Prozesse geben. Ich würde sogar zuspitzen: Der

Rechtsfindungsprozess auf höchster Ebene bei den Verhandlungen, dem Abarbeiten der Konflikte, den Kompromissen hoch aggregierter gebündelter Interessen – wie immer er zustande kommt, dort findet in hohem Maße ein rational nur sehr begrenzt zu steuernder Prozess statt, der von Rechtssystematik weit entfernt ist! Da kommen etwa in Art. 16 EGV auch „neue Facetten" herüber, wie Herr *Kluth* sagte; man kann auch sagen, das sind schon Widersprüche zu anderen Wertungen. Das Gesamtwerk EG-Vertrag gibt uns eine Fülle von Anregungen oder – wie heute gesagt wurde – eine Fülle von Interpretationsmöglichkeiten, die man ausnutzen muss. Rechtswissenschaft hat eine dienende Funktion; wenn die Politiker „schlechte" Gesetze machen oder „schlechte" Verträge mit Widersprüchen, dann müssen wir das abarbeiten. Wir dürfen uns nicht einfach darüber hinweg setzen, aber wir müssen die Irrationalität oder die Rationalitätsschwächen des Rechts gleichsam „besser" machen als sie sind. Und da gibt es eine Reihe von sehr schönen Ansätzen. Ich habe heute verschiedentlich gehört von Begründungslasten oder „Rationalitätserfordernissen"; Herr *Pielow* sprach von „Beweislast" als „intelligentem Modell": Die Kommission müsse wettbewerbsfreundlichere Alternativen beweisen. Ich meine darüber hinaus: Es hat auch für unsere Rechtsordnung insgesamt etwas sehr Positives. Ich kenne jetzt nicht die Einzelheiten der emotionalen Konflikte um die Sparkassenthematik. Aber ist nicht das Ergebnis ein sehr viel stärkeres Bewusstsein und Sich-Klarmachen: Was leisten Sparkassen und Landesbanken, was leisten sie nicht? Ist nicht der öffentliche Auftrag letztlich klarer geworden (für manche freilich noch nicht klar genug)? Ich meine, das könnte man verallgemeinern: Europarecht ist eine ständige Herausforderung für das nationale Recht auch im Sinne dessen, dass wir uns vergegenwärtigen, was gut bei uns ist und was nicht. Dieses Professorengespräch des Deutschen Landkreistages war ein schönes Mosaiksteinchen – wenn nicht gar mehr – in diesem Prozess der wissenschaftlichen Rationalisierung der europäischen Einflüsse.

Anhang

Europäischer Rat: Die Zukunft der Europäischen Union
– Erklärung von Laeken vom 15. 12. 2001

SN 273/01

I. Europa am Scheideweg

Jahrhundertelang haben Völker und Staaten versucht, durch Krieg und Waffengewalt den europäischen Kontinent unter ihre Herrschaft zu bringen. Nach der Schwächung durch zwei blutige Kriege und infolge des Geltungsverlusts in der Welt wuchs das Bewusstsein, dass der Traum eines starken und geeinigten Europas nur in Frieden und durch Verhandlungen verwirklicht werden konnte. Um die Dämonen der Vergangenheit endgültig zu bannen, wurde mit einer Gemeinschaft für Kohle und Stahl der Anfang gemacht, zu der dann später andere Wirtschaftszweige, wie die Landwirtschaft, hinzukamen. Schließlich wurde ein echter Binnenmarkt für Waren, Personen, Dienstleistungen und Kapital geschaffen, zu dem 1999 eine einheitliche Währung hinzutrat. Am 1. Januar 2002 wird der Euro für 300 Millionen europäische Bürger zur alltäglichen Realität.

Die Europäische Union entstand somit nach und nach. Zunächst ging es vor allem um eine wirtschaftliche und technische Interessengemeinschaft. Vor zwanzig Jahren wurde mit der ersten Direktwahl des Europäischen Parlaments die demokratische Legitimität, die bis dahin allein durch den Rat gegeben war, erheblich gestärkt. In den letzten zehn Jahren wurde eine politische Union auf den Weg gebracht, und es kam zu einer Zusammenarbeit in den Bereichen Sozialpolitik, Beschäftigung, Asyl, Migration, Polizei, Justiz, Außenpolitik sowie zu einer gemeinsamen Sicherheits- und Verteidigungspolitik.

Die Europäische Union ist ein Erfolg. Schon mehr als ein halbes Jahrhundert lebt Europa in Frieden. Zusammen mit Nordamerika und Japan gehört die Union zu den drei wohlhabendsten Regionen der Welt. Und durch gegenseitige Solidarität und gerechtere Verteilung der Früchte der wirtschaftlichen Entwicklung ist das Wohlstandsniveau in den schwächeren Regionen der Union gewaltig gestiegen, die so einen Großteil ihres Rückstands aufgeholt haben.

Fünfzig Jahre nach ihrer Gründung befindet sich die Union allerdings an einem Scheideweg, einem entscheidenden Moment ihrer Geschichte. Die Einigung Europas ist nahe. Die Union schickt sich an, sich um mehr als zehn neue, vor allem mittel- und osteuropäische Mitgliedstaaten zu erweitern und so eine der dunkelsten Seiten der europäischen Geschichte endgültig umzuschlagen: den Zweiten Weltkrieg und die darauf folgende künstliche Teilung Europas. Endlich ist Europa auf dem Weg, ohne Blutvergießen zu einer großen Familie zu werden – eine grundlegende Neuordnung, die selbstverständlich ein anderes als das vor fünfzig Jahren verfolgte Konzept verlangt, als sechs Länder die Initiative ergriffen.

Die demokratische Herausforderung Europas

Gleichzeitig muss sich die Union einer doppelten Herausforderung stellen, nämlich innerhalb und außerhalb ihrer Grenzen.

In der Union müssen die europäischen Organe dem Bürger näher gebracht werden. Die Bürger stehen zweifellos hinter den großen Zielen der Union, sie sehen jedoch nicht immer einen Zusammenhang zwischen diesen Zielen und dem täglichen Erscheinungsbild der Union. Sie verlangen von den europäischen Organen weniger Trägheit und Starrheit und fordern vor allem mehr Effizienz und Transparenz. Viele finden auch, dass die Union stärker auf ihre konkreten Sorgen eingehen müsste und nicht bis in alle Einzelheiten Dinge behandeln sollte, die eigentlich besser den gewählten Vertretern der Mitgliedstaaten und der Regionen überlassen werden können. Manche erleben dies sogar als Bedrohung ihrer Identität. Was aber vielleicht noch wichtiger ist: Die Bürger finden, dass alles viel zu sehr über ihren Kopf hinweg geregelt wird, und wünschen eine bessere demokratische Kontrolle.

Europas neue Rolle in einer globalisierten Welt

Außerhalb ihrer Grenzen hingegen sieht sich die Europäische Union mit einer sich schnell wandelnden, globalisierten Welt konfrontiert. Nach dem Fall der Berliner Mauer sah es einen Augenblick so aus, als ob wir für lange Zeit in einer stabilen Weltordnung ohne Konflikte leben könnten. Die Menschenrechte wurden als ihr Fundament betrachtet. Doch nur wenige Jahre später ist uns diese Sicherheit abhanden gekommen. Der 11. September hat uns schlagartig die Augen geöffnet. Die Gegenkräfte sind nicht verschwunden: Religiöser Fanatismus, ethnischer Nationalismus, Rassismus, Terrorismus sind auf dem Vormarsch. Regionale Konflikte, Armut, Unterentwicklung sind dafür nach wie vor ein Nährboden.

Welche Rolle spielt Europa in dieser gewandelten Welt? Muss Europa nicht – nun, da es endlich geeint ist – eine führende Rolle in einer neuen Weltordnung übernehmen, die Rolle einer Macht, die in der Lage ist, sowohl eine stabilisierende Rolle weltweit zu spielen als auch ein Beispiel zu sein für zahlreiche Länder und Völker? Europa als Kontinent der humanitären Werte, der Magna Charta, der Bill of Rights, der Französischen Revolution, des

Falls der Berliner Mauer. Kontinent der Freiheit, der Solidarität, vor allem der Vielfalt, was auch die Achtung der Sprachen, Kulturen und Traditionen anderer einschließt. Die einzige Grenze, die die Europäische Union zieht, ist die der Demokratie und der Achtung der Menschenrechte. Die Union steht nur Ländern offen, die ihre Grundwerte, wie freie Wahlen, Achtung der Minderheiten und der Rechtsstaatlichkeit, teilen. Nun, da der Kalte Krieg vorbei ist und wir in einer globalisierten, aber zugleich auch stark zersplitterten Welt leben, muss sich Europa seiner Verantwortung hinsichtlich der Gestaltung der Globalisierung stellen. Die Rolle, die es spielen muss, ist die einer Macht, die jeder Form von Gewalt, Terror und Fanatismus entschlossen den Kampf ansagt, die aber auch ihre Augen nicht vor dem schreienden Unrecht in der Welt verschließt. Kurz gesagt, einer Macht, die die Verhältnisse in der Welt so ändern will, dass sie nicht nur für die reichen, sondern auch für die ärmsten Länder von Vorteil sind. Einer Macht, die der Globalisierung einen ethischen Rahmen geben, d.h. sie in Solidarität und in nachhaltige Entwicklung einbetten will.

Die Erwartungen des Europäischen Bürgers

Das Bild eines demokratischen und weltweit engagierten Europas entspricht genau dem, was der Bürger will. Oftmals hat er zu erkennen gegeben, dass er für die Union eine gewichtigere Rolle auf den Gebieten der Justiz und der Sicherheit, der Bekämpfung der grenzüberschreitenden Kriminalität, der Eindämmung der Migrationsströme, der Aufnahme von Asylsuchenden und Flüchtlingen aus fernen Konfliktgebieten wünscht. Auch in den Bereichen Beschäftigung und Bekämpfung der Armut und der sozialen Ausgrenzung sowie im Bereich wirtschaftlicher und sozialer Zusammenhalt will er Ergebnisse sehen. Einen gemeinsamen Ansatz verlangt er bei Umweltverschmutzung, Klimaänderung, Lebensmittelsicherheit. Kurz gesagt, dies sind alles grenzüberschreitende Fragen, bei denen er instinktiv spürt, dass es nur durch allseitige Zusammenarbeit zu einer Wende kommen kann. Wie er auch mehr Europa in außen-, sicherheits- und verteidigungspolitischen Fragen wünscht, mit anderen Worten: mehr und besser koordinierte Maßnahmen bei der Bekämpfung der Krisenherde in Europa und in dessen Umfeld sowie in der übrigen Welt.

Gleichzeitig denkt derselbe Bürger, dass die Union in einer Vielzahl anderer Bereiche zu bürokratisch handelt. Bei der Koordinierung der wirtschaftlichen, finanziellen und steuerlichen Rahmenbedingungen muss das gute Funktionieren des Binnenmarktes und der einheitlichen Währung der Eckpfeiler bleiben, ohne dass die Eigenheit der Mitgliedstaaten dadurch Schaden nimmt. Nationale und regionale Unterschiede sind häufig Ergebnis von Geschichte und Tradition. Sie können eine Bereicherung sein. Mit anderen Worten, worum es außer „verantwortungsvollem Regierungshandeln" geht, ist das Schaffen neuer Möglichkeiten, nicht aber neuer Zwänge. Worauf es ankommt, sind mehr Ergebnisse, bessere Antworten auf konkrete Fragen, nicht aber ein europäischer Superstaat oder europäische Organe, die sich mit allem und jedem befassen. Kurz, der Bürger verlangt ein klares, transparentes, wirksames, demokratisch bestimmtes gemeinschaftliches Konzept, – ein Konzept, das Europa zu einem Leuchtfeuer werden lässt, das für die Zukunft der Welt richtungweisend sein kann, ein Konzept, das konkrete Ergebnisse zeitigt, in Gestalt von mehr Arbeitsplätzen, mehr Lebensqualität, weniger Kriminalität, eines leistungsfähigen Bildungssystems und einer besseren Gesundheitsfürsorge. Es steht außer Frage, dass Europa sich dazu regenerieren und reformieren muss.

II. Die Herausforderungen und Reformen in einer erneuerten Union

Die Union muss demokratischer, transparenter und effizienter werden. Und sie muss eine Antwort auf drei grundlegende Herausforderungen finden: Wie können dem Bürger, vor allem der Jugend, das europäische Projekt und die europäischen Organe näher gebracht werden? Wie sind das politische Leben und der europäische politische Raum in einer erweiterten Union zu strukturieren? Wie kann die Union zu einem Stabilitätsfaktor und zu einem Vorbild in der neuen multipolaren Welt werden? Um hierauf antworten zu können, muss eine Anzahl gezielter Fragen gestellt werden.

Eine bessere Verteilung und Abgrenzung der Zuständigkeiten in der Europäischen Union

Der Bürger setzt oft Erwartungen in die Europäische Union, die von dieser nicht immer erfüllt werden; umgekehrt hat er aber mitunter den Eindruck, dass die Union zu viele Tätigkeiten in Bereichen entfaltet, in denen ihr Tätigwerden nicht immer unentbehrlich ist. Es ist daher wichtig, dass die Zuständigkeitsverteilung zwischen der Union und den Mitgliedstaaten verdeutlicht, vereinfacht und im Lichte der neuen Herausforderungen, denen sich die Union gegenübersieht, angepasst wird. Dies kann sowohl dazu führen, dass bestimmte Aufgaben wieder an die Mitgliedstaaten zurückgegeben werden, als auch dazu, dass der Union neue Aufgaben zugewiesen werden oder dass die bisherigen Zuständigkeiten erweitert werden, wobei stets die Gleichheit der Mitgliedstaaten und ihre gegenseitige Solidarität berücksichtigt werden müssen. Ein erstes Bündel von Fragen, die gestellt werden müssen, bezieht sich darauf, wie wir die Einteilung der Zuständigkeiten transparenter gestalten können. Können wir zu diesem Zweck eine deutlichere

Unterscheidung zwischen drei Arten von Zuständigkeiten vornehmen: den ausschließlichen Zuständigkeiten der Union, den Zuständigkeiten der Mitgliedstaaten und den von der Union und den Mitgliedstaaten geteilten Zuständigkeiten? Auf welcher Ebene werden die Zuständigkeiten am effizientesten wahrgenommen? Wie soll dabei das Subsidiaritätsprinzip angewandt werden? Und sollte nicht deutlicher formuliert werden, dass jede Zuständigkeit, die der Union nicht durch die Verträge übertragen worden ist, in den ausschließlichen Zuständigkeitsbereich der Mitgliedstaaten gehört? Und welche Auswirkungen würde dies haben? Das nächste Bündel von Fragen bezieht sich darauf, dass in diesem erneuerten Rahmen und unter Einhaltung des Besitzstands der Gemeinschaft zu untersuchen wäre, ob die Zuständigkeiten nicht neu geordnet werden müssen. In welcher Weise können die Erwartungen des Bürgers hierbei als Richtschnur dienen? Welche Aufgaben ergeben sich daraus für die Union? Und umgekehrt: welche Aufgaben können wir besser den Mitgliedstaaten überlassen? Welche Änderungen müssen am Vertrag in den verschiedenen Politikbereichen vorgenommen werden? Wie lässt sich beispielsweise eine kohärentere gemeinsame Außenpolitik und Verteidigungspolitik entwickeln? Müssen die Petersberg-Aufgaben reaktualisiert werden? Wollen wir uns bei der polizeilichen und justiziellen Zusammenarbeit in Strafsachen einem stärker integrierten Konzept zuwenden? Wie kann die Koordinierung der Wirtschaftspolitiken verstärkt werden? Sollen wir die Zusammenarbeit in den Bereichen soziale Integration, Umwelt, Gesundheit, Lebensmittelsicherheit verstärken? Soll andererseits die tägliche Verwaltung und die Ausführung der Unionspolitik nicht nachdrücklicher den Mitgliedstaaten bzw. – wo deren Verfassung es vorsieht – den Regionen überlassen werden? Sollen ihnen nicht Garantien dafür gegeben werden, dass an ihren Zuständigkeiten nicht gerührt werden wird? Schließlich stellt sich die Frage, wie gewährleistet werden kann, dass die neu bestimmte Verteilung der Zuständigkeiten nicht zu einer schleichenden Ausuferung der Zuständigkeiten der Union oder zu einem Vordringen in die Bereiche der ausschließlichen Zuständigkeit der Mitgliedstaaten und – wo eine solche besteht – der Regionen führt. Wie kann man zugleich darüber wachen, dass die europäische Dynamik nicht erlahmt? Auch in Zukunft muss die Union ja auf neue Herausforderungen und Entwicklungen reagieren und neue Politikbereiche erschließen können. Müssen zu diesem Zweck die Artikel 95 und 308 des Vertrags unter Berücksichtigung des von der Rechtsprechung entwickelten Besitzstandes überprüft werden?

Vereinfachung der Instrumente der Union

Nicht nur die Frage, wer was macht, ist von Bedeutung. Ebenso bedeutsam ist die Frage, in welcher Weise die Union handelt, welcher Instrumente sie sich bedient. Die einzelnen Vertragsänderungen haben jedenfalls zu einer

Proliferation der Instrumente geführt. Und schrittweise haben sich die Richtlinien immer mehr in die Richtung detaillierter Rechtsvorschriften entwickelt. Die zentrale Frage lautet denn auch, ob die verschiedenen Instrumente der Union nicht besser definiert werden müssen und ob ihre Anzahl nicht verringert werden muss. Mit anderen Worten: Soll eine Unterscheidung zwischen Gesetzgebungs- und Durchführungsmaßnahmen eingeführt werden? Muss die Anzahl der Gesetzgebungsinstrumente verringert werden: direkte Normen, Rahmengesetzgebung und nicht bindende Instrumente (Stellungnahmen, Empfehlungen, offene Koordinierung)? Sollte häufiger auf die Rahmengesetzgebung zurückgegriffen werden, die den Mitgliedstaaten mehr Spielraum zur Erreichung der politischen Ziele bietet? Für welche Zuständigkeiten sind die offene Koordinierung und die gegenseitige Anerkennung die am besten geeigneten Instrumente? Bleibt das Verhältnismäßigkeitsprinzip der Ausgangspunkt?

Mehr Demokratie, Transparenz und Effizienz in der Europäischen Union

Die Europäische Union bezieht ihre Legitimität aus den demokratischen Werten, für die sie eintritt, den Zielen, die sie verfolgt, und den Befugnissen und Instrumenten, über die sie verfügt. Das europäische Projekt bezieht seine Legitimität jedoch auch aus demokratischen, transparenten und effizienten Organen. Auch die einzelstaatlichen Parlamente leisten einen Beitrag zu seiner Legitimierung. In der im Anhang zum Vertrag von Nizza enthaltenen Erklärung zur Zukunft der Union wurde darauf hingewiesen, dass geprüft werden muss, welche Rolle ihnen im europäischen Aufbauwerk zukommt. In einem allgemeineren Sinne stellt sich die Frage, welche Initiativen wir ergreifen können, um eine europäische Öffentlichkeit zu entwickeln. Als Erstes stellt sich jedoch die Frage, wie wir die demokratische Legitimierung und die Transparenz der jetzigen Organe erhöhen können – eine Frage, die für die drei Organe gilt. Wie lässt sich die Autorität und die Effizienz der Europäischen Kommission stärken? Wie soll der Präsident der Kommission bestimmt werden: vom Europäischen Rat, vom Europäischen Parlament oder – im Wege direkter Wahlen – vom Bürger? Soll die Rolle des Europäischen Parlaments gestärkt werden? Sollen wir das Mitentscheidungsrecht ausweiten oder nicht? Soll die Art und Weise, in der wir die Mitglieder des Europäischen Parlaments wählen, überprüft werden? Ist ein europäischer Wahlbezirk notwendig oder soll es weiterhin im nationalen Rahmen festgelegte Wahlbezirke geben? Können beide Systeme miteinander kombiniert werden? Muss die Rolle des Rates gestärkt werden? Soll der Rat als Gesetzgeber in derselben Weise handeln wie in seiner Exekutivfunktion? Sollen im Hinblick auf eine größere Transparenz die Tagungen des Rates – jedenfalls in seiner gesetzgeberischen Rolle – öffentlich werden? Soll der Bürger besseren Zugang zu den Dokumenten des Rates erhalten? Wie kann schließlich das Gleichgewicht und die gegenseitige Kontrolle zwischen den Organen gewährleistet werden? Eine zweite Frage, ebenfalls im Zusammenhang mit der demokratischen Legitimierung, betrifft die Rolle der nationalen Parlamente. Sollen sie in einem neuen Organ – neben dem Rat und dem Europäischen Parlament – vertreten sein? Sollen sie eine Rolle in den Bereichen europäischen Handelns spielen, in denen das Europäische Parlament keine Zuständigkeit besitzt? Sollen sie sich auf die Verteilung der Zuständigkeiten zwischen der Union und den Mitgliedstaaten konzentrieren, indem sie beispielsweise vorab die Einhaltung des Subsidiaritätsprinzips kontrollieren?

Die dritte Frage ist die, wie wir die Effizienz der Beschlussfassung und die Arbeitsweise der Organe in einer Union von etwa 30 Mitgliedstaaten verbessern können. Wie könnte die Union ihre Ziele und Prioritäten besser festlegen und besser für deren Umsetzung sorgen? Brauchen wir mehr Beschlüsse mit qualifizierter Mehrheit? Wie lässt sich das Mitentscheidungsverfahren zwischen Rat und Europäischem Parlament vereinfachen und beschleunigen? Was soll mit dem halbjährlichen Turnus des Vorsitzes der Union geschehen? Welches ist die Rolle des Europäischen Rates? Welches ist die Rolle und die Struktur der verschiedenen Ratsformationen? Wie kann auch die Kohärenz der europäischen Außenpolitik vergrößert werden? Wie lässt sich die Synergie zwischen dem Hohen Vertreter und dem zuständigen Kommissionsmitglied verbessern? Soll die Außenvertretung der Union in internationalen Gremien ausgebaut werden?

Der Weg zu einer Verfassung für die europäischen Bürger

Für die Europäische Union gelten zurzeit vier Verträge. Die Ziele, Zuständigkeiten und Politikinstrumente der Union sind in diesen Verträgen verstreut. Im Interesse einer größeren Transparenz ist eine Vereinfachung unerlässlich. Hierzu können Fragen gestellt werden, die sich in vier Bündeln zusammenfassen lassen. Ein erstes Fragenbündel betrifft die Vereinfachung der bestehenden Verträge ohne inhaltliche Änderungen. Soll die Unterscheidung zwischen Union und Gemeinschaften überprüft werden? Was soll mit der Einteilung in drei Säulen geschehen? Sodann stellen sich die Fragen nach einer möglichen Neuordnung der Verträge. Soll zwischen einem Basisvertrag und den anderen Vertragsbestimmungen unterschieden werden? Muss diese Aufspaltung vorgenommen werden? Kann dies zu einer Unterscheidung zwischen den Änderungs- und Ratifikationsverfahren für den Basisvertrag und die anderen Vertragsbestimmungen führen? Ferner muss darüber nachgedacht werden, ob die Charta der Grundrechte in den Basisvertrag aufgenommen werden soll und ob die Europäische Gemeinschaft der Europäischen Menschenrechtskonvention beitreten soll. Schließlich stellt sich die Frage, ob diese Vereinfachung und Neuordnung im Laufe der Zeit nicht dazu führen könnte, dass in der Union ein Verfassungstext angenommen wird. Welches wären die Kernbestandteile einer solchen Verfassung? Die Werte, für die die Union eintritt? Die Grundrechte und -pflichten der Bürger? Das Verhältnis zwischen den Mitgliedstaaten in der Union?

III. Die Einberufung eines Konvents zur Zukunft Europas

Im Hinblick auf eine möglichst umfassende und möglichst transparente Vorbereitung der nächsten Regierungskonferenz hat der Europäische Rat beschlossen, einen Konvent einzuberufen, dem die Hauptakteure der Debatte über die Zukunft der Union angehören. Im Lichte der vorstehenden Ausführungen fällt diesem Konvent die Aufgabe zu, die wesentlichen Fragen zu prüfen, welche die künftige Entwicklung der Union aufwirft, und sich um verschiedene mögliche Antworten zu bemühen. Der Europäische Rat hat Herrn *V. Giscard d'Estaing* zum Präsidenten des Konvents und Herrn *G. Amato* sowie Herrn *J. L. Dehaene* zu Vizepräsidenten ernannt.

Zusammensetzung

Neben seinem Präsidenten und seinen beiden Vizepräsidenten gehören dem Konvent 15 Vertreter der Staats- und Regierungschefs der Mitgliedstaaten (ein Vertreter pro Mitgliedstaat), 30 Mitglieder der nationalen Parlamente (2 pro Mitgliedstaat), 16 Mitglieder des Europäischen Parlaments und zwei Vertreter der Kommission an. Die Bewerberländer werden umfassend an den Beratungen des Konvents beteiligt. Sie werden in gleicher Weise wie die Mitgliedstaaten vertreten sein (ein Vertreter der Regierung und zwei Mitglieder des nationalen Parlaments) und an den Beratungen teilnehmen, ohne freilich einen Konsens, der sich zwischen den Mitgliedstaaten abzeichnet, verhindern zu können. Die Mitglieder des Konvents können sich nur dann durch Stellvertreter ersetzen lassen, wenn sie nicht anwesend sind. Die Stellvertreter müssen in derselben Weise benannt werden wie die Mitglieder. Dem Präsidium des Konvents gehören der Präsident, die beiden Vizepräsidenten und neun Mitglieder des Konvents an (die Vertreter aller Regierungen, die während des Konvents den Ratsvorsitz innehaben, zwei Vertreter der nationalen Parlamente, zwei Vertreter der Mitglieder des Europäischen Parlaments und zwei Vertreter der Kommission).

Als Beobachter werden eingeladen: drei Vertreter des Wirtschafts- und Sozialausschusses und drei Vertreter der europäischen Sozialpartner sowie sechs Vertreter im Namen des Ausschusses der Regionen (die von diesem unter den Vertretern der Regionen, der Städte und der Regionen mit legislativer Befugnis zu bestimmen sind) und der Europäische Bürgerbeauftragte. Der Präsident des Gerichtshofs und der Präsident des Rechnungshofs können sich auf Einladung des Präsidiums vor dem Konvent äußern.

Dauer der Arbeiten

Die Eröffnungssitzung des Konvents findet am 1. März 2002 statt. Bei dieser Gelegenheit ernennt der Konvent sein Präsidium und legt die Regeln für seine Arbeitsweise fest. Die Beratungen werden nach einem Jahr so rechtzeitig abgeschlossen, dass der Präsident des Konvents die Ergebnisse des Konvents dem Europäischen Rat vorlegen kann.

Arbeitsmethoden

Der Präsident bereitet den Beginn der Arbeiten des Konvents vor, indem er die Ergebnisse der öffentlichen Debatte auswertet. Dem Präsidium fällt die Aufgabe zu, Anstöße zu geben, und es erstellt eine erste Arbeitsgrundlage für den Konvent.

Das Präsidium kann die Kommissionsdienste und Experten seiner Wahl zu allen technischen Fragen konsultieren, die seines Erachtens vertieft werden sollten. Es kann Ad-hoc-Arbeitsgruppen einsetzen. Der Rat wird über den Stand der Arbeiten des Konvents auf dem Laufenden gehalten. Der Präsident des Konvents legt auf jeder Tagung des Europäischen Rates einen mündlichen Bericht über den Stand der Arbeiten vor; dies ermöglicht es zugleich, die Reaktion der Staats- und Regierungschefs einzuholen. Der Konvent tritt in Brüssel zusammen. Seine Erörterungen und sämtliche offiziellen Dokumente sind für die Öffentlichkeit zugänglich. Der Konvent arbeitet in den elf Arbeitssprachen der Union.

Abschlussdokument

Der Konvent prüft die verschiedenen Fragen. Er erstellt ein Abschlussdokument, das entweder verschiedene Optionen mit der Angabe, inwieweit diese Optionen im Konvent Unterstützung gefunden haben, oder – im Falle eines Konsenses – Empfehlungen enthalten kann. Zusammen mit den Ergebnissen der Debatten in den einzelnen Staaten über die Zukunft der Union dient das Abschlussdokument als Ausgangspunkt für die Arbeiten der künftigen Regierungskonferenz, die die endgültigen Beschlüsse fasst.

Forum

Im Hinblick auf eine umfassende Debatte und die Beteiligung aller Bürger an dieser Debatte steht ein Forum allen Organisationen offen, welche die Zivilgesellschaft repräsentieren (Sozialpartner, Wirtschaftskreise, Nichtregierungsorganisationen, Hochschulen usw.). Es handelt sich um ein strukturiertes Netz von Organisationen, die regelmäßig über die Arbeiten des Konvents unterrichtet werden. Ihre Beiträge werden in die Debatte einfließen. Diese Organisationen können nach vom Präsidium festzulegenden Modalitäten zu besonderen Themen gehört oder konsultiert werden.

Sekretariat

Das Präsidium wird von einem Konventssekretariat unterstützt, das vom Generalsekretariat des Rates wahrgenommen wird. Experten der Kommission und des Europäischen Parlaments können daran beteiligt werden.

Deutsche Stellungnahme zum Weißbuch der Europäischen Kommission „Europäisches Regieren"

Vorbemerkung:

Die Bundesrepublik Deutschland begrüßt die Vorlage des Weißbuchs „Europäisches Regieren" durch die Europäische Kommission. Das Weißbuch greift für die Zukunft Europas relevante Fragen und Themen auf. Es leistet damit einen wichtigen Beitrag zur Reformdebatte. Deutschland teilt die grundlegende Intention der Europäischen Kommission, durch das Weißbuch sowohl mehr Transparenz und Bürgernähe als auch höhere Effektivität und Kohärenz bei der Umsetzung von Vorhaben der Union zu erreichen.

Das Weißbuch formuliert zu Recht hohe Ansprüche der Kommission an sich selbst, auf deren Einhaltung Deutschland achten wird. Bei den entsprechenden – insbesondere auch internen – Reformbemühungen wird Deutschland die Kommission nachhaltig unterstützen.

Bund und Länder sind allerdings davon überzeugt, dass Maßnahmen für eine bessere Verwaltungszusammenarbeit zwischen der EU und den Mitgliedstaaten nicht ausreichen, um das Vertrauen in die europäischen Institutionen wieder zu stärken. Erforderlich ist darüber hinaus eine dem Subsidiaritätsprinzip entsprechende bessere Abgrenzung der Zuständigkeiten, die gemäß dem Auftrag des Europäischen Rates von Nizza neben weiteren Fragen Gegenstand der Beratungen des Konvents zur Vorbereitung der nächsten Regierungskonferenz sein wird.

Es ist daher zu begrüßen, dass das Weißbuch die Frage, wie die Arbeitsweise der Kommission verbessert werden kann, weitgehend von den grundlegenden Themen des Post-Nizza-Prozesses unterscheidet, die auf eine Änderung des europäischen Vertragsrechtes abzielen.

Die Umsetzung einzelner Vorschläge des Weißbuches sollte auf Maßnahmen im Rahmen der geltenden Verträge beschränkt werden.

Zu den Vorschlägen des Weißbuchs für einen Wandel

1. Bessere Einbindung aller Akteure

(1) Eine bessere Information der Bürger über die europäischen Institutionen und Entscheidungsprozesse, die Ziele und Maßnahmen europäischer Politik und deren Erfolge ist Grundvoraussetzung einer besseren Einbindung in den europäischen politischen Willensbildungsprozess.

Informationsvermittlung über europäische Politik ist eine vorrangige Aufgabe der EU-Institutionen, insbesondere der Kommission und des Europäischen Parlaments. Die Bundesrepublik Deutschland ist sowohl auf Bundes- als auch auf Landesebene bereit, die europäischen Institutionen dabei im Rahmen einer konstruktiven und partnerschaftlichen Zusammenarbeit zu unterstützen. Die Zusammenarbeit bei der Organisation und Durchführung von Informationsmaßnahmen kann jedoch nur unter Berücksichtigung des jeweiligen politischen, wirtschaftlichen und kulturellen Kontextes erfolgreich sein.

(2) Die Sicherstellung einer Gesamtkohärenz der Gemeinschaftspolitiken ist zu begrüßen. Dies rechtfertigt allerdings in keiner Weise die Entwicklung einer Raumordnungspolitik auf Gemeinschaftsebene, wie sie im Weißbuch angesprochen wird. Diese Aufgabe obliegt den Mitgliedstaaten und Regionen und kann von diesen besser wahrgenommen werden. Insofern ist nicht ersichtlich, zu welchem Zweck Indikatoren entwickelt werden sollen.

(3) Die von der Kommission als „Zivilgesellschaft" bezeichneten Sozialpartner, NROs und informellen Gruppen nehmen im Rahmen der Artikulation von Interessen von Bürgern und Betroffenen auch gegenüber den europäischen Institutionen eine wichtige Rolle wahr. Ihre Einbeziehung in den gemeinschaftlichen Entscheidungsprozess begründet jedoch keine eigenständige oder ergänzende demokratische Legitimation. Die Konsultation der „Zivilgesellschaft" im Vorfeld von Entscheidungen kann zwar Transparenz und Effektivität des EU-Handelns verbessern; ihrer Einbeziehung in Entscheidungen oder der Übernahme von Verantwortung im Umsetzungsprozess steht jedoch entgegen, dass die Vertreter dieser Interessenvereinigungen weder über ein demokratisches Wahlmandat verfügen noch parlamentarisch kontrolliert werden, während das Gesamtinteresse durch die Parlamente vertreten wird.

In jedem Fall sollten einheitliche Verfahrensnormen Transparenz und Effizienz der Anhörungen sichern (strukturierter Konsultationsprozess). Die Einrichtung einer Dialogstruktur im Bereich der Durchführung und Evaluierung von EU-Programmen erscheint sinnvoll. Für eine abschließende Beurteilung dieses Teils des Weißbuches wird es entscheidend darauf ankommen, welche Vorschläge die Kommission für die von ihr geplanten Normen und Partnerschaftsabkommen und für die Einbindung von Netzwerken macht. Darüber hinaus wird angeregt zu prüfen, wie Kommission, Rat und Parlament gemeinsam von der Konsultation der Zivilgesellschaft profitieren können. Bei der Beurteilung von Stellungnahmen im Rahmen der Konsultationen muss weiterhin berücksichtigt werden, dass die Organisationen der Zivilgesellschaft Einzelinteressen vertreten. Das Europäische Parlament, der Rat und die Europäische Kommission hingegen sind direkt oder indirekt demokratisch legitimiert. Ihnen allein obliegt es daher, Entscheidungen auf der Grundlage der europäischen Zuständigkeitsordnung zu treffen.

(4) Zwischen der Zivilgesellschaft einerseits und den Regionen und Kommunen andererseits ist klar zu unterscheiden. Regionen und Kommunen sind dem Gemeinwohl verpflichtet. Deren Vertreter verfügen über ein politisches Mandat und sind demokratisch legitimiert. Ihre Konsultation kann deshalb auch nicht durch eine Anhörung von Verbänden und Organisationen der Zivilgesellschaft ersetzt werden.

(5) Regionen mit Gesetzgebungsbefugnissen nehmen in Europa eine besondere Stellung ein. Es ist bedauerlich, dass das Weißbuch sie nicht erwähnt. Wenn in einem Sachbereich in einzelnen Mitgliedstaaten die Zuständigkeit bei den Regionen liegt, sollte mit diesen ein besonderer Konsultationsprozess bei der Erarbeitung von Vorschlägen der Kommission entwickelt werden.

(6) Es bestehen erhebliche Bedenken hinsichtlich des Vorschlags der Kommission, sog. zielorientierte dreiseitige Verwaltungsvereinbarungen einzuführen. Diese würden zwangsläufig dazu führen, dass die Kommission den Vollzug von Rechtsakten durch die subnationalen Einheiten unmittelbar beeinflusst und damit einen unzulässigen Eingriff in die Vollzugskompetenz der Mitgliedstaaten darstellen.

(7) Die Vorschläge zum Ausschuss der Regionen werden grundsätzlich begrüßt. Kommission, Parlament und Rat sollten den Ausschuss der Regionen jedoch stärker als bisher als politischen Partner wahrnehmen. Die Kommission sollte daher Maßnahmen vorschlagen, in welcher Weise künftig Initiativen und Vorschläge des Ausschusses der Regionen eingehender geprüft bzw. aufgegriffen werden können.

(8) Die Förderung des Personalaustausches zwischen den Mitgliedstaaten und den EU-Institutionen entspricht einem Wunsch von Bund und Ländern. Wie die Mitgliedstaaten ist auch die Kommission aufgefordert, den Beamten durch ihre Entsendung den Erfahrungsaustausch vor Ort zu ermöglichen und sie insbesondere mit den spezifischen nationalen, regionalen und lokalen Problemen beim Vollzug des EU-Rechts vertraut zu machen. Das Verständnis zwischen den Akteuren der verschiedenen Ebenen kann hierdurch erheblich verbessert werden.

2. Eine bessere Politik, bessere Regeln und bessere Ergebnisse

(9) Die Bundesrepublik Deutschland teilt die Intention der Kommission hinsichtlich einer Überprüfung und Vereinfachung des bestehenden Rechts.

(10) Die Bundesrepublik Deutschland begrüßt die im Weißbuch enthaltenen Vorschläge zur Einhaltung des Subsidiaritäts- und Verhältnismäßigkeitsprinzips. Vor der Ausarbeitung von Vorschlägen muss geprüft werden, ob die EU nach den Vertragsbestimmungen tatsächlich handlungsbefugt ist, ob Regelungsbedarf auf europäischer Ebene besteht und ob Kosten und Nutzen einer Maßnahme ein Vorgehen rechtfertigen.

(11) Es entspricht der von Bund und Ländern aufgestellten Forderung und dem von der Kommission gesetzten Ziel einer geringen Detailliertheit und Komplexität von EU-Regelungen, wenn sich Richtlinien auf die verbindliche Festschreibung des jeweiligen Ziels beschränken und die Wahl der Form und der Mittel den innerstaatlichen Stellen überlassen. Die Bundesrepublik Deutschland unterstützt daher auch das Vorhaben der Kommission, unter sonst gleichen Gegebenheiten eine Richtlinie einer Verordnung und eine Rahmenrichtlinie einer detaillierteren Maßnahme vorzuziehen. Das Ziel, das Gemeinschaftsrecht zu vereinfachen und die Regelungsdichte möglichst zurückzuführen, sollte auch für die Durchführungsvorschriften der Kommission gelten.

(12) Die Anwendung der Methode der Ko-Regulierung wird befürwortet, soweit technische Standards entwickelt werden sollen, deren Notwendigkeit von den Betroffenen anerkannt wird und diese daher bereit und in der Lage sind, ihre praktischen Erfahrungen im erforderlichen Umfang einzubringen. Die Methode darf nicht auf Bereiche erstreckt werden, in denen aufgrund der zu beachtenden Interessen eine gesetzgeberische Lösung erforderlich ist. Eine ausreichende demokratische Kontrolle muss gesichert sein. Da die Vorstellungen der Kommission hier noch vage sind, erfolgt eine weitere Bewertung bei Vorliegen konkreter Vorschläge.

(13) Im Hinblick auf die „Methode der offenen Koordinierung" bekräftigt die Bundesrepublik Deutschland ihre Haltung, dass diese außerhalb der vertraglichen Zuständigkeiten der EU-Organe nur dem Informations- und Erfahrungsaustausch zwischen den Mitgliedstaaten dienen darf und keine Erweiterung der Handlungsbefugnisse der Union begründet. Eine Abstimmung zwischen den Mitgliedstaaten bleibt dadurch unberührt.

(14) Die Bundesrepublik Deutschland erkennt an, dass der Austausch von Erfahrungen und Informationen geeignet ist, Beispiele für erfolgreiche Ansätze in den Mitgliedstaaten zu verbreiten.

(15) Die Kommission wird in ihrem Vorhaben unterstützt, Regelungsinitiativen zurückzuziehen, wenn sich aufgrund der Komplexität des verhandelten Vorschlages ein Verstoß gegen das Subsidiaritäts- und Verhältnismäßigkeitsprinzip abzeichnet. Der Ablauf eines solchen Verfahrens bedarf noch einer Erläuterung durch die Kommission.

(16) Zu begrüßen ist auch die Initiative der Kommission für ein Programm zur Vereinfachung des EU-Rechts. Insbesondere sollte mehr Flexibilität für Mitgliedstaaten und Regionen bei Programmen mit territorialen Auswirkungen geschaffen werden. Dies gilt u. a. im Bereich der Regionalpolitik.

(17) Die Einrichtung weiterer Europäischer Agenturen mit Entscheidungsbefugnissen begegnet Bedenken unter den Gesichtspunkten der demokratischen Kontrolle und der Transparenz. Der Vertrag gibt der EU nur in wenigen Bereichen, in denen eine weitgehend einheitliche Umsetzung nur durch eine gemeinschaftliche Verwaltung effektiv erscheint, eigene Verwaltungskompetenzen. Die Annexverwaltungskompetenz der Kommission bei der Rechtsangleichung muss nach der EuGH-Rechtsprechung auf eng begrenzte Ausnahmefälle beschränkt werden. In anderen Bereichen darf die EU-Ebene grundsätzlich keine Verwaltungsaufgaben wahrnehmen, weder durch die Kommission, noch durch europäische Agenturen. Eine „Auslagerung" in Agenturen darf daher nur dort erfolgen, wo es um rein technische Entscheidungen ohne politische Dimension (wie bei der Durchführung von Förderprogrammen), wissenschaftliche Unterstützung (s. die Europäische Umweltagentur) oder rechtlich sehr detailliert geregelte, fachlich besonders gelagerte Sachbereiche geht (s. die Arzneimittelbehörde).

(18) Die Einrichtung von Koordinierungsstellen für die Umsetzung des Gemeinschaftsrechts ist in Deutschland bereits verwirklicht.

(19) Für den Vollzug des Gemeinschaftsrechts sind die innerstaatlichen Verfassungsordnungen zu beachten. In Deutschland sind innerstaatlich in der Regel die Länder für den Gesetzesvollzug zuständig.

3. „Der Beitrag der EU zur Global Governance"

(20) Die Aufgaben der Union sind nicht nur nach innen gerichtet. Die Union wird über ihre Grenzen hinaus auf Grundlage der Verträge zu Frieden, Wachstum, Beschäftigung und sozialer Gerechtigkeit beitragen. Konkrete Vorschläge müssen im Hinblick auf diese Zielsetzung dann im Einzelnen geprüft werden.

4. Neuausrichtung der Politikfelder und der Institutionen

(21) Die in diesem Abschnitt enthaltenen Vorschläge setzen teilweise Vertragsänderungen voraus, beispielsweise hinsichtlich der Erweiterung der Mitentscheidungsbefugnis des Europäischen Parlaments. Aus Sicht der Bundesrepublik Deutschland sollte sich das Weissbuch auf Vorschläge beschränken, für deren Umsetzung keine Vertragsänderung erforderlich ist.

(22) Die im Weißbuch enthaltenen Passagen zum Komitologie-Verfahren bedürfen weiterer Klärung.

Entschließung des Bundesrates
zur Kompetenzabgrenzung im Rahmen
der Reformdiskussion zur Zukunft der europäischen
Diskussion vom 20. 12. 2001 (BR-Drs.1081/01)

A. Erste Orientierung zur Kompetenzordnung

I. Politischer Rahmen der Zukunftsdebatte

Unter dem Eindruck des Globalisierungsprozesses hat sich das Verhältnis zwischen der Europäischen Union, den Mitgliedstaaten und den Regionen in den letzten Jahrzehnten tiefgreifend gewandelt.

Einerseits sind Befugnisse zur Regelung des ordnungspolitischen Rahmens der Wirtschaft und zentraler Politikbereiche in den letzten Jahrzehnten mehr und mehr auf die Europäische Union übergegangen. Immer mehr Bereiche haben eine europäische Dimension gewonnen und viele konnten nur unzulänglich innerhalb der Grenzen einzelner Mitgliedstaaten geregelt werden.

Andererseits haben die Globalisierung der Wirtschaft, die Verwirklichung des europäischen Binnenmarktes, die Wirtschafts- und Währungsunion und der Weg in die Informationsgesellschaft den Stellenwert regionaler Wirtschaftsräume erhöht. Denn gerade die Länder und Regionen stehen heute in einem sich verschärfenden europäischen Wettbewerb um Wachstum und Beschäftigung und spielen eine immer größere Rolle für die Standort-, Industrie- und Beschäftigungspolitik. Die Anpassungs- und Modernisierungsprozesse der Wirtschaft und die Entwicklung der Verkehrs- und Kommunikationsstrukturen brauchen nicht nur europäische, sondern auch regionale Strukturen.

Der politische und ökonomische Erfolg Europas in einer globalen Wirtschaft hängt mit davon ab, dass die Handlungsspielräume der Länder und Regionen nicht nur erhalten bleiben, sondern sogar noch erweitert werden. Hinzu kommt, dass mit der Erweiterung und der annähernden Verdoppelung der Zahl der Mitgliedstaaten die wirtschaftlichen, gesellschaftlichen und kulturellen Unterschiede innerhalb der EU noch deutlich zunehmen werden und die Anforderungen an den Zusammenhalt der EU dadurch erheblich wachsen.

Die Europäische Union hat sich nach dem Zweiten Weltkrieg als Friedensprojekt entwickelt. Sie beruht auf gemeinsamen Werten. Um das einzigartige politische System der Europäischen Gemeinschaften zu erhalten, muss es an die sich verändernde gesellschaftliche und politische Realität angepasst werden. Die Europäische Union braucht eine Perspektive, die der sich wandelnden Realität Rechnung trägt und die von den Bürgerinnen und Bürgern unterstützt werden kann. Die Europäische Union hat eine Reform und Vereinfachung der Verträge nötig, die es den Bürgerinnen und Bürgern erlaubt, die politische Verantwortlichkeit für Entscheidungen klar zuzuordnen. Besonders die Ziele der Europäischen Union sowie die Aufgabenverteilung zwischen der EU und ihren Mitgliedstaaten bedürfen der Überprüfung. Die gesamte institutionelle Architektur der EU einschließlich der Entscheidungsverfahren bedarf einer klareren Struktur.

Die europäische „Verfassungsdebatte", die durch den Europäischen Rat von Nizza angestoßen wurde, sollte folgende Ziele und Grundsätze zu verwirklichen suchen:

- Erhöhung der demokratischen Legitimation der EU,
- Stärkung der Handlungsfähigkeit und Effizienz einer EU mit mehr als 20 Mitgliedstaaten,
- Sicherung der Entwicklungsfähigkeit der EU,
- Sicherung der Finanzierbarkeit der EU mit einer gerechten Lastenverteilung für die Mitgliedstaaten,
- Transparenz der Entscheidungsprozesse und Strukturen,
- Klare Verantwortlichkeit für politische Entscheidungen,
- Subsidiarität, Verhältnismäßigkeit und Bürgernähe,
- Rücksichtnahme auf nationale und regionale Besonderheiten.

Die Reform der EU umfasst auch die Einbindung der Grundrechte-Charta, Stellung der nationalen Parlamente und Vereinfachung der Verträge. Die Frage einer verbesserten Kompetenzordnung ist mit diesen Themen verbunden. Orientierungen, die durch den Bundesrat im weiteren Verfahren zu den einzelnen Komplexen entwickelt werden, sind daher im Zusammenhang zu sehen. Beim Fortgang der Beratungen können daher Anpassungen erforderlich werden. Die Ergebnisse der Reform sollten in einem Verfassungsvertrag zusammengefasst werden.

II. Prämissen der Kompetenzordnung

Die Kompetenzverteilung zwischen der Europäischen Union einerseits und den Mitgliedstaaten mit ihren Regionen andererseits bedarf der Überprüfung.

Die Verteilung der Kompetenzen zwischen EU, Mitgliedstaaten und Regionen steht in einem engen Zusammenhang mit den Zielen und Aufgaben der EU. Die Überprüfung von Aufgabenzuweisung und Kompetenzverteilung kann sowohl zu einer Verlagerung von derzeitigen EU-Zuständigkeiten auf die Mitgliedstaaten als auch zu einer Übertragung von weiteren Kompetenzen auf die EU führen. Es sollte darauf geachtet werden, dass die EU in die Lage versetzt wird, strategische Lösungen für Problemlagen europäischer und weltweiter Dimensionen zu finden. Für den Bundesrat ist dabei neben der Gewährleistung des Wettbewerbs von Modellen politischer und gesellschaftlicher Ordnungen und der Erhaltung der Vielfalt und des Zusammenhalts Europas die Sicherung und Erweiterung ihrer Handlungsspielräume von entscheidender Bedeutung. Bei der Umsetzung von europäischen Politiken brauchen sie größere Gestaltungsmöglichkeiten, um den Aufgaben vor Ort besser gerecht werden zu können.

Die Reformüberlegungen für eine bessere Kompetenzordnung sollten von folgenden Prinzipien ausgehen:
– dem Prinzip der begrenzten Einzelermächtigung der EU,
– dem Prinzip der Subsidiarität,
– dem Prinzip der Verhältnismäßigkeit und
– der Verpflichtung, die nationale Identität der Mitgliedstaaten zu respektieren.

Darüber hinaus sollte geprüft werden, ob und wie mitgliedstaatliche Aufgaben durch zusätzliche allgemeine Prinzipien geschützt werden können, die die Ausübung der EU-Zuständigkeit begrenzen.

Die derzeitigen Reformüberlegungen auf europäischer Ebene gehen davon aus, dass das Recht, die EU-Zuständigkeiten zu bestimmen, den Mitgliedstaaten vorbehalten bleiben muss. Die Überlegungen gehen weiter davon aus, dass das Vertragsrecht nur die der EU übertragenen Zuständigkeiten und nicht die Zuständigkeiten der Mitgliedstaaten regelt. Wird im Einzelfall Bezug auf die Aufgaben der Mitgliedstaaten genommen, so dient dies einzig dem Zweck der Begrenzung konkreter Zuständigkeiten der EU (Residualkompetenzen).

Der Bundesrat will mit den vorliegenden Orientierungen einen inhaltlichen Beitrag in die europäische Diskussion einbringen. Im Fortgang des Diskussionsprozesses wird der Bundesrat seine Vorstellungen weiter konkretisieren.

III. Eckpunkte für eine verbesserte Zuständigkeitsordnung der EU

1. Die Formen, in denen die EU ihre Ziele verfolgt, sollten auf einige wenige wie z. B.: Harmonisierung, gegenseitige Anerkennung, finanzielle Förderung, Ergänzung, Koordinierung beschränkt werden. Diese sollten enumerativ im Vertrag aufgezählt, inhaltlich bestimmt und ins Verhält-

nis zueinander gesetzt werden. Denn die Auswirkungen des Handelns der EU auf die mitgliedstaatlichen Handlungsspielräume hängen davon ab, auf welche Art und Weise die Gemeinschaft tätig wird, z. B. ob sie „harmonisiert", „koordiniert" oder nur „unterstützt".

Mit Blick auf die zunehmende Anwendung der „Methode der offenen Koordinierung" sollte an geeigneter Stelle klargestellt werden, dass diese außerhalb der Zuständigkeiten der EU-Organe nur dem Informations- und Erfahrungsaustausch zwischen den Mitgliedstaaten dienen darf. Eine Abstimmung zwischen den Mitgliedstaaten bleibt dadurch unberührt.

Auch die Arten der gemeinschaftlichen Rechtsakte (Verordnung, Richtlinie, Entscheidung) sollten stärker voneinander unterschieden werden, um die Regelungstiefe zu reduzieren und vor allem die Richtlinie auf ihren ursprünglichen Zweck als Rahmenregelung zurückzuführen. Überdies sollte genau festgelegt werden, in welchen Fällen die Gemeinschaft ausnahmsweise ihr Recht selbst vollzieht. Bei den Einzelermächtigungen sollten die zulässigen Rechtsakte und Formen gemeinschaftlicher Zielverfolgung differenziert angegeben werden.

Es sollte klargestellt werden, dass die Mitgliedstaaten unter Wahrung des bestehenden Gemeinschaftsrechts handeln können, soweit die EU ihre Kompetenzen nicht ausgeschöpft hat und keine ausschließliche Zuständigkeit der EU gegeben ist.

2. Ein Tätigwerden der Europäischen Union darf nur auf der Grundlage eindeutig definierter Kompetenzen erfolgen und nicht auf Grund allgemeiner Aufgabenzuweisungen.

3. Die Zuständigkeitsordnung der EU muss systematischer und transparenter werden.

   a) Eine bessere Systematisierung der Kompetenzen kann durch eine Einteilung in verschiedene Kategorien wie z. B. ausschließliche EU-Kompetenzen, Grundsatzkompetenzen der EU und Ergänzungskompetenzen erreicht werden.

   b) Ob darüber hinaus eine Zusammenstellung der verschiedenen Kompetenzen in einem Kompetenzkatalog vorgenommen werden sollte, bedarf eingehender Prüfung. Das gilt vor allem für die Fragen, ob eine systematische Zusammenstellung der Kompetenzen der EU entsprechend verschiedener Kompetenzkategorien größere Transparenz schaffen kann und wie dabei klargestellt werden kann, dass am Prinzip der begrenzten Einzelermächtigung festgehalten wird.

   c) Mit dem Ziel einer Vereinfachung des Vertrages soll auch geprüft werden, ob und wie dieser im Rahmen eines einheitlichen Vertrages in einen ersten Grundlagenteil und einen zweiten mit Einzelbestimmungen gegliedert werden kann. Dabei müssen die möglichen Folgen für die Kompetenzordnung mit bedacht werden. Vertragsänderungen dürfen nicht ohne Zustimmung der nationalen Parlamente erfolgen. Der Vereinfachung dient es ebenfalls, wenn Bestimmungen, die wegen ihres technischen Charakters nicht dem materiellen EU-Verfassungsvertragsrecht zuzurechnen sind, in einfaches Gemeinschaftsrecht (Sekundärrecht) überführt werden.

4. Für eine Präzisierung der Kompetenznormen kommt es wesentlich darauf an, dass das Prinzip der begrenzten Einzelermächtigung gestärkt und nicht durch allgemeine oder weit gefasste Vertragsbestimmungen ausgehöhlt wird:

a) Allgemeine Zielbestimmungen, z. B. die Beschreibung der Tätigkeiten der Gemeinschaft in den Art. 2 und 3 Abs. 1 EGV, führen derzeit zu Unklarheiten hinsichtlich der Reichweite von Kompetenzen. Zielbestimmungen sollen Handlungsermächtigungen inhaltlich konkretisieren und nicht ausweiten oder neu schaffen, d. h. lediglich die Ausübung der bereits übertragenen Zuständigkeiten inhaltlich in eine bestimmte Richtung lenken. Sie dienen im Rahmen der jeweiligen Handlungsermächtigung der Politiksteuerung.

b) Auch die Querschnittsklauseln (z. B. Art. 3 Abs. 2, Art. 6, Art. 152 Abs. 1 S. 1 und Art. 151 Abs. 4 EGV) führen zu Unklarheiten im Verhältnis der verschiedenen Zuständigkeitsregelungen zueinander. Daher sollte klargestellt werden, dass diese Querschnittsklauseln nur die Ausübung bestehender Kompetenzen lenken, aber weder eine eigenständige noch ergänzende Handlungsermächtigungen begründen sollen.

c) Die Binnenmarkt-Generalklausel (Art. 94, 95 EGV) sollte unter Wahrung der Freiheiten des Binnenmarktes präzisiert werden und es sollte dabei klargestellt werden, dass auch im Bereich des Binnenmarktes das Subsidiaritätsprinzip gilt. Im Rahmen der Präzisierung sollte festgelegt werden, dass auf dieser Rechtsgrundlage beruhende Maßnahmen einen unmittelbaren und schwerpunktmäßigen Bezug zum Binnenmarkt haben müssen.

d) Neu sollte eine Kollisionsklausel in den Vertrag aufgenommen werden. Sie hätte die Funktion, das Verhältnis unterschiedlicher Zuständigkeitsregelungen zueinander zu klären und insbesondere klarzustellen, dass die Eröffnung des Anwendungsbereiches von Spezialnormen den Rückgriff auf Generalklauseln ausschließt.

e) Artikel 308 EGV (Zuständigkeit für unvorhergesehene Fälle) ist entbehrlich geworden. Besteht zwingender Handlungsbedarf der EU, der bisher nur auf der Grundlage von Artikel 308 bewältigt werden konnte, so sollten für die Zukunft konkrete und abschließende Ermächtigungen in das Vertragswerk mit aufgenommen werden.

5. Eine bessere Kompetenzordnung bedarf verfahrensrechtlicher Sicherungen:

   a) Auf der Basis einer klaren Kompetenzordnung sollte im Rahmen der nächsten Regierungskonferenz grundsätzlich zur Mehrheitsentscheidung übergegangen und das Einstimmigkeitserfordernis im Rat auf wenige Ausnahmen beschränkt werden. Zugleich sollte eine Ergänzung des Initiativmonopols der Kommission um ein Initiativrecht von Rat und EP geprüft werden.

   b) Damit die EU-Kommission schon beim Entwurf ihrer Vorschläge die Kompetenzordnung stärker als bisher berücksichtigt, sollte sie dazu verpflichtet werden, die Mitgliedstaaten bereits im Entwurfsstadium anzuhören. Die Anhörung sollte vor allem die Möglichkeiten prüfen, ob das verfolgte Ziel durch mitgliedstaatliche Regelungen zu erreichen ist. Die Ergebnisse der Anhörung sollten in der Begründung des Kommissionsvorschlags dargestellt werden.

   c) Rechtsvorschriften der EU sollten künftig vor Befassung der Rechtsetzungsorgane einer internen, aber unabhängigen und förmlichen Normprüfung (institutionenübergreifend) unterzogen werden, deren Ergebnisse den Vorschlägen beizufügen sind.

   d) Dem Ausschuss der Regionen und den Regionen mit eigenen Gesetzgebungsbefugnissen sollte zur Wahrung ihrer Rechte und Zuständigkeiten ein Klagerecht eingeräumt werden. Hierzu müsste Art. 230 EGV ergänzt werden.

   e) Zur verfahrensmäßigen Absicherung der Kompetenzordnung ist zudem zu prüfen, ob in Ergänzung der bestehenden Gerichtsbarkeit in besonderen Fällen eine gemeinsame Schieds- oder Entscheidungsinstanz angerufen werden kann, die unter Berücksichtigung nationaler Verfassungen und des EU-Vertragswerks entscheiden kann und entsprechend gemischt zusammengesetzt wäre. Dabei sind jedoch Verfahrensverlängerungen weitest möglich zu vermeiden.

6. Eine bessere Kompetenzordnung der Europäischen Union bedarf zusätzlicher Flankierungen:

   a) Die Weiterentwicklung der Integration muss auch bei einer klaren Kompetenzordnung gewährleistet bleiben. Dies sollte durch ein erleichtertes Vertragsänderungsverfahren sichergestellt werden. Dabei sollte die Rolle der Regierungskonferenz überdacht werden. Für Vertragsänderungen könnte beispielsweise ein einstimmiger Ratsbeschluss mit Zustimmung der nationalen Parlamente genügen.

b) Hinsichtlich der Ausübung der EU-Zuständigkeiten sollte im Vertrag festgeschrieben werden, dass die Unionstreuepflicht nicht nur zu Gunsten der EU, sondern auch umgekehrt zu Gunsten der Mitgliedstaaten gilt. Für die Ausübung der Zuständigkeiten der EU bedeutet dies, dass die nationalen und regionalen Identitäten ihrer Mitglieder geachtet werden. Im Rahmen der kommenden Regierungskonferenz sollte außerdem geprüft werden, durch welche vertraglichen Vorkehrungen die Umsetzung des Subsidiaritäts- und Verhältnismäßigkeitsprinzips bei der Ausübung der EU-Kompetenzen verbessert werden kann.

c) Der Vollzug von EU-Recht muss auch künftig grundsätzlich Sache der Mitgliedstaaten bleiben. Vollzug durch die EU bedarf einer ausdrücklichen Ermächtigung.

d) Die Rechtsakte der EU sollten vereinfacht und ihre Zahl verringert werden. Für die Überprüfung geltender Rechtsakte nach Ablauf einer bestimmten Geltungsdauer sollten geeignete Verfahren entwickelt werden.

B. Weiteres Verfahren

1. Die vorliegenden ersten Orientierungen stellen einen ersten Beitrag des Bundesrates in der europäischen Debatte zu der vom Europäischen Rat in Nizza in der Erklärung zur Zukunft der Union aufgeworfenen Frage danach, „wie eine genauere, dem Subsidiaritätsprinzip entsprechende Abgrenzung der Zuständigkeiten zwischen der Europäischen Union und den Mitgliedstaaten hergestellt und danach aufrechterhalten werden kann", dar.

2. Der noch zu benennende Vertreter des Bundesrates in dem vom Europäischen Rat von Laeken am 14./15. 12. 2001 eingesetzten Gremium zur Umsetzung der Erklärung des Europäischen Rates von Nizza vom 9. bis 11. 12. 2000 zur Zukunft der Union wird gebeten, seine Verhandlungsführung an den Inhalten dieser Orientierungen auszurichten.

Entscheidung der Europäischen Kommission vom 27. 03. 2002
– C (2002) 1286 –

Betreff: Staatliche Beihilfe Nr. E 10/2000 – Deutschland:
Anstaltslast und Gewährträgerhaftung

Sehr geehrter Herr Bundesminister,

Erster Teil: Allgemeine Ausführungen für alle öffentlichen Kreditinstitute, die im Genuss von Anstaltslast und/oder Gewährträgerhaftung und/oder Refinanzierungsgarantien stehen

1. Geschichte

Am 21. 12. 1999 brachte die Bankenvereinigung der Europäischen Union eine Beschwerde gegen Anstaltslast und Gewährträgerhaftung ein. Diese Beschwerde wurde am 27. 7. 2000 und am 15. 11. 2000 durch detaillierte Informationen ergänzt.

Wie in Artikel 17 Absatz 1 der Verordnung (EG) Nr. 659/1991[1] vorgesehen, erhielt die Kommission von Ihrer Regierung Informationen über die existierende Beihilferegelung Anstaltslast und Gewährträgerhaftung und trat in Beratungen mit Ihrer Regierung über die Beurteilung und mögliche zu ziehende Konsequenzen ein.

Am 26. 1. 2001 sandten die Dienststellen der Kommission ein Schreiben gemäß Artikel 17 Absatz 2 der Verordnung (EG) Nr. 659/1999 an Ihre Regierung, mit dem Ihre Regierung über die vorläufige Position der Kommission in Kenntnis gesetzt wurde, dass die bestehende Beihilferegelung Anstaltslast und Gewährträgerhaftung nicht vereinbar mit dem Gemeinsamen Markt sei und mit der Ihrer Regierung die Gelegenheit zur Stellungnahme innerhalb einer Frist von einem Monat gegeben wurde. Nach Fristverlängerung antwortete Ihre Regierung mit Schreiben vom 11. 4. 2001.

Am 8. 5. 2001 verabschiedete die Kommission einen Vorschlag zweckdienlicher Maßnahmen, um die bestehende Beihilferegelung staatlicher Haftung

---

[1] Verordnung (EG) Nr. 659/1999 des Rates vom 22. März 1999 über besondere Vorschriften für die Anwendung von Art. 93 [jetzt Artikel 88] des EG-Vertrages, ABl L 83 of 27. 03. 1999, Seite 1–9.

für öffentliche Kreditinstitute in Deutschland an die Erfordernisse der Beihilferegeln des EG-Vertrags anzupassen. Ihre Behörden bestätigten dessen Eingang für den 11. 5. 2001. Die Kommission schlug Ihrer Regierung gemäß Artikel 88(1) EG-Vertrag und Artikel 18 der Verordnung (EG) Nr. 659/1999 die folgenden zweckdienlichen Maßnahmen vor:

(i) dass die Bundesrepublik Deutschland alle gesetzgeberischen, verwaltungsmäßigen und sonstigen Maßnahmen trifft, die notwendig sind, um jegliche staatliche Beihilfe gemäß Artikel 87 Absatz 1 EG, die aus dem System der Anstaltslast und Gewährträgerhaftung herrührt und öffentlich-rechtlichen Kreditinstituten gewährt wird, zu beseitigen, oder die Vereinbarkeit einer solchen Beihilfe mit dem Gemeinsamen Markt gemäß den Bestimmungen des Artikel 86 Absatz 2 EG niedergelegten Vorschriften herzustellen;

(ii) dass jegliche solche Beihilfe beseitigt oder vereinbar gemacht wird mit Wirkung zum 31. 3. 2002, sofern nicht die Kommission (für alle öffentlich-rechtlichen Kreditinstitute oder für bestimmte Unternehmen oder Gruppen von Unternehmen) ihre Zustimmung zu einem späteren Zeitpunkt oder späteren Zeitpunkten erklärt, sollte sie dies als objektiv notwendig und gerechtfertigt ansehen, um dem oder den betreffenden Unternehmen einen angemessenen Übergang zur angepassten Sachlage zu erlauben; und

(iii) dass die Bundesrepublik Deutschland die betreffenden, die Beihilferegeln anpassenden Maßnahmen so bald wie möglich und in keinem Fall später als zum 30. 9. 2001 der Kommission mitteilt.

In der folgenden Zeit fanden eine Reihe von Gesprächen zwischen der Kommission und Ihren Behörden statt, und Ihre Regierung stellte weitergehende Informationen zur Verfügung.

Am 17. 7. 2001 trafen Kommissar Mario Monti, Staatssekretär Caio Koch-Weser, die Finanzminister der Länder Baden-Württemberg, Bayern und Nordrhein-Westfalen, Gerhard Stratthaus, Kurt Faltlhauser und Peer Steinbrück, und Präsident des Deutschen Sparkassen- und Giroverbandes, Dietrich Hoppenstedt, eine Verständigung über Anstaltslast und Gewährträgerhaftung betreffend Landesbanken und Sparkassen.

Die Verständigung vom 17. 7. 2001 sieht eine 4-jährige Übergangsfrist vor, die vom 19. 7. 2001 bis zum 18. 7. 2005 dauert. Während dieser Zeit dürfen die beiden existierenden Haftungen fortbestehen. Danach wird auf der Basis des so genannten Plattform-Modells die eine Haftung, Anstaltslast, durch eine normale wirtschaftliche Eigentümerbeziehung nach marktwirtschaftlichen Grundsätzen ersetzt, was impliziert, dass öffentliche Körperschaften keine Verpflichtung zur Unterstützung der Institute mehr haben. Die andere Haftung, Gewährträgerhaftung, wird abgeschafft.

Allerdings kann Gewährträgerhaftung auch nach dem 18. 7. 2005 aus Gründen des Gläubigerschutzes gemäß den folgenden Vorgaben aufrechterhalten (gegrandfathered) werden:

- Für bis zum 18. 7. 2001 vereinbarte Verbindlichkeiten kann Gewährträgerhaftung ohne jede Beschränkung bis zum Ende ihrer Laufzeit aufrechterhalten werden.
- Für vom 19. 7. 2001 bis zum (einschließlich) 18. 7. 2005 vereinbarte Verbindlichkeiten kann Gewährträgerhaftung nur unter der Bedingung aufrechterhalten bleiben, dass ihre Laufzeit nicht über den 31. 12. 2015 hinausgeht. Ansonsten, d. h. wenn ihre Laufzeit über den 31. 12. 2015 hinausgeht, kann Gewährträgerhaftung nicht aufrechterhalten werden.

Gemäß dem Vorschlag der Kommission vom 8. 5. 2001 müssen Ihre Behörden der Kommission bis 30. 9. 2001 die konkreten Maßnahmen mitteilen, die sie zu treffen gedenken, um das Haftungssystem mit den Vertragsregeln in Übereinstimmung zu bringen. In der Verständigung vom 17. 7. 2001 haben sich Ihre Behörden verpflichtet, spätestens bis zum 31. 12. 2001 den jeweils zuständigen Gesetzgebungsorganen Vorschläge für die notwendigen rechtlichen Maßnahmen zu unterbreiten und diese bis zum 31. 12. 2002 endgültig zu verabschieden. Im Falle der Nicht-Einhaltung dieser Frist ist die Rechtsfolge in Bezug auf Kreditinstitute, die unter die Gesetzgebung der die Verletzung vornehmenden Gebietskörperschaft fallen, dass das in den staatlichen Haftungen enthaltene Beihilfeelement mit Wirkung zum 1. 1. 2003 als Neubeihilfe behandelt wird. Folglich könnte das Beihilfeelement mit Wirkung zum 1. 1. 2003 von diesen Kreditinstituten zurückgefordert werden.

Ihre Regierung hat den Vorschlag für zweckdienliche Maßnahmen bedingungslos und unmissverständlich in seiner Gesamtheit durch Schreiben vom 18. 7. 2001 angenommen. Dementsprechend übermittelte sie am 27. 9. 2001 konkrete Vorschläge für die Umsetzung der Verständigung, die in der folgenden Zeit Gegenstand weiterer Gespräche zwischen der Kommission und Ihren Behörden waren.

Zwei Punkte konnten bis Ende des Jahres 2001 nicht gelöst werden. Dies betrifft erstens die genauen Elemente, die in die Gesetzestexte, die Gesetzesbegründungen oder in separate Selbstverpflichtungen Ihrer Behörden einzubringen sind, um die Ersetzung der Anstaltslast sicher zu stellen. Zweitens betrifft es den genauen Inhalt der Aufrechterhaltung (Grandfathering) der Gewährträgerhaftung für Verbindlichkeiten, die während der Übergangszeit (vom 19. 7. 2001 bis zum 18. 7. 2005) vereinbart werden.

Ihre Behörden haben es unterlassen, bis zum Ablauf der Frist des 31. 12. 2001 Gesetzesentwürfe allen betreffenden Gesetzgebungsorganen zu

Entscheidung der Europäischen Kommission

unterbreiten. Die Gespräche zwischen Kommission und Ihren Behörden dauerten bis Ende Februar 2002 fort.

Am 28. 2. 2002 erreichten Kommissar Mario Monti, Staatssekretär Caio Koch-Weser, die Finanzminister der Länder Baden-Württemberg, Bayern und Nordrhein-Westfalen, Gerhard Stratthaus, Kurt Faltlhauser und Peer Steinbrück, und Präsident des Deutschen Sparkassen- und Giroverbandes, Dietrich Hoppenstedt, Schlussfolgerungen über diese beiden Hauptpunkte (Wortlaut für die Ersetzung der Anstaltslast und genauer Inhalt der Aufrechterhaltung der Gewährträgerhaftung) und zwei weitere Punkte, die nach Abschluss der Verständigung vom 17. 7. 2001 aufgetreten sind. Diese beiden neuen Punkte betreffen, erstens, eine Nachschusspflicht von Trägern der Sparkassen in einigen Ländern hinsichtlich finanzieller Mittel in Institutssicherungsfonds, und, zweitens, staatliche Haftungen zu Gunsten von so genannten Freien Sparkassen, z. B. der Frankfurter Sparkasse. Die Schlussfolgerungen stellen eine Vereinbarung hinsichtlich der notwendigen Elemente in den Rechtstexten, den Gesetzesbegründungen und den separaten Selbstverpflichtungen Ihrer Behörde dar.

Die Schlussfolgerungen sehen vor, dass die separaten Selbstverpflichtungen von Ihren Behörden bis zum 15. 3. 2002 zu erbringen sind; dementsprechend sind diese an diesem Tag bei der Kommission auch eingegangen. Für die anderen Maßnahmen gilt der Zeitplan der Verständigung vom 17. 7. 2001. Die ursprüngliche Frist des 31. 12. 2001 für die Übermittlung der notwendigen rechtlichen Maßnahmen an Ihre jeweils zuständigen Gesetzgebungsorgane wird auf den 31. 3. 2002 verlängert; in begründeten Ausnahmefällen kann diese Frist spätestens bis zum 31. 5. 2002 ausgedehnt werden. Auf jeden Fall ist der Kommission bis zum 15. 3. 2002 ein vorläufiger Bericht über den Stand der getroffenen gesetzgeberischen Maßnahmen zu übermitteln; dieser Bericht ist bei der Kommission fristgerecht eingegangen.

Am 1. 3. 2002 erreichten Kommissar Mario Monti und Staatssekretär Caio Koch-Weser auch eine Verständigung über die deutschen Spezialkreditinstitute: Diese dürfen weiterhin im Genuss staatlicher Haftung stehen, soweit sie mit Förderaufgaben betraut sind, die mit den Beihilferegeln der Gemeinschaft im Einklang sind. Die Durchführung der Förderaufgaben ist an die Beachtung des gemeinschaftsrechtlichen Diskriminierungsverbots gebunden. Eine andere öffentliche Aufgabe, die auch in Zukunft unter dem Schutz der staatlichen Haftungen erlaubt sein wird, sind Beteiligungen an Projekten im Gemeinschaftsinteresse, die von der Europäischen Investitionsbank oder ähnlichen europäischen Finanzierungsinstitutionen mitfinanziert werden. Ferner können Spezialkreditinstitute Maßnahmen rein sozialer Art und die Gewährung von Darlehen und anderen Finanzierungsformen an Gebietskörperschaften und öffentlich-rechtliche Zweckverbände vornehmen. Das gleiche gilt für Exportfinanzierungen außerhalb der Europäischen Union, des Europäischen Wirtschaftsraums und von Ländern mit offiziellem Status als EU-Beitrittskandidat, soweit diese im Einklang mit den für die Gemeinschaft bindenden internationalen Handelsabkommen, insbesondere den WTO-Abkommen stehen. Die beihilferechtliche Überprüfung dieser Tätigkeiten gegenüber den Begünstigten bleibt von dieser Vereinbarung unberührt.

Die Verständigung vom 1. 3. 2002 sieht vor, dass Ihre Behörde die Tätigkeiten der Förderinstitute bis 31. 3. 2004 in den betreffenden Gesetzen klar festlegen. Kommerzielle Tätigkeiten müssen aufgegeben oder von den staatlichen Haftungen durch eine Abtrennung in ein rechtlich selbständiges Unternehmen ohne staatliche Unterstützung isoliert werden. Dies muss bis zum 31. 12. 2007 umgesetzt werden.

Alle offenen inhaltlichen und verfahrensmäßigen Punkte sind damit gelöst.

Die Verständigungen und die Schlussfolgerungen werden hiermit umgestaltet in eine Kommissionsentscheidung, die den Vorschlag der Kommission vom 8. 5. 2001 mit Wirkung zum 31. 3. 2002 abändert.

2. Beschreibung der Haftungen

Anstaltslast wird als allgemeiner Rechtsgrundsatz betrachtet und besagt, dass der Gewährträger verpflichtet ist, die wirtschaftliche Basis einer Anstalt zu sichern, sie für die gesamte Dauer ihres Bestehens funktionsfähig zu erhalten und etwaige finanzielle Lücken durch Zuschüsse oder auf andere geeignete Weise auszugleichen. Insolvenz ist praktisch unmöglich. Anstaltslast begründet, unter einer rein juristischen Betrachtungsweise, lediglich eine Verpflichtung im Innenverhältnis. Anstaltslast ist weder betragsmäßig noch zeitlich beschränkt. Die Anstalt entrichtet keine Vergütung für diese Haftung.

Gewährträgerhaftung wird nicht als allgemeiner Rechtsgrundsatz angesehen, sondern bedarf einer ausdrücklichen rechtlichen Basis. Sie ist als direkte, auf Gesetz oder Verordnung basierende Verpflichtung einer Gebietskörperschaft oder einer anderen Einrichtung des öffentlichen Rechts gegenüber den Gläubigern eines öffentlich-rechtlichen Kreditinstitutes für alle Verbindlichkeiten dieses Instituts definiert. Gewährträgerhaftung begründet somit die Verpflichtung des Gewährträgers, im Falle von Zahlungsunfähigkeit oder Liquidation des Kreditinstituts einzutreten. Sie begründet einen unmittelbaren Anspruch der Gläubiger des Kreditinstituts gegenüber dem Gewährträger, der jedoch nur geltend gemacht werden kann, wenn das Vermögen des Kreditinstituts nicht ausreicht, um die Gläubiger zu befriedigen. Gewährträgerhaftung ist weder betragsmäßig noch zeitlich beschränkt. Das Kreditinstitut entrichtet keine Vergütung für diese Haftung.

Entscheidung der Europäischen Kommission

3. Beurteilung der Maßnahme als Beihilferegelung

Die Kommission ist der Ansicht, dass die fragliche Maßnahme eine Beihilferegelung im Sinne von Artikel 88 Absatz 1 EG und gemäß der Definition der Verordnung (EG) Nr. 659/1999, Artikel 1 (d) darstellt. Die Kommission verweist in dieser Hinsicht auf den Vorschlag zweckdienlicher Maßnahmen vom 8. 5. 2001, der durch die Regierung am 18. 7. 2001 angenommen wurde und der im Einzelnen die Einordnung der Maßnahme als Beihilferegelung vornimmt.

4. Position Ihrer Regierung

Die Kommission verweist in dieser Hinsicht auf den Vorschlag zweckdienlicher Maßnahmen vom 8. 5. 2001, der durch die Regierung am 18. 7. 2001 angenommen wurde und der im Einzelnen die Position Ihrer Regierung darlegt.

5. Eigentümerschaft und Unternehmensrechtsform

Die Kommission verweist in dieser Hinsicht auf den Vorschlag zweckdienlicher Maßnahmen vom 8. 5. 2001, der durch die Regierung am 18. 7. 2001 angenommen wurde und der im Einzelnen zur Frage der Eigentümerschaft und Unternehmensrechtsform Stellung bezieht.

6. Beihilfe gemäß Artikel 87 Absatz 1 EG

Die Kommission verweist in dieser Hinsicht auf den Vorschlag zweckdienlicher Maßnahmen vom 8. 5. 2001, der durch die Regierung am 18. 7. 2001 angenommen wurde und der im Einzelnen die Einordnung von Anstaltslast und Gewährträgerhaftung als Beihilfe gemäß Artikel 87 Absatz 1 EG vornimmt.

7. Bestehende Beihilfen im Sinne von Artikel 88 Absatz 1 EG

Die Kommission verweist in dieser Hinsicht auf den Vorschlag zweckdienlicher Maßnahmen vom 8. 5. 2001, der durch Ihre Regierung am 18. 7. 2001 angenommen wurde und der im Einzelnen die Einordnung von Anstaltslast und Gewährträgerhaftung als bestehende Beihilfen im Sinne von Artikel 88 Absatz 1 EG vornimmt.

8. Vereinbarkeit der Beihilfe

Die Kommission verweist in dieser Hinsicht auf den Vorschlag zweckdienlicher Maßnahmen vom 8. 5. 2001, der durch Ihre Regierung am 18. 7. 2001 angenommen wurde und der im Einzelnen die Fragen in Bezug auf die Vereinbarkeit der Beihilferegelung Anstaltslast und Gewährträgerhaftung gemäß Artikel 87 (2) und (3) EG analysiert.

Anhang

9. Artikel 86 Absatz 2 EG

Die Kommission verweist in dieser Hinsicht auf den Vorschlag zweckdienlicher Maßnahmen vom 8. 5. 2001, der durch Ihre Regierung am 18. 7. 2001 angenommen wurde und der im Einzelnen die Bedingungen für die Anwendung von Artikel 86 Absatz 2 EG auf die Beihilferegelung Anstaltslast und Gewährträgerhaftung analysiert.

10. Schlussfolgerungen

Die Kommission verweist in dieser Hinsicht auf den Vorschlag zweckdienlicher Maßnahmen vom 8. 5. 2001, der durch Ihre Regierung am 18. 7. 2001 angenommen wurde und der Einzelheiten über die Schlussfolgerungen enthält, insbesondere darüber, welcher Änderungen die gegenwärtige Situation bedarf.

11. Vorschlag zweckdienlicher Maßnahmen

Die Kommission verweist in dieser Hinsicht auf den Vorschlag zweckdienlicher Maßnahmen vom 8. 5. 2001, der durch Ihre Regierung am 18. 7. 2001 angenommen wurde und der näher die zu treffenden Maßnahmen und deren Zeitplan spezifiziert. Der Vorschlag sieht vor, dass die Kommission (für alle öffentlich-rechtlichen Kreditinstitute oder für bestimmte Unternehmen oder Gruppen von Unternehmen) ihre Zustimmung zu einem späteren Zeitpunkt oder späteren Zeitpunkten als den ursprünglich festgelegten erklären kann, sollte sie dies als objektiv notwendig und gerechtfertigt ansehen, um dem oder den betreffenden Unternehmen einen angemessenen Übergang zur angepassten Sachlage zu erlauben.

Nach dem Vorschlag zweckdienlicher Maßnahmen erörterten die Kommission und Ihre Regierung eingehend, welche Maßnahmen im Einzelnen für die betreffenden Kreditinstitute oder Gruppen von Kreditinstituten zu treffen seien, und in welchem Zeitplan diese von Ihrer Regierung umzusetzen seien. Betreffend Landesbanken und Sparkassen wurde das Ergebnis dieser Gespräche in einer Verständigung vom 17. 7. 2001 und in Schlussfolgerungen vom 28. 2. 2002 niedergelegt. Betreffend Spezialkreditinstitute wurde das Ergebnis in einer Verständigung vom 1. 3. 2002 niedergelegt.

Diese Dokumente spezifizieren im Einzelnen den Vorschlag zweckdienlicher Maßnahmen und sind unten – für Landesbanken und Sparkassen – im zweiten Teil und – für Spezialkreditinstitute – im dritten Teil inhaltlich aufgenommen.

Teilnehmer am Professorengespräch

Christina *Becker*, Doktorandin, Osnabrück

Prof. Dr. Martin *Burgi*, Bochum

Landrat Hans-Jörg *Dupprè*, Vizepräsident des Deutschen Landkreistages, Pirmasens

Prof. Dr. Dirk *Ehlers*, Münster

Roberto *Hayder*, Europäische Kommission, Brüssel

Privatdozent Dr. Christian *Heitsch*, Trier

Ministerialdirigent a. D. Friedrich-Wilhelm *Held*, Düsseldorf

Prof. Dr. Hans-Günter *Henneke*, Geschf. Präsidialmitglied des Deutschen Landkreistages, Berlin/Osnabrück

Prof. Dr. Albert *Janssen*, Direktor des Niedersächsischen Landtages, Hannover

Prof. Dr. Ferdinand *Kirchhof*, Tübingen

Prof. Dr. Winfried *Kluth*, Halle

Dr. Viktor *Kreuschitz*, Europäische Kommission, Brüssel

Prof. Dr. Eberhard *Laux*, Düsseldorf

Prof. Dr. Hartmut *Maurer*, Konstanz

Dr. Hubert *Meyer*, Geschf. Vorstandsmitglied des Landkreistages Mecklenburg-Vorpommern, Schwerin

Prof. Dr. Janbernd *Oebbecke*, Münster

Privatdozent Dr. Johann-Christian *Pielow*, Bochum/Dresden

Privatdozent Dr. Matthias *Ruffert*, Trier/Mainz

Dr. Kay *Ruge*, Deutscher Sparkassen- und Giroverband, Berlin

Dr. Gernot *Schlebusch*, Geschf. Vorstandsmitglied des Niedersächsischen Landkreistages, Hannover

Prof. Dr. Friedrich *Schoch*, Freiburg

Prof. Dr. Helmuth *Schulze-Fielitz*, Würzburg

Prof. Dr. Peter J. *Tettinger*, Köln

Eberhard *Trumpp*, Hauptgeschäftsführer des Landkreistages Baden-Württemberg, Stuttgart

Landrat Dr. Edgar *Wais*, Vizepräsident des Deutschen Landkreistages, Reutlingen

Prof. Dr. Rudolf *Wendt*, Saarbrücken

Frank Günter *Wetzel*, Sächsische Staatskanzlei, Vertretung des Freistaates Sachsen beim Bund, EU-Ausschuss Bundesrat, Berlin/Dresden

Prof. Dr. Joachim *Wieland*, Franfurt

Matthias *Wohltmann*, Finanzreferent beim Deutschen Landkreistag, Berlin